曾国荃与
晚清大变局

刘绪义　著

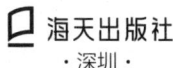
海天出版社
·深圳·

图书在版编目（CIP）数据

曾国荃与晚清大变局 / 刘绪义著. — 深圳 : 海天
出版社, 2020.3
ISBN 978-7-5507-2683-3

Ⅰ.①曾… Ⅱ.①刘… Ⅲ.①曾国荃（1824–1890）
—人物研究 Ⅳ.①K827=52

中国版本图书馆CIP数据核字(2019)第125911号

曾 国 荃 与 晚 清 大 变 局
ZENG GUOQUAN YU WANQING DABIANJU

出 品 人　聂雄前
责任编辑　简　洁
责任校对　万妮霞
责任技编　梁立新
封面设计　马　少

出版发行　海天出版社
地　　址　深圳市彩田南路海天综合大厦（518033）
网　　址　www.htph.com.cn
订购电话　0755-83460239（邮购、团购）
排版制作　深圳市龙瀚文化传播有限公司　0755-33133493
印　　刷　中华商务联合印刷（广东）有限公司
开　　本　787mm×1092mm　1/16
印　　张　20.5
字　　数　380千
版　　次　2020年3月第1版
印　　次　2020年3月第1次
定　　价　59.80元

自序
每个人都可活成一个传奇

这个世上，有的人活成了一个笑话；有的人却活成了一个传奇。

曾国荃就是这样一个活成传奇的人。

他是曾国藩的亲弟弟，在族中排行第九。当时的湘军将士亲昵地称他为"九帅"，我则喜欢称他为"老九"。

历史上的老九一直活在大哥曾国藩的"光环"底下，自然也活在大哥的"阴影"底下。

大哥曾国藩靠修德笃行、齐家治军，成为时人后人景仰的"完人"偶像；靠统帅湘军、底定东南，成为十九世纪及以后军界政界的楷模。然而，大哥十年征衣，这个做九弟的，却一直是他的先锋嫡系，平江西、克安庆、复金陵，当时最难打的仗、最关键的仗，都是老九亲冒矢石打下来的。因此，他也获得了"湘军悍将""曾铁桶"的名声。大哥曾说，他的这个侯爵的爵位，就是九弟出生入死送给他的。尤其是在战争后期，名义上，老九和李鸿章、左宗棠几乎是曾国藩节制下的"三驾马车"，各自立下大功。相对而言，李鸿章保卫了上海，收复了苏州；左宗棠攻克了杭州；而老九攻克了当时安徽的省会安庆和江苏的省会金陵，四座名城，老九占了一半。老九不仅立下了"天下第一功"，经历的战争时间也最久。但是，被大哥的"光环"遮蔽，老九的历史地位却远不如李鸿章、左宗棠。

原因只有一个，他是曾国藩的弟弟。

大哥在湖南长沙痛下杀手铁腕惩匪，得罪了湖南官场，获得"曾剃头"的骂名，人们也没有忘记老九在安庆、在金陵屠城的经历，因而老九获得了"曾屠夫"的称号。在这方面，兄弟俩"并驾齐驱"。然而，大哥无论是在战场还是官场，始终一清如水，清俭自持，获得廉官美誉；托大哥的福，这更加凸显了老九的手笔宽博、我行我素，落得个贪官的骂名。更有意思的是，时人与后人都将一个莫须有的"天国金库"送给了老九。

原因也只有一个，谁叫他是曾国藩的弟弟！

然而，不管时人后人怎么看他，他都活成了一个传奇。他的经历告诉我们：只要敢担当，每个人都可以活成一个传奇。

"屈指老沅真白眉"，少年时代的老九，获得了大哥的好评，将他比作三国名臣马良。可见，在大哥心目中，老九并非一个莽夫，而是一个有才气的书生。曾国藩对这个小十三岁的弟弟也颇为用心地教导，老九开始走上了大哥走过的科举路，不料在获得优贡之后，老九的命运发生了转变，他要进京赶考的路，被太平军打断了。

做不成白眉马良，那就和兄长一起做能将金兀术打得割须而逃的吴玠吴璘南宋兄弟名将。老九人生中最大的转折到来，他从一介书生，转变成一个武将。当大哥坐困江西、魂梦屡惊，遭遇人生最坎坷的时期，老九出山了。这是赴兄急！

此前，连一个组长、班长都没有当过的老九，竟然组建起他自己的班底——吉字营，名字就很吉利。凭着两千人的自信，老九从此攻城略地，一路顺风顺水，吉星高照。很快他就成了大哥最可倚赖的嫡系、福将。

没有他打不下的城池，没有他，大哥就打不了仗。

老九和他的对手，兵力常常是一比十，胜败结果则是十比一。攻吉安，老九两千人，加上其他湘军将领的配合，人数不过一万人，历时八个月，前后击败十余万太平军，战胜太平名将石达开；攻安庆，老九一万余人，铁桶围城，历时一年多，前后击败十余万太平军，战胜太平名将陈玉成；攻金陵，老九两万余人，后增募到五万人，再次铁桶围城，历时两年多，击败数十万太平军，战胜太平名将李秀成。其中以同治元年（1862）闰八月到九月之间最为险恶，此时，围城吉字营中瘟疫流行，士兵死亡相踵，而忠王李秀成率兵三十万，加上侍王李世贤的援军，号称八十万大军，要吞掉老九和他的吉字营，历时四十六天，结果，以太平军死五万多人，吉字营死五千多人的代价，老九拿下了这场"集古今之恶战"的胜利。石达开、陈玉成、李秀成等太平名将几乎个个是他手下败将。

拿下金陵以后，老九的传奇经历深深地刻在了他的一等威毅伯爵位上。

然而，朝廷的压力、舆论的指责却纷至沓来。老九激流勇退，不仅自己开缺回家，而且决意解散他的吉字营。

这无疑是缺乏远见的。

没有了军队的老九，自然无法如李鸿章（淮军）和左宗棠（楚军）那样干出惊天动地的大事来，然而，当时老九实在是对那个黑白不分的时局深深地失望了。

这是老九传奇人生中的第二次转折。

第三次转折，是老九赋闲八年之后再度复出，他自诩当了八年的"荷叶巡抚"。荷叶是他的老家。这八年闲居，弄得他"负欠如山海"。这五个字足以击碎所有关于老九贪财的流言。

老九这次复出，可以说，是被欠账逼的。他需要做官还账。

昔日的吉字营统帅、湘军悍将，一下子脱胎而成地方督抚，先是做山西巡抚，继而河道总督，然后是两广总督、两江总督。

既然是做官还账，那么，拿着朝廷的俸禄，绝不能砸朝廷的锅！

老九到了官场上，再次显示出他的传奇色彩。这些职位，可以说都是救火的。

当山西巡抚，是为了解救山西两百年不遇的大旱灾；当河道总督，干的是许多好官不想当的差使；赴警山海关，是准备拿老命与俄国人拼的；南下两广，是为了应对法国人的侵略；接任两江，是要迎接更多更大的麻烦。

这一次，他是赴国难！

老九的一生，由书生而为武将，由武将而为督抚，每一步都是一个传奇；由赴兄急到赴国难，更是一个辉煌的传奇。

功在吴楚恩在晋！他是高调的战神，也是低调的好官。

唐浩明先生说：湘军将领中，还有谁比老九更敢作敢为？

这一问问得好，问得妙！

作为一个熟悉湘军的著名作家，唐浩明排除了胡林翼。胡林翼难道不敢作敢为？一个进士出身的官二代，竟然买官买到偏远的贵州去做知府，来证明自己和其他买官的人不一样，证明自己脱胎换骨，没有相当的胆气，谁敢？在湖北巡抚任上，胡林翼军事政事饷事人事齐抓，最后呕心沥血，将自己累死，这样的人还不敢作敢为？

唐浩明也排除了左宗棠。左宗棠还不敢作敢为？不说他做幕僚、做浙抚时的经历，光是年过花甲抬棺收复新疆，这一幕至今还刻在历史的功德碑上。

唐浩明排除了郭嵩焘。郭嵩焘也是一个敢作敢为者。作为中国近代史上第一个真正睁眼看世界的人，在国内舆论一片骂声之际，他忍辱负重出使英法，担当首任驻外公使，这是何等的胆魄？我想，原因或许只有一个，那就是老九的敢作敢为太真实了，不是逼真，而是纯真。

唐先生还说：左宗棠、胡林翼、郭嵩焘、刘坤一等都有着曾国荃的影子。这一概括更为精到。

我想接着先生的话说，晚清还有谁比老九做人更真切更朴实？

李鸿章急切谋位，左宗棠急切求名，只有老九既不谋位，也不求名，他只求功求实。

十年征衣期间，老九无名无实无位无权，他挺身而出，完全是为了大哥。战场上，每一次战斗，老九身先士卒，无论是掘濠沟，还是围"铁桶"，老九只是为了求胜仗立实功。

任山西巡抚时，老九只是想救灾民于困厄，解朝廷之危急。他到处伸手，向当年的战友、老乡要钱要物，全是为了山西；任两江总督时，老九只是想免除外敌的入侵，援台湾于急难。他处处出手，派兵派船派饷，哪里需要就往哪里送。这个时候的老九，早已由当年的激越，转为沉静，"处位可高可卑，行事不激不随"，大哥当年的教导已转化为实际行动。

急切谋位的，行事难免违心；急切求名的，行事不免乖逆。老九由高调一变而为冲淡平和，始终是一个真实的人。

他狂放不羁，自负不浅，常常信中"满纸骄矜之气，且多悖谬之语"，然而，他说话也很幽默。喜欢给人取外号，什么"左太冲""浮夸子"，随口说来；喜欢说乡下土话，什么"百步大王""茅屋总督""荷叶巡抚"，充满信笺。

他不拘小节，做事张扬，然而，你看他挖的濠沟、筑的营垒，真正让敌人胆寒、让旁人服气。

他挥金如土，不畏人言，然而，你看他捐赠的款项、刻印的书籍，哪一样不是惠民利民的好事？谁说他爱财如命？

他贪功使气，倔强任性，然而，你看他十年征衣，参纠官文，保富安贫，总督河道，上海谈判，两江洋务，哪一样不是临危坚定，谨守大义？战场上，他的统帅部是在离敌人最近的前线；官场上，他的处境都是在漩涡深处。

甚至，他死后一百多年仍然处在历史的漩涡之中。尽管世易时移，他的敌人的真相越来越清晰，但恨他骂他的人不管他的战功多高，政绩多大，做人多真，照旧又恨又骂。嘿，这本身也是一个传奇。

法国学者勒庞在《乌合之众》一书中说："群众对不合口味的证据视而不见。假如谬误对他们有诱惑力，他们更愿意崇拜谬误。"群众可以这样，但历史学不行。

作为史上第一部写老九的书，这也是一份迟到的机缘。这部书稿从初次动笔到写完，历时至少有九年，冥冥中与老九之数巧合。历史上的老九，比他大哥曾国藩更有个性，更有故事，也更有争议，要写好这样一个人物实在不容易，笔者只能勉力为之，算是抛砖引玉，期待方家和广大读者批评指正。

是为序。

刘绪义

戊戌春记于锁石斋

目录

开篇

上篇　赴兄急

中篇　荷叶巡抚

下篇　赴国难

开篇

我方十六游京国，海上扬尘正沸腾

　　道光二十一年（1841）九月，南方的广州刚刚遭受英国远征军的数月围攻，两广总督林则徐被革职充军，广州重新对英国开放，夷务方炽，史上著名的"鸦片战争"并未就此了结。大清国首都北京绳匠胡同北头路东（即北京西城区菜市口大街。1998年随着街道拓宽，这条北京历史上住过诸多名人的胡同彻底消失）的一间寓所里，三十岁的京官曾国藩遇到了一件棘手事。

　　这其实只是一桩家务事，原因是九弟曾国荃思归心切。

　　这个九弟是曾国藩的第三个弟弟，道光四年（1824）八月二十日生于湖南湘中老家，比曾国藩这个大哥小十三岁。因在家族中排行第九，故称为九弟。道光二十年（1840）十二月，十六岁的曾家老九随父曾麟书赴京，居住在曾国藩租住的棉花六条胡同路北房。这个地方房屋逼仄，父亲和弟弟一到来，更显得拥挤不堪。道光二十一年（1841）闰三月，父亲曾麟书离京回湘。九弟曾国荃留京肄业，曾国藩亲自为之授课。这年八月初六，曾国藩找到绳匠胡同的房子，共有十八间，每月房租京钱二十千文。相比之下，不仅房子大得多了，而且清爽干净。

　　曾国藩让老九到京城读书，内心里是有长远打算的。按他的观点，一个人只要真的想读书，虽是闹市也可、旷野也可，不必拘限地方。但他又认为，一个人出身在乡下，有三大天然劣势：一是视野不开阔，不知道山外有山，人外有人的道理；二是少年伙伴资质有限；三是观念陈旧，信息闭塞，接受外面世界的信息与观念迟缓。必须走出来，才能慢慢去除这些劣势。因此，做京官不久的曾国藩，尽管自身经济窘迫，还是不惜代价，将九弟叫到京城来读书。

　　谁知，环境刚刚变得好一点，老九就动了乡思。

　　这让曾国藩这个当大哥的非常不解。问他，他也不肯说。

　　曾国藩在给父母的信中写道："九弟迫思南归，不解何故。自九月初间即言欲归，男始闻骇异，再四就询，终不明言。不知男何处不友，遂尔开罪于弟，使弟不愿同居。男劝其明白陈辞，万不可蕴藏于心，稍生猜疑。如男有不是，弟宜正容责之，婉言导之，使男改过自赎。再三劝谕，弟终无一言。"[1]老九归志已决。

此时的曾国藩，两年前才考中进士，跻身官场，是年还只是一个叫翰林院检讨的小京官，俸禄微薄，"别无生计"，用度紧张，每逢冬天刚来就得借账。甚至为了弥补老家父母的家用，只得在京借钱数十两寄回家。在手上银钱告罄，无路费的情况下，曾国藩断断不肯答应九弟南归。

更关键的是，在没有弄清九弟思归心切的原因之前，曾国藩害怕担上一个对兄弟不友的罪名。他不知何处开罪了这个弟弟。

先前，曾国藩还告诉父母，九弟功课有常。读《礼记》《资治通鉴》《斯文精萃》《纲鉴易知录》等书。大哥曾国藩教他"温经须先穷一经。一经通后，再治他经，切不可兼营并骛，一无所得"。

搬到新家后，九弟得了一场小病，小到只有两天就好了。这应该不算是事。

大哥不给路费，老九自然也走不成。

挨到了十月，老九体好如常，不甚读书，也不肯和大哥一家一起吃饭。但对待大哥、大嫂依然恭敬如常。问他原因，依然不肯说。

曾国藩没有办法，面对这个闷罐子弟弟，曾国藩只好捉笔写了一篇两千余字的文章，详细述说了不可归的原因，并且作了一首诗给他[2]：

> 松柏翳危岩，葛藟相钩带。兄弟匪他人，患难亦相赖。行酒烹肥羊，嘉宾填门外。丧乱一以闻，寂寞何人会。维鸟有鹡鸰，维兽有狼狈。兄弟审无猜，外侮将予奈？愿为同岑石，无为水下濑。水急不可矶，石坚犹可磕。谁谓百年长，仓皇已老大。我迈而斯征，辛勤共粗粝。来世安可期，今生勿玩愒！

读了这首诗，老九这才"微有悔意"，但依然不肯读书。

到了十月十一日，这一天是曾国藩三十岁生日。老九竟然具酒食，肃衣冠，为大哥祝寿，又肯在上房共饭，兄弟俩和好无猜。

又过了几天，父亲曾麟书从乡下写信给老九，老九才重新开始读书。

老九总共在京城生了两场病。其中一次是"时疫症"，发热畏寒，遍身骨节痛，胁气疼痛，呻吟之声震屋瓦。大概是水土不服，湖南人进京多有此病。曾国藩也曾得过，但他仍然日夜惶恐，惟恐得罪这位九爷。

病好后，老九天天习字，甚有长进。又听说路上不安宁，老九就不复提回家

[1] 曾国藩：《曾国藩全集》(19)，岳麓书社，1987年，第14页。

[2] 曾国藩：《曾国藩全集》(19)，岳麓书社，1987年，第16页。

之事。

可谁知到了道光二十二年（1842）七月，老九又开始动南归的心思，其意仍坚，不可挽回。曾国藩这回不再劝阻。在他看来，这是老九年少无知、厌常喜新之故，未到京则想京，既到京则思家，在所难免。他思前想后，唯一得罪这位九爷的原因恐怕只有一条，那就是家中仆婢对曾国藩这个老大恭敬，对老九则自然简慢，导致他心如悬旌，不能读书，思归心切。

此时，恰巧有一位湖南老乡，叫郑莘田的京官外放贵西兵备道。走马上任，须经湖南去贵州，老大便决定让老九与他结伴同行，离京回湘。

老九在京一年半时间，刚开始的半年用功最好，后来因侄儿曾纪泽生病，耽误了半个月，再后来思归，不肯读书，耽误两个月；后生病又耽误两个月；其他时间，断断续续，学业虽有长进，但却不如他的书法长进大。

曾国藩给他的考评是：读书作文全不用心，凡事无恒，屡责不改。大概根本原因也就是曾国藩所说的"最坏处在于不知艰苦"。

当然，这位老九并非一无是处，大哥最满意的两点，一是好与老大谈伦常，讲品行。曾国藩认为这样能使之扩见识，立远志，识为学之次第，将来有路可循。二是他待兄甚敬，待侄辈甚慈，循规蹈矩，一切颓靡蹈淫之事毫不敢近，举止大方，性情挚厚。因此，曾国藩在信中告诉父母："九弟纵不为科目中人，亦当为孝弟中人。"[1]

经过了这次莫名的折腾，曾国藩对这位九爷心存"敬畏"：闷罐子老九真服侍不起呀。

就这样，这位九爷结束了短暂的寓京生活，回到了湖南老家。

但是，到了道光二十三年（1843）正月间，老九又想进京，而且是打算和老六曾国华一起来。这一次曾国藩则不大欢迎，一则一年之内忽去忽来，恐惹旁观者笑话他们曾家兄弟轻举妄动。二则路费太贵，二人同来，光路费就得八十两银子。

于是，曾国藩断然拒绝了他们的想法，令他二人在省城长沙读书，同时向他们介绍一位叫丁叙忠的长沙廪生，要他们向丁叙忠执贽受业，并且告诫两位弟弟："一生之成败，皆关乎朋友之贤否。"[2]这样才算断了老九进京的念想。

四十四年后，老九在两江总督衙门作诗回忆：

> 我方十六游京国，海上扬尘正沸腾。

[1] 曾国藩：《曾国藩全集》(19)，岳麓书社，1987年，第59页。

[2] 曾国藩：《曾国藩全集》(19)，岳麓书社，1987年，第57页。

白眉老九有点二

九爷曾国荃在曾家兄弟五人中间天分最高，自幼聪明灵敏。九岁那年，有人出上联"君子保身"，老九快速对出下联"帝乙归妹"。加上祖父、父亲大人严格的家塾教育，养就了他不一般的才华。从他短暂的京漂生涯中也可以看出他个性最为倔犟，即使后来身为封疆大吏，也流露出既内敛又张扬的个性。

曾国藩的四个弟弟，不仅年龄差距大，个性差距也大，曾国藩对他们兄弟做过简略的评价。

就在老九出京回湘的时候，曾国藩送至京郊卢沟桥，以诗为别，其中一首云"辰君平正午君奇，屈指老沅真白眉"。

辰君是指澄侯四弟曾国潢，庚辰时生，午君是指温甫六弟曾国华，生于壬午。一个平正，一个奇。平正是指天分平常，奇是指有不羁之才：事实也证明了这一点，后来，四弟国潢坚守湘乡老家，照料家务，不似其他三个弟弟有所作为；六弟国华后独领一军，立下许多战功，最终战死在安徽三河。

而对九弟沅甫[1]也就是曾国荃，大哥曾国藩用了"真白眉"三字来评价。

白眉是个典故。三国时期的马良有兄弟五人，并有才名，乡里人称赞他们：马氏五常，白眉最良。意思是说马良的眉间有白毛，故称马良为白眉。后因以喻兄弟或侪辈中最为杰出者。

大哥曾国藩称九爷为"白眉"，将他与马良相比，可见这个弟弟在大哥心目中的地位。曾国藩也对这位九爷寄予殷殷之望。

曾家五虎，这是一个和睦的传统农家样板。自从老大中了进士，做了京官以后，四个弟弟都开始不甘寂寞，不乐意再守在乡下私塾中读书。老大曾国藩观诸弟之意，觉得这些没有经历过艰苦的弟弟们实在有些好高骛远。于是，当老大的开始屡屡在家信中长篇大论地告诫他们：

> 吾辈读书，只有两事：一者进德之事，讲求乎诚正修齐之道，以图无忝所生；一者修业之事，操习乎记诵词章之术，以图自卫其身。
>
> ....

---

[1] 沅甫：曾国荃，字沅甫，时人通信亦有称"沅浦"，本书统一称"沅甫"。

卫身莫大于谋食。农工商劳力以求食者也，士劳心以求食者也。故或食禄于朝，教授于乡，或为传食之客，或为入幕之宾，皆须计其所业，足以得食而无愧。科名者，食禄之阶也，亦须计吾所业，将来不至尸位素餐，而后得科名而无愧。食之得不得，穷通由天作主，予夺由人作主；业之精不精，则由我作主。然吾未见业果精，而终不得食者也。农果力耕，虽有饥馑必有丰年；商果积货，虽有壅滞必有通时；士果能精其业，安见其终不得科名哉？即终不得科名，又岂无他途可以求食者哉？然则特患业之不精耳。[1]

……且苟能发奋自立，则家塾可读书，即旷野之地、热闹之场，亦可读书，负薪牧豕，皆可读书。苟不能发奋自立，则家塾不宜读书，即清净之乡、神仙之境，皆不能读书。何必择地，何必择时，但自问立志之真不真耳。[2]

他批评六弟喜欢发牢骚，"自怨数奇"，屈于小试，便自己埋怨运气不好，嘲笑了六弟一把，"吾窃笑其志之小，而所忧之不大也"。又责九弟没有长进。[3]

此时的曾家老大刚开始学做圣人，开始立志修身，这些话应当是做老大的对弟弟们的拳拳关爱。但听多了，弟弟们开始憋着一股气。

道光二十三年（1843）正月十五，他们相约各自写信给大哥曾国藩，尤其是大弟弟曾国潢在信中毫不客气地责备了当哥哥的动不动喜欢训人，又不能提供切实可行的帮助。其中一句话说得很直白："月月书信徒以空言责弟辈，却又不能实有好消息。"

什么叫好消息？说得很含糊，其实不外是当大哥的能给弟弟们带来些足以让他们脸上有光的好事。沾光，是每一个弟弟心中渴望的。不仅没有，反而每个月写信，尽是用那一些不着边际的空话来责备他们，这些信寄回乡下，让亲戚邻居们看了，还以为他们这些做弟弟的"粗俗庸碌"，"使弟辈无地可容"，弟弟们的面子都被扫光了。

读到弟弟们的来信，当大哥的猛然醒悟，"此数语兄读之不觉汗下"，看起来是为弟弟们好，实则有点光大自己的名声，让弟弟们落个坏名声。做大哥的于是马上自我反省，承认弟弟们的批评"甚为切当"，"恨不得生两翅忽飞到家，将老弟劝慰一番"。

---

[1] 曾国藩：《曾国藩全集》（19），岳麓书社，1987年，第33页。

[2] 曾国藩：《曾国藩全集》（19），岳麓书社，1987年，第38页。

[3] 曾国藩：《曾国藩全集》（19），岳麓书社，1987年，第14页。

他先是纠正自己此前的说法，对四弟想偕同季弟从师汪觉庵予以首肯，承诺学费由大哥来出；继而肯定六弟偕同九弟到省城长沙读书的要求，并说："乡间孤陋寡闻，断不足以启其见识而坚其志向。"其费用亦由自己负责。同时还大大称赞了六弟之信，"乃一篇绝妙古文。排奡如昌黎，拗很似半山"[1]。

对于九弟，曾国藩倒没有太多的指责，相反，屡屡提到九弟离京之后自己的思念之情。他曾作诗二首《早起忆九弟》，深情款款：

其一

别汝经三月，音书何太难！夜长魂梦苦，人少屋庐寒。

骨肉成漂泊，云霄悔羽翰。朝朝乌鹊噪，物性固欺谩。

其二

尚余词赋好，随众颂康哉。报国羌无力，擎天别有才。

寒云迷雁影，远道望龙媒。百尺金台矗，看君蹀躞来。

道光二十四年（1844），二十一岁的老九开始和其六兄国华在长沙城南书院读书，并附课于大儒罗泽南处，诗文书法俱有大进。道光二十七年（1847）七月，老九以府试案首入湘乡县学。一年后，赴省城参加科试，获一等，补廪膳生，成为公家给予膳食的生员。又一年后，九弟与兄国华再次赴长沙参加省试，结果落第。

老九的落第，并不意外。道光二十八年（1848）六月，他在一封给六哥曾国华的信中如实坦白，说自从去年秋天至今，"未尝见书为何物"，每天侍奉祖父。尽管父亲多次督责他用功以为科考计，最好考个拔贡，但是，老九倒是有自知之明，自言是一个"能度德量力者"，"何敢贪思妄想，然堂上有此意，自不得不曲为从，非为想考拔也，求其科考不进袋子则吾愿足矣"[2]。压根儿就没有想考上的意思，等到进长沙参加省试时，"乃开卷茫然，此心莫知其乡"，作文几不能成句，甚至文中当用之字，几忘其点画。他甚至祈祷季弟国葆能得神明保佑，府考取首，院考进学，这样他似乎压力就少了许多。可见老九就是一个没有大志的"二货"。

[1] 曾国藩：《曾国藩全集》（19），岳麓书社，1987年，第52页。

[2] 曾国荃：《曾国荃全集》（第五册），岳麓书社，2006年，第3页。

两个厉害人

道光二十八年（1848），老九结识了一位传奇人物，此人叫江忠源。

江忠源字岷樵，湖南新宁人，比曾国藩小一岁。江氏出身于书香门第。父亲江上景是秀才，以教书谋生计。江忠源秉承父志，攻读诗书，少年时即能写一手好文章，十五岁便考中了秀才。

据记载，江忠源面目英俊，性格开朗，喜好交际。因交游不慎，跟一帮赌徒沾上了赌瘾。而他赌运又极差，老是输得要脱衣服去质押，得了钱又回到赌场。而赌与嫖往往不分家，偶尔赢了钱，便去找娼妓。这令其他谨守礼法的读书人嗤之以鼻，他就这样由着性子在江湖上玩耍，一直混到二十五岁而一事无成。

这些故事似不可信，因为假如江忠源真的热衷于玩耍的话，那么，他不大可能于二十五岁即道光十七年（1837）考中举人。《清史稿》说他"究心经世之学，伉爽尚义"。

然而，造化弄人，中举后的江忠源进京应试，不仅首场遇挫，其后客居京师八年，竟屡试不中。道光二十四年（1844）八月，江忠源跟随另一个湖南人郭嵩焘来见曾国藩。郭嵩焘是曾国藩当年求学岳麓书院时的至交。江忠源随意自如、坦荡侠气的性格，深深打动了曾国藩，竟使曾国藩有相见恨晚之感。

分别时，曾国藩送他们出门，回头小声地对郭嵩焘说："京师求如此人才不可得。此人他日当办大事，必立功名于天下，然当以节义死。"

郭嵩焘不明白，追问缘由。

曾国藩说："凡人言行，如青天白日，毫无文饰者，必成大器。"

这一年，江忠源通过大挑被任命为教职，返回湖南，随即在家乡推行保甲法，倡办团练，暗中以兵法部勒村民，定期集训，教以"忠义"，使其知"亲亲长长之义"。

道光二十七年（1847），瑶人雷再浩在湖南新宁黄背峒聚众起义。江忠源率团丁两百人，配合清军，扼险堵截，焚烧起义据点黄背峒，设计离间义军，袭捕雷再浩，后被擢升为知县，赴浙江候补出缺。两年后，江忠源担任秀水县知县，因政绩卓著，受到浙江巡抚吴文镕的赏识，补任丽水县知县。

道光三十年（1850），咸丰帝即位，诏令部院九卿举荐贤才。此时曾国藩已担任礼部左侍郎，在他的推荐下，江忠源得以入京朝见皇帝，但不久便因父亲去世，辞职回乡守孝。

老九与江忠源搭上关系，自然缘于大哥曾国藩。这期间，江忠源与曾国藩保持通信联系，但直到道光二十八年（1848），曾国藩的家书中才提及江忠源，原因是江忠源买到了虎骨，表示要亲自送到曾家老宅。

江忠源自然不会失信，果然不久，老九在一封信中对老大兴奋地说："岷樵为人之好，天下无与比伦，不胜钦慕"。几天以后，再度大肆称赞江忠源，"与弟往来最密，其人之识见力量，自非一切世人所能及。向闻其慷慨忠义之名，窃向慕者久之，今得见其人，不觉欣慰之至，不觉佩服之至"[1]。

以老九的为人，如此慷慨赞赏一人，其人定有优点。江忠源的侠骨柔肠早已名声在外。京城里曾经盛传"包送灵柩江忠源"的佳话。先是有陕西同年邹兴如客死京城，继而有湖南人邓鹤龄染病京都，曾如镳客死，江忠源不仅在他们病重时悉心照顾，还在他们病死后买来棺木，亲送遗体回籍。

咸丰元年（1851），大学士赛尚阿奉诏赴广西征讨太平军，特征调江忠源，得到副都统乌兰泰的器重。后来，江忠源回乡召集乡兵五百人，组建楚勇，并由弟弟江忠浚统领，奔赴广西。

咸丰二年（1852），江忠源更是出散家财，捐资募勇一千二百名，并嘱其弟江忠济及刘长佑等添募五百名随往。乌兰泰战死，江忠源得以独领一军解桂林之围，升知府。此后，江忠源在短短的一年多时间里，依靠战功，从一介书生，升为同知、知府、道台、按察使、巡抚，至封疆大吏，成为有清一代极为罕见的一例。《清史稿》称"湖南募勇出境剿贼，自江忠源始"。

江忠源虽然于咸丰三年战死于安徽，不过两年，出师未捷，但他留下了一批重要的湘军将领，日后在漫长的湘军东征中发挥着重要的作用。他们是江忠义（从弟）、江忠信（忠义之弟）、江忠浚（二弟）、江忠济（三弟）、江忠淑（四弟）、江忠珀（族弟）、刘长佑（同学同乡）、刘坤一（刘长佑之族叔）、席宝田等。

道光二十四年（1844），一个叫罗泽南的名字开始频繁地出现在曾家老九的书信里。

这个罗泽南，与曾氏兄弟属于同乡，而且同里，都是湘乡人，罗泽南是现今双峰县（从湘乡县析出来）石牛乡（此前称善庆乡）人，与曾氏老家相距不过二十多里。

此人有数奇。一奇，奇在他是个苦命人。苦到十年之间连丧十一位亲人，这些亲人之丧的主要原因是穷。二奇，奇在他的学问。尽管穷、尽管苦，但他"不耻生事之艰，而耻无术以济天下"，因而其理学修养功夫之深，在当时的湖南人中

---

[1] 曾国荃：《曾国荃全集》（第五册），岳麓书社，2006年，第5页。

少有人出其右。三奇，奇在他长期考不上科举。他生于嘉庆十二年（1807），长曾国藩四岁，却直到咸丰元年（1851），才得以举孝廉方正出身。换言之，这还不是正经考上的。但更奇的是，即便如此，他以书生倡办团练，率领一班弟子组建起一支上千人的乡勇。这支队伍后来成为曾国藩组建湘军的基本班底。

罗泽南也因此被很多人称为湘军创建者，其实大谬。

团练作为一种制度，并非由罗泽南首倡，不仅古已有之，而且在清朝倡团练也不始自湖南；即便在湖南，较早办团练且有成效者为江忠源；即便在湘乡，办团练始自咸丰二年（1852），当初省城大吏商议招集乡勇千名，以防堵省城之备，衡阳以下各险隘处，由候补道夏廷樾主持其事。湘乡紧靠衡阳，正当其冲，夏廷樾就写信给时任湘乡县令朱孙诒[1]，提议在湘乡招乡勇两三百名，计划让曾国藩之大弟国潢统带晋省。此事经老九之手，国潢与老九商量过数次，"勤勤恳恳，嘱为转托"。时在四月间。

同为湘乡人的彭洋中在《湘勇源流记》中载，道光三十年（1850）十月初二朱孙诒受命调任湘乡县令，就碰上一件群体性事件，上千名乡民因为钱漕的问题聚集包围了县衙，平息事态后，召集诸绅商议，便提出"防患未然，古之善教"，考虑到官军布守冲要不能遍，"团练乡兵，差足卫闾阎"。这一倡议得到王鑫的响应。王鑫乃罗泽南之弟子。咸丰元年（1851）七月，湘乡境内五都会匪同时骤起，县令朱孙诒遣刘蓉、康景晖号召团练，亲往捕治之。

咸丰二年（1852）四月广西全州失陷。七月，王鑫等偕文士易良干各集团练数百人，到县听调，分三营。易良干领中营；王鑫领左营，武生杨虎臣，团长王开化、张运兰隶焉；康景晖领右营；以诸生罗信南综理三营粮糈。县学两司教官，并廪饩生魏万杰等，分投劝捐助以济军食。换言之，湘乡团练草创之时，罗泽南尚在长沙，直到四月底，他才与老九计划同舟归里。

曾国藩日记中记载，"是月罗泽南来，命易良干奉以中营事，而己副之"。

这说明，罗泽南四五月间从长沙回到乡里，直到七月才来到县城，朱孙诒将易良干的中营交给罗泽南统带。许多记载都说，罗泽南在籍倡办团练，只是因为罗的影响以及他的众多弟子参与其中的缘故。《清史稿》对江忠源、罗泽南的评价为：

> （咸丰）二年，粤匪犯长沙，泽南在籍倡办团练。三年，以劳叙训
> 导。曾国藩奉命督乡兵，檄剿平桂东土匪，擢知县。江忠源援江西，乞师

---

[1] 朱孙诒（1807~1866），《清史稿》中朱孙贻、朱孙诒实为同一人，江西清江人（今樟树市），字石翘（又作石樵）。古人写人名、字或称号，为避讳往往同音替代，如李鸿章，字少荃，又写作少泉等。

于国藩，乃令泽南率以往。所部多起书生，初临行阵，战南昌城下，争奋搏，死者数人。国藩闻之，喜曰："湘军果可用。"及围解，剿安福土匪，以三百人破贼数千，擢同知直隶州。归湖南，剿平永兴土匪，所部增至千人，屯衡州。

朴诚勇敢之风，皆二人所提倡也。忠源受知于文宗，已大用而遽殒。泽南定力争上游之策，功未竟而身歼，天下惜之。忠源言兵事一疏，泽南筹援鄂一书，为大局成败所关，并列之以存龟鉴。[1]

罗泽南虽然不是湘军的创始人，但毫无疑问，罗泽南对湘乡团练的影响是不可低估的，不仅因为他在湘乡的影响，而且他的弟子从军后多成名将，最著名的就有李续宾、李续宜、王鑫、刘腾鸿、蒋益澧等人。罗泽南可以说是这支队伍的灵魂人物，但是团练不是湘军，湘军亦不是团练。罗泽南手下的两千人仅仅免去了曾国藩临时招募的麻烦。

曾氏兄弟中有二人成为罗泽南的弟子，一个是老六国华，一个是老九国荃。道光二十四年（1844）正月间，六弟国华就附课罗泽南处。

咸丰元年（1851）七月，老九赴长沙参考，与刘蓉同住庙里，罗泽南"不时顾问"，"兄弟三人，颇有乐趣"。十二月，老九又给大哥写信，极力称赞刘蓉与罗泽南，"二君子者，吾邑伟人也，心术本正，学术极纯，年来尤好学不倦，良可钦佩。弟每见二君，不觉敬畏忽生，向时所有毛病，又略收拾，好得几日也"[2]。

咸丰二年（1852）正月，罗泽南坐馆贺长龄家，其时，曾国藩相中了贺长龄家的女儿，想配与曾纪泽，就请罗泽南做媒。此后，老九与罗泽南一起住了十余日，又在信中向大哥推荐罗泽南，说：

扣其学问，正大笃实，经术湛深，著述日富，现著有《皇舆要览》，系考本朝水利、海国图志、山川要害，总集各家考据之有凭而最当者，成为一书六卷，每省冠以总论。又著《西铭直解》七八万字，申明理一分殊之旨。又有《上达图说》，言理欲消长之机，间不容发。又有《姚江学辨》三卷，又有《人极衍义》万余言，发明天道人道之理。又有《小学韵语》二卷，系集《小学》《曲礼》《少仪》及明吕新吾各儒先语，极为易知易由，将来益于童蒙甚巨。弟考其用功之艰苦，则自道光十二三年起，学问之得力，则系十八九年也。《五经》皆实致其功，而《易经》一书尤用功最深，故其言

[1] 赵尔巽：《清史稿》（三九），中华书局，1977年，第11945页。

[2] 曾国荃：《曾国荃全集》（第五册），岳麓书社，2006年，第30页。

《易》皆平易教人之道，启发后学，亦极殷勤，令人钦仰无既。[1]

此时的曾国藩已调署吏部右侍郎。但从信中可知，曾国藩与罗泽南并无直接交往，否则用不着老九在此详细推介。在这之前，曾国藩与罗泽南似乎也没有直接的书信往来，不久以后，老九又写信给大哥，说明罗泽南所著的《皇舆要览》即将成功，但缺少七幅图，要曾国藩在京城或借或买。

时隔不久，老九又恳求大哥书以格言对联，送给罗泽南，大概是罗泽南婉转委托老九索要。老九还不忘称赞一番：

> 罗翁刻苦励学，廿年来如一日，有本有原，有体有用，真吾乡之典型也。前年朱石翁举渠孝廉方正，惜当道者视此事为具文，不甚留心。若有推荐之者，举而用之，自足以惠及一方。朱石翁在吾邑中所为之善政，固罗翁之所优为者也。渠所著《姚江学辨》，唐镜丈曾嘉赏不置，其余所著之书，弟前两信已详告之矣，谅兄必喜邑多君子焉。其引诱后进之心极为勤恳，令人且爱且敬，诚不可及也。[2]

可见，这段时间，老九不仅与罗泽南交往密切，还大有举荐罗泽南之意。他特意提到曾国藩的吏部侍郎身份主选铨之职，言下之意是希望曾国藩能够借便举荐罗泽南，以发挥其才能。

可惜，曾国藩因母亲不久去世，不得不中断他十年京官生涯，回湘守孝。

乡下议政

从道光二十四年（1844）至咸丰二年（1852），曾老九并没有闲着。他来往湘乡与省城之间，既是北京与湘乡圈子之间的关键联络人，又在这期间开阔了眼界，增长了见识。

特别是到了道光二十八年（1848），曾老九给自己做了一次自我鉴定：自检不甚严，而大无道之事，断不敢为。合计此生弊病，用四个字可以概括：无志无恒。故勇往则不足，谨慎则有余。

---

[1] 曾国荃：《曾国荃全集》（第五册），岳麓书社，2006年，第39页。

[2] 曾国荃：《曾国荃全集》（第五册），岳麓书社，2006年，第49页。

读到这份自我鉴定，真有点让人忍俊不禁。

这明显是和大哥唱对台戏。曾家老大年前已做到礼部侍郎，三十八岁的年纪就当到了二品大员，靠的就是修德改过，曾总结出八个字：有志有恒，万事不难。

不过，老九倒还诚实得可爱。凡与大哥相亲的湘人，老九也一概结交。比如刘蓉。

刘蓉字孟容，号霞仙，比曾国藩小五岁，也是曾国藩同乡，道光十三年（1833），两人相识于湘乡县城的涟滨书院。刘蓉曾作《寄怀曾涤生侍郎》诗，回忆了当年两人相识的情形："忆昔识面初，维时岁癸巳。虎观夜谈经，龙城春校士。"[1]曾国藩对这位年龄比他小却有着巨大学术抱负与追求的朋友表示了极大的钦敬，称赞他"博通经史，为文宏宕，有奇气"，将他比作"卧龙"。

因为大哥的缘故，曾老九和刘蓉也相交甚好。他说："里中旧友，如刘孟容者，可谓壁立千仞矣。以不得志于有司而改前业，而务正学，孜孜不倦，迄今且将十五年。笃信圣贤之业，谨守吾道之规模，几有所成矣。其好善之诚，如饥之于食，渴之于饮，不啻自己有之，故邑中后进引诱入正道者颇多。"[2]

老九看到自己的大哥与刘蓉交好，"不翅胶漆"，虽出处各自不同，一个身处廊庙，一个屈居山林，各行其志，守正不阿，"道一而已"。这概括得相当精准，曾国藩累十年居朝廷二品，刘蓉却始终屈沉乡间，境遇地位悬殊，但实则殊途同归。咸丰二年（1852），刘蓉在道台钟子宾家里教授其四公子之学业。老九依然与他交往频繁，称"孟容近来颇有善气薰蒸，若与之处，如日坐芝兰之室"。因为有了如刘蓉这样的朋友作榜样，老九乃能稍自振愤，开始自我检束、增进学识。

除了刘蓉外，老九对湖南地方政治也有了自己的观察和看法。

曾氏老家湘乡这个时候出了一个很受人欢迎的知县，叫朱孙诒。历任刑部主事，宁乡、长沙县知县，为人正直，个性彰然，有循吏之称。湘乡这个地方，民俗剽悍，随着广西太平军举起义旗要救中国，军势日炽，湘乡会匪暗中与之通款。时任巡抚骆秉章希望派一得力之人履职湘乡，但是遍计群吏，罕有能胜任者。一般人还视为畏途，骆秉章点了十多个人，他们都无一例外推辞不往。这时，他才想到卸任长沙县知县月余的朱孙诒。朱孙诒慷慨赴任。

曾老九发现，朱孙诒兴利除弊，彰善瘅恶，事事能快人意，真心为国家出力，真心爱民如子。甚至发出这样的感叹：天下州县皆如此，三代之治，可复见于今日矣。现在洞庭湖以南为民父母者，实称第一。

除了朱孙诒外，曾老九还发现了一个好官，即前任永顺府夏廷樾，此人乃曾

[1] 刘蓉：《刘蓉集》（下），岳麓书社，2008年，第281页。

[2] 曾国荃：《曾国荃全集》（第五册），岳麓书社，2006年，第34页。

国藩门下刑部小京官夏献云的胞叔。由县丞升至太守，官声整饬，能为百姓分忧，才具甚大，为人好善，留心人才，是"宦海之中，未易得者"[1]。

这两人后来都成为曾国藩的帮手，显然跟老九的称赞密切相关。曾国藩后来有诗赞道：

> 山县寒儒守一经，出山姓氏各芳馨。
> 要令天下销兵气，争说湘中聚德星。
> 旧雨三年精化碧，孤灯五夜眼常青。
> 书生自有平成量，地脉何曾独效灵？

咸丰二年（1852），太平军未进入湖南之前，曾老九对广西事变也有过自己的议论。他说：

> 广西不靖，恐非目前所能荡平。缘以太平已久，民不知兵，而司命者又未必悉能调度有方，以故望风而靡，不战而北。行师将近三年，用帑逾千万，而桂林省城，竟复为贼所围逼且将一月。幸赖有向提督固守，虽未遽失，然已大伤国体矣。昨郴州又兴出会匪劫饷戕官一案，幸扑灭甚速，不至动军需向〔饷〕，微本地绅士及良百姓之力不能如此也。[2]

老九能够看到没有本地绅士和良民百姓之力不能扑灭会党，堪为灼见。

太平军兴起后，湖南富家巨室早已不得安枕，都在关注桂林的事态。一旦情势不妙，毫无见识的人就心生背井离乡之念；稍有见识者，也有离城往乡，自办团练之法。老九得出"人心不固如此，不是盛世好气象"的结论。

长沙城里，省城高官开始发布通知，修理城垣，劝捐。但愿意出捐者很少，多数人都在观望。曾老九看在眼里，分析原因，不外乎省城大吏平日不能为百姓分忧，此次预先谋划也只有修城一个办法，怎么可能团结众百姓的心，令他们踊跃捐款呢？

为官不爱百姓，大难来临，百姓就只求自保。平时无事时只想钳制言论，临到有事想要他们献计献策，又怎么可能呢？

老九之思，全然站在庶民的立场上，应该说是切中要害。回头看湘乡一县，老九对朱孙诒治政整齐，民众爱戴颇为赞赏，然而又指出，必须让朱县令久任其

---

[1] 曾国荃：《曾国荃全集》（第五册），岳麓书社，2006年，第36页。

[2] 曾国荃：《曾国荃全集》（第五册），岳麓书社，2006年，第48页。

职，风俗人心方能转移。

随着太平军进逼湖南，老九对军事又有了新的看法。

> 大吏虽有防堵之筹，而既患于无人，又患于无钱，颇难认真。现今中丞有请帑之举，而办事实难其人。军务一事，尤须多才，乃能有济，今安所得人才哉？安所得用人才之大吏哉？可哀也已！粤中不靖，湖南形势所系良重，非特有关于大湖大江之南北也。湖南险隘，实在永州之零陵，宝庆之城步、新宁。[1]

要办理军事，须依赖人才，尤其是用人的督抚。遍观当下，人才在哪里？会用人的督抚在哪里？老九不禁哀从中来。

此时，长沙城内的世家巨室、富贾客商，早有离开远避之意，或浮江东下，或离城下乡，超过了数百家，剩下的也在观望，稍有警报，即会行动。老九思之其因，"良由文武官员无一可恃之人"，既不能为地方御敌，又不能为百姓分忧。自巡抚以下至僚属幕友，无不先将家眷送往乡下，"先去以为民望，人心安得固乎？"

身为封疆大吏的湖广总督程矞采本奉诏督师衡阳，也畏惧太平军打算回驻长沙。老九感叹，太平军未到湖南边境，大员即开始畏缩，百姓哪里还有什么指望呢？

老九目睹此等情状，深为失望，大有感慨："此等居然人上，开锣放炮，执节钺，享厚禄，而不自愧，无怪乎时世如此矣！"

时局如此，与老大在京城连上数道奏折剖析的时局看法相近。

1853年的湖南

咸丰三年（1853）前后的湖南，充满了焦虑不安和传奇故事。

道光二十八年（1848），湖南发生罕见的大水灾，四月浏阳大水，溺人颇多；五月常德大水，下直到沔阳州，溺人数万，臭气二百余里间可闻到；六月安化、益阳大水，淹城内二三丈，溺人无数。而未见当局采取什么措施。道光二十九年（1849）七月，老九从乡下来到省城长沙，看到"潭州市中及省垣城内外灾民几

---

[1] 曾国荃：《曾国荃全集》（第五册），岳麓书社，2006年，第52页。

遍, 死相藉枕, 为可怜耳"。不仅灾民云集省会, 而且物价奇高, "一切食用, 较去年皆三倍其价", 于是得出一个结论, "吾乡自初夏至六月, 其光景亦甚非太平气象"[1]。

1853年前后的湖南吏治

地名	官员姓名	问题表现
善化	知县易学超	劝捐办赈, 捏称累赔, 勒令各铺户再行捐银以肥私囊, 门丁衙役逐案诈赃
湘乡	知县师鸣凤	短买谷仓8000余石
安化	典史潘某	与已赦军犯王吉朋讹诈乡民, 衙役倚势虐民, 知县不究
邵阳	—	差役多至2000余名, 凡词讼命案执票下乡, 轿夫抬役以及白役100余人, 民间无力供给, 辄行搜抢, 至有被逼自尽者
岳州	同知俞舜钦	贪贿逼差, 私设班馆, 滥押无辜, 非刑拷打, 致毙数十人
巴陵	知县王逢吉	用土棍万五为门丁, 吞蚀赈银
平江	知县张宗世	遇案索费, 由胞兄及父亲接收, 私设非刑
澧州	知县吕安裕	才品猥鄙, 不知振作
安仁	知县王化成	门丁遇案勒费, 经手钱粮蒙官以收作欠, 尽肥私囊, 亏空1万余两银
永州镇	总兵樊燮	冒领兵粮银钱至数千, 擅提廉俸数至盈千, 提用营中银钱至数千, 恣意侵亏, 盖造房屋, 演戏赏耗, 开销公项
道州	知州陈敬曾	居心污鄙, 一味颟顸
江华	知县刘兴桓	门丁充书吏与绰号为徐老虎、癫皮狗者结拜, 在县城伙开钱店赌局, 把持衙门, 逼案诈索, 募乡勇数十谎报为600人
桂阳	署知县陈济钧	操守平常, 舆情不协
溆浦	知县薛超文	浮收钱粮
芷江	知县王大纶	心地糊涂, 信任丁役
黔阳	知县张佐清	才质昏庸, 不能自主

资料来源:《清代咸丰年间吏治败坏状况考略》, 吴荣政,《湘潭大学学报》, 1990 (1)。

不仅基层如此, 省里高层亦不例外: 辰沅永靖道道台吕恩湛在省数十年专事逢迎, 广为结纳, 所管屯粮经费, 亏欠甚多; 布政使万贡珍驭下过于宽纵; 巡抚陆费琅贪赃卖缺, 以巡捕蔡鼎新、王逢吉为腹心, 致佐杂人员争先进贿; 湖广总督程矞采喜下属揣摩迎合, 对谄媚阿谀者曲为庇护。上司不能廉洁奉公, 又怎望其正己率属? 因而属员胆大妄为, 门丁书吏因缘为奸。不少官员不以政务为要, 专事游玩宴乐。如湖南布政使惠丰, 专事台池鸟兽之娱, 又遍访佳木异石, 搬入宅第中用作亭台之饰, 酣嬉终日, 不理公务, 民众称之曰"惠顽"。湖南官场如此, 吏治败坏可想而知。

待到广西事发之后, 大多数人都没有把它当成什么很大不了的事, 都以为平

---

[1] 曾国荃:《曾国荃全集》(第五册), 岳麓书社, 2006年, 第20页。

定这一事变只是短期的事。直到太平军逼近湖南,湖南地方官场才"略有动作,以为防备"。

老九对省城三大宪有过一个简短的评价:"皆太平之臣也,办事不足,偾事有余;用才不足,忌才有余。""现今各宪,识见可叹,不惟不能先事预防,亦并不知御寇于境外,徒事招集无用之人防守衙门,各署皆有,每署二百名。……殊不知不御之于境外,而境内终不能安也。"[1]这个普通得不能再普通的道理,湖南最高当局竟然没有弄明白,见识还不如老九这样一介乡下书生贱民。湖南官场之风气败坏可想而知。

张亮基,曾经是云贵总督林则徐的左膀右臂,在云南当过临安知府。张亮基是江苏铜山人,举人出身,林则徐把他由知府提拔为按察使,后升迁为云南布政使,进入副省级行列。张亮基在云南成功地处理了回汉矛盾,得以升任云南巡抚。

太平军由广西进入湖南后,时任湖南巡抚的骆秉章被赛尚阿弹劾,北京撤了他巡抚一职,选中张亮基为湖南巡抚。在张亮基还没有到任前,暂时由骆秉章代理。

骆秉章熟悉湖南,也熟悉敌人,他和洪秀全是同乡——广东花县人。两人相差二十一岁。有记载说,骆秉章被弹劾,是因为赛尚阿被任命为钦差大臣路经湖南去广西时,遭到了冷遇。骆秉章是进士出身,曾于道光二十八年(1848)在云南当过布政使,道光三十年(1850)升任湖南巡抚。张亮基于道光二十六年(1846)担任云南按察使,和骆秉章共过事。骆秉章升调湖南后,张亮基不仅升任巡抚而且兼署云贵总督。

咸丰二年(1852),张亮基到湖南履职,时太平军已围困长沙,张亮基只好"梯城而入",爬城墙进长沙。于是,长沙城里很快就有了两个巡抚。

但这时的北京又刚刚做出一个决定,把另一个巡抚级的大员调往湖南,他就是罗绕典,湖南安化人,三年前任湖北巡抚,因丁父忧,辞职回湖南守孝。现在孝期已满,理当官复原职,而且罗绕典办事有能力,于是就让他赴湖南辅佐钦差大臣赛尚阿。

这样,长沙城里就有了三个巡抚。

这还不算,时任湖广总督的程矞采也在湖南。湖广总督本来应当在武昌,但前一年,广西出了大事后,他被北京派到湖南的衡阳,抵近前线坐镇以防太平军进入湖南。

但是,全州失守的消息传到衡阳的第二天,人们发现总督大人不见了,很快一个消息传遍湖南,说总督大人借口有病,连夜离开衡阳从水路到达了长沙。好

---

[1] 曾国荃:《曾国荃全集》(第五册),岳麓书社,2006年,第53页。

在他又找了一个借口，回武昌主持大局去了。要不然，长沙城里就会督抚成堆了。

而长沙城里还有一个级别挺高的大员，他就是湖南提督鲍起豹。鲍起豹是安徽六安人，他父亲是进士出身，但在鲍八岁时就死了，十九岁时鲍起豹开始承袭其父亲云骑尉之职，后陆续升至副将、总兵，道光皇帝曾三次召见鲍起豹，每次他都呈以卓越的保疆之策，很合皇帝心意。从他的履历看，这个人应该还是有一定能力的。咸丰元年（1851），他本来是要去云南做提督的，可到了路上，就出了太平军这一档子事，湖南形势紧急，北京就改派他做湖南提督。

随着太平军攻长沙城，清军各路援军也向长沙会集，北京派出的钦差大臣赛尚阿、湖广总督徐广缙、一路尾随追击太平军的广西提督向荣等大员也相继来到长沙。一时蔚为奇观。

这个时候，长沙城里还有一个奇人，他叫左宗棠，湖南湘阴人，生于嘉庆十七年（1812），比曾国藩小一岁，字季高，号湘上农人。左宗棠曾就读于长沙城南书院，二十岁乡试中举，但此后在会试中屡试不第。他虽然只考了一个举人，但他的名气比举人大多了，因为和林则徐有过一段逸事，林则徐称赞左宗棠是"不凡之才""绝世奇才"，期许良厚，引起湖南人侧目。张亮基做巡抚时，因有胡林翼的推荐，又有郭嵩焘对左宗棠的劝说、敦促，便特招左宗棠做幕僚，"昼夜调军食，治文书""区画守具"，各种建议都被采纳。

曾国藩是咸丰二年（1852）底进的长沙城。曾国藩进城时，太平军已放弃长沙北上，时任巡抚张亮基奉调湖广总督，接替因武昌失守而获罪的湖广总督徐广缙。咸丰三年（1853）四月，骆秉章又重新被任命为湖南巡抚。骆秉章也把左宗棠招来做幕僚，对他言听计从，长达六年之久。

左宗棠曾经说，他在十八九岁时，在书肆中买到一部清人顾祖禹的《读史方舆纪要》，便开始潜心玩索，对书中所载山川险要，战守机宜，了如指掌。

曾国藩的身份虽然是正二品，比从二品的巡抚还高一级，但他毕竟只是一个在籍侍郎。帮办团练大臣，等于是一个非领导职务，权力和职务完全不对等。

关于曾国藩与骆秉章的关系，有史说他二人是"同心勠力"。但清人徐宗亮《归庐谭往录》在大赞左宗棠的同时，也道出了骆秉章的作为：

> 左文襄公初以举人居骆文忠公幕府，事无大小，专决不顾。文忠日与诸姬宴饮为乐，文襄尝面嘲之曰：公犹傀儡，无物以牵之，何能动耶？文忠干笑而已。监司以下白事，辄报请左三先生可否。[1]

---

[1] 徐宗亮：《归庐谭往录》，文海出版社，1972年。

假如所载属实的话，那么，骆秉章形同一木偶，尸位素餐而已。

曾国藩奉旨帮办团练，却没有像其他同时期被任命的团练大臣一样，摆正自己的位置，挂个牌子而已。这个曾经以澄清天下、涤旧生新为己任的侍郎大人，决定来一个"赤地立新"，做一件扎实事。他不仅正经地办起了军队，而且严肃地开展了训练，同时挂起了审案局的新牌子，派员审案，严刑峻法，既肃吏治，又清土匪，这让过去一直隐瞒土匪情势和百姓诉求的地方官员坐不住了，理所当然地遭到了他们的抵制。

一个叫清德的协副将便带头抵制曾国藩规定的会操，"操演之期，该将从不一至"，而且摇唇鼓舌，四处鼓动各军不要听曾国藩的安排。

性格刚烈的曾国藩立刻给皇帝上了个折子，参劾清德，并顺带猛烈抨击湖南当地清军"将士畏葸，疲玩已成痼习，劝之不听，威之不惧，竟无可以激励之术"。这等于将湖南军方的老底都揭穿了，而且这一招很快就收到了实效。咸丰皇帝立刻将清德革职拿办。这可能是出山不久的曾国藩与湖南官场第一次正面冲突。

绿营兵首先将矛头对准了曾国藩保举提拔取代清德的塔齐布，与塔的手下营勇发生了械斗，曾国藩要求提督鲍起豹严惩肇事者以儆效尤。鲍起豹倒很爽快，故意将这些人捆起来送到了曾国藩的办事处，让曾国藩自己发落。这一来就激起绿营兵更大的不满，他们纷纷围住曾国藩的办事处，还有人冲了进来，要对曾国藩动手，最后是张亮基出面化解局面。但此后"营兵既日夜游聚城中，文武官闭门不肯谁何"，"司道群官皆窃喜，以谓可惩多事矣"。

同时，曾国藩在省城一边练兵一边除匪，捕得不法之徒，立予杀头，也被人有意夸大其事，因而人皆怪其猛厉，甚至送给他一个外号"曾剃头"。不得已，曾国藩只好于咸丰三年（1853）八月避走衡阳。

湖南民间风气也令人头痛。曾国藩在奏折中写道：湖南会匪之多，人所共知。湖南会党除了天地会，大半随太平军东去，还有串子会、红黑会、半边钱会、一股香会，名目繁多，往往成群结党，啸聚山谷，如东南之衡阳、永州、郴州、桂阳，西南之宝庆、靖州，万山丛薄，尤为匪徒卵育之区。

地方官无能为力，便相互掩饰，只要不在我任上发案就万事大吉，苟且姑息。乡里无赖之民，见往年命案盗案不破，案犯逍遥法外，近年匪党横行而莫能制，就以为法律不足凭，官长不足畏，平居造谣，煽惑人心，白日抢劫，毫无忌惮。

"环湖南边境游氛四逼。又自承平久，官吏习为苟且粉饰之计，下情否隔，民困无由上达。"[1]

更有游匪一类，或假充长夫，或假冒兵丁，混杂滋扰。那些逃兵、逃勇无资可归，无营可投的就变成游匪，随处抢掠。

现今很多人都以为太平军大都是两广人，其实大错。太平军刚开始才一万余人，经过广西的攻防战后，损失大半，洪秀全率几千太平军突围，进入湖南，一路上又在蓑衣渡惨败，损兵折将。不料想，进了湖南后，太平军反而得以壮大，连克湘南州县，短短两个月，壮大到几万人。大多湖南会党加入了太平军，这就是1853年前后的湖南，整个省乌七八糟一团乱。

湘乡好县令不是带兵之才

湘军之湘，历来各说纷纭。鄙意以为，湘军之"湘"并非特指湖南，而是专指曾国藩的军队，一如江忠源之"楚军"。即便江忠源的楚军亦是湖南人居多，如果以省名之，也可称湘军。然而，事实上，当时，楚军、湘军两种名号并存，而且言者各有所指。就勇而言之，宝庆之勇称楚勇，湘乡之勇称湘勇，辰州之勇称辰勇，平江之勇则称平江勇，诸如此类。此后成军，概称湘军。

湘军的源头，大多数人归结为罗泽南和王鑫，其实他们只是众多倡议者之一，成其事者、主事者仍然是湘乡县令朱孙诒。由当地乡绅（其中就有曾国藩的父亲）出面，招募一千余人进行操练，罗泽南到县城后，进行了正式的组编，"仿戚氏（戚继光）法，部署其众"，将这批练勇分为左、中、右三营，每营三百六十人，其中，以文童、易良干领中营，罗泽南副之；王鑫领左营，武生杨虎臣，团长王开化、张运兰隶之；康景晖领右营；以诸生罗信南综理这三营粮糈，谢邦翰储备兵械，县学两司教官并廪饩生魏万杰等分头劝捐，助以军食。操练方面，主要由王鑫教练步伐击技，又"推古人阵法用意所在，制为起伏、分合、周怯、猎逐之式"，随后出防，又在各营依次训练，对于附城各坊、都的团练也挨户进行选练，城内八团，每团两百人，由朱孙诒主持会操，教授"步伐止齐之法，刀矛枪炮之用"。

县令朱孙诒始终是团练的核心，因为有了罗泽南与王鑫这对师生的参与，开始注重乡勇的精神教育，如王鑫提出，"将兵者，练固不可废，而训尤不可缓"，训则以灌输"忠义"为最要，"凡用兵之道，非崇忠义，无以激励人心"。每次技艺

---

[1] 朱孔彰：《中兴将帅别传》，文海出版社，1967年，第262页。

训练结束之前，必定"陈说忠孝大义"。朱孙诒在每次会操完毕时，也对团丁练勇"议以忠义之教，勋赏之荣，勇怯死生之理"。[1]

曾国藩奉命入长沙帮办团练时，就看中了这支团练，命罗泽南带到长沙。

因此，骆秉章在咸丰六年（1856）就说："湘勇之朴勇敢战，实由该团而起。"咸丰九年（1859）又说："湘勇军律之精实基于此。"一些重要的湘军将领说得更为清楚。如彭玉麟说，在朱孙诒的主持之下，"王鑫以诸生首练湘军"。一个"练"字区别了"创"字。刘典说："湘勇之功半天下……而追溯其源，首事之功，非公（朱孙诒）莫属焉"。《清史稿》亦称："朱孙贻提倡团练，振兴人才，实为湘军肇基。"湘军初创之基，这一说法最合客观，曾国藩组建湘军确实以这支团练的人马为基础。

咸丰八年（1858），曾国藩在《湘乡昭忠祠记》中叙述到"湘勇"一词的由来时说："咸丰二年（1852）十月，粤贼围攻湖南省城。既解严，巡抚张公亮基檄调湘乡团丁千人至长沙，备防守。罗忠节公泽南、王壮武公鑫等以诸生率千人者以往。维时国藩方以母忧归里，奉命治团练于长沙。因奏言团练保卫乡里，法当由本团酿金养之，不食于官，缓急终不可恃，不若募团丁为官勇，粮饷取诸公家。请就现调之千人，略仿戚元敬氏成法，束伍练技，以备不时之卫。由是吾邑团卒，号曰'湘勇'。"这里明确说明，"湘勇"系指湘乡勇。

咸丰三年（1853），曾国藩编练湘军，并没有拘泥于湘乡一县。曾国藩意图训练一万人，兵源必须扩充到湖南全境，只不过当时湖南团练勇兵以湘乡、新宁二地最为有名。当时江忠源的"新宁营"也并非全来自新宁。

咸丰二年（1852）十一月，湖南巡抚张亮基寓书湘乡县令朱孙诒，属选千人赴长沙。朱孙诒亲自前往，召同行者。罗信南请往。罗泽南"以亲老辞"。王鑫亦辞。朱孙诒对罗泽南说："君孝廉方正也，事亲诚先务。然境土若不靖，将负父母逃之荒外乎？抑听其引颈膏贼刃乎？"又对王鑫说："湘乡团练成，君实其勋首。今大府调练卒，咸属望君。奈何反却顾辜众望乎？世变方亟，志士有为之时。守此不去，以待科举，毛锥子将笑人也。"[2]

于是，罗泽南、王鑫都答应赴长沙。王鑫率三百六十人先出发。朱孙诒督派罗泽南、罗信南以七百二十人继之，刘蓉亦随。咸丰三年（1853）正月初八至长沙。此时，张亮基已擢升湖广总督，潘铎继任为巡抚。

咸丰二年（1852）十二月十七日，曾老九随兄曾国藩与郭嵩焘等至长沙，开始办理湖南团练事务。

[1] 彭洋中：《湘勇源流记》，《皇朝经世文续编》（卷八十二），国风出版社，1964年。

[2] 彭洋中：《湘勇源流记》，《皇朝经世文续编》（卷八十二），国风出版社，1964年。

曾国藩在湘乡这支团练基础上进行裁汰增募，王鑫的主要任务是防守湖南土匪出没最多的衡、永、郴、桂四州，因其奋不顾身，忠勇可嘉，不久以同知直隶州知州升用；新宁勇兵常称为"楚勇"，大部被江忠源带往湖北、安徽，留在湖南的主要由江忠源的同乡刘长佑统带。在湘的勇兵于整个咸丰三年（1853）的主要任务就是捕剿土匪，而且往往兵勇参杂。曾国藩在奏稿中曾明确表示："署保庆府知府魁联、署湘乡县知县朱孙诒所募湘勇较多。"[1]前者管带乡勇三千；另据江忠源所请，添募楚勇三千，由知县朱孙诒及江忠源之弟江忠浚管带，驰援江西。不久南昌告急，曾国藩又会同骆秉章、张亮基从湘勇中挑选两千人，宝庆勇中挑选一千人，由夏廷樾、朱孙诒、江忠淑分别管带，驰援南昌。湘勇的范围也越来越宽。

朱孙诒这个湘乡县令不仅获得了当地乡绅的好评，此前，老九等人在给曾国藩的信中也多次称赞他，也获得曾国藩的好感。曾国藩在家信中说："朱石翘明府（县令称明府）初政甚好，自是我邑之福。余下次当写信与之。霞仙（即刘蓉）得县首，亦见其犹能拔取真士。""朱石樵为官竟如此之好，实可佩服！"

曾国藩在湘军草创期间，将朱孙诒作为营官对待，自此以后，朱孙诒放弃县令职务，多次奉命带兵出征。但他还真不是带兵的料，在湘军东征之初，不仅多次战败逃回，而且对曾国藩的责备不能理解。咸丰四年（1854）四月二十日，曾国藩给诸弟写信时，曾如此写道：

> 朱石樵在岳州战败逃回，在宁乡战败，逃奔数次。昨到省城，仍令其署宝庆府事，已于十八日去上任矣。是非之颠倒如此，余在省日日恼郁，诸事皆不顺手，只得委屈徐图。昨当面将朱石樵责备，渠亦无辞以对，然官场中多不以我为然。

长沙官场认为，战败而逃不值得奇怪，而在曾国藩看来却是无法容忍。朱孙诒转而投湖南巡抚骆秉章，并跟随他去四川总理营务，后来又和骆秉章不和，遂称疾辞官而去。

到了同治年间，朱孙诒竟然在背后伙同他的江西老乡、一个翰林日讲起居注官蔡寿祺弹劾恭亲王及曾国藩、曾老九、刘蓉等一批湘军将领，弄出一个天大的风波，这是后话。

---

[1] 曾国藩：《曾国藩全集》（1），岳麓书社，1987年，第57页。

为湖南团练争名分

咸丰帝在接连发下的办团练谕旨中，一再申明其原则，即不能取代正规军："着各该抚分饬所属，各就地方情形妥筹办理，并出示剀切晓谕，或筑寨浚濠，联村为堡；或严守险隘，密拿奸宄。无事则各安生业，有事则互卫身家。一切经费均归绅耆掌管，不假吏胥之手。所有团练壮丁，亦不得远行征调。"[1]

注定一开始，"湘军"就是一支很尴尬的部队，不属于体制内，湘军士兵都没有编制，只有八旗、绿营兵才是有编制的，朝廷也不给钱，你曾国藩有本事弄到钱就行，也不问来路，国家正常的税收、地方政府的收入、民间绅士百姓的捐赠，都可以，属于后娘养的孩子，生与死政府都不管。朝廷也理解，打仗没钱不行，国库没钱，不管白猫黑猫，筹到钱就是好猫。

曾国藩唯一可以执行的权力，就是向皇帝"专折奏事"。这个权力其实本身就有，清朝三品以上的官员就可以直接向皇帝报告。

曾国藩深知这些，但他做了很多努力，其一就是改造团练，迫使中央政府正式承认湘军的存在。他担任团练大臣后的第一个报告就委婉地谈了自己的想法。

第一份奏折，他写得很含蓄，第一层讲了自己遵照皇帝谕旨，前往长沙办团练，是"勉竭愚忠，稍分君父之忧"。第二层讲团练虽然好，但今昔不同，因为嘉庆年间是官府发饷，现在需要乡绅自己出钱，弄不好会走向反面。第三层讲长沙现今兵力空虚，必须练兵才能缓急可恃。最后则抛出自己的练兵计划，他说：

> 自军兴以来二年有余，时日不为不久，糜饷不为不多，调集大兵不为不众，而往往见贼逃溃，未闻有与之鏖战一场者；往往从后尾追，未闻有与之拦头一战者；其所用兵器，皆以大炮、鸟枪远远轰击，未闻有短兵相接以枪靶与之交锋者。其故何哉？皆由所用之兵未经训练，无胆无艺，故所向退怯也。今欲改弦更张，总宜以练兵为务。臣拟现在训练章程，宜参访前明戚继光、近人傅鼐成法，但求其精，不求其多；但求有济，不求速效。诚能实力操练，于土匪足资剿捕，即于省城防守，亦不无裨益。臣与抚臣熟商，意见相同。

---

[1] 《大清文宗显皇帝实录》，《清实录》，咸丰三年正月。

这个练兵计划竟然获得通过。后来，曾国藩给朱孙诒的信中说："去冬之出，奉命以团练为名，近来不谈此二字，每告人曰乡村宜团不宜练，城厢宜练不宜团。如此立说，明知有日就解散之弊，然解散之弊尚少，若一意操切行之，则新进生事者持札四出，讹索逼勒，无所不至，功无尺寸而弊重邱山。"[1]

曾国藩一开始就不想办团练，他要办的是一支召之能战、战之能胜的正规军队。但问题是朝廷有严旨，如何突破这个规矩？曾国藩是颇费了心思的，这一点都被一般研究者所忽视。

他有意地区分了团和练，实际上是改造团练，团练本是保甲法，但曾国藩却拆开二字，团是保甲之法，练是简兵请师。又说，乡村宜团，城厢宜练。他不说团练无用，而是说乡民不愿意"练"，既然乡民不愿意"练"，那我在城里"练"，就与过去的团练不一样了。为了减少阻力，他有意用了一个模糊的概念，我湘军是大团。北京一看，大团嘛，不就是比团练大一点嘛，随你去了。被北京首肯、默许，这一点很了不起。其他各省的团练都是老做法，曾国藩的湘军却是全新的、大张旗鼓的，因而编制人数上就不受限制。只要供得起，尽管招。薛福成后来总结说："文正以团练始，不以团练终，且幸其改图之速，所以能成殄寇之奇功，扩勇营之规制也。"[2]

为了获得北京的重视，突破不许远行征调的限制，曾国藩一边训练湘军，一边提出数省协防的方略，就是让湘鄂赣皖这些发生太平之变的省份联成一气，不能有地方主义，哪里需要就支援哪里，将湘军由单纯地保卫湖南的使命扩大到抗击整个太平军。比如江忠源在安徽巡抚任上遇到麻烦，向曾国藩请求支援，曾国藩就派罗泽南率湘军前往；江西出现告急，曾国藩也派王鑫率另一支部队前往。慢慢地，曾国藩就提出出省东征的理念，主动承担起平定太平之变的使命。北京当然巴不得呀，无论是在哪个省，湘军都比较引人注目。

其次是争名分，曾国藩一开始就没有把湘军看作是地方部队或民间武装，无论是对中央政府的报告，还是给官场同事的信，都把自己称作官军，更对湘军士兵灌输官军的概念。大家都以为，这支军队和清朝正规军队是一样的，地位平等。这有很大好处，一是其他官员都不把湘军当作民间武装看待，湘军到哪里去，都是名正言顺的；二是曾国藩也经常向北京报告，指定要哪个省给多少钱，哪个省提供什么武器，武器到了，有了资本，我才付账甚至还要拖欠。三是鼓舞了湘军士兵的士气，让士兵都以为是有编制的。

[1] 曾国藩：《曾国藩全集》（21），岳麓书社，1987年，第126页。

[2] 薛福成：《叙团练大臣》，《薛福成选集》，上海人民出版社，1987年。

再次是勤报告。曾国藩每每谋划之前，都会向北京报告，将敌情、自己的部署、派遣的将领等都说得清清楚楚，他并不是征求朝廷的意见或批准，而是告诉朝廷我打算这么做了，而且报告到达北京之时，仗说不定已经打起来了。打完一仗后，又要向北京报告战绩。这样的勤报告，在众多团练大臣中，只有曾国藩做得最好。特别是刚开始，他的报告还要联合湖南巡抚或其他大臣署名。本来北京并没有对这支队伍抱什么希望，可曾国藩做得一本正经、一丝不苟，就让北京不得不开始重视起来，关注着湖南，关注着湘军，关注着曾国藩，无形中，湖南、湘军、曾国藩的地位就高了起来。

北京一看，这个人办事这么认真，忠诚可嘉，也有些战功。曾国藩在北京那边办起事来，就要顺利得多，有时一段时间没有呈上报告，北京还催问情况。相比之下，其他那些团练大臣的胜败、生死在大局方面就显得不那么重要了。因此，湘军还没有正式投入现场作战时，北京就多次要求曾国藩出省征战，一会儿援鄂、一会儿援赣、一会儿援皖，湘军成了救火队。

面对朝廷多次不现实的旨意，曾国藩借故一一委婉回绝了。真实原因只有一个，那就是湘军还没有准备好，还不具备这个实力。绝不打浪仗，不打险仗，是曾国藩的一条核心军事原则。一方面，他要替湘军士兵着想，拿一支没有训练好的队伍去和强敌拼战，那是拿将士们的生命开玩笑，"驱不教之士，执盅脆之器"，曾国藩并不想用他人的血肉染红自己的顶戴；另一方面，士兵作战器械的训练都没有完成好，就仓促上阵，这样的队伍是注定会失败的，而一旦失败，只会贻笑大方，也是拿自己的前途开玩笑。"剑戟不利不可以断割，毛羽不丰不可以高飞。"[1]

但是，既有出省征战的使命在前，一次两次拒绝，朝廷可以理解，再三拒绝，皇帝就要震怒了。曾国藩一面坚持自己的原则，一面委婉、耐心地向皇帝解释，同时做出准备马上出征的姿态。为了说服皇帝，他曾经每天都向北京递上一个报告，又向官场上的师友诉说苦衷，争取他们的支持，请他们上书左右斡旋，终于平息了皇帝的怒火，也免除了湘军组建之初的无妄之灾。

曾国藩不等不靠，以积极主动的态度，逐渐为湘军争得了应有的地位和名分。等到打了胜仗，曾国藩就理所当然地为将士们向北京索要赏赐。北京不给都不好意思，有时还要求曾国藩开列赏单，封赏有功人员。这样一来，湘军将士付出了鲜血、生命和劳苦，又能得到相应的回报，极大地鼓舞和激励了他们出生入死的勇气。曾国藩指挥起湘军来，既有了名正言顺的旨意，又很容易获得将士的支持。

---

[1] 曾国藩：《曾国藩全集》（21），岳麓书社，1987年，第328页。

湘军的核心为什么是他

在曾国藩被任命为团练大臣的前后，清廷在全国各地先后任命了92位团练大臣。其他人相继失败，只有曾国藩和他的湘军最终能够建功立业，这和曾国藩为何能成为湘军的核心密切相关。

朱孙诒成不了湘军之父，王鑫也一样成不了湘军之父。自以为有才的王鑫拒绝服从曾国藩的调配，被曾国藩果断开除之后，转投湖南巡抚，自号"老湘营"，虽然屡立战功，但很快就战败身亡。

理学修养深厚的罗泽南同样成不了湘军之父，他缺乏作为湘军统帅的名望与资历，也不具备曾国藩那样驾驭大局的气魄。关键的关键，就是缺乏将团练脱胎为"官军"（湘军）的战略谋划与前瞻眼光。正是从这个意义上说，湘军创建者的角色非曾国藩莫属。《清史稿》称罗泽南"与国藩简军实，更营制，教练历半载"，"曾国藩立湘军，则罗泽南实左右之"。显然，罗泽南只是曾国藩的帮手、辅佐。

罗泽南战死以后，曾国藩为之大书特书，又撰《罗忠节公神道碑铭》。为其表彰功绩，可以说是感情深厚所致，究其实，显然有夸大其功之嫌；同治九年（1870），开缺在家的老九致信阿兄表达自己的看法：

> 《罗忠节》一篇，文非不卓然可传，第作者不能不为溢美之词，而又心知其美之未至此境，下笔忸怩以誉之，故襟怀郁而不畅，形之于气，便尔阻滞。圣贤所谓不诚无物，即文章一道，亦有此理存焉[1]。

老九从文章作法中一眼看出阿兄对罗泽南的赞美并非出于真情，原因在于罗泽南没有达到文章所赞美的境界。可见后世研史者自然不能全凭时人的文章断定其历史功绩，个中曲直还得据史为凭。

作为"帮办团练大臣"，曾国藩的身份与处境是很尴尬的，然而，他深知"大抵事机之转，其始赖一二人者默运于渊深微莫之中，而其后人亦为之和，天亦为之应"[2]。事机之转变，在于自己用心谋划，然后看人和与天时、地利。果然，咸

---

[1] 曾国荃：《曾国荃全集》（第五册），岳麓书社，2006年，第304页。
[2] 曾国藩：《曾国藩全集》（21），岳麓书社，1987年，第82页。

丰三年(1853)二月,曾国藩收到的批复当中,便出现了微妙的变化:"湖南筹办拨兵募勇各事宜,即着责成张亮基、潘铎会同在籍侍郎曾国藩妥为办理。"由原先曾国藩帮办,一变而成湖广总督、湖南巡抚要会同他办事,主次角色发生了明确的转变。

从咸丰三年(1853)初至八月,曾国藩移驻衡州前,"湘军"几乎没有时间训练,往往是刚刚招募到人,即派往各地或外省参加实战,忙于"救火"。

咸丰三年(1853)八月,曾国藩明知骆秉章对于自己过于揽权心有不满,有人劝其奏明朝廷,却被曾国藩拒绝。为避免与湖南地方官场产生或明或暗的冲突,曾国藩以就近搜捕衡、永、郴、桂土匪的名义,移驻衡阳。骆秉章因此改变态度,大力支持曾国藩。此时开始,曾国藩才能真正着手训练湘军。十月间,骆秉章与曾国藩函商,募得楚勇四五千名,分期挑选训练,视成效赴援湖北。

受江忠源、胡林翼的倡议,考虑到湘军出省,光有陆军缺乏水师如同缺少一条腿,曾国藩在衡阳开始募练水师。他在奏折中如此说道:

> 因思该匪以舟楫为巢穴,以掳掠为生涯,千舸百艘,游弈往来,长江千里,任其横行,我兵无敢过而问者。前在江西,近在湖北,凡傍水区域,城池莫不残毁,口岸莫不蹂躏,大小船只莫不掳掠,皆由舟师未备,无可如何。兵勇但保省城,亦不暇兼顾水次,该匪饱掠而去,总未大受惩创。今若为专保省会之计,不过数千兵勇,即可坚守无虞。若为保卫全楚之计,必须多备炮船,乃能堵剿兼施。……现在两湖地方,无一舟可为战舰,无一卒习于水师。……再四思维,总以办船为第一先务。臣现驻衡州,即在衡城试行赶办。[1]

除了水师外,湘军还有一支马队。

湘军专设马队,始自左宗棠之议,并非胡林翼。咸丰八年(1858)十二月初七,曾国藩致左宗棠信中表示:"来示欲弟讲求马队,诚为要指,此事弟夙来究心"[2],"鄂省事非马队不济,诚如尊见"[3]。此时湘军刚刚经历三河惨败,胡林翼回湘奔丧未归,导致救援不及时,湘军得力干将李续宾与其亲家曾国华双双战死。曾国藩在给骆秉章的信中明确提及是左宗棠提议设马队,左公亦致书胡林翼提议设马队。

[1] 曾国藩:《曾国藩全集》(1),岳麓书社,1987年,第77页。

[2] 曾国藩:《曾国藩全集》(21),岳麓书社,1987年,第756页。

[3] 曾国藩:《曾国藩全集》(21),岳麓书社,1987年,第766页。

随后不久，曾国藩复信胡林翼、李续宜，谈到"江北军务，非数千马队不为功。顷与李少荃议，可调察哈尔马三千匹……而亳州一带有善马之勇可募，名曰马勇"[1]。曾国藩的意图是调蒙古马配安徽勇士，考虑到骑马并非湖南人的擅长，准备让李鸿章去招募并操练。

此后曾国藩多次提出，欲整顿陆军，则不得不添设马队。他与左宗棠的信中也反复提到马队的重要性，并明言由胡林翼上奏。胡林翼也充分意识到"马队便于驰骤"、机动性强的特点，言及"马队一可抵步兵四五，是添二千人，已抵五千、六千之步队矣"[2]。

曾国藩也告诉左宗棠，准备"以教练自任"[3]。咸丰九年（1859）正月，曾国藩的第一道奏折便是请求添练马队，"往岁在军，未闻贼匪能用马队。近闻粤匪常以马队冲锋，捻匪则马队尤多。李续宾三河之败，即系贼马数千，为湘军向来所未见。昨吴国佐景德镇之挫，亦为贼马所眩"。

显然，三河之败是刺激湘军将领重视马队的关键时刻。曾国藩表示：

> 东三省马队，天下劲旅，根本所在，不敢多为奏调。臣与湖北督臣、抚臣缄商，拟由官文等奏调察哈尔马三千匹，请旨饬上驷院押解来南。颍、亳一带，有善骑之勇可募，名曰马勇。应即添练新马队二千余骑，与都兴阿之旧队，相辅而行。于九江、湖口等处，择平原旷野，驰骋而操习之。惟以南人而骑北马，以勇丁而学弓箭，非仓卒所能奏效。臣愿竭数月之力，朝夕讲求，从容训练，期于成熟而止。练成之后，以二千匹交江北隶都兴阿、舒保等麾下，以五百匹交江南隶臣麾下，以壮步军之气，而寒贼党之胆。余剩马匹，游牧于黄州。鞍辔等具，设局于九江，以备随时添补更换之用。兹事若成，皖豫等省军务可期大有起色。[4]

他考虑到"南人使马不甚精熟"，特意请旨于京师健锐营、内外火器营中选调"精练弓马、曾经战阵"之人"来营教练"或直接带队，同时保荐郭嵩焘、李榕等得力文员赴营帮办。

然而，北京毫无实际动作，后来又将马队之事交与都兴阿办理，"禀调马匹类皆倒毙，徒靡费而无适于用"，饬令其自行筹款购马。因此，曾国藩意识到，"早

---

[1] 曾国藩：《曾国藩全集》（21），岳麓书社，1987年，第763页。

[2] 胡林翼：《胡林翼全集》（二），岳麓书社，1987年，第275页。

[3] 曾国藩：《曾国藩全集》（22），岳麓书社，1987年，第820页。

[4] 曾国藩：《曾国藩全集》（2），岳麓书社，1987年，第929～930页。

迟终须以南勇习北骑，不如早动手一日，多一日之阅历也"[1]，遂自发练习马队。

咸丰九年（1859）二月，曾国藩亲自督导部将张运兰于实战中演习马队，批札写道：

> 操练马队之法，马上能使鸟枪者为上，能使弓矢者次之，若仅能使大刀，则技之下者，无能为也。景镇贼马，闻仅能使大刀，若我军临脚不动，进退有法，枪炮有准，不过打中数马，则百马反奔矣。官军自腊月十九以来，为贼所慑，士卒之志先怯，是怯贼也，非怯马也。今欲练马队以御之，亦是要著。但须操习纯熟，操控如意，乃可试之。若马劣人拙，为贼所笑，则反贻画虎类狗之讥。仰就平前宝祥等营中，择善骑者，试行操习，共得若干名，禀名核夺，俟七月以后，鄂省采买口马到后，再行认真多操可也。[2]

九月，曾国藩"日内操习土马队，颇有兴趣"。十月，曾国藩"颇于土马队上用些功夫"，"不能不以全力习土马队也"。[3]湘军马队之操练不久取得成效，咸丰十年（1860）正月，曾国藩前往太湖督战，新设马队"日夜梭探"，倚为拒敌之军。二月，湘军马队赴东路放哨，屡次得胜。曾国藩称许马队之功，云："马队放哨捉贼杀贼，是一极快心事，足以少救东路掳粮之风。"

曾国藩初定马军营制二十则，即"四人为棚，六人为哨，十哨为一营。哨官十人，正勇二百四十人，营官领之。营官有帮办、字识各一人，亲兵八人，俱有夫马。先锋官五人为棚，夫马如之"。不久，曾国藩于马队中设步队，计步队什长一人，步队亲兵十人，共一棚，专备差遣及守营之用；公长夫四十人，专运军械草料。[4]

可以说，湘军马队的缔造者也是曾国藩，从筹备到训练都付出了巨大的努力。但是，马队的使用是有局限性的，皖南多山，基本不适合马队；皖北开阔，马队确实发挥了重要功效。

陆军、水师和马队，先后应时而出，可见湘军的构建不是一朝一夕的事，而是一个比较长期的过程。湘军的成功虽说是天缘凑泊，但没有曾国藩兄弟，历史不会是这般面目。

---

[1] 曾国藩：《曾国藩全集》（22），岳麓书社，1987年，第937页。

[2] 曾国藩：《曾国藩全集》（13），岳麓书社，1987年，第139页。

[3] 曾国藩：《曾国藩全集》（22），岳麓书社，1987年，第1107页。

[4] 曾国藩：《曾国藩全集》（14），岳麓书社，1987年，第410页。

官场与军中是非颠倒

咸丰四年（1854）正月，身为团练大臣的曾国藩奉旨不能专顾湖南，须通筹全局。数次诏书催促下，从衡阳起程，会水陆二师于湘潭，发布《讨粤匪檄》，誓师东征。

湘军的实力为陆勇五千人，以塔齐布、周凤山、朱孙诒、储玫躬、林源恩、邹世琦、邹寿璋、杨名声、曾国葆为营官，塔齐布为诸将先锋；水师十营，分前后左右中，以褚汝航、夏銮、胡嘉垣、胡作霖、成名标、诸殿元、杨载福、彭玉麟、邹汉章、龙献琛为营官，褚汝航为各营总统。合夫役在内共计一万七千余人。

这是一支奇特的军队。营官中有好几位知县：湘乡知县朱孙诒、平江县知县林源恩（1856年战死于抚州）、善化县知县李瀚章（李鸿章的大哥、奏调办理粮台）、耒阳县知县陈鉴源（随营办事）及褚汝航（广西候补同知，1854年战死于岳阳）、夏銮（广西知县，1854年战死于岳阳）。一位县教育局长储玫躬，系武陵县训导（1854年战死于宁乡），二位诸生是彭玉麟、曾国葆。有三位邹姓营官，其中两位是地理学家，邹汉章（1861年战死）、邹世琦（邹汉章之侄），他们和邹汉勋（地理学家，已随同江忠源出征，1854年战死于安徽）同属于新化舆地世家；另一位邹寿璋是长沙县监生（1863年病死浙江军中）。还有一位商人，胡嘉垣。胡作霖、龙献琛身份不明。武人出身的只有塔齐布（游击兼参将衔）、周凤山（守备）、杨载福（千总，后改名杨岳斌）、诸殿元（守备）、杨名声（千总）、成名标（守备）。其中塔齐布很快就由一个游击被保举成副将、总兵，曾国藩上折奏事，还把他的名字放在自己前面，成了曾国藩最好的挡箭牌，很多时候就避开了与湖南巡抚一起联名上奏。

誓师东征至岳阳后，贵州道员胡林翼率所部黔勇加入。值得注意的是，曾经在湘乡县训练团练的罗泽南、李续宾、王鑫、刘蓉、郭嵩焘都没有随营出征。罗泽南、李续宾二营留驻衡阳，王鑫自树一帜被骆秉章派调先往湖北黄州。

这样的人事布局，显然是曾国藩有意安排的，是欲另起炉灶，摆脱团练局限，自己完全掌控军队的表现。

咸丰四年（1854）四月，曾国藩给在家的四位弟弟写了一封信，这是一封向来不为研究者所重视的信。

信中首先谈到四弟国潢：

澄弟之才力诚心，实为人所难学。惟近日公道不明，外间悠悠之口，亦有好造谣言讪澄弟之短者。而澄弟见我诸事不顺，为人欺侮，愈加愤激，肝火上炎，不免时时恼怒，盛气向人。人但见澄弟之盛气，而不知实有激之逼之使然者也。人以盛气凌物诮澄，澄以盛气伤肝致病。余恐其因抑郁而成内伤，又恐其因气盛而招怨声。故澄归之后，即听其在家养息，不催其仍来营中。

信中谈到的背景是曾国藩率湘军东征至岳阳，遭受大败，不得已退保长沙；三月，太平军攻破湘潭，湘军大胜；四月初二，曾国藩亲率水陆湘军，在靖港遭遇惨败，开仗仅半顿饭工夫，陆勇溃败，水勇也纷纷逃窜，"二千余人，竟至全数溃散，弃船炮而不顾，深可痛恨！"[1]曾国藩气得当场投水。

在这种情况下，曾国藩不免肝气太躁，动辄与人多有不合，办事多不能成。

得知这种情况，曾家差不多全家出动。

连他那秀才父亲，也写信指点曾国藩，"训诫军中要务数务"，小至营中吃饭要早，大至扎营、调军、阵法。大弟国潢亦来长沙帮忙。

曾国潢看到大哥如此境遇，自然也肝气火旺，尽管他的用意是好的，却反而为曾国藩添了许多口舌争端。

因此，曾国藩便打发曾国潢回乡下。这封信谈的正是这件事。接下来，曾国藩又谈到官场中的事：

王璞山之骄蹇致败，贻误大局，凡有识者皆知之。昨在家招数百乡勇，在石潭杀残贼三十人，遂报假胜仗，言杀贼数百人。余深恶之。余与中丞、提军三人会衔具奏一折，系左季高所作。余先本将折稿看过，后渠又添出几段，竟将璞山之假胜仗添入。发折后，始送稿来画，已无可如何，只得隐忍画之。朱石樵在岳州战败逃回，在宁乡战败，逃奔数次。昨到省城，仍令其署宝庆府事，已于十八日去上任矣。是非之颠倒如此[2]。

这里曾国藩提到三件事：

一是王鑫之战败是由于骄横所致，然后还敢虚报战功。

二是湖南巡抚幕僚左宗棠代写奏折，并擅自作主将王鑫的假胜仗添入。

[1] 曾国藩：《曾国藩全集》(19)，岳麓书社，1987年，第249页。

[2] 曾国藩：《曾国藩全集》(19)，岳麓书社，1987年，第253页。

三是朱孙诒多次战败逃回，竟然还升任宝庆知府。湖南官场对曾国藩责备自己手下营官朱孙诒还不以为然。

曾国藩面对这些事，竟然无可奈何。堂堂湘军大帅，为何对这些事无力驾驭？说起来，就是因为其无职无权，空有一个统帅名号，受制于湖南官场。而湖南官场竟然颠倒是非，全然没有把他当作一回事。"客寄虚悬"四个字的滋味，曾国藩是真正领受到了。这就是后来曾国藩兄弟始终刻意与湖南官场保持距离的关键原因之一。他告诫弟弟们，"学为和平，学为糊涂"。只不过，以老九为代表的弟弟们不仅没有"学为糊涂"，反而一个个更加棱角分明。

他进而得出一条结论，天下大乱，必先由是非不明、黑白不分开始。

指点老六

时势造英雄，这是一句人尽皆知的俗语。然而，时势造出的英雄为什么是他而不是别人？

时局的转变，出乎老九的预料。老九压根儿没有想到，接下来发生的一件大事，远比广西发生太平天国起义更严重。

就在咸丰二年（1852）六月十二日，曾国藩正式以礼部侍郎身份奉命出差江西，主持江西乡试，此时恰逢乡下老家的母亲江氏病逝。

母亲这一走，改变了曾家兄弟的命运。或迟或早，都不会出现湘军，这兴许真是命运。

首先改变的是大哥曾国藩的命运，接下来就是老六曾国华的命运。在湘军将领之中，曾家老六其实并非一个无足轻重的人物。

咸丰四年（1854），湖广总督吴文镕战死，湖北按察史唐树义亦投水自尽。此前咸丰三年（1853）十二月，江忠源于庐州战死，湖北形势危急，曾国藩决定挥师东征。

此时，湘军营制甫定，以五百人为一营，以非湘乡人各领乡勇者为小营。计陆师五千余人，分为十三营。

湘军营制，营官由统领挑选；哨弁由营官挑选；什长由哨弁挑选；勇丁由什长挑选。统领如根，由根而生枝、生叶，一气贯通。因此，口粮虽出自公款，但勇丁感激营官挑选之恩，平日既有恩谊相孚，临阵自能患难相顾。一营之中指臂相连，弁勇视营哨，营哨视统领，统领视大帅，皆如子弟之视其父兄一般。而且一旦更易统领，则全军撤之，新统领自拣营官。或者重新募集，分别汰留，遂成新军，不相沿袭。这样就保障了军队的绝对领导。

湘军自衡阳出发往湘潭集结，此时，曾国藩令曾老九回乡，曾老九便于曾家坳头设馆教读，并兼肆举子业。

不久，贵州道员胡林翼带黔勇六百赴武昌救援吴文镕，至金口闻吴文镕战死。胡林翼进不得进，退不能退，无所归属。求书曾国藩，胡林翼始归曾国藩调遣，亦归属湘军，他不久即升任湖北巡抚。

湘潭之役后，曾国藩汰旧勇五千人，另增募数千人。其季弟曾国葆也在淘汰之列，至此，曾国藩的四个弟弟都全部回归老家，"军中多一人不见其益，家中少一人则见其损"[1]。不久，诸殿元战死；林源恩因声名不好，撤回省城；罗泽南大破九塘岭，以勇略闻名，与塔齐布齐名，罗泽南始成为独当一面的湘军大将。

但是，在江西战事胶着之际，赋闲在乡下老家的曾家四兄弟早就按捺不住了。

咸丰五年（1855），由曾国潢主持，老六、老九兄弟三人在家里操办团练。

咸丰六年（1856），老六国华只身前往湖北，向湖北巡抚胡林翼请师援江西。胡林翼分兵四千，以刘腾鸿、刘连捷统领，国华总其事，援赴江西。

对于老六北上援兄，老九倒似乎不着急，"拟在此间随俗俯仰，舒畅数月，仍归家事亲，希图至乐"，他甚至建议老六"在鄂营如稍不相安，则抽身回省，此间图谋尚易为力耳"[2]。

老六甫一出山，即为统领，老九似乎不大放心，在信中细心指点老六：

> 带勇一事，本不容易办。自带一营，而又总统数营，尤难处处妥当。老兄素有谋略，必有以简驭繁之方。迩来各项作何安顿之法，每营每哨各员弁系何样性情、何样技艺，应如何调处，想已洞熟于胸中矣。人之性情有勇怯之殊，技艺亦有长短之不齐，所谓不及者仰而企之，过者俯而裁之，与弃其短而用其长之说，为统领者似不可少此法也。

除了在军事上指点老六外，老九还教老六如何待人：

> 刘峙衡兄、吴竹庄兄、普庆堂兄，闻皆有刚方之慨，而又实心任事，乃一世之贤豪也。兄开诚布公以待之，其得力固不待言矣。若数君子者日相和好，各率所部以养其锐气，而后一发如雷，未有克当其锋者，切不可

---

[1] 曾国藩：《曾国藩全集》（19），岳麓书社，1987年，第252页。

[2] 曾国荃：《曾国荃全集》（第五册），岳麓书社，2006年，第59页。

妄有举动耳。

此间因岳州告警，拟派长胜军一千人赴岳防堵，交余星元管带。王朴山闻已到衡州，救援江西非其所愿，故迟迟不行。此公实猛将，惜无义气，恐未必十分肝胆照人，即不去援江，究亦省得劳几番唇舌，实不美哉。[1]

除此之外，老九还在带兵方面向老六面授机宜。

一是在军饷方面。胡林翼虽然给了老六四千余兵，但因筹饷困难，行前才凑够三万两，其余的军饷主要靠湖南，而当时湖南欠饷已过二十万两。因此，老九特告老六，不仅本营口粮要用心维持，就连刘腾鸿、吴竹庄、普庆堂三营的口粮，也须兼顾，将来担子不轻。胡林翼之所以慷慨派兵委以重任，其意就是借老六作为曾国藩亲弟之名义，壮其声势，镇定人心，"虚荣其名号"。

二是在军务方面。既然老六统帅各营，那么一切仪注与布置调度，皆要遵循"总统"之例。他担心刘腾鸿、吴竹庄、普庆堂等人心中未必悦服，毕竟老六初出茅庐，未尝有用兵打仗的经验。况且刘腾鸿、吴竹庄平时就不大受人约束，习性已定，如果强迫他们，容易生出芥蒂，时间一长，难免会出现不和的局面。因此，老九劝告老六，要"格外谦抑"。对待他们三人，必须"忌其总统之势，去其总统之号"，凡有禀报，须四衔并列；凡发谕单，四人共商。这样才能做到如手足骨肉之相卫，百战百胜。

三是统御方面。老九更是心思缜密地查访了解到刘腾鸿近来与罗泽南关系不融洽，而老六一营即是罗泽南旧部。该营的什长散勇中，有诸多兵勇不服刘腾鸿，认为他过于独断；那么，由此可知，刘腾鸿所率一营，自然有不服老六者。如果不洞察此中诀窍，偏听部属之言，必然会疑惑他人，积疑生隙，积隙而裂，恐怕大为不妥。因此，老九建议老六，不如及早释然，听其自行自止，毫不牵制，以尽其勇猛勇战之才，也可以显出老六优容待人之量。况且刘腾鸿素有猛将之名，深得湖南巡抚之厚待，就连左宗棠都格外器重他。与他相处好了，将来向湖南领饷，上面必定应允。因此，他要老六格外笼络刘腾鸿，得其欢心，将来"不惟打仗可以摧敌，即领饷亦定资得力也"。

对于老六手下另一营官吴竹庄，老九亦做出分析，他指出吴竹庄"才具甚好，惟名利之心太重，其待友也，未必始终如一，且少真实心肠"，因此，他要老六"事事用他，然事事要防他些，不可凭他之言为喜怒"。

四是在打仗方面。老九还摆出高参的风范，过去打仗往往各顾各营，但现在

---

[1] 曾国荃：《曾国荃全集》（第五册），岳麓书社，2006年，第60页。

老六一营只有五百人，吴竹庄营有六百人，刘腾鸿、普庆堂各一千五百人，众寡不均，因此，开仗情形大为不同。一旦派队分支御敌，未必路路势均力敌，但若由老六一手自定，又未必悉如各哨所愿。稍不遂其所欲，就可能出现临阵改调，各怀观望，呼应不灵，转误军机的情况。

因此，老九要老六一改此例，四御平列，四个人平等协商，共同定计，某哨打某路，某哨接应某路；某哨为正，某路为奇；某路设伏，某路诱敌；某哨与某路分，某路与某哨合。胜则同功，败则同罚，变四营如同一营，四千人合而如一身，这样必能取胜。

不得不说，老九确有奇才，他洞察入微，意识到其他三人不仅在资历上，而且在兵力上都要优于老六，倘老六凌驾于三人之上，这叫做以弱驭强，人不能服；但老六如能屈与三人同列，表面上是降了一格，但实质上壮大了自己的实力，等于将其他三人与老六合为一体了，由一营变四营，名义上老六还是总统。这恐怕就是老九的高明之处。果真有帅才。

五是赏罚方面。老九指点老六，一则是在口粮方面要做到公平，各营口粮要均匀，不可任意多少。如遇到接济不及时，那就应见多分多，见少分少，"宁可薄己而厚人，不可薄人而厚己"，以诚信获得大家信任，即便接济不应，将士也不会怪罪。二则是在报功时，叙人战功时特别要注意，必须详细清晰，不可含混一字。"如某人打某路，贼若干，我勇若干，几却几前，由某处得手，战几合而擒贼目，自某时至某时乃收队，某哨长为头功，某勇次之。"而且要做到四位营官同衔申报。"宁可自己少叙几句，他人多叙几句，以昭鼓励"，报告写成后，要送给其他三位营官阅看，如果他们觉得有不妥之处，要商量改动再发。总之，要一概平等对待各营官，使他们不得不起敬起畏，"自去其虚号，而转在收其实效"。

六是驭兵御敌方面。老九教老六以一个"诚"字驭兵，一个"诈"字御敌。他说："待勇士以诚，而用兵以诈。诚则足以感人，而士卒乐为之效命。诈则示人以不测，而贼之间隙可乘。无事不诚，无时不诚，诚之至也。间或用诈，间或用不诈者一二端以掩其诈，而使贼自误，诈之工也。"同时，又告诫老六防范屡胜之兵。他提出，屡胜之兵，必须有四防。"第一防其骄矜，第二防其懈怠，第三防其轻敌，第四防其僭分。"作为统帅，一切仪注，各有分际，不可假借，一切服饰、舆从皆从节省。整躬以率物，自能杜渐而防微。[1]

如此数点，令人不得不叹服老九之老谋深算。老九未出茅庐，便对行军驭兵之道有如此洞见，并非常人所说的仅为一猛人，也难怪他日后能打胜仗。

---

[1] 曾国荃：《曾国荃全集》（第五册），岳麓书社，2006年，第64页。

上篇
赴兄急

江西鏖兵

翼王在江西

太平天国诸王中，石达开是一个很特殊的人物。咸丰元年（1851）洪秀全永安称天王时，二十岁的石达开被封为翼王。但此前文献中很少有关于这个人的活动情况。有的书上说，洪秀全创拜上帝会时，有志青年石达开走马拜谒，悉售家产以助饷。尔后举家投军。有的书上则说，石达开家境富有，"因本县土人赶逐客人，无家可归"。总之，这个人不是一个普通的农民。大概就凭这一点资历，石达开与杨秀清、萧朝贵、冯云山得以并列。

从永安突围到"定都金陵"的过程中，这个翼王并无可圈可点之处。但是，一个人只要将他放到一个合适的平台上，就可以活成一个传奇。石达开正是在实战中成长起来的太平名将。

太平军自武昌开始，二十八天挺进一千八百里，攻入金陵。刚坐下来，才发现这座城市并非理想的人间天堂，因为在这有如神助般的胜利挺进过程中，太平军并没有留下一座根据地，数十万人马都聚集在这个城市里，"首都"也就成为唯一的都市。不仅处在遍地"清妖"（江北大营、江南大营几乎赶着他们进城的步伐，同时建立）的包围当中，就连粮食也紧张。

战争首要需求是先解决吃饭问题，于是，他们分出两路，一路试探性地"北伐"，看能否如此前那样轻松抵达北京城，一路从金陵出发，又向西返回重走一遍当年的"长跑路"。

时间从咸丰三年（1853）六月开始，西征太平军回攻安庆、九江和武昌。但这一回没有此前那种幸运了。太平军永安突围本身就是一种运气，进入湖南后一路上遇到的基本上是毫无防备的城市。在湖南有一句话，"铁打的宝庆，纸糊的长沙"，所以太平军放过宝庆，专打长沙，没想到，竟然在长沙遇到了劲敌。长沙本身是一座不设防的城市，历史上长沙是四战之地，无险可守。当年关公战长沙，演义里面是非常精彩的，其实关羽的部队一到长沙城下，长沙守将就投降了。但是，此时的长沙有两个体制外的人物，一是江忠源，一是左宗棠，恰好是一武一文，很好的搭配，凭着弱小的兵力竟然挫败了太平军的图谋。

太平军大败后，果断放弃长沙，绕城而走。石达开担当绕城过江、为撤退做准备的"重任"，长沙也就成了此后十四年间长江中下游地区唯一没有被攻破的城市。

在太平军西进时，长沙城又冒出了一支军队，他们的首领不久后就将成了太平军的噩梦。这支军队就是湘军，其统帅虽然只是一介书生，但很磨人，像胶布一样死死粘着太平军。不过此时这支军队还处在训练当中。

更令人意想不到的，这支军队并不忙于出征。当安徽报警，请求支援时，其首领曾国藩拒绝了；当江西告急，请求支援时，又被曾国藩拒绝了；直到武昌再次失陷，已经是咸丰四年（1854）初了，训练了一年的湘军在曾国藩的《讨粤匪檄》宣言声中才开始东征。不过，此时太平军又打到长沙及其附近。

石达开本来被留在金陵辅佐他们的东王杨秀清，处理政务，咸丰三年（1853）秋，他才被派到安庆，节制西征。曾国藩率领的湘军尽管经过一些挫败，但还是顽强地攻开了武昌，并且一路向东，咸丰五年（1855）正月，太平军与湘军在九江再度相迎。

原本太平军的优势在水师，他们一路上抢获了不少船，特别是经过洞庭湖、经过武昌时掳走了大量的民船，但湘军从衡阳出发也有了水师。

曾国藩原计划只是想攻克九江后，直取金陵。没想到，太平军武昌失败后严密防守九江，石达开亲来督战。湘军多次进攻都遭失败，曾国藩又计划攻克湖口，切断九江的外援。为了阻止湘军水师进入内湖，太平军连夜用大船载以沙石，凿沉堵塞航道，仅在靠西岸处留一隘口，拦以篾缆。湘军水师营官萧捷三等率一百二十余只轻便战船乘陆军攻梅家洲之际冲入湖内，直达大姑塘以北。石达开等把握战机，将隘口堵塞。湘军水师被分割成外江和内湖两块，长达一年半之久。在外江者均为长龙、快蟹等笨重战船，运棹不灵，难以独立作战。太平军乘机进攻湘军外江水师，将外江的战船悉数掳走，气得曾国藩投水自尽，幸被救起，转到陆营。石达开在江西成了湘军的噩梦。

石达开顺势又反攻湖北，并于这年四月第三次占领武昌，但这时的湖北巡抚也不再是过去的湖北巡抚张亮基，而是湘军另一位统领胡林翼。

胡林翼一面施救武昌，一面请曾国藩调身边大将罗泽南回援，欲将石达开部围困在武昌。

从武昌南进的韦俊一军，在湘鄂交界的羊楼峒遭到两次败仗，先后损失三千余人。石达开因韦俊的攻势受到了挫折，感到在鄂南或武昌周围与湘军决战已无必胜的把握，为了改善局势，必须采用避实击虚的战略，甩开罗泽南，解武昌之围。

这个时候，得再说说这个历史上的翼王了。

过去很多人"称颂"翼王，说他在定都前没有打过败仗。确实，因为打过败仗的王基本上都死掉了，天德王洪大全在永安突围时被活捉，南王冯云山死在蓑衣渡，西王萧朝贵死在了长沙城下。此后尽管太平军进军神速，但没敢在一个地方停留，没在一个地方久留。这样的战绩当然不叫失败。其实，那些夸大太平军力量的人都忽视了这样一个事实，就是太平军固然能够打下一些城市，但真正与对手持久较量起来，大都是以失败告终的。后来石达开以二十万人围宝庆（湖南邵阳）七十天，遇到李续宜带领不足万人，依然无法突破，那是后话。

石达开与其他太平诸王的差别，不仅在于他不大贪财，加上年轻，脑瓜灵活，计谋多，而且，他有着其他诸王所缺乏的政治头脑。但他在太平天国高层中处于尴尬的地位，囿于阅历所限，既不懂势，也无韧劲，不仅缺乏统筹全局的能力，又有年轻人浮躁冲动的性格缺陷。

石达开用兵的特长在于机敏过人，但这种机敏往往借以诈力，善于声东击西。不过，这也是所有太平军的特点，"围魏救赵"之术贯穿太平天国运动的始终。

太平军西征兵力一般认为在七万左右，而当时的湘军不过一万余人。如果石达开不是过于取巧，而是如陈玉成那样敢拼敢战，顽强攻坚，完全可以不把湘军放在眼里。

相反的是，石达开总是在战事稍有不顺时，要么放弃，要么另求出路。太平军第三次占领武昌时，正逢湘军水师首尾不顾，陆师两面作战极度不顺的时期，假如石达开坚守武昌决战，而不是另生图谋，避实就虚，战局会让湘军更为不利。

因此，尽管石达开曾在九江迫曾国藩跳水自杀，何桂清也称石达开为"贼中第一狡悍之徒"，但是曾国藩、胡林翼等人却对其评价甚低，远不及李秀成和陈玉成。胡林翼评价陈玉成"贼势较石逆为少，贼势较石逆为狡"。特别是后来洪杨内讧，石达开被迫出走之后，曾国藩更将其视为"流贼"，专力对付李秀成、陈玉成，将石达开交给骆秉章、左宗棠处理。即便是石达开攻到曾国藩的老家湖南宝庆时，曾国藩都没把他放在眼里，称"在宝之贼，不甚善战，不逮陈狗"。

尽管如此，在江西战场上，翼王石达开让湘军吃尽了苦头。

翼王动向关系全局

翼王石达开在江西说是西征，其实并没有明确的作战计划，让人看不透他的战略意图。然而，其阵势确有些吓人，大有席卷整个江西之势：

从皖南建德进入江西的太平军检点白怀晖部先后攻占过饶州、乐平、德兴、弋阳等府县。

从皖南婺源（今属江西）进入江西的太平军范汝杰部，先后攻占过兴安（今横峰）、广信（今上饶）、玉山等府县。

从湖北兴国州进入江西的太平军陈文金部，攻占武宁。

从湖北崇阳、通城进入江西的太平军丞相钟廷暄部，攻占义宁州（今修水）。

九江太平军遣军先后攻占过德安、建昌（旧治在今修水县西北）、吴城镇等地。

不过，攻坚容易守城难。这时太平军所攻占的城池，多数得而复失或弃城不守。因此，咸丰五年（1855）十一月下旬，即石达开亲统大军自湖北突入江西之前，太平军在江西的占领地，实际只有九江、湖口和彭泽一府二县。

在江西，曾国藩直接统帅的湘军陆军只有李元度部三千人、周凤山部四千人，水师只有彭玉麟统率的八营约四千人，总共只有一万余人，并且胶着在九江、湖口外围。

江西本省的防兵，在南昌只有两千余人。全省募勇一万五六千名，共分二三十队，或数百人一队，或百余人一队，各不相统属，基本没有什么战斗力。

石达开率一万余主力于咸丰五年（1855）初取道湖北通城，浩浩荡荡地进入江西之后，于十一月二十四日在义宁州（今修水）境的崇乡小斗岭下，以诈败、设伏的战术击溃了清军，阵斩清军总兵刘开泰等人。十二月九日，石达开军击败扼守八叠岭的新昌县团勇，随即占领新昌（今宜丰）。同时，石达开分军占领上高，并在新昌、上高会合由湖南茶陵进入江西的周培春、葛耀明、陈寿、邓象、卢伟、王崇开、关志江、陈植槐等天地会起义军约数万人，因而势力大增。十二月中旬，石达开自新昌、上高分兵三路，同时向瑞州（今高安）、临江（旧治在今樟树市临江镇）和新喻进军。

太平军北路，由检点赖裕新率领，于十二月十八日由新昌经棠浦镇进攻瑞州，经过一昼夜的激战，击杀湘军营官知县刘希洛、李锟，攻下府城。咸丰六年（1856）一月，太平军自瑞州分军占领奉新。二月，又先后占领靖安、安义。四月初，太平军九江守军也开始配合出击，先后占领德安、南康（今星子县）、建康（旧治在今永修县之西北）、义宁、瑞昌等城。

中路，由石达开亲自统率，以丞相张遂谋为先锋，于咸丰五年（1855）十二月十八日，自上高经界埠、阴冈岭进占临江，十二月二十一日占领樟树镇。石达开进驻临江，总指挥部即设在这里。不久，又分军于咸丰六年（1856）一月一日占领新淦（今新余）。此时，天地会起义军王义潮、刘普云部已于年前的十二月二十三日攻占泰和，并继续向吉安挺进，与当时正沿赣江而上的太平军遥相呼应。于是，中路军在新淦又兵分两路：一路攻取吉安，一路攻取抚（州）、建（昌）。吉安一路，由张遂谋率领，于一月八日占领吉水，时太平军的一支先头部队已进抵吉安城下，与天地会起义军王义潮部会师，并开始联合围攻吉安。攻城军"屡掘地洞以棺载硝轰城"，守军则"先穴城内地以销其焰，故四五举而不能破"。

吉安形势危急，清军守将"求援于上下游，无一救者，城中乏油，官弁兵勇皆暗坐以守，无盐辄食淡，虽有米猪鸡狗，食悉尽。马有毙者，剥其肉卖之，价比常时昂三倍。次年丙辰正月二十三日大雪，翌日雪愈甚，深二尺余，城中无柴炭，兵勇冻且馁"[1]。这时，石达开亲自赶到吉安前线，决定"屯宁式安地雷轰西城"。

太平军从吉安分军占领府属之永新、安福、永宁、莲花、万安、龙泉各县之后，石达开旋即率主力回师临江，决定重新夺回战略要地樟树镇。此樟树镇非左宗棠入仕之前隐居之湖南樟树镇（即今湘阴县樟树镇巡山村，昔名柳家冲，左宗棠于此建立柳庄），而是江西之樟树镇。该镇在历史上与景德镇、河口镇、吴城镇并称为江西四大名镇。"樟树镇者，西近瑞（州）、临（江），东接抚、建，（赣江）两岸之关键，省城（南昌）之咽喉。"[2]

坐镇南昌的曾国藩，因石达开部逼近，于十二月下旬急调围攻九江的周凤山部湘军五千人先往瑞州遏制，回援南昌，并调鄱阳湖内水师防守赣江，自己则协助曾国华整顿溃勇，随后跟上。

曾国藩带领周凤山部、曾国华部两支人马来到樟树镇，吩咐就地驻营，他料想到近日内太平军必率师北上进犯南昌，而樟树镇则是水陆两军的必经之地。于是，曾国藩又火速派人通知彭玉麟率内湖水师出青岚湖，由武阳水过三江口镇，驶进赣江，南下到樟树镇集结。

咸丰六年（1856）一月十一日，湘军周凤山部攻占樟树镇。二月九日，彭玉麟也率内湖水师赶到樟树镇。二月二十二日，湖南巡抚骆秉章派补用知府刘长佑、同知萧启江分别率部自醴陵、浏阳增援江西，三月十八日占萍乡，准备继续东进。

---

[1] 张嚣凤：《杨春野夫子合家殉难记》，载《和顺县志》卷十上。

[2] 曾国藩：《曾国藩全集》（2），岳麓书社，1987年，第636页。

至此，曾国藩"用全力扼守樟树镇，以保东岸，以卫省垣"的计划得以实施。

鉴于此，石达开集中兵力，从三月二十二日起，向樟树镇发起攻击。太平军先是与周凤山部交战，假装溃败，纷纷"丢盔弃甲"，夺路逃跑，湘勇见丢在路旁包袱里的全是金银珠宝，并没有起疑，个个以为捡到了便宜，不知是计，慢慢地将周凤山、曾国华部湘军引到百丈峰下，不知不觉地被诱进了树林里太平军的埋伏圈。

经过两天激战，周凤山所部湘军营垒全部被毁，知县马丕庆、训导林长春，以及兵勇一千余人被歼。周凤山率残部狼狈逃归南昌，省城大震，据传教士丁韪良所写太平军占领抚州经过的《通讯》中说："府城原有三千官兵驻守，一遇险象发生，即弃城而遁，留下大炮，甚至其他军械，尽资敌人。太平军到，屯东城下，居民开城迎之。乃先遣八人骑马先入，巡行各街道，安抚百姓。大队乃继之进战。其后派队四出，在各村镇募兵，持有'奉命招兵'大旗，迅即招得志愿兵几至万人……本地绅士被邀合作，有被任重职者，而一般士人则被雇用为书手先生……太平军减税至半额，禁止部下屠宰耕牛。凡有暴行祸民者，严刑惩罚，以故深得民心……太平军政治严明而有力。"[1]

不久，太平军占领了建昌府，及宜黄、南丰、新城等县。南路太平军胡以晃、黄玉昆占领分宜、袁州、萍乡。

江西八府五十余县皆陷，自此，江西大半州县落入太平军之手，曾国藩坐困南昌，"道途久梗，呼救无从""中宵念此，魂梦屡惊"。

左宗棠在致王鑫的信中说："自章门（按指南昌章江门）数十里外，西抵吾乡（按指湖南），北抵鄂，皆贼踪也。"他为曾国藩的处境十分担忧。

对江西失望至极

自咸丰五年（1855）十一月石达开统率大军从湖北突入江西以后，到咸丰八年（1858）九月太平军在江西的最后一个据点吉安失陷以前，江西始终是太平军和湘军反复周旋的主要战场。吉安之争直接关系到江西战场甚至整个东征战场的成败，因其战略地位特别重要，其西通湖南，东连闽浙，南接广东，北界鄂皖，位居东南各省之中枢。如果占有江西，则东南各省便可连成一片，长江以南的财

---

[1] 《华北先驱》323号，1856年10月4日，转引自简又文：《太平天国全史》（中），第1163～1164页。

富之区,也就可以不用直接攻取而获得了。对此,就连北京都明白:"江西毗连六省,形势极关紧要,现在贼势蔓延,非迅速剿除,则东南均难安枕。"[1]

造成湘军在江西的困局有这么几个方面的原因。

一是湘军成军不久,兵单力薄,疲于奔命。江西原本不是湘军的主战场,湘军克复武昌后乘势东下,目标是金陵。但在九江遭遇太平军的阻击,湘军水师被分隔为内湖与外江两大块,为救水师,曾国藩不得不滞留赣北,顺带肃清江西。

这样一来,湘军既要保江西,又要顾湖北。曾国藩一面派大将罗泽南回师救援湖北,兵力分去大半;一面又要力克九江,而所部兵力不过万余。当西征的太平军在湖北遭遇惨败后,又转入江西,双方兵力更为悬殊。罗泽南部被曾国藩要求回援江西,既顾虑湖北的胡林翼孤军难保,又恐失去最后围歼即将弹尽粮绝的太平军之机会,不便立即回援。

太平军在江西很快聚集约七万人,又兵进神速,江西烽烟四起,湘军顾此失彼。

太平军中曾流传这样一首歌谣:"破了锣,倒了塔,杀了马,飞了凤,徒留(刘)一个人也无用。"[2]江西绅士邹树荣在纪事诗中也极尽讥讽地说:"破锣倒塔凤飞洲,马丧人空一个留。"曾国藩身边几个主要大将先后身故之后,更显窘迫。

愈是疲惫之师,军纪愈是差。邹树荣在《纪平江勇事》一诗中极力夸大湘军李元度平江勇的"劣迹":"二月梅姓扎营房,伐树拆屋摧门墙,妇女逃窜毁容妆。……相近数里各村庄,用器食物皆夺攘,关门闭户天昏黄。或有畸零小地方,夜深公然上妇床。""三月扎营梧桐岗,抢夺民财持刀枪。秆堆竹木皆精光,车犁锄耙亦丧亡。或作爨材炊黄粱,或索赎值充私赃……我昨谢市赴友觞,纷纷练勇盈街坊。茶酒肉饭任取尝,不敢索钱探箧囊。"[3]

二是太平军的牢笼政策见效。攻占江西时,太平军在江西普遍地建立了乡官制度。与多数太平军将领相比,石达开特别强调"要结民心"。邹树荣在纪事诗中对其大肆夸耀:"传闻贼首称翼王,仁慈义勇头发长。所到之处迎壶浆,耕市不惊民如常。"曾国藩也指出:"粤匪初兴,粗有条理……听民耕种,以安点据之

---

[1] 《大清文宗显皇帝实录》,《清实录》,咸丰六年四月上谕。

[2] "锣"指罗泽南,咸丰六年(1856)四月十二日在武昌被击伤而死;"塔"指塔齐布,咸丰五年(1855)八月三十日在九江绝而死;"马"指马济美,咸丰三年(1853)七月二十九日在南昌城外被太平军击亡;"凤"指周凤山,咸丰六年(1856)三月二十四日在樟树镇被太平军打败,只身逃归湖南老家;"留"指刘于浔。见《太平天国资料》,第79页。

[3] 邹树荣:《蔼青诗草》,《太平天国资料》,科学出版社,1959年,第78页。

县，民间耕获与贼各分其半。"这种各分其半与清朝地方官在江西"一石浮收两石多"的"浮收"相比，程度有所减轻，结果导致太平军的安抚政策奏效："假仁义，使地方相安……贼又善取之，轻取之，民逐渐有乐于相向之意。"但这里面更多的是石达开的一厢情愿，在实际操作中却发生变形。

张德坚就曾指出："贼之牢笼人士，联络方域，计盖无谲于此者。"[1]所谓谲计，意思是太平军施以军事高压政策，通过所谓"札传"、劝诱、"逼勒"等手段牢笼江西士民。邹树荣这样的绅士虽然没有依附太平军，但心里对太平军是欢迎的，不仅为太平军大唱赞歌，而且极力贬讥湘军。

张德坚在《贼情汇纂》中记录了太平军的"残暴"："胁田亩多者充伪官，而以贫户充武卒……责令办粮及军令需用各物。伪文一下，迫不及待，少不如意，则执乡官杀之。"[2]

太平军占领金溪期间，同治《金溪县志》载："独北乡轩坪村，以索夫役不应，贼一呼麇至，四面围之，男女狂奔，被杀无算，纵掠三日乃去。"江西富人甚至发出"及今方悟贫为福，屡受虚惊是富翁"的感叹。

江西各府县的"绅庶士民"，向太平军馈送银钱米谷等物，并佯受其职，希图苟免者所在皆有，而甘心从附，屈身献媚，亦复不少。有的假装接受太平军之职以图存，有的甚至甘心追随。

曾国藩看到，当江西"每县污伪命受伪职者不下千家"。骆秉章则提到：当时江西许多士民"受贼驱使、不能自拔"。王鑫率所部湘军进入江西时，也发现绅士"多不剃发，不办公"。作为亲历者，他看到吉水一城就有三名举人成为太平军头目。不仅王鑫感到可恨可叹，曾国藩亦对江西失望之至，他给九弟的信中说：

> 所患江西，民风柔弱，见各属并陷，遂靡然以为天倾地坼，不复作反正之想。不待其迫胁以从，而甘心蓄发助战，希图充当军帅、旅师，以讹索其乡人，掳掠郡县村镇，以各肥其私囊。[3]

居长沙的左宗棠也意识到"江西事恐不可为，以民心全变，大势已去也"。

曾国藩惊闻樟树镇大败的消息后，精神沮丧已经到了极点，抵南昌后，江西官绅又"人人目笑存之"。因此，他在奏折中竟对江西绅民毫不掩饰地表示厌恶

[1] 张德坚：《贼情汇纂》卷三，中国史学会编《中国近代史资料丛刊·太平天国》（三），神州国光社，1952年。

[2] 张德坚：《贼情汇纂》，台湾华文书局，民国二十一年影印，第9页。

[3] 曾国藩：《曾国藩全集》（19），岳麓书社，1987年，第323页。

和焦虑："每闻春风之怒号，则寸心欲碎；见贼船之上驶，则绕屋彷徨。" [1]

但是，天不灭曾。关键时刻，主帅石达开接到金陵天王洪秀全的命令，于咸丰六年（1856）三月二十六日自樟树镇起程，率领所部人马东归。在江西的湘军得以逃过一劫。

老九出山

咸丰六年（1856），曾国藩坐困江西，太平军在江西甚为得势，湘军一度被封堵得道路不通，隔绝了江西与湖南等地的消息。曾国藩甚至多次招募敢死之士作信使，用蜡丸隐语传递情报，向湖南求援。但很快被太平军获悉，他们也许以重金，向民间收买、搜捕传递情报的湘军，杀之张榜于街道，以吓阻那些敢为湘军传递情报者。前后送命者上百人。直到曾国藩六弟曾国华绕道武昌，向胡林翼乞援，率五千人在盛夏六月间攻克咸宁、蒲圻、崇阳、通城、新昌、上高六县，进兵瑞州，江西与湖南始通音讯。

江西战事糜烂之际，老九正往返长沙与老家之间，一面接受湖南巡抚骆秉章的委派，赴益阳查办厘金事务，一面打探江西消息。

老九就是在这样的背景下收到大哥自江西寄来的信。

史料还记载老九前前后后给哥哥出过三十二条计策，其中三十一条都被大哥采纳，很管用。可惜具体都有哪些计策，已不得而知。

老九在大哥初创湘军时，也伴随其在长沙、衡阳做帮手，一直做到咸丰四年（1854）正月。

大哥的事情办得不顺畅，做弟弟的岂能袖手旁观？

咸丰六年（1856）七月，老九再一次赴省城，此时，一个叫黄冕的湖南人被特诏为吉安知府。黄冕这个人很有意思。他是长沙人，字服周，号南坡，人称南坡公。二十岁便做到两淮盐运使，在治淮、扬赈务上颇有声誉。江苏巡抚陶澍倡行海运，派他赴上海集沙船，尽得要领，见效很快，得以升授江都知县。不久擢升苏州府同知，晋秩知府，又先后署理常州、镇江，所到之处都颇有作为，当时的封疆大吏都倚赖他。

鸦片战争爆发后，黄冕跟随总督裕谦赴浙江。裕谦战死后，黄冕受牵连被发

---

[1] 曾国藩：《曾国藩全集》（1），岳麓书社，1987年，第425页。

配至新疆伊犁。不久林则徐也被发配至此，议兴屯田。黄冕辅佐其治水利有功，得以赦还内地。江苏巡抚陆建瀛复调黄冕治理海运，因革除漕费，每岁节省银数十万，为人所忌，再度被弹劾罢归乡里。

回湘后的黄冕一意经商，很快成为湖南富商。咸丰元年（1851），太平军围攻长沙，正赋闲在湘的黄冕提出防守长沙的建议。曾国藩受命帮办团练治兵，黄冕创厘税，兴茶盐之利，湘军军饷大半从此取给。后又开东征局，专门负责向曾国藩一军提供军饷。

可以说，此人官也做得，事也办得，而且有政治敏锐性。此时的黄冕因办厘金获得知府实缺。但问题是，他将要赴任的吉安尚在太平军手里，不拿下吉安，黄冕这个知府没地方走马上任。

黄冕正在长沙焦急之际，遇到了老九，两人一拍即合，他认为，老九简直就是一个天才将领。黄冕提出由他来筹措军饷，让老九募集乡勇，赴援江西。老九也正为阿兄的安危着急，此事真是公私两便，"公家之利，骨肉之情"，让老九眼前一亮。

于是经黄冕与夏廷樾出面，向湖南巡抚骆秉章提出募勇千余名，以为攻吉安之军。很快，老九花了两个月的时间，招募湘勇两千，于九月初成军。因是为解救吉安而准备的，故号为"吉字营"。

吉字营刚开始到底有多少人？杜文澜说是一千五百人：

> 湖南乡绅黄冕，奉特简江西吉安府，以府县各城俱失，无从下手，就商于曾国藩之弟曾国荃，国荃曰："我兄弟困于江西，义当往援，若能筹集饷需，可独任军事。"黄冕亟请于湖南巡抚骆秉章，招募新兵千五百人，以先攻吉安，故名其军"吉字"。后吉字营立功天下，自此始。[1]

曾国藩在家书中也说是一千五百人：

> 弟所部之千五百人，兄意决望其仍来瑞州，与温并营。[2]

依曾国藩家书中的说法，老九所部与周凤山军合起来才有三千人。

但有的书上说吉字营三千人，如《同光风云录》等，以致后世多以为是三千。

《曾忠襄公年谱》中则说是两千人：

---

[1] 杜文澜：《平定粤寇纪略》，《太平天国资料汇编》（第一册），中华书局，1980年，第97页。

[2] 曾国藩：《曾国藩全集》（19），岳麓书社，1987年，第325页。

湖南巡抚骆秉章乃命募二千人，会已革副将周凤山领军攻吉安，号吉
字营。

此说似更靠谱，咸丰七年（1857）十一月，曾国藩在书信中明确说："弟但当
约旨卑思，无好大、无欲速，管辖现有之二千人，宁可减少，不可加多。"[1]

老九在招募湘勇时，特别注意甄别人选，选择那些朴实、勇敢、明理、勤慎
者，或为帮带、或为哨长、或为队长，严行约束，朝夕训练。成军后，又束以伍什
之法，仿古阵法绘图教之，使队伍整齐，丝毫不乱，共训练一月，便出湘入赣，准
备开始大展拳脚。

与此同时，曾国藩飞调正在长沙募勇的周凤山赴江西。但骆秉章和左宗棠商
量，准备让周凤山与老九一起攻打吉安。曾国藩获知此讯后，大为欣慰，写信称
赞黄冕此举乃"豪杰之举"。并嘱咐老九，跟随黄冕料理军事，足以增长识力，称
赞黄冕能够赤手空拳干大事而不露声色，要老九留心效仿。

十一月，吉字营攻打安福，太平军分两路迎战，老九也派左右两路拒之，一路
为萧孚泗，一路为陈光孚，老九自领中路。不久攻克安福。

老九手下悍将如云

不同于阿兄曾国藩以书生带兵著称于世，老九手下却是悍将如云。

作为阿兄的嫡系之嫡系，老九选择的多数不是儒生，而是再普通不过的乡
民，没有任何学历，而且大都是从底层锻炼成长出来，在此后的长期战争中逐渐
成长为营官或统领，将在不久的将来发挥砥柱的作用。

老九选择的这些将领，他们中多数能获得阿兄曾国藩的青睐，这也足见出老
九不同凡响的眼光。

一类将领是进入过曾国藩日记，也就是能入曾国藩法眼的人。如萧孚泗、熊
登武、廖世霖、刘湘南、李楚盛、张胜禄、李祖祥、周玉堂等人。

萧孚泗字信卿，湖南湘乡人。在吉字营有虎将之称，作为营官常常身先士
卒，不怕死。

---

[1] 曾国藩：《曾国藩全集》（19），岳麓书社，1987年，第336页。

擅长看相的曾国藩后来见到萧孚泗这位老九部下时，称其"口拙讷，神不外散"。

老九组建吉字营伊始，萧孚泗即归入老九军中，展现了他雄勇的一面。攻吉安时，太平军猛扑萧孚泗营，萧孚泗毫无惧色，开壁奋击，攻克吉安，擢升为参将。嗣后，会攻太湖，咸丰十年（1860）春，萧孚泗大战小池驿，规复太湖，立功颇多，赐号勷勇巴图鲁。

在进攻安庆的战役中，萧孚泗横壕倚水筑新营，屡屡击破太平军。后以地雷战破坏安庆城墙，克复安庆，加提督衔，授河南归德镇总兵。

同治元年（1862），老九循江东下，萧孚泗为前锋，攻拔西梁山。又会湘军水师攻克太平、芜湖，大破金柱关、东梁山，进克秣陵关、江心洲，乘胜逼近金陵。李秀成率军来援，分兵趋江心洲截湘军运道，萧孚泗出兵击败李秀成。太平军复攻萧孚泗后营炮台，相持十余日，营墙被太平军设置的地雷炸坏，萧孚泗以火药数十桶掷轰，使太平军不得入。又伺太平军疲惫之际，萧孚泗与彭毓橘突出夹击，踏平太平军垒数十，因功赏赐黄马褂。

同治三年（1864），湘军攻克天保城，萧孚泗绝断太平军粮道。六月，进占龙膊子山石城，萧孚泗与李臣典筑炮台于山上，距金城仅十余丈，积沙草高与城齐，作伪攻状，暗中于其下凿地道。太平军攻毁炮台，副将陈万胜战死，第二天，湘军会师逼城下，总兵郭鹏程、王绍義中炮身亡。待地道掘成，火发城圮，将士争登，太平军掷火药抵拒，死仆相继。萧孚泗手刃后退的湘军士兵数人，士气大奋。李秀成藏匿民舍，被百姓缚送萧孚泗营，并擒获洪仁达。战后论功，萧孚泗赐封一等男爵，赐双眼花翎。

可以说，萧孚泗不仅为老九立下大功，也为湘军作出了巨大贡献。后来曾老九还特别将捉获李秀成的功劳记在萧孚泗身上，也可见对他的信赖和重视。

熊登武出现在曾国藩日记里面时才二十五岁，咸丰八年（1858）十月二十一日曾国藩日记中记载：

> 熊登武，中右哨。沅之妻侄。晴黄。明白。目有精光，三道分明，鼻准勾而梁方，口有神而纹俗，略似礼园。本生父故，母存，过继父母皆亡。

熊登武是老九的妻侄。曾国藩在熊登武的名字边画了两个圆圈，足见他对熊登武的赏识，而且超过萧孚泗、刘湘南。

同治三年（1864）老九率吉字营攻克太平军占踞达十余年之久的金陵，已升为湘军总兵的熊登武得到一个太平军黄姓宫女告密，获悉洪秀全已死十多天了。

在她的指引下, 老九派人从天王府的大殿内挖出了洪秀全的尸体。打下金陵后, 熊登武以记名总兵身份交军机处记名, 无论提督、总兵缺出, 尽先提奏, 并赏穿黄马褂, 赏给骑都尉世职。

廖世霖, 衡阳人。其相貌"鼻梁直, 腰身正"。曾国藩看人首看眼睛, 次看鼻子, 这个曾经在家做小贸易营生的廖世霖给他留下了较好印象。但他在日记的天头却注明一行小字: "头发、眉毛中有浑浊之气。"此人毛发中有浊气, 曾国藩特意注明, 说明此人在他眼里还是有些瑕疵。

和廖世霖同时出现在曾国藩日记里的老九吉字营部属还有李楚盛:

> 李楚盛, 湘乡十二都人。目有精光数道。田业为生, 耕作四十担。朴实可用。(天头: 面有骨格, 大辫子。尚未保都司。)

李楚盛, 其人眼睛里有几道精亮的光彩, 也合符曾国藩看相的标准。此人曾以种田为主业, 耕种之田每年可收四十担谷。人朴实, 可以办事。曾国藩在日记的天头注明: 脸上骨架子明显, 辫子大。还没有保举都司。"都司"属于中级军官, 为正四品, 位在参将与游击之下, 此处注明还没有保举都司, 可能是对前面所记的"都司"作修正。

刘湘南与熊登武一样, 曾同为吉中营哨长。曾国藩接见之后, 将其写入当天的日记:

> 刘湘南, 甲午生, 八都人。眼黄有神光, 鼻梁平杳, 口圆有童心, 腰挺拔, 面英发可爱。

道光十四年(1834)出生的刘湘南是湘乡县八都人。眼珠子色黄而有精光, 鼻梁扁平, 嘴唇呈圆形, 有小孩般的天真心, 腰板挺拔, 脸上显露出英姿勃发, 曾国藩点评以"可爱"二字。咸丰七年(1857)七月升为哨官。曾国藩对刘湘南的印象可谓很好, 而刘湘南也的确不错。攻打金陵时, 刘湘南已升为记名总兵, 朝廷循曾国藩所请, "着以提督记名简放"。

张胜禄也是曾出现在曾国藩日记中的老九部下。咸丰八年(1858)十月二十二日的日记中记载:

> 张胜禄, 六都碓坎井人, 与张开辑、凯章同族。二十八岁。兄弟四人, 两兄在家, 弟在营。口大, 似王惠三, 目有神光, 人倜傥。现充义营帮带。

二十八岁的张胜禄也是一个经历丰富的人，他与张开辑、张运兰(字凯章)为同族，有个弟弟也在湘军中。曾国藩见到的张胜禄相貌是这样的：嘴巴大，像王惠三，眼睛有精彩亮光，人洒脱豪爽。他在张胜禄的名字边画了两个圆圈，表示出对张氏的极好印象。一方面是张胜禄经历过湘军东征进程中不少大仗，有着丰富的作战经验；另一方面，张胜禄的相好，"目有神光"，精气神十足。欣赏性格豪爽、不拘细节的曾国藩，给了他二字评语："倜傥"。与江忠源近似，故而获得曾国藩的格外赏识。一年后，张胜禄便升为吉字中二营的营官。同治三年（1864）六月初，张胜禄在金陵城外中炮阵亡。

此外，还有李祖祥、周玉堂等人都曾获曾国藩青睐。三十二岁的李祖祥是衡阳县洪乐庙人，以驾船为生。在广西时，南到过百色，北到过柳州，东到过澳门。劳崇光给过他八品衔，文格给过他六品衔把总，老九保过他千总、守备。其人相貌目光安定，鼻梁硬挺，为人坚实，可为依恃。因为眼睛与鼻子的"定"，李祖祥给曾国藩留下了"坚实可恃"的良好印象。

周玉堂，其人眼神光亮清明。曾国藩鉴人术中眼睛占最重要的位置，周玉堂的眼神好，得到曾国藩青睐。

第二类将领虽然在曾国藩日记中没有看相的记载，但却同样成为老九吉字营的心腹，其中首推李臣典。

李臣典，字祥云，湖南邵阳人。此人被称为吉字营第一悍将，而且曾三次救护老九。第一次是在咸丰八年（1858），李臣典随老九大战吉安，战斗中老九身受重创，李臣典大呼挺矛直进，追杀至永丰、新淦。获老九赏识，超擢其为宝庆营守备。嗣后，攻克景德镇，收复浮梁等战役中，李臣典皆为湘军前锋。

第二次是在安庆之战中，老九屁股受伤，坠于马下，李臣典又一次驰救归营。

第三次是在围攻金陵中，当时，吉字营中疫疾大作，李秀成大举来援，逼垒鏖战四十六日，老九亲自督阵，被炮伤颊，这一次，还是李臣典与另一副将倪桂节极力保护老九，倪桂节战死。

作为在实战中成长起来的将领，李臣典还展示出临阵决断有谋略。

第一次是在咸丰十一年（1861），吉字营攻打安庆西门，英王陈玉成集合杨辅清数万人马围攻湘军，战至日中不分胜负，关键时刻，李臣典骑马驰告诸将："事急矣，成败在此举！"说完，他横槊前驱，与诸营合力决荡，太平军不敌大奔，湘军是役斩首数千级，成功克拔安庆，李臣典因此擢升参将，赐号刚勇巴图鲁。

第二次，李臣典又从老九乘胜下沿江各城隘，进军金陵。李臣典先后攻取丹阳镇，夺秣陵关，获升记名总兵。太平军假意攻打吉字营西路甚急，却被李臣典识破："此虚声也，请备东路。"太平军果然聚集东路，参将刘玉春战死。太平军攻势凶狠，炮弹穿墙如雨注，幸得李臣典死守，太平军终不能成功。围解后，李臣典加提督衔。

第三次是在同治二年（1863），李臣典偕另一将领赵三元夜袭雨花台石城，束草填壕，缘梯将上，被太平军惊觉，太平军立即燃炮轰击，湘军被迫退却。此时，李臣典搴旗大呼跃上石城，其他人相继跟进，掷火弹毁敌楼，攻拔雨花台石城，获升记名提督。

第四次是在同治三年（1864），李臣典攻克天保城，完成金陵之围。到了最后攻克金陵的六月，吉字营诸军轮番进攻，太平军死拒，双方杀伤相当。李臣典侦知太平军粮草未尽，诸军苦战力渐疲，就对老九说："师老矣！不急克，日久且生变。请于龙膊子重掘地道，愿独任之。"就率副将吴宗国等日夜挖掘地道，十五天后地道成，李臣典与九将同列军令状。第二天，湘军点发地雷，李臣典等率先蚁附入城，成功攻入金陵城。

金陵之役后，李臣典患病，恃其身体强壮而不休息，不久，死于军中，年仅二十七岁。战后献捷，论功李臣典被列为第一，赐封一等子爵，赐黄马褂、双眼花翎。

除了李臣典之外，这样不怕死的悍将还有陈湜、彭毓橘、朱南桂、吴宗国、萧庆衍、伍维寿、朱洪章、张诗日等十多位，在十年征战中，出生入死，屡立战功。

陈湜，字舫仙，湖南湘乡人。此人和老九兄弟关系极不一般。咸丰六年（1856），随老九进军吉安，赞襄军事。咸丰七年（1857），老九回乡奔父丧，由陈湜代领其军。咸丰十年（1860），吉字营攻安庆，还是由陈湜总领军事。攻克安庆后，开始独领一军。攻克金陵后，授陕西按察使，后赴山西征捻，驻防汾州，节制文武。后又随左宗棠西征，收复河州、循化，历经多场恶战，立下大功。光绪八年（1882）后，又随老九，统领两江水陆各军，驻军吴淞；几年后又统南洋兵轮，总领湘淮军营务。死后赠太子少保，后荣登紫光阁中兴功臣画像。

彭毓橘，字杏南，湖南湘乡人。他是老九的同岁表弟，后来成为老九吉字营最得力的湘军将领之一。老九出山建吉字营，彭毓橘跟从他援江西，积功升为县丞。吉字营挺进安徽后，他在小池驿、菱湖诸战皆立有战功，又屡破援敌，累功擢升为知府。而后会同其他各路下沿江多个要隘，并渡江克复太平府、金柱关、芜湖，擢为道员，并赐号毅勇巴图鲁。老九吉字营大军逼金陵，彭毓橘与诸将分路取丹阳镇、秣陵关诸要隘，夷平太平军营垒数十座，并进攻雨花台石城，遭到太平军拼死抵抗而未能攻下。

李秀成率众来援，其大营被围。彭毓橘恰好染有瘟疫，但仍然拼力御战，并伺敌军稍懈而出击，击破太平军营垒。解围后，彭毓橘与刘连捷合援江北，会合水师接连收复江浦、和州、含山、巢县四城，于是江北大定。在削平江宁附近诸多太平军营垒之战中，彭毓橘功劳最多。

后吉字营掘地道攻金陵城，当龙膊子地道火发之时，彭毓橘督军冲入，手刃后退者。论功最大，以布政使记名，予一等轻车都尉世职。不久即授福建汀漳龙兵备道，但还未来得及上任，老九便疏调彭毓橘统湘军赴湖北。

赖文光部捻军自河南信阳进攻黄州、安陆，彭毓橘率师进军。同治六年（1867），湘军师次蕲水，彭毓橘率小队数百，周览地势，至麒麟凹，捻军大股涌至，将彭毓橘围困，双方搏战，死伤略尽。彭毓橘所骑战马陷入泥淖，被捻军活捉，彭毓橘破口大骂，因而被害。朝廷下诏视布政使阵亡例议恤，建专祠，赠内阁学士，谥忠壮，加骑都尉世职，赐三等男爵。

张诗日，老九吉字营旗下的湘军名将，湖南湘乡人。先后克安福，战吉安。咸丰八年（1858），克复万安、吉水，超擢为守备。咸丰十年（1860），他率师援小池驿，收复太湖、潜山，晋升为参将。而后随从老九进攻安庆，并率三营之兵破援敌于枞阳。咸丰十一年（1861），安庆克复后，擢升为副将，加总兵衔，赐号干勇巴图鲁。同治元年（1862），跟从老九收复沿江要隘。

吉字营进抵江宁后，张诗日力守大营，屡破援敌，积功以提督记名。同治二年（1863），张诗日屡破金陵城外太平军营垒，获赐黄马褂。同治三年（1864），克复天保、地保二城。他率部正在开掘龙膊子地道时，太平军李秀成于夜间自太平门突出来犯，并诈称为官军，从朝阳门东隅出，逼进湘军大营纵火，幸得张诗日偕同诸将力战击退。等到地道火发，城崩之后，张诗日率士卒登龙广山，夺取太平门；复循神策门转战至狮子山，夺仪凤门。战后论功，获一等轻车都尉世职。同治四年（1865），授直隶宣化镇总兵。

同治五年（1866），张诗日从曾国藩平捻，破张总愚、牛洛红于西平，又败之万金寨，进攻双庙敌营。捻军以马队袭击清军后，张诗日分军回击，追败之洪河，又败之郾城、召陵。因伤发回籍，同治六年（1867），病死。曾国藩疏陈张诗日克复江宁，当西北一路，论功在李臣典、刘连捷、萧孚泗之次，谥勤武。

萧庆衍，湖南湘乡人。应募入湘军吉字右营，转战江西、湖北，积功至副将。克太湖、潜山，以总兵记名，赐号刚勇巴图鲁。同治二年（1863），援江浦，复含山、巢县、和州，加头品顶戴。攻克金陵后获云骑尉世职。

吴宗国，湖南长沙人。以勇目从军湖北，累擢守备。从老九攻克吉安、安庆，同治元年（1862），又从老九沿江东下，迭克要隘，进规金陵，累擢参将，赐号资勇巴图鲁。李臣典挖掘地道，敌军防守严密，炮弹如雨。吴宗国手执藤牌，持长绳子，冒着炮火爬行前进，直至城下测量而回。金陵大功克成，以提督记名，予一品封典。老九巡抚湖北，吴宗国偕提督郭松林进攻德安，战于罗家集，中伏而亡，予骑都尉世职。

朱洪章，贵州黎平人。经历丰富，咸丰初，从黎平知府胡林翼进攻新宁之匪，援湖北，克岳州。后隶塔齐布，战大冶、半壁山、田家镇、孔垅、小池口，攻九江，无役不从，以勇出名。塔齐布卒，从周凤山。周凤山败，改隶毕金科。毕金科战殁，代领其军。咸丰九年（1869），从老九复景德镇，战绩始著。此后攻太湖，解小池驿之围，攻安庆，进屯雨花台，迭克城隘，论功以总兵记名，加提督衔。

同治三年（1864），金陵久攻不下，等到地道于龙脖子山麓告成，大家商议推举前锋。老九召诸将署名具军令状，朱洪章署第一，武明良第二，刘连捷第三，其他以次署毕，共得九人。地道发火、城崩，朱洪章率所部长、胜、焕字三营一千五百人，从倒口首先冲入，太平军从城头掷火药倾盆而下，士卒死四百余人。朱洪章入城后，结圆阵与太平军排击。诸将毕入，分军为三，朱洪章趋中路，直攻天王府之北，短兵巷战一昼夜，大胜，获赐黄马褂，骑都尉世职，无论提镇缺出，尽先题奏。战后总结表彰时，李臣典以决策之功居第一，朱洪章列第三，大家为之不平。朱洪章说："吾一介武夫，由行伍擢至总镇。而今有幸东南底定，百战余生，荷天宠锡，已叨非分，又何求焉？"这样一种器量也属罕见。

光绪年间，朱洪章调云南鹤丽。鹤丽地势卑下，大水经常淹没民田，河道通塞无常。朱洪章亲率士卒开浚数次，纾解水患，获当地民众感念。光绪十四年（1888），老九调之赴两江；光绪二十年（1894），奉两江总督张之洞之命防守金沙卫。次年，病死于军中。谥武慎，附祀曾国藩、老九和胡林翼专祠。

朱南桂，湖南长沙人。在攻克金陵之战中，多次亲冒矢石，并成功攻破神策门月城，梯城而入。战后获云骑尉世职，授河南归德镇总兵。

伍维寿，湖南长沙人。咸丰六年（1856），加入吉字营，从老九援江西，攻安庆，克沿江要隘，擢副将。夺雨花台、聚宝门外石垒，克金陵后以提督记名，赐黄马褂，予骑都尉世职。后实授陕西汉中镇总兵。

老九的吉字营悍将中，只有三个人例外，有两个是阿兄曾国藩调归老九的，有一个后来转隶李鸿章淮军。

一是郭松林，字子美，湖南湘潭人。咸丰六年（1856），加入老九吉字营，援江西，围攻吉安。咸丰七年（1857），石达开率悍党来援，邀击于吉水三曲滩，郭松林率先冲锋陷阵，斩获颇多，收复新喻、峡江、吉水。此后，率兵围安庆，会攻陈玉成，战小池驿，进攻集贤关，每战皆捷。

但是，同治元年（1862），曾国藩派李鸿章率淮军八千赴上海，将郭松林和老九的另一个爱将程学启一同调归李鸿章，离开了吉字营。直到同治七年（1866），曾国藩调郭松林率新募湘军赴湖北攻捻，才又回归湘军。同治九年（1868）升湖北提督。

二是刘连捷，字南云，湖南湘乡人。咸丰六年（1856），曾国藩坐困南昌，刘连捷跟从刘腾鸿援江西，刘腾鸿中炮死后，刘连捷率部攻下瑞州城。此战使刘连捷得到曾国藩的器重，后从老九攻克吉安，擢升同知。

刘连捷先后受罗泽南、胡林翼、曾国藩三位湘军大佬的赏识，曾国藩将其调归老九，老九更是对他高看一眼。此后一路追随老九，战小池驿，攻陷太湖、潜山，克安庆。

同治元年（1862），攻克巢县后，率死士夜渡河进克西梁山、濡须口，克太平府、金柱关、芜湖，乘胜进军江宁。刘连捷挡拒了李秀成、李世贤的猛烈攻势。他率三千人防守无为州饷道，军粮垂尽，彭玉麟劝他突围，刘连捷誓死守之。后偕同湘军水师进攻九洑洲、下关。金陵攻克，以布政使记名，加头品顶戴，予骑都尉世职。

湘军吉字营裁撤时，曾国藩留下刘连捷三千人驻守舒城、桐城防捻军。后因伤病归，家居十载。老九巡抚山西，奏调刘连捷练军包头，又从老九移屯山海关，又从至江南治江防。光绪十三年（1887），病逝，赠内阁学士，建专祠，谥勇介。

三是罗逢元，湖南湘潭人。他最早以武生从征广西。曾国藩于衡阳治水师时，他被派作水师营官，转战湖北、江西，擢升至副将。老九围攻安庆时，曾国藩调其随老九作战，克沿江要隘，屯金柱关，善于以少击众。赐黄马褂，予云骑尉世职。

老九手下悍将还有一个显著特点，就是大多原来是罗泽南等人的旧部。

如萧孚泗，于咸丰三年（1853）加入湘军，从罗泽南转战江西、湖北，擢升守备。天缘凑泊，罗泽南战死后，萧孚泗失去依托，回湘。老九组建吉字营时，萧孚泗便投归麾下，深得老九信任，从此成为老九的心腹，也成就了萧孚泗湘军悍将之名。

熊登武也是于咸丰三年（1853）进入罗泽南军营，跟着救援江西。咸丰四年（1854）随罗营攻打武汉、田家镇。咸丰六年（1856）进入老九军营，从没有请过假。

与之类似经历的还有周玉堂，咸丰六年（1856）五月被大炮打伤回家。咸丰七年（1857），投入老九吉字营。

廖世霖，咸丰四年（1854），在田家镇加入罗泽南大营，护营三十五个月。罗泽南战死后，他随曾国藩六弟曾国华至瑞州，不久又到吉安投入吉字营。

李楚盛，罗泽南旧部。咸丰六年（1856）六月在武昌请假，八月进入吉字营，由把总升至守备、都司。

刘湘南，咸丰五年（1855）在羊楼峒加入罗泽南部。咸丰六年（1856）罗泽南死后，离开军营。同年十月进入老九吉字营。

张胜禄，咸丰四年（1854）在湖南衡州加入罗泽南营。参加过岳州、武汉、田家镇等诸多战争。咸丰六年（1856）六月在湖北告假，八月加入吉字营。

张诗日，咸丰五年（1855）以低级武官外委的身份随同罗泽南战江西、克义宁。咸丰六年（1856），投入老九吉字营。

刘连捷，原为罗泽南手下营官刘腾鸿之湘后营旧部，转战湖北。罗泽南荐于胡林翼，领副后营，擢千总。后被曾国藩派至老九身边。

朱南桂，罗泽南旧部，转战两湖，后加入吉字营。

李祥和，罗泽南旧部。从老九克吉安，复安庆，进江宁，力守大营，破援敌，以提督记名，予云骑尉世职。同治四年（1865），授安徽寿春镇总兵，从湘军将领刘松山赴陕西攻捻。

李臣典十八岁即从军，是王鑫的旧部，咸丰六年（1856）转投老九吉字营。

这些人，除刘连捷外，大多在罗泽南、王鑫等部下时藉藉无名，因此，当罗、王战死后，没有随同其部转属李续宾等湘军将领，而是因各种原因离开了军营，老九出山组建吉字营时，他们先后加入，追随老九，开始建功立业，显示出他们的悍将才能，且大多成为老九的心腹将领。

由上可知，不同于阿兄曾国藩长于驾驭儒生，开创"书生立武功"之典范，老九则长于驾驭武人，能够将普通乡民逐步培养锻炼成高级统领，因此，吉字营的战斗力简直爆表。只不过因为曾国藩识拔的儒生往往成长为文官，担任督抚或布政使、按察使等职，而老九识拔的部下则往往走武官一路，担任总兵、提督一类职务，因而在重文轻武的文化氛围中，影响自然不如前者。然而，倘若没有老九、没有吉字营的加入，曾国藩的湘军东征之路，不知会增加多少变数。

可以说，萧孚泗、李臣典诸人因加入吉字营后，方才开始大显身手，凭着一股不怕死、不要命的精神，屡立战功，成就一番功业，大多由低级武官升至总兵、提督，载入史册，无疑是一种幸运。而老九能慧眼识拔萧孚泗、李臣典等悍将，既是幸运，却也有遗憾。攻克金陵后，彭毓橘、萧孚泗、张诗日等吉字营个别将领不听将令，无视老九于城中遍地张贴的关于禁杀良民，掳掠妇女的告示，到处掠夺财物，其劣迹使老九及其吉字营背上屠城的恶名、骂名。以至于老九身边的幕僚赵烈文发出几个感叹：不知何以对中丞（即老九）？何以对皇上？何以对天地？何以对自己？[1]

[1] 赵烈文：《能静居日记》（二），岳麓书社，2013年，第806页。

为什么总是挖地道

在湘军东征的十余年间，人们看到最熟悉的场景就是掘地道攻城。尤其是老九，因此战法而获得"曾铁桶"的外号。后来攻安庆是用地道攻城法，克金陵亦是用地道攻城法。

其实，地道攻城法并不是老九的原创，而是太平军最习惯的用法。太平军起事之初发展的会员大都是在广西桂平紫金山区种山烧炭的百姓，习惯使用火药，"惯于凿险锤幽，不畏深远"。太平军在攻打桂林时就实施地道攻城，挖了一个多月，才发现桂林是喀斯特地貌，无法实施穴地攻城战术。"桂林城根多坚石"，"掘之累旬不能入"。在第一次攻打武昌的战斗中，太平军又使用地道攻城法。在文昌门下挖地道埋炸药引火爆炸，将城墙炸塌二十余丈，太平军得以入城。

太平军攻打吉安时，使用的仍然是地道攻城法。他们"屡掘地洞以棺载硝轰城"，守城清兵则"先穴城内地以销其焰，故四五举而不能破"。

石达开亲临吉安城下，决定采用"屯宁式安地雷轰西城"法，大面积轰塌突破，"骤轰塌城外数十丈，贼众趋势峰入，内力不支，遂陷"。坚守六十五天之久的吉安城陷落，城内大小官员俱皆殉城，"贼遂屠城，从死者万计"。

攻打金陵时也一样，太平军在仪凤门外挖掘地道，往里面填塞装满火药的棺材。一声巨响，城墙崩垮数丈，太平军将士蚁登而上。可能弄错了引线，兵士登城喊杀之际，二次"地雷"又震，一千多太平军兵士被崩上天空。

老九驰援江西，第一仗攻打安福，强攻数天之后，老九很快学会了以其人之道还治其人之身，采用开挖濠沟逼近城墙的方式，用炸药轰塌城墙。咸丰七年（1857），老九进逼吉安，又以地道方式将城墙轰塌，因为雾大，没有攻下。这是湘军第一次正式以地道轰城的方式对付太平军。

石达开部将林启容坚守九江将近六年之久。自咸丰三年（1853）攻占九江，两年后，湖南提督塔齐布屡攻九江不下，忧愤中呕血而死，咸丰七年（1857）曾国藩诱降不成，派李续宾、杨岳斌环攻九江，咸丰八年（1858）采取开挖地道的方式，将城墙轰塌百余丈，太平守军一万七千人全部战死。

太平军与湘军的对战过程中为什么总是挖地道？这是一个令人好奇之谜。

人们看冷兵器时代的攻城战，云梯是经常在史料里面见到的攻城工具。到了十九世纪冷兵器向热兵器过渡时期，双方都拥有大炮火器，云梯这种古老的攻城工具已经作用不大。碰到城墙厚实、城池防守坚固的城市，大炮并不起决定作用，一般是采取围城的战略，断绝城市的粮食供应，逼迫守城将领开城投降。但如果碰到宁死不降者，那么，光是围城也没有用。

湘军与太平军的城市攻防战中，宁死不降者并不少见。如九江，受困多年，外无援兵，内无粮草，然而林启容宁死也要坚守。在这种情况下，湘军不得不采取挖地道的方式攻克城墙。后来的安庆大战，老九率吉字营围困安庆长达一年半之久，对安庆实行围城打援的方式，断绝安庆与外界的一切联络，企图迫使城内太平军投降，但即使城内发展到人食人的地步，太平军也宁死不降。最后老九不得已只能挖地道打开缺口。至于金陵之战，更是如此。

那么，战争发展到这种残酷的地步，为什么守将不愿意投降，以保普通士兵与城内百姓一线生机呢？

我联想到一个很有意思的现象，那就是整个清代，无论是早期的三藩之乱还是太平之战中，清朝文武将官投降的事例不多。在清代以前的历次"改朝换代"战争中，双方互有投降之文武官员。而且往往因为朝廷将官之叛变投降，直接改变了双方的力量对比和命运走向。隋唐之际如此，明清易代之际亦是如此。

单说太平之战，有临敌望风逃跑的各级官员，有战败自杀的文武要员，而且还不少，也有城破被俘的朝廷命官，但结局要么自杀，要么骂敌受死。他们不愿意投降，是怕累及家族吗？恐怕不全是，历史上多少文武官员明知自己投敌会招致灭族也全无顾忌。

况且晚清之际，假设真如太平天国所宣扬的满汉矛盾尖锐，汉人正好借机恢复汉人的天下，不正好吗？

然而出乎人们想象的是，很少有在职汉族官员投向太平军（地方绅士不算），这可以说是一个奇迹。张继庚，中国历史上最后一个被五马分尸的人，道光六年（1826）进士，任湖南保靖知县，咸丰二年（1852）长沙被围，他冒险混进城中传递消息。长沙解围后回金陵，自掏腰包募勇千人抗击太平军；金陵城陷后，他混进韦昌辉府中做教书先生，一边策反，一边向清军传递情报。潜伏一年多被抓后毫不畏死，因其使太平军遭受很大损失，被杨秀清亲自审问后五马分尸。

事实上，大清立国至此二百余年，满汉之间的隔阂除了在权力上汉人不如满人之外，其他各方面基本上已经趋平，至于仇恨也消解得差不多了。清廷对汉人官员的怀柔政策表现在满汉官员的俸禄上基本实现平等，而且到嘉道以后，朝廷对官员也比较宽大，主要表现为慎杀，朝廷遇有大事往往都会咨询地方官员的意见。对于农民，始终坚持永不加赋的原则，即便在内外交困的财政危机下，清廷也没有往农民身上打主意，遇有水旱灾害，除了减免赋税、赈灾，还会想方设法地动员全国各地救济。虽然中央到地方的治理能力极大地下降，但这种思想意识并没有削减。汉族官员对朝廷忧虑者多，不满者少；对中枢官员不满者多，对朝廷虽然谈不上言听计从，但也算得上比较顺从。那种满汉矛盾尖锐对立的观点，至少要等到五十年后革命风潮的出现。连曾国藩都不相信大清的气数不到五十年就会出现土崩之势。

另外一个重要原因，就是儒家传统对士大夫的支配作用非常强大，即便是独具另类个性的人物如左宗棠、王闿运等人都不敢公开宣扬反清反朝廷的思想。相反，士大夫对太平军那种反孔灭儒、要扫清一切文化道统的做法颇多不满。正是太平军这种不切实际的文化政策，激发起士大夫官员包括读书人在内对"三千年未有之大变局"的焦虑，强化了他们对清廷的忠诚度。太平军忠王李秀成所说的"太平军中没有读书人"就是很好的例证。

这个时候，即使原来心里有扞格的满汉大臣，反而团结在一起，一起应对共同的敌人，正是因为这个原因，肃顺等满洲贵族公开宣称满人无能、汉人能干的观点，也没有招致满人的公开反感。

第三个原因应当是跟外强中干的清廷官员对太平军的过于恐惧有关。《同治中兴》一书的作者芮玛丽就说，太平军在当时给中国人带来的只有恐惧。太平军至少有过三次屠城：一次在全州，"全州破，贼屠之，男女死者六千四百余人"，"积尸塞途，三日不尽"；一次是在吉安；一次是在金陵。太平军攻占金陵后，钦差大臣两江总督陆建瀛从将军署往外跑，被太平军捉住当街砍头。前广西巡抚邹鸣鹤、署布政使涂文均、粮道陈克让、上元县知县刘同缨等人，均被太平军处决。江宁将军祥厚、副都统霍隆武率少数清兵死守内城。危难时，尽驱兵士家属登碑拒守，与太平军相持两昼夜，最终寡不敌众，均被残杀。有老弱未死者数百人，都被太平军中的娃娃兵驱赶到城外河中淹死。

据《盾鼻随闻录》中的"两江纪略""庶吉纪略"等记载，内城破后，城内除四百多名满族兵突围外，在六万旗人中，男性成年者全部战死或者被杀，男性未成年人都被割掉生殖器而痛杀，女性幼童和老年妇女被太平军诱至火药铺地处，全部炸死，尸骨无存。一部分妇女被引出城外用火烧死，再投入河中。剩下的六七千名年轻妇女被押入江南贡院的女营之中，每人住一间，编一个号，在身上悬挂一个牌子，每一号派一位女百长监管，每天发给米四两。以后，太平军将士如果与清军作战胜利了，为了慰劳这些军士，特许他们拿一个号牌到贡院去领出一女子，第二天再将人、牌一同交还，有的两三日后交还。太平军最讨厌和尚、道士，碰见就杀，看到佛寺、道观就拆毁。城中自尽者不计其数，尸体无人收殓，秽臭难闻。不久，太平军就逼使百姓抬尸体，扔到河中。不听从的立即被杀。[1]

据晚清著名间谍张继庚记载，金陵百姓因不愿被强迫入男馆、女馆，自杀的不下万人。不愿当兵的也被杀死，死者又万余人。太平军让不听从命令的男子上船，有万人出南门后，皆被投入水中，只有九十三人回城。

对太平军的恐惧既加剧了百姓被裹胁的速度，也使士大夫官员坚信太平军的失败是迟早的事。更可怕的是，这激发了清廷官员对太平军的仇恨与报复。

太平军虽然投降者众，特别是一些主动投降者还得到了湘军的宽大，如韦俊、程学启、陈国忠等人仍然被允许带兵，但也有不少宁死不降者。如获得曾国藩称赞的九江守将"林启容之坚忍，吾辈不能及也"，林启容向石达开求援，向金陵城里的洪秀全求援，在都被拒绝的情况下，仍然选择了死守九江。

嗟乎！正是在这种恐惧心理作用下，双方都选择以挖地道攻城的方式来赢得战争胜利。

两千人的自信

在江西"遍地皆贼"的情况下，老九凭两千人出山援助大哥，这种信心来自哪里？

光绪十六年（1890），老九总结道："湘军初兴，以忠诚为倡，以巧避为耻，去伪崇拙，克成大功。"[2]这话虽然看似有点官样文章的味道，但也道出了老九统领湘军的特点。

老九的自信，首先来源于地缘自信。

其一，招募必用湘人。阿兄曾国藩曾经批评老九，说他"纯用自己屋门口人"。初期吉字营的兵源主要来自当时的湘乡。

咸丰六年（1856）老九连败安福等地太平军后进逼吉安城，当时刘培元自袁州率一千湘军、赵焕联自茶陵率一千五百名湘军开始向吉安进攻。这些围城之

---

[1] 汪堃：《盾鼻随闻录》，中国近代史料丛刊（第三十辑），文海出版社。薛福成在《庸盦笔记》中说，汪堃于咸丰初年任四川永宁道员，以性情乖僻，不孚舆望，屡挂弹章。因受何绍基弹劾，故而恨之；又被黄宗汉所纠罢官。"借记粤匪之事，著《盾鼻随闻录》，而附益以子虚乌有、凭空编造之辞，其命意专为道州何氏而发，兼之谤一二平生所憾之大吏。"因此，薛福成严斥此书当毁。但近世研史者颇乐于引用此书来证明湘军之所谓屠城。

[2] 曾国荃：《曾国荃全集》（第四册），岳麓书社，2006年，第475页。

师，只有老九"负地望"，诸将推服，虽不相钤束，但进止咸听从于老九[1]。咸丰七年（1857）二月，老九从江西回湘奔丧，九月石达开大股进攻吉字营围城之师，湘军在江西连失刘腾鸿、王鑫两员大将，其他诸将又不能同心协办。左宗棠担忧："吉安又有援贼来，湘勇自曾沅甫归后不得力，近乃数挫，饷不足而添勇，勇数增而战不如前，则无将之故也。"[2]因此，江西巡抚耆龄遂奏请老九出山治军，专统吉安军事，阿兄曾国藩亦劝其速归吉安。老九遂回江西，会合诸军，整兵复进，完成对吉安的合围。并着手于城外挖濠围城，屡次击败太平军援军。

光绪四年（1878），老九奏请添募湘勇五千赴山西，关于招募之法，他写信嘱咐刘连捷："此次添募防晋勇丁，均宜在湘乡集募，以期迅速。"地缘因素的核心就是以乡情为纽带，大家彼此熟悉，能够使部属容易聚成一团，做到生死相救。

其次，勇丁必须拣择。具体招什么样的人，老九坚持招乡村朴实之人，杜绝油头滑面之辈。他认为，"其余各属之人，非油头滑面有市井气，即染衙门积习"，而乡村之人多朴实善良，吃苦耐劳，能适应艰苦的作战环境。因此招募乡村之人实属"梓里釜底抽薪之策也"。

招年轻力壮之人，"多选少年有力耐劳之士"。"行营打仗，全仗年富力强、气力精壮，倘若已过三十岁，则难耐山西之寒及登山逾岭之苦。惟祝多选少年有力耐劳之士，斯得之矣。"

招不染恶习之人，禁绝吸食鸦片之人为勇。老九目睹绿营、八旗沾染鸦片恶习者日众，深知鸦片对战斗力危害甚深。"若吸食洋烟，则气力必减，懒惰必惯。无事既行路恐后，有事又安望其奋勇争先乎？此勇丁吸食洋烟为军营所大忌也。"因此要求招募勇丁时必须严格挑选，以不食鸦片为首要条件。他规定："营中自管带、帮带、哨官以至散勇，均宜先严此选。至于长夫、伙勇，一营之军装、食用皆资其挑负，所关匪轻，亦宜一律遴选。"

再者，格外重视选将。毫无军事经验的老九很早就认识到，"治兵之道，首重选将"。选将必求善战善守之人，方免流弊。有守御之名，无整军之实，安静之时多费饷项，寇至之时每难抵挡。冗兵日增而月饷日绌，悬欠益巨。并且向曾国藩建议："方今之世，无钱不算穷，无人可用乃是真穷，祈兄刻刻留心，广为储蓄。所求不必其全，但闻其一节之可用，则取其一节，久之集腋自可以成裘。"[3]基于这一点，老九为其兄推荐了大量可用之才，亦为自己网罗了一批将才。

老九选将用人还不拘一格，主张选将不必求全责备。他认为，"人之性情有

---

[1] 王定安：《曾忠襄公年谱》，岳麓书社，2006年，第7页。

[2] 左宗棠：《左宗棠未刊书牍》，岳麓书社，1989年，第28页。

[3] 曾国荃：《曾国荃全集》（第五册），岳麓书社，2006年，第115页。

勇怯之殊，技艺亦有长短之不齐"，主张"不及者仰而企之，过者俯而裁之""弃其短而用其长"[1]。

第四，约束必须严明。咸丰十一年（1861）他在给阿兄曾国藩的信中写道："弟前面陈治军之要诀，以用少御众者，惟一严字。"[2]所谓"严"，即指严明法令，惟法令昭彰。"无论文武人，无论智愚，莫不顾之而生畏。诚虑一朝失势，不遂其所欲，不便其所私，故不得不勉强循轨以为之耳。"[3]因此，他组建吉字营之时，就为部队制定了严格的军纪，规定行军打仗"第一禁奸淫，其次禁掳掠"[4]。遇有违规者，老九即实行军法，严惩不贷。

同治二年（1863），其爱将郭松林置老九严禁湘军于军营娶妇之规定于不顾，私自置五妾，且偷用营中口粮。上行下效，哨官朱怡如法炮制，私藏女子。老九得悉此情后，立刻撤除郭松林营，追缴其亏空的口粮，朱怡亦被驱逐出队。又严令再有私自偷粮、娶妇者，一律格杀勿论。他言出必行，将敢以身试法的亲兵、散勇统统斩杀，使部队纪律为之一肃。

老九约束部属、执行纪律时，还坚持事后用法，事前训诫。他对阿兄解释说："所谓严者，不可待事后之行法，而在事前之要约。三令五申，以授其机宜；千儆百诫，以摄其心志。将领畏大帅之严法甚于畏贼，则必相索戒其部下，咸知惧而协以谋贼，自然士气百倍，无不以一当十矣。"他还曾指点老六曾国华，要求他注意四防：第一防其骄矜、第二防其懈怠、第三防其轻敌、第四防其僭分，因为这数者皆因"不畏上之法令"所致。后来多少弊病，皆从此所生。身为统帅必须平时"易宽以严""以威严慑服其心志"[5]，"一切仪注，各有分际，不可假借，一切服饰、舆从皆从节省。整躬以率物，自能杜渐而防微"[6]。湘军悍将鲍超因战绩颇丰，渐生骄意，老九马上去信建议阿兄多劝诫鲍超，以免他因骄生怠，不留心战事。

第五，军贵气象更新。老九打仗有一个特点，每打完一仗，都会裁撤部分兵勇。攻下吉安后，老九将吉字营大部裁去，只留一千人交给曾国藩作亲兵营。当作战需要时才添募，以达到"裁旧更新""去腐生新"。在他看来，治军贵在"气象常新，一兵得一兵之用，不敢使稍有暮气，致蹈从前绿营积习"[7]，且"凡事皆创造者难，收拾现成者易。惟办军营之事，去腐生新，终不易洗涤旧染之污，与其为

[1] 曾国荃：《曾国荃全集》（第五册），岳麓书社，2006年，第60页。

[2] 曾国荃：《曾国荃全集》（第五册），岳麓书社，2006年，第116页。

[3] 曾国荃：《曾国荃全集》（第五册），岳麓书社，2006年，第117页。

[4] 曾国荃：《曾国荃全集》（第三册），岳麓书社，2006年，第536页。

[5] 曾国荃：《曾国荃全集》（第五册），岳麓书社，2006年，第117页。

[6] 曾国荃：《曾国荃全集》（第五册），岳麓书社，2006年，第64页。

[7] 曾国荃：《曾国荃全集》（第二册），岳麓书社，2006年，第512页。

收拾现成之难而罔济，则毋宁为创造之反较易而有功也"[1]。他总结自己的治军经验："若悉仍旧有之军而用之，则饷益欠而无所底止，兵益疲而难期振作。"[2]只有汰旧更新，才能防止出现"兵油子"。

第六，部伍必须整齐。部伍整齐，就靠平时多训练阵法，讲求步伐止齐之法，方能成有制之师。他强调，"部伍必须整齐也。操演阵法，固有步伐之节、止齐之规，不可稍紊。即拔营行师，亦须各归各队，鱼贯而行，庶为有制之师。"[3]只有"日事操练"，才能"熟能生巧"，他说："凡阵法之纵横、口号之整齐、枪炮之准则、测量之精细，皆须日事操练，庶几熟能生巧。"每次接见统领、管带，他都"无不以此诰诚而申儆之"[4]。

第七，待勇必须以诚。老九对阿兄曾国藩提出的"以忠诚为天下倡"颇为赞赏，他率领吉字营出师后，明确提出："待勇士以诚，而用兵以诈。诚则足以感人，而士卒乐为之效命。诈则示人以不测，而贼之间隙可乘。无事不诚，无时不诚，诚之至也。间或用诈，间或不用诈者一二端以掩其诈，而使贼自误，诈之工也。"[5]战争的艺术在于大家齐心，为将者每时每事都应该以诚来感召部属，否则就会自误误人。要将"诚"字功夫落到实处，老九提出："一言一动，皆须审量于上下之际而后发，若轻易以出之，以职司之位而行专阃之政，其不失信于众人也几希矣。"[6]

待勇以诚，用兵则以诈。老九注重二者的结合，其军事思想既结合了孙子兵法，又突出了个人风格。

第八，处事必须公平。在这一点，老九在未出山前就格外注意，六兄曾国华被胡林翼任命为统领后，老九写信给六哥指出："发给各营口粮宜均匀，不可任意多少。如遇有不接济之时，尤宜见多分多、见少分少，宁可薄己而厚人，不可薄人而厚己。行之既久，诚信自孚于人，虽不接济，人亦谅之矣。"针对六兄的情况，他还指点其叙人战功时"宁可自己少叙几句，他人多叙几句，以昭鼓励"。"盖兄以平衔待各营官，各营未有不起敬起畏，而以总统待老兄者。是自去其虚号，而转在在收其实效也。"[7]

第九，赏罚固结军心。自古以来，为将者都重视军心，这一点老九也毫不含糊，他认为："胜负无常，强弱无定，惟视统帅所用之将与将官所用之兵，人心固

[1] 曾国荃：《曾国荃全集》（第三册），岳麓书社，2006年，第202页。

[2] 曾国荃：《曾国荃全集》（第一册），岳麓书社，2006年，第37页。

[3] 曾国荃：《曾国荃全集》（第三册），岳麓书社，2006年，第536页。

[4] 曾国荃：《曾国荃全集》（第二册），岳麓书社，2006年，第512页。

[5] 曾国荃：《曾国荃全集》（第五册），岳麓书社，2006年，第64页。

[6] 曾国荃：《曾国荃全集》（第五册），岳麓书社，2006年，第147页。

[7] 曾国荃：《曾国荃全集》（第五册），岳麓书社，2006年，第63~64页。

与不固耳。未有能得人心而大败者，亦未有先失人心而能胜者。同此兵力，固有先用之而胜，后用之而败者；同此器械，亦有彼用之而败，此用之而胜者。"[1]

老九固结军心的手法有三：一是重赏。只有平时厚给薪饷，将勇"临事方能致其死命，置身前敌，入死出生"[2]。"军事之利钝，恒视饷事之盈绌为转移。"[3]饷项宽裕则不患兵不强。他在给李鸿章的信中就指出重赏对于固结军心、激励士气的重要性。他写道："去秋援贼来犯，当万分危险之时，除犒赏援兵钱米外，每次悬重赏鼓励敢死之士，或抢救倒口，或暗截地道，或抢修濠垒，或夜破卡垒，皆赖重赏勇夫，支持危局。"[4]二是武器。打仗是以兵勇的生命为赌注的，除了军费有保障，老九还提出武器对固结兵心同样重要，"全恃船坚炮利以称雄，非有异术也"，落后的武器装备必然会影响军心稳定，影响战斗力，船坚炮利可以减少兵勇的伤亡，伤亡少兵心才固。

三是严罚。"严传号令，固结人心，水路各营自立军令状，断不至闻警思退，且皆愿舍身报国，坚守营盘地基。"[5]进攻金陵时，老九就是靠"悬不赀之赏，严退后之诛"的办法，使得将勇争相前进，不敢畏葸不前，大大加速了攻克金陵的步伐。《中兴将帅别传》中记载他："治军则严而有恩，时设赏以励战士。统大众止屯处，秋毫无所犯。其围安庆也，遏集贤关悍寇，相持百日，坚忍以待其敝。胡公林翼叹曰：'虽条侯用兵，不是过也。'"[6]

天下强兵在将，有了这九点，带兵者方才有自信，兵勇方才有自信。以吉字营为代表的湘军总是愈苦愈坚，秘诀就在此。

江西扒烂船

老九初攻吉安，碰到的对手是太平军的周亚春（又称周春、周培春、周春之），绰号豆皮春，也是太平军中享有盛名的将领。咸丰十一年（1861），被封为怀王。

周亚春家境贫寒，祖辈均为佃户。少年时颇喜好武艺，常脚穿石锁，臂举大

---

[1] 曾国荃：《曾国荃全集》（第二册），岳麓书社，2006年，第249页。

[2] 曾国荃：《曾国荃全集》（第二册），岳麓书社，2006年，第231页。

[3] 曾国荃：《曾国荃全集》（第二册），岳麓书社，2006年，第244页。

[4] 曾国荃：《曾国荃全集》（第三册），岳麓书社，2006年，第295～296页。

[5] 曾国荃：《曾国荃全集》（第二册），岳麓书社，2006年，第251页。

[6] 曾国荃：《曾国荃全集》（第六册·附录），岳麓书社，2006年，第14页。

石练功。周春成年后为广东三合会首领之一。三合会即天地会的别称，以"反清复明"为宗旨。同治《广州府志》卷八十二前事略载：咸丰四年（1854）六月中旬，城北李文茂与鸦湖甘先、沙亭岗周春等聚众江村，到黄婆洞拜会竖旗，决意反清。他们头裹红巾，自称"红巾军"。周春自称大都督，率红巾军千余人。同年七月，周春会同陈开、李文茂进攻广州，两广总督叶名琛在英国驻香港总督包令等支援下死守。次年红巾军被击败，周春率众撤出广州。

咸丰五年（1855）五月，周春率军自韶关入湖南，六月克桂阳，八月占茶陵，九月由茶陵入江西，攻占永新。其时，周春部众已扩大至数千人，继而攻安福。九月底，大败赣州总兵于安福。十月中旬，太平军翼王石达开由湖北入江西。周春率部加入太平军，隶石达开麾下。

周春加入太平军后，仍自树旗号，称"花旗军"。"花旗军"与各路军配合，连克临江、奉新、安义，进驻吉安，大破樟树镇湘军大营，迫使曾国藩退守南昌。

咸丰六年（1856），石达开委任周春为指挥。曾国藩向朝廷奏称："由湖南茶陵入江西境者，以周培春人数为最多。"因此，曾国藩对九弟攻克吉安并无把握。

事实也是如此，老九攻吉安，正应了先锐后钝的覆辙。曾国藩对老九并没有太大的期望，反倒劝他："此事（兵事）登场甚易，收身甚难，锋镝至危，家庭至乐，何必与兵事为缘？"进而劝他自决，莫以小战小胜为功，以劝捐办团为能，内乖脊令之义，外成骑虎之势。

老九于十一月十三日率部抵江西安福江口，与太平军一战败之，进克安福。随即与周凤山部会合，经固江、亭子转战前进，于二十四日抵吉安。十二月，老九顽强地击败了太平军的三次援兵。咸丰七年（1857）正月，老九率部援抚州、建昌，大破太平军于千金坡。尔后展开对吉安的进攻，至此，江西局势才有起色。

恰恰在这个时候，情况又突然发生变化。

咸丰七年（1857）二月初四，湖南传来消息，曾国藩的父亲曾麟书在家中病逝。接信后，曾国藩、曾国华自瑞州大营回籍奔丧。几天后，消息传到吉安，老九闻讣，于二十三日回籍奔丧，令文翼代统吉安军。北京接报后，同意赏假三个月，令曾国藩回籍守丧。

闰五月初三日，曾氏兄弟葬父于荷塘二十四都周壁冲山内。时湖南巡抚檄老九回吉安大营，此时老九恰好得病。又因为医生误诊以凉药，差点儿就见了阎王，幸亏其弟曾国葆易以补方，方才幸免获救。

三个月假一满，北京照例催促曾国藩赶紧回军。但是，饱历江西之苦的曾国藩，数次上折要求在家终制守孝，不肯复出。在官话套话等场面话讲完却仍然不获批准之后，不得已，曾国藩只好如实道出了自己不肯出山的缘由，尽情吐槽：

一是虽居兵部堂官之位，而事权反不如提镇。对于立功的将士，虽获保举，但徒有其名，永无其实；与地方官共事，要看人脸色，补一个缺必求于巡抚。

二是非官非绅，军务筹饷诸事艰难。事权在督抚，文武僚属，都视曾国藩为客，宾主分明，呼应不灵，军事受制于人；筹饷更难，无一不经州县之手，甚至曾国藩自己筹饷，还遭州县故意阻挠。

三是关防屡更，不足取信于人。几年间，北京给曾国藩的命令中关防印信称谓屡变，一会儿是礼部右侍郎，一会是礼部侍郎，一会又是兵部侍郎，一会则是兵部右侍郎，变来变去，不知何故，被人怀疑是伪造；北京给曾国藩的命令往往都不是谕旨，而是廷寄，因而被人误以为是曾国藩自请出征，不应领官饷；如此之类，伤透了曾国藩的心。

最后，曾国藩明确地告诉北京："非位任巡抚，有察吏之权者，决不能以治军。纵能治军，决不能兼及筹饷。臣处客寄虚悬之位，又无圆通济变之才，恐终不免于贻误大局。"意思就是说，你再不给我地方实职，我就呆在老家好了。

话已说到这个份上了，北京何尝不明白？但是此时北京早有考虑，观曾国藩江西兵事之成败，又因听信他人之言，北京将平定太平军的希望寄托到了两江总督何桂清等人身上，因此，九月北京明确批准了曾国藩开缺在籍守制的请求。

久历官场和战场的曾国藩此时想必也看透了北京的用心，其失望之情非外人可知。

不过，老九却不一样，他既非朝廷命官，也无需承担古代官吏所必须承担的丁忧义务。

空缺了老九的吉字营，半年间屡次吃败仗，六月，周凤山之军溃败，吉字营也不得不退保安福。文翼根本统驭不了吉字营，吉安围师各部将领各不相下，这样，江西巡抚耆龄不得不奏请老九赶紧回江西统管吉安军。

曾国藩要官失败，被迫守制，远离自己辛苦创建的湘军，也不甘心数年经营，功归他人，故支持老九出山。

咸丰七年（1857）九月初八，老九自湘乡里第起程奔赴吉安，大哥曾国藩为之送行，以和辑营伍、联络官绅及攻战之法反复训诫。老九于二十六日至长桥口营，二十八日率张胜禄、陈湜等五营进屯洣口亭。

果然老九一到，军气大变，十月，湘军于瓦窑、沙冈击破太平军，克复吉水县城，又一次西逼而进，合围吉安。但是到了十一月，太平军悍将石达开率军自抚州、饶州增援吉安，老九率吉字营迎击于吉水三曲滩，大破之，但要攻克吉安仍然困难重重。

此间，老九给六兄国华写信，表达自己的狼狈万状："此间事事之难办，一言岂可尽哉。"不过，老九并没有放弃，相反，他戏称："好在弟近学一法，善于扒烂船，心中转不熬煎，尽其事之在己。"[1]

善于扒烂船，是湖南乡下土话，意即破罐子破摔，不计后果。"徐以俟气机之转移在天，或数月或一年能克城更好，既不能，又何必急焉！"

此话虽有沮丧之意，但也是实情。此时，刘长佑克临江，张运兰克建昌，其他湘军将领俱有收获，只有九江和吉安没有收复。老六曾国华赴九江，援助李续宾军事，到咸丰八年（1858）四月，九江终于收复，吉安成了太平军翼王石达开在江西的最后一个堡垒。吉安迟迟不能克复，老九面对的压力可想而知。

送别老九之后的曾国藩也没有闲着，这段时间，兄弟间通信频繁，其教老九之心情款款。此间，曾国藩送给老九八个字，两条秘诀。

一是综理密微。曾国藩承认，老九的综理密微能力要胜过自己。但是，曾国藩还是告诫老九注意军中器械，古人以铠仗鲜明为威敌之要务，因此，曾国藩自己曾派人赴河南采购白蜡杆子，又以腰刀赠部下，受赠之人非常爱重，建议老九不妨留心。

二是规模远大。虽然老九也讲求规模，但曾国藩担心规模大的同时容易混入散漫。规模就是器局，才根于器。

曾国藩告诫老九，到营之后，要专意整顿营务，不求近功速效。进兵须由自己作主，不可因他人之言而受其牵制；平常出队开仗亦不可受人牵制。应战时，虽他营不愿意，我营亦应接战；不应战时，虽他营催促，我亦持重不进。

戒浪战是曾国藩用兵的心得，自然少不了要告诫老九："兵勇以浪战而玩，玩则疲；贼匪以浪战而猾，猾则巧。以我之疲敌贼之巧，终不免有受害之一日。"

曾国藩身在乡间，却心系九弟，对老九的吉字营密切关注，随时提醒九弟要注意对部下心中有权衡。老九到达吉安后，兵势为之一盛，但曾国藩告诉他，军营虽人多为贵，有时却以人多为累，"凡军气宜聚不宜散，宜忧危不宜悦豫。人多则悦豫，而气渐散矣。营虽多而可恃者惟在一二营，人虽多而可恃者惟一二人，如木然，根好株好而后枝叶有所托；如屋然，柱好梁好而后椽瓦有所丽。"在曾国藩看来，吉安各营，以吉中营、老湘营、朱品隆等营为根株、为柱梁，其他如长和营、湘后营、三宝营，只是枝叶椽瓦。

同时，曾国藩又对老九提出将才之四端：一是知人善任，二是善觇敌情，三是临阵胆识，四是营务整齐。眼下最缺的就是善觇敌情者，古代善觇敌者，不仅知道敌人首领的性情伎俩，而且知道敌将之间谁和谁不和，敌主和谁不协。如此

---

[1] 曾国荃：《曾国荃全集》（第五册），岳麓书社，2006年，第71页。

这些,不可谓不是老到之言。

吉安久围不下,老九流露出兴味索然之意,大哥曾国藩教他二字诀。一是学李续宾的"暇"字诀。李续宾,湖南湘乡(今涟源)人,字迪庵,为罗泽南之弟子,后随之征战,作战勇敢,立功颇多,为湘军名将,咸丰七年(1857)底实授浙江布政使,只历四年多,就官居副省级。李续宾不仅平日里从容整理,即使临阵作战,也是回翔审慎,镇静安虑。曾国藩比较了九弟和李续宾,认为老九在理繁方面才胜于李续宾,但临敌不如李续宾镇静;与官场交接方面,兄弟二人都略识世态而又怀一肚皮不合时宜,既不能硬,又不能软,到处寡合。李续宾却不一样,"妙在全不识世态,其腹中虽也怀些不合时宜,却一味浑含,永不发露"。

二是教其"恒"字诀。针对老九因军事无进展而心生读书中举之念,曾国藩告诫他:"凡人作一事,便须全副精神注在此一事。首尾不懈,不可见异思迁,做这样想那样,坐这山望那山。人而无恒,终身一无所成。"现在带勇,就要埋头尽力于带勇之法,日所思夜所梦,舍带勇外一概不管。谈到带勇,曾国藩顺带教了老九带能之法:"以体察人才为第一,整顿营规、讲求战守次之。"久顿坚城,无仗可打,确实忧闷,但是兵勇锐气有余,沉毅不足,气浮而不敛,就犯了兵家大忌。为此,曾国藩送给老九一副对联,劝他坚意忍耐,不可欲逗烦闷:

打仗不慌不忙,先求稳当,次求变化;

办事无声无臭,既要精到,又要简捷。

如此这般,总算将老九"扒烂船"的想法给打消掉了。

九江收复后,曾国藩恐九弟急躁冒进,特地写信劝其要"忍耐谨慎,勉卒此功",强调不必求破城之迟早,"只求全城屠戮,不使一名漏网耳"。

咸丰八年(1858)七月,老九终于伺机率部大举攻打吉安,刘鹤腾、遮克敦布分别自北、东两面攻击。太平军出城攻西路长濠,为湘军击退。八月十二日,老九亲督各营大举环攻吉安,一举收复吉安,俘获太平军守将李雅凤。历时一年几个月之久的吉安收复战结束。江西全境由此一律肃清。

世上事无非一台大戏耳

老九克复吉安之际，染上小疾，却听闻湘后营三次报告，有两千太平军突围而出不知去向，老九闻报甚急，夜深又受了风寒。此后几天，又多次受寒，以致病反反复复，寒热混杂，持续了半个多月方才痊愈。

克城之日是八月十六日黎明，等到将突围的零散太平军士追杀干净，差不多就到二十日，这一天，恰好是老九三十四岁生日。营中兵勇集红旗伞、好马为老九贺寿，摆了十余席，热闹非凡。老九高兴，不禁对家中的二兄、季弟道："今日生日，哈碗酒。"

吉安克复后，老九向大哥报告，撤散吉字营回湘，只留一千人左右担任大哥的亲兵。然后自己也回湘养病守制，计划在家住上几个月，再视情况赴大哥处帮忙。

自此，老九每打完一仗，都要回湘休息一段时间。这成为惯例，也被人视作一种派头、老九风格。

经过吉安一战，老九的锐气似乎得到了磨练，滋生出不愿意带兵之念。"弟此次之出，冒昧从事戎行，较寻常人论之，则所作之事亦当有可对父叔兄弟之处，而较真廉洁、能干之人论之，则抱愧实多。而亟思蝉蜕者，非敢置公家兵事于不顾也，亦非不愿助伯兄之军务也，盖自度其气势才力不能如人，而徒负此一知半解，口说手画，终无济于要务，不如知难早退之为高耳。"

老九似乎看透了这世道，他竟然在家信中说出了这样的话：

> 果里散，糯里又接担，世上事无非一台大戏场耳。[1]

这是纯用湘中土话，意思是这里散，那里又开场，世上事无非一台大戏。大有《红楼梦》中"你方唱罢我登场"的滑稽和虚空。

老九似乎不愿再搅合这台戏，他或许真的有抱愧之处，也就是时人和后世所非议的廉洁问题。

吉安是老九初次参与东征这场大戏的舞台，为了这一仗，老九付出不可谓不

---

[1] 曾国荃：《曾国荃全集》（第五册），岳麓书社，2006年，第84页。

多。这中间"数年应有之薪水杂款微有羡余，不得不携归，为家中应用之费，实愧对老亲与老兄平日之直节清名耳"，那么，这笔钱到底有多少呢？老九在给四兄国潢的信中作了交代："顺解二竿之数，皆库平原封。又凑花边元洋约共三封，约有三百零两，系交弟妇……请仲兄大人饬令弟妇至腰里宅内，指点检拾妥惬。不必另呼雇工，恐其宣传于外，弟得贪名也。"[1]

二竿实指两千，这两千两银子对于穷于军费的湘军来说，也算得上一个不大不小的数目，加上此前吉字营亦发生闹饷之事，勇丁半皆五方杂处之人（这也是老九决定撤散大半吉字营兵的原因之一）；相对于乡间百姓而言，更是天文数字。但是，老九援江费时两年，去掉中间因父丧回家的时间，尚有一年多，按湘军营规，营官每月五十两，办公费一百五十两，统领每月额外加三百两，此时吉字营只有三千人，曾老九虽有统领之名，并无统领之实，即便不算这三百两，一年也有两千四百两，故而老九认定这笔钱是他自己应得之薪水杂款，实非贪污或掠夺得来。他只不过是怕外人一时接受不了而格外加以预防而已。

大哥曾国藩对老九此役之成功自然欣慰不已。老九在变故百出、危疑困乏，极难下手的局面下，能够内治军旅、外和官绅，应酬周密，条理精严，致此成功，不仅扭转了湘军在江西的困局，也算是帮了曾国藩一个大忙。

曾国藩也看到了老九在军事方面的天赋，对他寄予更大的希望，他同意了老九回家休养两三个月的请求，同时还劝他不必将吉字营遣散，希望他再次出山时能随同带出。大哥已然将其视为心腹依托。

在家守孝一年零四个月中，曾国藩似乎也领略到了"世上事无非一台大戏耳"的真谛。咸丰八年（1858）六月，曾国藩奉旨复出援浙。尽管这一次，北京仍然没有给他具体的实职，还是一个虚名，但是，曾国藩不再计较，二十天后即抵达武昌。中间在长沙稍事停留，拜会了湖南巡抚骆秉章和他身边的重要幕僚左宗棠。

主动去拜会，恐怕是曾国藩此前没有过的。此前，他连主动给人回信都很少。老九曾经两次劝他改一改这个毛病。咸丰二年（1852）二月，老九给曾国藩写了封长信，信中说道：

> 兄向来颇懒于回人信息，不审近日何如？若复如此，弟觉此亦是毛病。何也？朋友之道，不外规过劝善。既不能常聚而不散，则一纸音书，隐喻规劝之意，彼此皆有裨益。况老兄目前正负山斗之望，为天子正直之

---

[1] 曾国荃：《曾国荃全集》（第五册），岳麓书社，2006年，第86页。

臣，苟其宏奖道德，劝一善而善类无不兴起，惩一恶而恶途靡不消沮，怀德畏威，如响斯应。即如同乡同年之有往来者，及门下士之颇相亲密者，或初登仕版，未尝汩没；或天资忠厚，有志为好官，而无人助兴。忽得君子韦佩之言，奉为官箴，遂不觉善念之勃发，恶念之潜消。[1]

咸丰八年（1858）三月，老九在信中又特意劝说曾国藩与左宗棠通书信。

但是，曾国藩对老九之言并未留心，骨子里隐然一股傲气，直到坐困江西，回家丁忧，特别是公开要官而无人附衬，失望之余，退居读书，省心静思之后，方才悔悟所作所为。咸丰八年（1858）五月，他给九弟写信：

> 近岁在外，恶人以白眼藐视京官，又因本性倔强，渐近于愎，不知不觉做出许多不恕之事，说出许多不恕之话，至今愧耻无已。
> 目下在家意绪极不佳，回思往事，无一不惭愧，无一不褊浅。

因此，复出之后的曾国藩不仅在待人接物上大有改善，而且写信的频率大为提高。此前曾国藩从未与左宗棠写过信，咸丰八年（1858）开始频频与之通信。此前与各地督抚、湘军将领之间的通信，一般都只称官衔，此后不惟一律称他们为"帅"，而且对他们报以更多的亲密之问。"无不答之信，无不批之禀。官场庆吊，酌量送礼；家乡庆吊，亲族本家，亦少为点缀。" [2]

老九目睹了大哥的变化，他从江西经湖北回湘，一路上听到"章门、鄂北官绅颂声大作""所与各处交道亦甚惬洽"，都是说大哥的好话。

咸丰八年（1858）本应是曾氏兄弟比较舒畅的一年，老九因功得升知府。本来，老九只考中优贡，正欲北上进京应试，因为道路阻隔，老九没办法到北京去，于是他就在长沙捐了一个"同知"的官衔，为正五品，虽是花钱买来的空头官位，但总算有了一个起点，否则也不可能直接升知府并加道员衔。

不料，到了十月，一件令人意想不到的事发生，导致大局顿坏。十月初十，湘军大将李续宾部在安徽三河镇与太平军大战，结果差不多全军覆没，曾家老六曾国华与李续宾阵亡。

此事对于湘军东征这台戏影响深远。

---

[1] 曾国荃：《曾国荃全集》（第五册），岳麓书社，2006年，第36页。
[2] 曾国藩：《曾国藩全集》（22），岳麓书社，1987年，第830页。

三河转折

攻下吉安以后，曾国荃回家原计划只住两三个月，因为六兄之死，须料理丧事，老九住了半年。

这半年，因为三河一役，大局顿坏。原本曾国藩是奉北京之命援浙，他接令后旋即出发，一路上调兵遣将，派萧启江、张运兰、王开化等营先期于河口会合。但是，萧启江有孝在身，亲柩未葬，屡次请假未成，这一次如果再不给他假，无以慰其心，难以得其力，因此，曾国藩不得不同意给假两月，允其回乡办理丧事。

大军未发，至七月中旬，浙江解围的消息传来，太平军集聚福建，那么，曾国藩援浙的使命就自然改为援闽。曾国藩只好将萧启江、张运兰、吴国佐所部派往福建作战。

此时，湖北巡抚胡林翼的母亲去世，请假回乡守孝，九月，江北大营被太平军攻破，扬州等城市相继失守，曾国藩所在江西各营乡勇染疾大半，而此次复出后，曾国藩的身体状况也大不如前，不仅眼蒙，而且癣疾大发。

十一月下旬，皖北战场突然传来消息，湘军在三河遭遇惨败，湘军大将李续宾及曾国藩六弟曾国华同时战死，湘军六千精锐丧师失地。

三河战中，曾国藩给湖北布政使罗遵殿写信，担忧李续宾："兵分则力单，将分则谋寡，迪庵以一身而兼管筹兵、筹饷，及应酬各处书启奏牍等件，又第战必亲自督阵，人之心血几何？固宜百密而不免一疏也。"[1]言犹在耳，即传来噩耗。

李续宾是湘军名将，罗泽南战死后，李续宾统率其部，他也是老九六兄曾国华的亲家，两人一直并肩作战。咸丰八年（1858）五月十九日，时任浙江布政使的李续宾率部攻克军事重镇九江，顽强坚守五年之久的太平军将领林启容部一万七千名士兵被全歼。李续宾随即进入安徽战场。

在湖广总督官文和湖北巡抚胡林翼的谋划下，江宁将军都兴阿和李续宾等率兵万余人东进安徽，九月二十二日克太湖，然后兵分两路，都兴阿率副都统多隆阿和总兵鲍超所部进逼安庆，李续宾率所部湘军北指庐州。李续宾部于九月二十三日攻陷潜山，十月十三日攻陷桐城、舒城，接着指向舒城东面二十五公里的三河镇，准备进攻庐州。

---

[1] 曾国藩：《曾国藩全集》（21），岳麓书社，1987年，第719页。

　　三河镇位于界河（今丰乐河）南岸，东濒巢湖，是庐州西南的重要屏障。十一月三日，李续宾率精兵六千进抵三河镇外围。七日，分兵三路向镇外九垒发起进攻，义中等六营进攻河南大街及老鼠夹一带；左仁等三营进攻迎水庵、水晶庵一带；副右等二营进攻储家越。李续宾则亲率湘中等二营为各路后应。太平军依险固守抵抗，湘军攻击愈急，太平军伤亡很大，退入镇内，坚守待援。在湘军大举进攻三河镇外围的当天，陈玉成率大队赶到，驻扎在三河镇南金牛镇一带。十一月十四日，李秀成也率部赶到，驻于白石山。至此，集结在三河镇周围的太平军多达十余万人，和李续宾相比占绝对优势。

　　面对强敌，素有悍将之称的李续宾并没有畏惧，认定有进无退，决一死战。他派出的七营湘军与陈玉成部遭遇，陈玉成抓住有利时机，将湘军诱入伏击圈，截断其归路，李续宾得报，亲率四营前往营救，反复冲杀数十次，也未能成功。这时，李秀成率部参战，坚守三河镇的太平军将领吴定规也出城参战，由于众寡悬殊，六千余湘军全部战死，李续宾、曾国华也未能脱身。很久后湘军才找到李续宾、曾国华的尸体，其中曾国华的尸体已面目全非，以至于老六之死成为一个千古谜案。

　　对于湘军这次惨败，咸丰帝闻之"不觉陨涕"。曾国藩更是"哀恸填膺，减食数日"。胡林翼则哀叹说："三河败后，军气已寒，非岁月之间所能复振。"又说："三河溃败之后，元气尽伤，四年纠合之精锐，覆于一旦，而且敢战之才，明达足智之士，亦凋丧殆尽。"可想而知，此役对湘军来说其打击之大，是难以言表的。

　　不过，经过此役，曾国藩兄弟的命运也随之发生了根本变化。

　　此前的曾国藩在北京眼里根本不受重视，一直作为救火队员，一会儿援江西、一会儿援浙、一会儿援闽，而关键性的战役如金陵之战等正面对抗战争，始终轮不到他。是时，胡林翼在武昌，李续宾主攻安徽，金陵城外更是有江南大营、江北大营。短短两年间，胡林翼由知府升巡抚，李续宾更是从知县升至巡抚。而曾国藩仍然客寄虚悬，原地踏步。

　　三河之役后，皖北情势危在旦夕，显然援闽倒不是急务了。曾国藩开始规划攻皖，进入主战场之一——安徽。

　　咸丰九年（1859）四月，老九重返江西，奉大哥的将令，接连收复了景德镇、浮梁，兵锋指向安徽。

江西的衰落症结早就显现

江西是晚清这场战争期间敌我双方反复拉锯攻防的重点战场，江西的遭遇和处境也给曾国藩兄弟十年征衣期间留下了非常糟糕的记忆。同时，也给后人留下一种近代江西就此开始衰落的感觉。

回过头来看这一时期的江西，最明显的感觉就是江西人才的匮乏和民风的诡伪，加上湘军东征过程中在江西遇到的挫折，使曾国藩兄弟对江西失望至极。

欧阳修曾说："区区彼江西，其产多才贤。"对比清以前江西的辉煌历史，不仅江西人感觉有衰落感，恐怕就连江西之外的人都有这种感觉。

唐代以前，湖南与江西所出的人才相差无几，科举考试制度化之后，整个唐朝江西进士有六十五人（唐朝每年录取的进士人数只有寥寥数人），北宋时湖南与江西迅速拉开差距；南宋至清初，江西的人才远远超过湖南。宋代江西共有进士五千四百四十二人，其中北宋一千七百四十五人，南宋三千六百九十七人，在二十四史中有籍可考的五千七百八十三位历史人物中，湖南只有五十七人，仅占全国的0.98%；而江西达三百七十八人，占全国6.54%。明朝更是有"朝士半江西"之说，整个明朝江西籍状元和进士数量都是位列全国三甲（仅次于浙江），从明代科甲人物看，湖南有进士四百二十七人，占全国的1.9%，而江西有进士两千七百二十四人，占全国的11.9%；至于鼎甲（状元、榜眼、探花的总称）人物，江西有五十五人，占全国的21%，为全国之冠。在明代八十九个状元中，江西有十七人，湖南只一人。

但是入清以后，江西人才就开始显著减少。据光绪《江西通志》之《选举志》记载，明代有江西籍官员三千一百四十八人，而清代只有一千七百八十七人。《清史稿》列传中江西籍官员只有一百零四人；而宋代光是江西籍宰辅就有二十五人，著名的有王安石、欧阳修、文天祥等，明代有江西籍官员十八人，著名的有严嵩、夏言、张位等，清代只有五人，道咸同光时期较有影响的江西籍人物更少，黄爵滋曾是禁烟斗争的中坚分子，得到道光帝的器重，但旋因户部亏空案的牵连落职终老；陈宝箴官至巡抚，大力实施新政，然而他的政绩全在湖南。"道咸之交，陈孚恩、万青藜、胡家玉，同时在高位，皆被人挤陷，一仆不再振……自家玉罢后，垂三十年，江西无三品京官。"[1]可见，入清以后江西出仕人数的减少，反映了江西对全国的政治影响日渐衰微。曾国藩率湘军东征在江西滞留多年，后又担任两江总督多年，然而，出入曾国藩幕府中的江西籍幕僚人才只有十九位，排在湖南、安徽、江苏、浙江之后。仅从这一点即可看出，江西并非等到太平军征战以后才开始衰落。

入清以后江西人才的衰落原因当然是多方面的，有人认为，江西人才的衰落与交通因素关系重大，貌似有理，但与浙江、安徽相比呢？江西是华南通向中原北方的必经之路，古代由中原江南进入广东，都是由江西经过，而岭南商人、学子北上也都是必经江西，往来络绎不绝的商人带动了当地经济和人口的增长。这固然是事实，但同样处在京九线上的安徽，和根本没有这种交通便利的浙江，特别是后者古代人才却并不逊于江西。因此，并非是京广线的开通导致江西人才的衰落。

也有人认为，是战乱导致江西人才衰落。可是据统计，太平天国起义期间，江西人口减少数不如安徽、江苏、浙江。[2]然而，江西早就被研究者剔除在人文最盛的省份之外。

还有人认为经济因素是制约江西人才的重要原因，然而到了晚清鸦片战争时期，江西的经济并不见衰落的迹象。清代"天下财赋，惟江南、浙江、江西为重"，当时江苏一带，有"三日不见赣粮船，市上就要闹粮荒"之说，以至于后来九江引起外国列强的垂涎，成为最早开放的通商口岸之一。何况人才的出现与经济因素并不一定成正比。

三大主要因素制约了清代江西人才的持续性发展。一是政治因素。宋明时期，一人主政可以延揽自己的亲信，宰辅专政。大清的集权却远盛于以前任何朝代，不可能再出现宋明时期那种一人得道、鸡犬升天的政局。问题是江西完全不适应这种集权体制，缺乏人才历练的机会。身为江西籍的陈宝箴都慨叹江西"既无用兵之材，更无带兵之人"。

二是文化因素。江西是宋明时期陆王心学的发祥地。陆王心学的创始者陆九渊（江西抚州人）和王阳明（为官江西）对江西学子影响至大，尤以阳明心学中的江右学派在明代中后期影响最大。但入清以后，阳明心学被视为程朱理学的异端，遭到贬斥，大儒顾炎武直指其为"以明心见性之空言，代修己立人之实学"，不无道理。因此，江浙学术思想转变很快，大儒学者迭出，乾嘉学术中却很少见

[1] 胡思敬：《国闻备乘》，中华书局，2007年。

[2] 曹树基：《中国人口史》，复旦大学出版社，2001年。记载安徽、江苏、浙江和江西减少人口数分别是1700万、1679万、1630万、1172万。

到江西籍的学者，这就是其学术不昌的一个显证。乾隆时江西学政翁方纲指出："今日江西士习文体渐入于浮肤矣。"

三是学风问题。有人将江西人才衰落归结为江西官场没好官。却不知，乾隆五十一年（1786），翁方纲任江西学政；嘉庆十九年（1814），阮元任江西巡抚；尔后有陈宝琛、李文田、赵之谦、吴士鉴等，都是学问名家。同治九年（1870），有考场败将之称的藏书家李慈铭上书其学生、江西学政李文田说：

> 豫章夙号名邦，人材所萃，乾嘉以来，经学独拙。自金溪王氏、南昌彭氏外，盖鲜通儒。得非其先进相传，没溺时文，惟知墨守五家，津津帖括，虽以仪征太傅尝临棻载，刊布注疏，为之倡导，而锢闭已深，末由自振。[1]

"锢闭已深，末由自振"，许多习心学的儒生不容于世，而他们又抱着心学不放，观念固化，不得不沉沦民间。"江西风俗，最重科名"，[2]而李文田还发现"江右试童善夹带"。闹考是江西延续了三十多年的积习，某些地区甚至逢考必闹，地方官又怕又要维稳，只好"捂盖子"姑息。颇想有所作为的名士李文田想效法张之洞在湖北的大力改革，到任后却发现，"此间布置当无眉目，士习颇称难治"。只能拟守萧何成法，不敢更张。直到光绪十年（1884）陈宝琛做学政才"揭开盖子"。不少人心中因而积有怨气，这也导致太平军进入江西后，当地不少绅士对他们抱有好感，有的不再剃发，有的甘心投军。南康府的失陷竟然是因为当地绅士诱缚守令都司迎献太平军。

曾为《盛世危言》作序的维新派人物陈炽，其博采西方文化优长、探求中国富强要义的《庸书》《续富国策》等著作，在外省一版再版，而在江西却无人刊印。文廷式曾打算在家乡萍乡"集股"举办煤矿"以广利源"。结果，县中士绅群起攻讦。黄懋材精通西学，有"洋务英才"之称，但在江西本省难有作为。维新变法前后，各省纷纷开设私立之学会、学堂、报馆等，共计四十九个，独江西与安徽处于空白，广东有十一个，湖南有十四个。以"开通风气为己任"的江西护理巡抚翁曾桂想办"算学堂"，但是江西士人把西学"目为不急之务"，经过"鼓励多方"，学堂仍没有办成，翁曾桂只能发出"江西守旧人多，开化难于他

---

[1] 李慈铭：《越缦堂诗文集》（下），上海古籍出版社，2008年，第1309页。

[2] 顾家相：《五馀读书廛随笔》；胡思敬：《国闻备乘》，记载"本朝最重科目，咸同时俗尚未变，士由异途进者，乡里耻之。江西人嫁女，必予秀才"。

省"的感叹。[1]

同样的制度环境下,湖南却呈现出另一番面貌。和江西一样的是,其时的湖南人同样守旧,咸丰初年,曾国藩组建湘军即将东征之际,不少湘军士兵不愿意离开本省。省内会党蜂聚,湖南即使不是全国会党最多的省份,也是之一。但湖南知识界却掀起一股实学之风,以岳麓书院为代表,宗奉笃信程朱理学。而且清代也是湖南书院发展最快的时期之一,书院遍地。

咸丰八年(1858),曾国藩部下李元度一军欠饷二十万两,数额巨大。筹集不到这笔钱,李元度竟然想出一个绝妙办法,号召所部湘军士兵捐十万两银子增加平江县文武学额各十名,捐五万两增加岳州府文武学额各五名。

按照咸丰三年(1853)的新规,任何人只要捐银万两,即准予增加此人所在县的文武学额各一名。所谓文武学额,就是科举考试中的录取指标。清代科举必由学校,入学是第一级晋身之台阶。入学考试称"童子试",考上得以入学者称"生员",即秀才。顺治四年(1647)即开始厘定各省的指标(学额),它是视"人文多寡",而不是根据人口数量来定的。确切地说,就是依据应试人数来定。以雍正二年(1724)学额变化后的数字为例,"人文最盛的州县",小学定额十六名,府学二十五名。[2]这在当时是一种稀缺性资源,比之今天的招生指标更加珍贵。

此政策一出,一年内,湖南的长沙、善化、湘阴、浏阳、湘潭、醴陵六县各增加指标十名,达到政策规定的上限;湘乡增加三个指标,平江增加一个指标。正因为平江增加的指标少,而李元度所统之部又为平江营,他们感觉吃了亏,大家都乐于将这笔欠饷捐出,以此可以增加入县学者十名,入府学者五名。而且捐银者之名可以刊刻于碑,平江勇更是欣然乐从。

曾国藩称赞这种做法是"俎豆泮宫,流芳百世"。因此,他写信劝老九亦可效法,说服士兵干脆将所欠之饷捐出来,如果捐得七万,可增加文武学额各七名,那就使湘乡一县和其他几个县并列,"不让次青(即李元度)专美于平江也"。[3]他认为这是一个天赐良机,一旦错过这机会,将来或许捐十万二十万以求

[1] 国家档案局明清档案馆编:《戊戌变法档案史料》,中华书局,1958年,第297页。

[2] 《嘉庆钦定学政全书》,海南出版社,2000年。

[3] 曾国藩:《曾国藩全集》(19),致沅弟,咸丰八年八月十四日。江西在太平天国起义中,也通过捐输共得永广生员学额文742名、武734名;暂广生员学额文3144名、武3154名。远胜于湖南。然而,正如光绪八年江西学政洪钧奏折中所说,恰恰因为学额冒滥,文风反逊。江西学政陈宝琛也在奏折《报出省按试折》中说:"学额太宽,送考太滥。故士多求诡遇速化之术,而不肆力于根柢,至文童倩代枪替之风、武童重名冒考之弊,所在多有。"《附陈考试情形片》中还说:"人人怀幸进之心,竞速化之术,父以诏子,师以授弟。"他对张之洞也说:"此间士习之偷,文风之陋,学额之滥,场规之宽,积敝相沿,挽救非易,掷精神于虚牝。"

增加一个学额都不可得。入学（录取指标）的人数增加，对于当地人才成长自然至关重要，湘军将领能够基于本县的人文教育这一出发点来捐出湘军士兵出生入死本应获得的工资收入，以获得指标的增加，这种精神弥足珍贵。

同治十年（1871）六月，湘军将领李续宾的次子李光久家境困难，不得不出外就馆做塾师，湖南厘金局恰好缺一主办绅士，月薪八十串，老九将之推荐给时任湖南巡抚刘崑，刘崑惑于陆王之学，不以程朱之徒在意，故李光久不得志于家乡。老九对李光久却颇为看重，"观其持重简默，不妄喜怒，有忠武公（李续宾）生成名将之风，若以之练二三千人，以备它日之用，必有可观者矣"[1]。老九写信给曾国藩，请其鼎力扶持，后李光久官至按察使。

湘潭士子王闿运于湘军收复金陵后赴江浙游学，受到学术昌盛的江浙学人的歧视，王闿运大笔一挥，写出一副对联：

> 吾道南来，原是濂溪一脉；
> 大江东去，无非湘水余波。

这副对联被后人津津乐道，其中所透露出的那种对以周敦颐为发端的理学道统的高度尊崇和以湘军将领理学治军所开创的崇尚实干的文化自信，一览无余。

正是有了知识界的引导和扶植，湖南人才呈现出一个前所未有的兴旺之势。

人才的消长不是一朝一夕形成的，懂得抓住机遇因时而变正是湘军崛起、人才数量爆长的关键，也是江西人才衰落的关键。多少年过去了，让人不能不对江西报以同情之一瞥。

---

[1] 曾国荃：《曾国荃全集》（第五册），岳麓书社，2006年，第358页。

大清这所大房子年深日久

长达七年多的时间，北京政府为何一直不给曾国藩以地方实职？这始终是一个令人困惑的问题。有人以为是朝廷为了防范汉人，那么，在此之前，江忠源最早获任安徽巡抚，在此之后有胡林翼获授湖北巡抚。更早以前还有陶澍、李星沅、贺长龄等湘籍汉人都分别获授两江总督、云贵总督。难道北京就不怕他们吗？

其实，怕是件好事，可怕的是不知道怕。

道光皇帝早就说过，大清"譬如人家一所大房子，年深日久，不是东边倒塌，即是西边剥落"[1]。然而，道光在这所年深日久的房子里住了三十年，不仅没有及时维修，而且其剥落的速度越来越快。

他的儿子咸丰继位后，"遭阳九之运，躬明夷之会。外强要盟，内孽竞作，奄忽一纪，遂无一日之安"[2]。在登基后不到四个月时的一道上谕中，咸丰也承认："近年以来，登进冒滥，流品猥杂。短于才者恃胥吏为腹心，急于利者朘间阎之膏血。以致政治堕坏，民生穷蹙。"[3]

然而，明知如此，咸丰即位后，"尤虑大权旁落，必择谨畏之士，使之佐治，故一时才臣，半遭废斥，而惟与曹（振镛）有水乳之合。有识者每仰屋窃叹，以为三十年后才与财皆尽矣"[4]。"文宗初基，东南糜烂，天下岌岌。朝廷怀恐惧之意而出之以端简，百官慑于大难之骤兴，瞻顾却立。"[5]

[1] 张集馨：《道咸宦海见闻录》，中华书局，1981年，第89页。

[2] 《清史稿·文宗本纪》，中华书局，1977年，第767页。

[3] 《大清文宗显皇帝实录》（卷九），道光三十年五月丁酉。

[4] 赵烈文：《能静居日记》（一），同治元年五月二十八日，岳麓书社，2013年，第516页。

[5] 郭嵩焘：《郭嵩焘诗文集》，岳麓书社，1984年。

　　受道光、咸丰二帝信任的大学士曹振镛，据说是个不学无术之人，奉命主考时，卷子稍微古雅一点，他就看不懂，只挑一两个平仄不合的评之为劣等就完事。可就是这样一个人却能位居殿阁大学士，著名的官场箴言"多磕头，少说话"就出自此人。时人称其入朝但颂而已，又最忌有能之人，稍出己上，必排挤使去。

　　清人有一阕著名的词，名《一剪梅》，就是专门用来讽刺曹振镛的：

> 仕途钻刺要精工，京信常通，炭敬常丰。
> 莫谈时事逞英雄，一味圆融，一味谦恭。
> 大臣经济在从容，莫显奇功，莫说精忠。
> 万般人事要朦胧，驳也无庸，议也无庸。
> 八方无事岁岁丰，国运方隆，官运方通。
> 大家襄赞要和衷，好也弥缝，歹也弥缝。
> 无灾无难到三公，妻受荣封，子荫郎中。
> 流芳后世更无穷，不谥文忠，便谥文恭。

　　不过此人的一生却留下了一个光辉的履历：

　　曹振镛（1755～1835），字俪生，号怿嘉，安徽歙县人，出身盐商子弟。乾隆朝户部尚书曹文埴之子，魏武帝曹操之后。乾隆四十六年（1781）进士，历任翰林院编修、侍读学士、少詹事、体仁阁大学士兼工部尚书、首席军机大臣、武英殿大学士、军机大臣兼上书房总师傅，以平定喀什噶尔功绩晋封太子太师，旋晋太傅，并赐画像入紫光阁，列次功臣之首。卒谥"文正"，成为大清三百年少有的八位谥号"文正"者。

　　曹文正公从政五十二年，宦练之深无人能及，不能说完全没有政绩，但他擅模棱、谨守文法的性格和做法加剧了大清朝吏治之积习深固。

　　清代著名师爷汪辉祖说："吾友邵二云编修言，'今日吏治，但三种人为之，官拥虚名而已。三种人者，幕宾、书吏、长随是也。'诚哉言乎！官之为治，必不能离此三种人。"[1]上官之墨守成规，实则造成权归胥吏的实情。晚清胥吏之权重于督抚，左宗棠在湖南巡抚幕府中的作为便是实例。

---

[1] 汪辉祖：《学治续说》，三益斋刻本，同治元年。

名师出了这样的高徒

曹振镛活了八十岁走了，又一个受咸丰帝信任的帝师杜受田来了。

杜受田堪为曹振镛的翻版，出身于山东滨州"一门七进士""父子五翰林"的杜家，他会试第一，殿试二甲第一名。道光十五年（1835）从山西学政直升为帝师，咸丰即位后，升为刑部尚书、协办大学士。

曹振镛最为人所称道的是他在嘉庆帝出巡期间"代君三月"，那么，杜受田最为传奇的便是将咸丰推上皇位。

据《清史列传》记载，当年道光帝在立储问题上犹豫不决，知道这个情况后，咸丰之师杜受田便传给咸丰一个锦囊。

有一次道光帝命各位皇子到南苑打猎，大概是想试一试皇子们的武艺。按清制，皇子读书时外出须向老师请假。杜受田沉思良久，向四阿哥奕詝耳语：阿哥到猎场中，只坐观他人骑射，自己千万不要发一枪一矢，并约束随从不得捕杀任何生灵。回来时，皇帝一定会问何故，你可以回答：时方春和，鸟兽孕育，不忍伤生，以干天和，且不想以弓马一技之长与诸兄弟争高低。

杜受田看得很清楚，四阿哥无论是论才华还是论马上功夫，都不是六阿哥奕訢的对手。当天狩猎结束，六阿哥奕訢所获猎物最多，正在顾盼自喜之际，见奕詝默坐，随从也垂手侍立，感到奇怪，就上前问道："诸兄弟皆满载而归，为何四阿哥一无所获？"四阿哥奕詝平静地回答："今天身体欠安，不能与诸兄弟驰逐猎场。"天色将晚，诸皇子携所获猎物复命。果然道光询问缘故，四阿哥奕詝就把杜受田教的话说了一遍。道光帝龙颜大悦，对身边的大臣说："这才是君主之度。"[1]

但是毕竟这位四阿哥奕詝无论文韬武略，还是健康状况，都比不上六阿哥。道光帝直到死前仍对传位之事下不了决心。有一天道光帝重病在床，自知无回天之术，临终前最后考察两位皇子的能力和气度，决定继承人。其实六阿哥奕訢也有一个师父，叫卓秉恬，他对其面授机宜，说：你很有才华，那么，若皇帝问起治国安邦大计，你就要知无不言、言无不尽，充分地展露你的才华。

杜受田则对四阿哥奕詝说："你若陈条时政，论智力、口才根本比不上六爷，

---

[1] 赵尔巽等：《清史稿》（第三十八册），中华书局，1977年，第11673页。

只有一策：皇上若自言病老，将不久于人世，你只管俯地流涕，以表孺慕之诚而已。"晋见时，道光帝果然询问治国大事，奕䜣滔滔不绝，大谈治国安邦的见解和抱负；四阿哥则一如师言，面对父皇的垂问，悲伤得涕流满面，以至于不能作答。道光在病榻上，细观二人的言谈举止，对四阿哥的所言所动十分欣慰：此子见我生病如此悲伤，真孝子也，不像奕䜣那小子，完全一副没心没肺的样子，于是便对身边的大臣说："皇四子仁孝，可当大任。"道光帝最终选择了仁和孝。

历史不可以假设，假设奕䜣做了皇帝，晚清历史肯定会改写。其一，如果奕䜣做了皇帝，就没有慈禧什么事，慈禧是奕詝的老婆，也就不至于出现垂帘听政那几十年的荒诞史；其二，奕䜣寿命比较长，活到六十五岁，咸丰只活了三十岁，如果奕䜣做了皇帝，那么，后来的几代皇帝也不至于一个比一个小；其三，奕䜣有才，他精于中国文化，又能热情拥抱迎接西方文化和工业浪潮。如果奕䜣当了皇帝，就不会出现与太后一党的争执与冲突。

不是说奕䜣有多了不起，只是整个政治格局就会发生改变。然而，历史偏偏选择了咸丰。从某种意义上说，道光帝这一选择才是大清命运的一大转折，甚至可以说道光帝才是大清真正的掘墓人。

在这一历史选择中，杜受田显然不是站在历史发展甚至不是站在王朝延续的高度来看问题的，他只是效忠于他的主子而已。这一效忠完全是站在自己利益之上，并且正是他这样一个帝师造就了后来咸丰的性格。

咸丰的"美德"

杜受田死于咸丰二年（1852），这一年年底，曾国藩受命为湖南帮办团练大臣。

此前的曾国藩在咸丰初登大宝的一年多时间里，接连向新皇帝上了五道奏折：《应诏陈言疏》（道光三十年三月初二）、《议汰兵疏》（咸丰元年三月初九）、《敬呈圣德三端预防流弊疏》（四月二十六日）、《备陈民间疾苦疏》（十二月十八日）、《平银价疏》（十二月十九日）。这五道奏折后来被曾国藩好友刘蓉归结为"五疏直上唱朝阳"。

道光三十年（1850），其实应该算是真正的咸丰元年，这一年的正月十四道光帝旻宁就驾崩了，十二天后咸丰即位，仍沿用道光年号，而以1851年为咸丰元年。

这五道奏折应该说是新皇帝直接了解曾国藩的一个重要窗口。皇帝了解大臣最直接的渠道便是通过大臣的报告，其次才是其他大臣对此人的评价。

第一道《应诏陈言疏》说的是用人。曾国藩提出了用人之三大要领：转移之道、培养之方、考察之法。这里面最核心的恐怕就是他对京官和外官的剖析。

京官办事通病有二：曰退缩，曰琐屑。外官办事通病有二：曰敷衍，曰颟顸。

退缩者，同官互推，不肯任怨，动辄请旨，不肯任咎是也。

琐屑者，利析锱铢，不顾大体，察及秋毫，不见舆薪是也。

敷衍者，装头盖面，但计目前剜肉补疮，不问明日是也。

颟顸者，外面完全，而中已溃烂，章奏粉饰，而语无归宿是也。

这四大通病，就是此前此后朝廷所用之人的一个缩影。"有守者多，而有猷有为者渐觉其少，大率以畏葸为慎，以柔靡为恭。"因此，道咸二朝中枢官员大贪者不多，如曹振镛、杜受田都不贪财，而所谓守成谨慎者在在皆是。这直接导致了鸦片战争、太平天国起义中满朝文武无人可用的局面。

第二道《议汰兵疏》说的是军事，没有多大新意。

第三道《敬呈圣德三端预防流弊疏》则是真正直指新皇帝的问题的。那么，此时新帝咸丰登基才三个月，究竟有何流弊要预防？

曾国藩说了咸丰三大"美德"：一曰敬慎，二曰好古，三曰广大。但其笔锋一转，指出这三大"美德"一不小心就可能成为流弊，分别为琐碎、文饰、骄矜。这里面充满了辩证法，为何呢？

导致由"美德"转为流弊的，其实正是新皇帝咸丰的三大问题：一是过分强调礼仪，稍有失检，就被参纠；二是表面上虚心求言，实际不过是想得到纳谏的美名；三是表面求贤自辅，其实专制独任。

据说这道奏折引起了咸丰帝的大为不满和怒责，然而，一个月后，曾国藩却又兼署刑部左侍郎，年底又连上第四道和第五道奏折。后二道锋芒并未稍敛，一则抓住了民间银价太高、盗贼太众、冤狱太多三大疾苦，一则抓住银价，专谈解决货币之法。

时隔一月，曾国藩又兼署吏部左侍郎。咸丰二年（1852），被外放去填补江西乡试正考官这一肥缺。

如果说曾国藩这一年多的表现（五道奏折）给新皇帝咸丰留下了不好的印象，何以他能继续被委以重任？如果说曾国藩给咸丰留下了好的印象，何以在此后咸丰年间湘军东征中，曾国藩长期得不到实权？说到底在于咸丰的格局太小。

军机不机

如果没有另一个人物，曾国藩的湘军东征路将更为坎坷。此人便是肃顺。

肃顺是咸丰年间政坛一个重要而特殊的人物。肃顺，满洲镶蓝旗人，爱新觉罗氏，字雨亭（又字豫亭、裕庭），清太祖努尔哈赤之侄济尔哈朗的七世孙，其父乌尔恭阿亲王共生有八子，肃顺排行老六。

肃顺早年长期在侍卫处任职。道光十六年（1836）十二月考封三等辅国将军，任侍卫处散秩大臣，从二品官，食三品俸，道光二十九年（1849）二月授奉宸苑卿，管理各园庭。道光三十年（1850）正月道光帝病死，咸丰帝即位，七月授肃顺内阁学士兼礼部侍郎衔。

肃顺于咸丰三年（1853）授正红旗蒙古副都统，短短四年，至咸丰七年（1857）迁户部尚书，可谓官运亨通。

此后，肃顺又于咸丰十年（1860）正月授御前大臣，并充经筵直讲，主要负责向皇帝奏报要预定召见大臣的人数和名次。"御前大臣，体制最尊，国语谓之'戈什昂邦'。非王公负重望者，罕能任此。"三月肃顺充领侍卫内大臣；五月授总管内务府大臣，"上三旗包衣之政令与宫禁之治，凡府属吏、户、礼、兵、刑、工之事皆掌焉"；十月授镶黄旗汉军都统。咸丰十年（1860）八月英法联军进攻北京，咸丰帝北逃热河后，肃顺以户部尚书协办大学士署领侍卫内大臣，"行在事一以委之"。十二月授协办大学士。

咸丰十一年（1861）七月十六日，咸丰帝病死。遗诏立肃顺与载垣、端华等八大臣同为"赞襄政务王大臣"，辅佐幼帝载淳，权势煊赫，盛极一时。肃顺"接人一面，终身能道其形貌；治一案牍，经年能举其词"。

军机大臣祁寯藻、文庆、柏葰、彭蕴章等相继罢职或病死，肃顺炙手可热，到咸丰九年（1859）时，基本形成了以肃顺为核心，包括郑亲王端华、怡亲王载垣和军机大臣穆荫、杜翰、焦佑派、匡源及尚书陈孚恩等在内的政治集团。穆荫及其他军机大臣对肃顺皆俯首听命，杜翰、匡源连同后来入值军机处的焦佑瀛都曾拜肃顺为老师。

军机大臣"掌军国大政，以赞机务"，天下事无所不综。军机处"掌书谕旨，综军国之要以赞上治机务，议大政，谳大狱，军旅则考其山川道里、兵马钱粮之数以备顾问；文武官员的简放、换防、引见、记名、赐予等"[1]。"威命所寄，不于内阁而于军机处，盖隐然执政之府矣。"[2]

清朝开国以来，满汉畛域藩篱深固、旗汉界限分明，满洲人不仅享有种种特权，掌握着各级政府实权，而且对汉人进行多方限制，竭力不让他们握有军政实权。薛福成曾称："乾隆、嘉庆间防畛犹严"，"先皇措注之深意，盖谓疏戚相维、近远相驭之道当如此，而风气之文弱，不娴骑射，将略非所长，又其次也"。[3] 据载，"六部皆有匾，上书某年满大臣等宜时至大内某宫，敬谨阅看某朝所立御碑"。而"宫内所立碑，系专谕满大臣。大略谓本朝君临汉土，汉人虽悉为臣仆，然究非同族。今虽用汉人为大臣，然不过用以羁縻之而已。我子孙须时时省记此意，不可轻授汉人以大权，但可使供奔走之役"[4]云云。"清朝定鼎以来，直至咸丰初年，各省督抚满人居十之六七。"

咸丰登基即遇上太平之变这一倒霉透顶的事，稍不努力，大清这所大房子就有崩塌之虞。然而咸丰帝防范奕訢这个弟弟、亲贵比防范汉人还要严，他曾声称："夫军机大臣本为要任，满、汉兼用，断不应稍有区别，朕用人行政，一秉大公，从无分于满、汉。"又说"朕本欲添派满洲军机大臣，惟内断于心，亲加选擢黜陟大柄"。[5]

肃顺是朝臣中为数不多的清醒者，"肃顺一人差强毅，敢任事"[6]，他对满人官员和汉人官员的认识既是现实所迫，也有一定预见。

"满人暮气深，非重用汉人，不能已乱"，[7]还说："咱们旗人混蛋多，懂得什么"，"满人糊涂不通，不能为国家出力，惟知要钱耳"。[8]肃顺对汉人有才学者，必罗而致之，或为羽翼，或为心腹，如匡源、陈孚恩、高心夔，皆素所心折者。另外还有郭嵩焘、王闿运、李寿蓉、尹耕云等人。

肃顺还清醒地看到，"是时，粤贼势甚张，而讨贼将帅之有功者，皆在湖南"[9]。肃顺于咸丰七年（1857）正月迁都察院左都副御史，七月授正红旗汉军都

[1] 《光绪会典》（卷三），文海出版社，1967年。

[2] 《清史稿》（第21册），中华书局，1977年，第6229页。

[3] 薛福成：《庸盒全集·庸盒文续编》，光绪十三年刊刻。

[4] 小横香室主人编：《清朝野史大观》，上海科学技术文献出版社，2010年。

[5] 梁章钜：《枢垣记略》第1卷，中华书局，1984年。

[6] 沃丘仲子：《慈禧传信录》，崇文书局，1918年。

[7] 薛福成：《庸盒笔记》，江苏人民出版社，1983年。

[8] 黄濬：《花随人圣盒摭忆》，上海古籍出版社，1983年，第497页。

[9] 薛福成：《庸盒笔记》，江苏人民出版社，1983年，第14页。

统，八月晋理藩院尚书，肃顺"常心折曾文正公之识量、胡文忠公之才略"[1]。

　　然而，肃顺却是一个权力欲望极强之人，户部迭兴大狱，皆为肃顺所罗织。

　　另一个军机大臣是文庆。文庆，满洲镶红旗人，道光二十七年（1847）曾出任军机大臣。文庆也是曾国藩进士科的读卷官。

　　咸丰六年（1856）以前，清政府始终"以满大臣掌兵柄，汉人不过为之副而已。当时满人之任督抚者，常逾十二三人"，"不幸满臣出辄挫败，辜恩误国，比比皆然。而效命疆场，至死不变者，乃在可疑可畏之汉种，于是文庆始有用汉人之议。"[2]咸丰五年（1855）授文庆为协办大学士，加太子太保衔，十二月拜文渊阁大学士、晋武英殿大学士。文庆力主使用汉族官员，认为："彼皆从田间来，知民间疾苦，熟谙情伪，岂若吾辈未出国门一步，惜然于大计者乎？""平时建白，常密请破除满汉藩篱，不拘资地以用人。""尝言欲办天下大事，当重用汉人。"[3]

　　曾国藩初创湘军，"屡战失利，忌者沮抑之。文庆独言国藩负时望，能杀贼，终当建非常之功"。文庆深知胡林翼有才华，赞赏他有"才略"，遂"屡秘荐"，使其"由贵州道员一岁之间擢至湖北巡抚，凡所奏请，无不从者"[4]。

　　咸丰六年（1856）十月文庆病重，彭蕴章进阶为领班军机大臣。"在枢府日，唯阿取容，从无建白，外间戏以'彭葫芦'称之，久之闻于上。"一日，曾国藩奏报某处大捷，咸丰帝临朝嗟叹。彭蕴章忽然说："国藩以一书生，出总师干，权力渐盛，不可不防。"咸丰帝道："今天'彭葫芦'亦开口了。"肃顺将此语述之幕僚，传诸曾国藩之耳，颇为畏惧，军事不免趋于保守。[5]

　　此后的军机处，更是一代不如一代。同治年间，还出现一个天大的丑闻，一个叫萨隆阿的刑部军机章京（俗称"小军机"）竟然从禁卫森严的军机处将太平天国洪秀全的金印给盗了出来，熔化成金条，事发后被处斩。而这个萨隆阿不是别人，正是曾经担任过军机大臣二十年之久的穆彰阿的儿子。章京位分虽低，却隐握实权，势耀煊赫，仅次于军机大臣而已。"然则谓清代政本在军机处，而军机处政本在章京亦未为不可。"[6]一个家道殷实的权贵之后、仕途光明的资深官员沦落成盗贼无赖，引起中外震动，是军机处之不幸，更是朝廷之不幸。

　　这样的主子，加上这样的臣子，政治腐败，风气萎靡，就不难想象了。太平天

[1] 薛福成：《庸盦笔记》（第1卷），江苏人民出版社，1983年，第14页。

[2] 《咸同将相琐闻》，《中华野史》（清朝卷三），三秦出版社，2000年，总第3028页。

[3] 薛福成：《庸盦全集·庸盦文续编》（下卷），江苏人民出版社，1983年，第4页。

[4] 《清史稿》（第38册），中华书局，1977年，第11687页。

[5] 章士钊：《热河密札疏证补》，中华书局编《文史》第2辑，第94页注释。

[6] 邓之诚：《谈军机处》，引自王钟翰《清史杂考》，人民出版社，1957年。

国起义之所以所向披靡，既是民众对腐朽政治的朝天一击，也是撕开大清这年深日久的黑屋子的一道闪电。

士林的道德洁癖

湘军初创时期，清廷中枢只是惯性地把湘军作为绿营兵的辅助兵力，汉人官员内部也没有视湘军为重镇。咸丰四年（1854）正月曾国藩率兵从衡阳出发东征，靖港一战不利，曾国藩投水自杀未遂。地方官员纷纷上疏弹劾，布政使徐有壬、按察使陶恩培会详湖南巡抚，请奏劾侍郎曾国藩，且先罢遣其军。巡抚没有同意，城中亦不复设备。

此时，如果说满汉之间的隔阂只是上层统治者对汉人从严防范的心理定势使然，那么，汉臣之间的矛盾则是千百年来儒林士大夫之间的道德声誉洁癖使然。

以徐有壬、陶恩培为例。二人原来都在湖南做官，曾国藩初战靖港失败之后，湖南巡抚骆秉章到湘江边上拜客，故意绕过曾国藩的船；湖南布政使徐有壬、湖南按察使陶恩培马上请奏劾罢曾国藩统军。徐、陶二人见到曾国藩的部下时，还故意羞辱他们。

徐有壬后来在何桂清的举荐下担任江苏巡抚。在咸丰十年（1860）间，太平军兵进常州苏州时，因何桂清贪生怕死，弃城而逃，守苏州的徐有壬闭门不纳，并上奏弹劾何桂清。最后，徐有壬在苏州城破之时"抗声骂贼"，被杀。此人于军事既不内行，亦无建树，只知守一"无所阿附"的气节名声，有文字载："有壬幼时尝览族谱，得远祖应镳阖门殉节事，慨然曰：吾他日当如此！"

陶恩培于咸丰四年（1854）升任湖北巡抚，此时武汉失而复得，但城郭残破，四近皆敌，城中兵不盈千，饷不过万，总督杨霈、按察使胡林翼都在城外防守，陶恩培坐拥孤城，无计可施。至咸丰五年（1855）武汉再次失陷，陶恩培投水自杀。两位身居高位的汉臣，徒以气节自任，并无实际能力。而类似这样的官员比比皆是。

咸丰四年（1854）八月，曾国藩率军收复被太平军占领一年零八个月之久的武昌。消息传至京城，举朝欢呼，咸丰帝更是闻之大喜，即令曾国藩署理湖北巡抚，在奏折中批道："览奏感慰实深。获此大胜，殊非意料所及。朕惟兢业自持，叩天速救民劫也。"[1]咸丰帝对军机大臣说："不意曾国藩一书生，乃能建此奇

---

[1] 曾国藩：《曾国藩全集》（1），岳麓书社，1987年，第221页。

功。"此时朝中某军机大臣进言："曾国藩以侍郎在籍，犹匹夫耳。匹夫居闾里，一呼蹶起从之者万余人，恐非国家福也。"咸丰帝"默然变色者久之"，[1]随即收回令曾国藩署理湖北巡抚的成命。

有记载称，因为咸丰想起了不能授汉人以地方督抚实权的祖训，这纯为猜测，外人如何知道咸丰的心思？况且至道咸时期，汉人做督抚的早有许多先例。

这个某军机大臣，有人直指就是祁寯藻，"曾文正公起乡兵击贼，为寿阳祁文端公（按：祁寯藻）所觝诽"。[2]据黎庶昌《拙尊园丛稿》记载："方兵之初起，大学士某某倡言于朝曰：'曾某以在籍绅士，非上素所令召，而一呼万人，此其志不在小。'语侵淫上闻。湘潭克复，奏捷至京师，大臣或指为妄。上心知非是，一日特旨召见编修袁芳瑛，问所以破贼状，"因举颠末为上备陈之。上大悦，即日授芳瑛松江知府，而公（曾国藩）志以明。"[3]汉人之间的矛盾更甚于所谓的满汉矛盾。

士林的道德洁癖看起来都是为国尽忠，实则他们的进言丝毫不考虑现实需要，徒以空言取名罢了。

咸丰帝为了掩饰自己决策失误，在曾国藩的奏折上批道："朕料汝必辞，又念及整师东下，署抚空有其名，故已降旨令汝毋庸署理湖北巡抚，赏给兵部侍郎衔。"最后还倒打一耙："汝此奏虽不尽属固执，然官衔竟不书署抚，好名之过尚小，违旨之罪甚大。著严行申饬。"[4]

破除满汉成见的恰恰不是汉人，而是满人。

军事形势的逆转反而加强了清政府继续依靠江南、江北两大营扑灭太平天国运动的念头，对曾国藩的倚重心理进一步削弱。

咸丰十一年

似乎曾家每一次有丧都会给曾家兄弟带来巨大的转折。五年前曾家丧母，将曾家兄弟推上了沙场，五年后曾家丧父，又给曾家兄弟带来什么变化呢？

这一次的情况大不一样。原本以为战争很快就能结束的曾国藩，没有想到在

---

[1] 薛福成：《庸盦全集·庸盦文续编》，光绪二十七年石印本。

[2] 《咸同将相琐闻》，《中华野史》（清朝卷三），三秦出版社，2000年，总第3020页。

[3] 黎庶昌：《拙尊园丛稿》点校本，中国文史出版社，2007年。袁芳瑛，湖南湘潭人，曾国藩的好友与亲家。

[4] 曾国藩：《曾国藩全集》(1)，岳麓书社，1987年，第257页。

江西几乎陷入绝境。

不是湘军不尽力，也不是湘军战斗力不行，问题在于作为统帅的曾国藩并没有地位。他是一个"三无"干部，无职无权无饷，万事呼应不灵。

出师以来，曾国藩对自己的遭遇感慨不已，甚至有点可怜自己，"在外数年，吃亏受气实亦不少"，"亦郁塞有年"[1]。受气的原因就是缺一个地方实职，"思身世之际，甚多抑郁不适于怀者，一由褊浅，一由所处之极不得位也"[2]。他深刻感受到，军事非权不威，非势不行，处无权、无势之位，常冒争权、争势之嫌。[3]

曾国藩统军，此时全凭人情，抱道君子相互促进而已。"调兵拨饷、察吏选将，皆以应酬人情之道行之，不问事势之缓急、谕旨之宽严，苟无人情，百求罔应，即举劾赏罚，无人情则虽大贤莫荐，有人情则虽巨憝亦释。"[4]他不惜向皇帝公开要官："以臣细察今日局势，非位任巡抚，有察吏之权者，决不能以治军。纵能治军，决不能兼及筹饷。"即便如此，咸丰仍然舍不得。咸丰十年（1860），曾国藩对张芾倾诉道："事权之若有若无，邻饷之百呼罔应，将士之积疲难振，及外间公牍冷淡辱没之状，鄙人皆尽尝之。"[5]

他试图"以庄子之道自怡，以荀子之道自克"。[6]然而，"军中乃争权夺势之场，又实非处约者所能济事。求其贞白不移，淡泊自守，而又足以驱使群力者，颇难其道尔"[7]！这种遭遇，直到多年以后，曾国藩仍念念不忘："念吾在江西数年，五年在南康，景象最苦，六年在省城，亦以遍地皆贼，同事多猜疑，心不舒畅。"[8]这与多年后身居总督高位的感慨大不一样，"两接户部复奏之疏，皆疑弟广揽利权，词意颇相煎迫。自古握兵柄而兼窃利权者，无不凶于而国，害于而家，弟虽愚，岂不知远权避谤之道"。

想干事，没有权位；有了权位，却又不能干事。人生的吊诡莫过于此。在这种情形下，九弟慨然出山，赴兄急，对曾国藩无疑是一个巨大的精神安慰，也于军事上大有裨益。此后，曾国藩一心依赖九弟作为心腹，兄弟联为一气。

不过，好在这种局面到咸丰十年（1860）终于有了改观。这年四月，曾国藩终于奉旨署理两江总督，六月实授。咸丰十一年（1861），又奉旨节制四省，次年又

[1] 曾国藩：《曾国藩全集》(19)，岳麓书社，1987年，第361页。

[2] 曾国藩：《曾国藩全集》(16)，岳麓书社，1987年，第435页。

[3] 曾国藩：《曾国藩全集》(19)，岳麓书社，1987年，第394页。

[4] 曾国藩：《曾国藩全集》(22)，岳麓书社，1987年，第1102页。

[5] 曾国藩：《曾国藩全集》(22)，岳麓书社，1987年，第1502页。

[6] 曾国藩：《曾国藩全集》(16)，岳麓书社，1987年，第434页。

[7] 曾国藩：《曾国藩全集》(16)，岳麓书社，1987年，第444页。

[8] 曾国藩：《曾国藩全集》(16)，岳麓书社，1987年，第375页。

领协办大学士，真是好运迭至。

这个转变为什么这么快？

客观地说，是时局的变化；主观地说，是恭王奕䜣掌权。时局的变化是内忧外患的加剧。

内忧：咸丰十年（1860）闰三月十六日，太平军二破江南大营，再解金陵之围。江南大营主帅和春逃跑，帮办张国梁自杀；两江总督何桂清逃跑；浙江巡抚罗遵殿死于杭州城破，继任者王有龄死于次年。清廷原先倚为长城的高官就这么败得没有一点面子。

外患：咸丰十年（1860）五月沙俄出兵东北，英法联军占领天津进逼北京城下。

英法联军进入北京后，咸丰帝北逃热河，留下恭亲王奕䜣在京主持和议，和议既成，而咸丰却回不来了，不久病死在那里。

咸丰十年（1860年）十二月初一，奕䜣联合文祥、桂良上了道《通筹夷务全局酌拟章程六条折》，分析了列强之国的特点，认为太平天国和捻军是心腹之患，英、俄是肢体之患，应以先解决心腹之患为先。而要解除心腹之患，必须改变此前倚赖绿营的办法，重视以曾国藩为代表的湘军将领。

咸丰十一年（1861）七月十六日，离安庆克复只差半个月，继位以来没有享过一天清福的咸丰帝病死在热河，临死前还干了一件蠢事，遗命八大臣辅政，却把自己的亲弟弟恭王排除在外。这时，江南的曾国藩正整天整晚地在"抓痒"，他获知消息后，高兴地跟老九说："八君子辅政，枪法尚不甚错，为从古之所难，卜中兴之有日。"[1]没料到，二十天后，曾国藩就得知"八君子"中五人革职充军三人处死。太后垂帘，恭王议政。这次事变，历史上有个很吉祥的名字：祺祥政变。"八君子"的枪法显然不如叔嫂的"阴阳指"。26岁的嫂子和28岁的叔子一举搞掉"八君子"，重新布局。奕䜣如愿做了议政王。

接下来，清廷对地方进行了重新洗牌。

四川。骆秉章（原湖南巡抚）调任四川总督，在长江上游为湘军协饷。他是楚军左宗棠的上级、湘军的后援。在赴四川之前，一直是湘军基地湖南的父母官，湘军出省后，为其筹兵筹饷，不遗余力。四川布政使刘蓉则是曾国藩同乡密友。

湖南。继任湖南巡抚的毛鸿宾是曾国藩同年旧交，完全遵守前任巡抚骆秉章所定规范和惯例，勤勤恳恳地做好湘军的后援工作。出任湖南布政使的李榕是曾国藩的幕僚。

湖北。湖北巡抚、湘军元老胡林翼在当年秋天卒于任上，继任者严树森系胡

---

[1] 曾国藩：《曾国藩全集》（19），岳麓书社，1987年。

林翼一手提拔起来的。

江西。林则徐女婿沈葆桢经曾国藩密保，被破格提拔为巡抚。

安徽。巡抚李续宜是湘军名将李续宾的弟弟、曾国藩的亲信，绝对可靠。

江苏。李鸿章乃曾国藩的门生、幕僚，经曾国藩保奏为江苏巡抚，并命其组建淮军。

浙江。巡抚为左宗棠，不久升为闽浙总督。

两广。总督劳崇光因协饷不力被调离，换成和曾国藩关系较好的晏端书和毛鸿宾。之后不久，曾国藩的至交郭嵩焘继任广东巡抚。

官场格局的这一变化，对于湘军无疑是个大大的利好。

曾家气运在安庆

李二先生驾到

咸丰九年（1859）四月，正当曾国藩考虑图皖之际，从安徽来了一个人。他就是李二先生，大名李鸿章，系曾国藩进士同年李文安之次子，六兄弟中排名第二，故人称李二先生。

李鸿章，合肥人，字少荃。咸丰三年（1853）正月奉旨随同工部侍郎吕贤基办理安徽团练，后经和春、福济奏调襄办军务。咸丰七年（1857）九月，李鸿章回乡丁父忧，料理完毕本应回京供职。他这个时候为什么突然来到江西曾国藩大营？

这就不得不说到其父李文安。李文安比曾国藩大十岁，但他们是同年（1838）考上进士的，是同学。有史载李文安读书读得很苦，因为从小身体素质不行，直到八岁才开始读书启蒙，老父亲直望着他发愁，但是李文安读书很用功，到三十五岁终于考上乡试中了举人，相反，其他几个聪明的哥哥反倒科举不顺。

别看李文安资性中下，可他却有与众不同的眼力，他一生为官勤勉，为人善良，最终也只做到记名御史，但他一辈子干了一件大事。什么大事呢？就是他于同年中始终将曾国藩的关系拉得很紧。那时曾国藩不过是个普通的京官，初任翰林院侍讲学士、内阁学士，一个闲官，后来才当上侍郎。而李文安趁曾国藩还没有成名之前，就早早地安排两个儿子李瀚章和李鸿章去拜曾国藩为师，李鸿章初次进京赶考，就住在曾国藩家里。

曾国藩在长沙创办湘军，李家老大李瀚章恰好在湖南做善化知县，后跟随曾国藩经理粮台饷务，深得曾国藩信任，始终将其调在身边。时人评价道："惟李瀚章取之有道"，李瀚章又比曾国藩小十岁，在曾国藩的保举下，十年间一路升迁直至湖广总督，始终不离曾国藩的呵护。

李瀚章爱摆架子，人称"李大架子"。相比其弟弟李鸿章"李二先生"，这位大哥就只能望尘莫及了。李伯元的《南亭笔记》中有这样一桩趣事：有一回，大清早，曾国藩有文件要写，李鸿章却不巧出去了，没奈何只好叫李瀚章写。李瀚章正写着，李鸿章回来了，拿起文件一看，大笑："哥，你也会写这个吗？"然后挥手要李瀚章站一边去，自己坐下来三下五除二就写完了，"吮毫伸纸，顷刻而成"。"李惟愕视"，李瀚章在旁边只能惊愕地看着弟弟大展才华。当然，这只是野史曝言，李瀚章的长处不在文案，而在粮台后勤。

咸丰五、六年（1855～1856）间，李鸿章因收复庐州、巢县、和州有功，赏加按察使衔。咸丰八年（1858），太平军再次攻陷庐州，李鸿章携带家眷出逃，辗转至南昌，寄居其兄李翰章处。

此时，曾国藩正是用人之际，身边尤其急需人手，但他深知李鸿章才高心气高，当年甫入京都，便作诗数首，其中一首写道：

> 丈夫只手把吴钩，意气高于百尺楼。
>
> 一万年来谁著史，三千里外觅封侯。
>
> 定将捷足随途骥，那有闲情逐水鸥。
>
> 笑指泸沟桥畔月，几人从此到瀛洲？

对待这种人，曾国藩自有拿手好戏，他既渴望李鸿章成为自己的幕僚，又故意不主动邀请，等到李鸿章按捺不住，主动提出。

此时，曾国藩着手组建湘军马队，向北京、湖北先后提出请求，但未有实质进展，咸丰九年（1859）二月，曾国藩令李鸿章回安徽招募马勇五百。四月，李鸿章赴江西抚州大营，入老师曾国藩幕府。曾国藩因其"久历戎行，文武兼资"，故奏留他襄办军务，并派他随同老九督攻景德镇。也就是说，这个时候的李二先生只不过是老九的助手而已。

但是，凭着李二先生过人的才华和进士出身的资历，以及他与曾国藩的师徒情谊，不到两年时间便终成封疆大吏，真正如他所说的那样："从前历佐诸帅，茫无指归，至此如识指南针，获益匪浅。"

曾国藩不想让左宗棠独领一军

时隔不久，咸丰十年（1860），又一位名震天下的人物来到了曾国藩身边。

此人便是"今亮"左宗棠，老九口里的"浮夸子"。

在曾国藩兄弟前线拼杀之际，左宗棠在湖南巡抚手下做幕僚，参赞军务，接济军饷，保障湘军根本，与湘军将领关系密切。

左宗棠仅有举人功名，在骆秉章处为幕僚时，总兵樊燮来拜访巡抚大人，樊燮虽能力不够，但好歹是朝廷命官，因此见左宗棠时，只是平常礼节，而左先生素来有"左都御史"的外号，自诩为骆秉章的代表，见一介武夫不向他行大礼，是有意轻慢于他，非逼樊燮行大礼不可，樊大人哪里肯从？左公举脚便踢，大骂"王八蛋，滚出去"。幸亏骆秉章调停才没闹出大事，樊燮气愤不过，便向湖广总督官文、北京都察院告状，弹劾左宗棠，身在北京的皇帝本来也闻听左先生的大名，还曾问过郭嵩焘，为什么左先生不出来做官。这一次一个临时工却凌辱了朝廷命官，龙颜大怒，呼其为"劣幕"。这个"劣"当然不是指他能力不行，而是批他行为恶劣。皇帝便降旨官文立即查访，一旦查明属实，可以就地正法。

眼见人命关天，闻听消息的郭嵩焘便立即通过肃顺、潘祖荫等人做工作，同时湖北巡抚胡林翼也做湖广总督官文的工作，请他出面力保左宗棠。又劝左宗棠立即离开湖南这个是非之地，在肃顺、潘祖荫等人的鼎力支持下，左宗棠幸运地逃过一劫，樊燮反而因被骆秉章弹劾被罢黜。

这是一次成功的危机公关，不仅成为左宗棠事业的转折点，而且为左宗棠垂名青史营造了很好的舆论，特别是潘祖荫奏折中那句："天下不可一日无湖南，湖南不可一日无左宗棠"，使左宗棠成为"网红"。

咸丰十年（1860）正月，左宗棠离开长沙北上，闰三月底，在胡林翼的劝说下，左宗棠来到江西曾国藩幕中。胡林翼与左宗棠是姻亲关系，胡是陶澍的女婿，左宗棠和陶澍是亲家，关系颇复杂。早在咸丰八年（1858），胡林翼对李续宜说："左公知兵而不能为将，亦不能临敌。"[1]但此时，胡林翼为了成全左宗棠，便想让左公自领一军，胡林翼向曾国藩提出这个想法，却被曾国藩拒绝："左季翁自领一队之说，侍劝其不必添此蛇足，今已作罢论矣。"

---

[1] 胡林翼：《胡林翼全集》（二），岳麓书社，1999年，第178页。

那么，曾国藩为什么要拒绝左宗棠自领一军呢？其时正是用人之际，况且曾国藩深知"吏治，有常者也，可先立法而后求人；兵事，无常者也，当先求人而后立法。求人以统领为最人，营官亦颇不易得"。[1]以左公之才，要远胜于张运兰等湘军其他部将。

紧接着，北京又寄来一道上谕："左宗棠熟习湖南形势，战胜攻取，调度有方。目下贼氛甚炽，两湖亦所必欲甘心。应否令左宗棠仍在湖南本省襄办团练事，抑或调赴该侍郎军营，俾得尽其所长，以收得人之效？"

对于北京提出的这两个方案，曾国藩未置可否。

但他肯定了左宗棠的才干："刚明耐苦，晓畅兵机。当此需才孔亟之时，无论何项差使，惟求明降谕旨，俾得安心任事，必能感激图报，有俾时局。"

这里面暗含了一个玄机，那就是必须得到朝廷明确的旨意，才能算是对左宗棠樊燮一案作个了结。同时，曾国藩也避免了自己的主动性。对待左宗棠这种人，曾国藩知道不可自己替他做主。曾国藩并没有否定左宗棠出山的任何可能性。

此时，左宗棠正在曾国藩身边，那么，他为什么不征求左宗棠的意见呢？

同时，北京将这一道谕旨也发给了胡林翼，征求胡的意见。胡作为左的姻亲，却毫无避讳，"应请天恩酌量器使，并请饬下湖南抚臣，令其速回湖南招勇六千人，以救江西、浙江、皖南之疆土，必能补救于万一"。

其实，曾国藩认为，"军事非权不威，非势不行"，自己尚处无权无势之位，常冒争权、争势之嫌，年年依人，顽钝寡效，久已领受其中艰难。若左宗棠独领一军，曾国藩何以驾驭？此后，曾国藩数十次表达统领难得的忧虑，言下之意是兵勇易招，营官易择，实不必令左宗棠另行招募，曾国藩缺的是统领而不是自立门户的统帅。其情胡林翼不可能不知，但他出于与左公之亲情，想让左公另行招募独领一军，但这样仍不能解决曾国藩缺统领之急。

况且此前李鸿章已在曾国藩身边，尚且未能让他统领一路，甚至外放他去福建做延建邵道。左宗棠虽有大才，也不过长期运筹帷幄，没有实战经验，以曾国藩谨慎的个性，不大可能让他骤领一军。

胡林翼则胆子大得多，他不仅让从未有过军事经验的曾国华独领一军，而且还于咸丰九年（1859）不顾曾国藩强烈反对，让曾国藩的季弟、从未有过军旅生涯的曾国葆也带千人，驻兵英山。更何况左宗棠大才，在他看来，独领一军绰绰有余。

这就是两种不同性格使然。

[1] 曾国藩：《曾国藩全集》，岳麓书社，1987年，第887页。

但是，这件事加剧了左宗棠早已埋在内心里的那颗对曾国藩不满的种子的发芽。

湘军比一般人想象的要强大

早在咸丰九年（1859）八九月间，曾国藩亲至湖北，本因是景德镇克复后，江西再一次肃清，曾氏再一次奉旨入蜀，以防备石达开。彼时，石达开部数十万人进入湘中，幸亏调度及时，石达开在湖南又一次遭遇挫折，有进入四川之虞，曾国藩需要再一次担任"消防队长"。但他内心里不愿去，不仅仅是因为他手中兵力单薄，更关键的是他入四川，依然是没有实权的，"大抵作客难，作客于人地生疏、贼所未到之处则尤难"，曾国藩饱尝客味，遍历炎凉，实不想踏进一个新的地方"作客"。恰好胡林翼、官文更担心安徽军情，安徽一旦有警，湖北必然告急。

经曾国藩一说，湖北官场便力主图皖，凑巧湘中解围，石达开部转往广西，四川军情解严。经官文奏请，北京批复同意了他们规复安徽的计划。

曾国藩、胡林翼与官文商定四路图皖，曾国藩任第一路，由石牌规取安庆；多隆阿、鲍超任第二路，由太湖、潜江规取桐城；胡林翼任第三路，由英山、霍山规取舒城；李续宜任第四路，由商固、六安进图庐州。

但胡林翼身为湖北巡抚，吏事繁重，且要兼顾湘军饷事，难以出境。李续宜又因母亲病重，获准休假回家探亲。因此，四路进兵其实只有两路。

而湖南方面的意见却大不一样，骆秉章、左宗棠等人皆主张曾国藩入蜀。他们哪里知道，曾国藩早已确定"安庆之得失，关系吾家之气运，即关系天下之安危"。[1]曾国藩将安庆与曾家气运、与天下安危紧紧联系起来了。

安庆是事关东征大局之地，曾国藩一直在等一个人，这个人就是九弟曾国荃，老九当时正在湖南老家料理家事。咸丰十年（1860）三月二十六日，得兄曾国藩之檄，老九率所部往攻安庆。

老九挑起了其中最重的一副担子——进攻安庆。安庆守将刘玱琳、叶芸来都是极其忠诚、骁勇善战的太平军将领。安徽有太平军和捻军交结一起，糜烂最广，受战争影响最深，西至汝宁，东至清江，无一干净之土，"焚杀为惯技，掳掠为生涯，生民大难，莫甚于皖"。而皖中文武官员如胜保、翁同书又都懦弱无能。

---

[1] 曾国藩：《曾国藩全集》（19），岳麓书社，1987年，第673页。

此前，湘军将领死于安徽者最多，江忠源、陈岱云、邹叔绩死于庐州一役；吕鹤田、朱卧云死于舒城；何凡畦死于英山；李续宾、曾国华死于三河。

同年闰三月二十七日，老九抵达宿松大营，奉兄长曾国藩之令统领安庆军，屯集贤关，开始规复安徽。

安庆乃安徽省会，城池不大，但地理位置至关重要，"万里长江此封喉，吴楚分江第一洲"，长江穿城而过，两边为山区地带，崎岖坎坷，难以行军打仗，唯有一段大约四十至五十公里的狭长区域，如果要绕过安庆，得绕很长的路。朱元璋与陈友谅争天下时，安庆之战就是决定性战役。"上控洞庭、彭蠡，下扼石城、京口，分疆则锁阴南北，坐镇则呼吸东西，中流天堑，万里长城于是乎在。"其陆上入口几乎只有北面的集贤关，易守难攻。屯兵于此可谓是进可攻退可守，而出了集贤关往北就是一马平川的江淮平原，庐州（今合肥）南门洞开，不拿下此地则江淮地区不稳，江淮不稳，北渡攻打金陵就无从谈起。自古未闻江淮未平而定都金陵者，安庆作为至关重要的战略节点，曾国藩对此有着充分的认识："自古有事于大江南北者，必争上游之形势。"[1]安庆一日不克，湘军即一日无法下攻金陵。"欲廓清诸路，必先攻破金陵。……欲破金陵，必先驻重兵于滁、和，……欲驻兵滁、和，必先围安庆，以破陈逆之老巢，兼捣庐州，以攻陈逆之所必救。"[2]

要攻破金陵，先占领长江以北的滁州、和州非常关键，而想要在滁州、和州布置重兵，压制金陵，则上游之安庆则必须收复，拿下安庆，则庐州（今合肥）亦可拿下，陈玉成必从皖北分兵救援。

咸丰九年（1859）九月，根据曾国藩、胡林翼的部署，福州副都统多隆阿率军夜袭石牌镇，杀了太平守军一个出其不意，太平军数千人战死，守将被俘。

拿下石牌镇之后，多隆阿偕总兵鲍超等部一万余人进攻太湖县。太湖是安庆的门户，太湖之战则是安庆战役的前奏和关键。太平军英王陈玉成亲自率军从安庆驰援。

陈玉成是太平名将。戴德坚《蓬莱馆尺牍》中说："凶狡杰出，善摧大敌"，"近世罕有其匹"。胡林翼说："贼中精锐，只四眼狗一支耳，他何足虑耶！"方玉润在《星烈日记》中惊呼"此贼不灭，两湖未能安定"。赵雨村在《被虏纪略》中说他"威名震天地，是天朝第一个好角色"。《清史稿·洪秀全传》说："玉成凶狠亚杨秀清，而战略尤过之。"湘军将领的信件往来直呼其为"四眼狗"，甚至认为他是"汉唐以来悍者"。

十四岁那年，陈玉成跟从叔父加入太平军，很快因其表现出色成为童子军

---

[1] 曾国藩：《曾国藩全集》（2），岳麓书社，1987年，第1166页。

[2] 曾国藩：《曾国藩全集》（2），岳麓书社，1987年，第1025页。

首领，后来陆续以战功升至五军主将之一的前军主将，咸丰九年（1859），封为英王，时年二十二岁。

安徽是陈玉成的主战场。太湖直逼安庆，陈玉成亲自援军南下，与湘军较量。陈玉成与捻军首领张洛行等人会师太湖，号称二十万，据湘军所知实有七八万。此时，曾国荃尚在湖南老家改葬先祖、兄弟分家、主持叔父丧事。湘军只有多隆阿、鲍超二军，合起来有六千人。决战在小池驿进行，双方兵力悬殊，很有可能重蹈当年三河之役的故事。但是，这一次不同了，在曾国藩、胡林翼的配合指挥下，陈玉成付出了伤亡两万余人的代价，退回安庆。

太湖、潜山相继被湘军克复，安庆外围得以扫清，咸丰十年（1860）八月，曾国荃的吉字营，抵达安庆城下。接下来的安庆之役，调动了几乎太平军所有的高级将领，兵力有十余万。

这一仗，太平军没有像人们所说的那样打得那么好；湘军倒是比一般人所想象的更强大。

安庆之谜

安庆之战，给人留下很多谜团。最大的谜团是当湘军老九所部合围安庆前，太平军为什么不敢与之在安庆展开决战，相反是退缩进城，导致被不到一万人的湘军吉字营铁桶围城。

太平军有一万个理由该与湘军在安庆决战。

一来安庆是安徽的省会，无论是从政治、经济还是从军事上来讲，位置十分重要，是金陵的门户。事实上太平军诸王等到安庆失陷后也意识到，安庆一失，大局难以挽回。而曾国藩、曾国荃兄弟却高瞻远瞩，将安庆一战看作是东征生死存亡的关键一战，不仅谋划长久，而且始终意志坚定。

二来安庆一战，太平军有着明显的优势。首先从整个战局来看，安庆以下基本都是太平军的地盘，距离金陵不远，有着可靠的后勤支持。从兵力数量上看，太平军也占有绝对优势。在皖北，又有捻军在牵制呼应。在皖南、江西，另有太平军活动，数次压逼祁门的湘军老营报警，湘军危机四伏。应该说局势有利于太平军。

三来安庆是太平军经营时间最久的"根据地"之一，从咸丰三年（1853）攻占安庆后至此已有七八年之久，米粮、洋枪、洋炮、弹药充足。

然而,以历史的眼光回头来审视这一大战,平心静气地思考,就不难发现,太平军有一万个理由不能战。

最根本的理由,就是这七八年时间里,太平军在安庆,疏于建设。

太平军定都后,除了将金陵改为"天京",并在城里建起诸王奢华的王宫之外,太平军几乎没有把他们所统治的城市真正当作自己的家,经济上建树不大,农村更是荒凉破败,难民成群结队涌向上海。史景迁综合《北华捷报》上的各种报道,总结了从上海到金陵这一段太平军占领区的情况:

> 在这一年多来,从上海经苏州到长江边,甚至直到金陵城下的洋人和中国人,不管走的是水路还是陆路,皆可见到荒凉景象,对此已是见怪不怪了:在这片长宽各约八十公里的地区,每间房舍几乎都被破坏,或者烧掉一角,或是折了门板屋梁。这些木料或是充作军队的薪材,或是用来搭建浮桥,或是充作防御工事,绕村而立。在这些用作短期营地的村庄里,男丁被各方人马强行征用,妇女则被掳走,徒余"炮弹壳与白森森的尸骨间杂相伴",三五老人收拾断垣残壁。这些村落的"房舍尽毁,满地污秽;尸骨或弃之于野,或于沟壑,听任腐烂"。江边的屋舍都遭洗劫,有时连绵数十里而不绝,百姓顶多只能睡在简陋的草房或芦苇棚下。

> 只要能拿来烧的东西,不管是木材、干草、棉花梗、芦苇,价格都翻了一两番。村民以"老人为主,脸上满是痛苦绝望",站在河边,拿出小篮,里头有一点鸡蛋、橙子或小块猪肉等。在路上遇到的村民,脸上刺着"太平天国"四个字,表明他们是从战场逃出,又被太平军军官抓到,以此方式警告他们不要再开溜。有些人脸颊下陷,上有疤痕,是因想用刀刮掉脸上的字。[1]

现存《英国议会档案》中西方人关于太平天国的报道文选,详细记载了同治元年(1862)前后的金陵:

> 金陵的街道上挤满了"很多容貌姣好的年轻妇女",穿着华丽的丝绸,但她们都是从苏州捉来的,而俘虏也经常想逃跑。恢宏的官殿拔地而起,"在一片残迹之中显得格外突兀",每一块清空的地,四周挤着被赶出来的人家。……金陵的那种寂静曾被视为太平的先兆,现在却显出末日逼近的恐

---

[1] [美]史景迁:《太平天国》,广西师范大学出版社,2011年,第388~389页。

慌。那些不可一世的太平军战士，近看之下，"肮脏且病态恹恹"，华丽的丝绸和丁当作响的手镯掩不住身上的疤痕和正在溃烂的伤口。[1]

到金陵呆了一年多时间且见过洪秀全、洪仁玕的美国牧师罗孝全说："政府全无组织可言。"[2]作为首都的金陵尚且如此，处在前线的安庆可想而知。

在军队建设上，太平军也存在着极度的失策。安庆是长江中下游的门户，紧靠长江，然而，这八年时间里，竟然没有建立水师。这让人觉得不可思议。相反，曾国藩令老九准备攻打安庆时，在已有长江水师的情况下，又于咸丰十年（1860）五月开始筹办淮扬、宁国、太湖三支水师。

在军事组织上，随着太平军关键人物杨秀清之死，太平军缺乏核心人物统领全局，诸王各自为政，互不相属，兵虽多，却毫无远略，往往只能避实击虚，而不能硬拼。李秀成拥兵十万，只知攻扰江西湖北，连下二十余城，却不能正面进攻围困安庆的老九吉字营。

或许从安庆大战的失败中，可以看出太平军失败的宿命或规律。

翼王无翼

在洪秀全及其身边亲信看来，石达开不像韦昌辉那样爱兄心诚，对杨秀清也没有韦昌辉那么刻骨仇恨。更重要的是，石达开有主见，有威望，又长期掌兵权，出了什么意外也难以驾驭。

洪秀全给石达开的密函，并未明确要求石达开率兵回金陵勤王，只是要求石达开支持反篡位。石达开的意见是，只杀杨秀清及其兄弟三人，除此而外，俱不得多杀。

韦昌辉杀了杨秀清后，见从武昌赶回的石达开谴责其滥杀无辜，便想杀石，石达开不得不连夜吊城而出逃离金陵，韦昌辉竟然杀了石达开全家，并且派秦日纲、陈承镕带兵去追捕石达开。

石达开脱身后，率领靖难大军四万余人直奔金陵。

为了安抚石达开，洪秀全杀了韦昌辉，并传首级至安徽宁国给石达开看。随后又调秦、陈回金陵，在明知二人并无野心的情况下，杀了二人。石达开随后带兵

---

[1] [美]史景迁：《太平天国》，广西师范大学出版社，2011年，第394页。

[2] 转引自[美]史景迁：《太平天国》，广西师范大学出版社，2011年，第383页。

离开金陵,分道扬镳。

石达开的出走引起了清王朝的关注,清廷驻安徽的地方官四出侦察打听石达开的动向,并及时向清廷汇报。他们认为石达开"意欲自成一队","似欲另立旗帜"。咸丰七年(1857)七月十一日,福兴《奏据探石达开另树一帜江右吃重请增兵协剿片》中称:"现据探称,该逆自与洪逆内讧后,据守安庆,潜于金柱关等处粘贴伪示,解散金陵旧党,愿从军者即赴安庆,不愿者给川资剃发回籍,示尾署太平安国丁巳元年字样,其为另树一帜,已无疑义。"[1]苏州博物馆藏有咸丰七年(1857)六月二十八日两江总督何桂清《致自娱山房主人》书,亦称洪秀全"在金陵惊慌无比,求石逆回救,不惟不允,且回文改号太平安国丁巳元年"。

"又据九江道沈葆桢、候选道李元度奏称:讯据贼供,伪国宗杨辅清与石逆共带贼党十余万,杨逆先踞浦城,石逆自衢处败窜入闽,窥犯延津等郡。本年五月内杨逆仍假杨秀清伪号自称东殿,石逆妒之,互相仇杀,杨逆遂带贼六七万弃蒲城而出,犯扰广丰、玉山,分道而驰。石逆尚有七八万众。"[2]

咸丰七年(1857)六月,石达开出走之后,在江西盘桓数月,优柔寡断,完全没有采取任何有效的军事行动,部队锐气大挫,逃亡日众。石达开毫无退路,只好打一地算一地,流动作战。他于咸丰八年(1858)四月十四日率部攻克浙江江山县后,驻扎在广信府,将主力分为六队,陆续进入浙江。浙江境内兵力极其空虚,于是石达开兵分两路:亲率主力直捣重镇衢州,另由石常吉率领攻打常州、开化,阻挡清军增援。

石达开攻衢州,主持衢州防务的总兵饶廷选刚从江西玉山赶回,手下只有不到一万人。石达开亲领一军,攻击衢州大南门,分兵攻小南门和小西门。饶廷选毫不畏惧,分头迎击,与石达开激战正烈,恰好西安将军福兴援军五千赶到,两路夹击,在浮石渡一带大破石达开,斩杀数千人。石达开不得不率军退却,在龚家阜一带扎营数十座,围困衢州,但之后两次攻城均遭清军前后夹击,损失不小。

石达开任其部下在衢州四处抢掠乡民,导致乡民自发抵抗,将石达开铜钱岭一带营盘悉数烧毁(据晏端奏),清军见状,也奋力出师,将石达开据点全部拔除。

衢州虽然兵力薄弱,但交通便利,苏、皖各省援军很快到达,周天受等人率兵两三千人来援,此时衢州兵力已达两万人,"以福兴节制金陵、江西清军,周天受节制徽州、浙江清军,饶廷选会同策应",清军开浚城濠,密钉桩篾,架设火炮,斗志昂扬。之后,石达开重兵攻击衢州城,同时在樟树潭分三路包抄清军营垒。张腾蛟、饶廷选合兵迎战,双方杀伤惨重,清军冯日坤抄石达开后路,林保率

[1] 奕訢等:《钦定剿平粤匪方略》(一百四十一),同治十一年刻本,第7页。

[2] 奕訢等:《钦定剿平粤匪方略》(一百四十一),同治十一年刻本,第11页。

队从旁冲入,石达开军被冲成几段,不得不收队。此后数日,石达开多次围攻衢州,都被周天受、江长贵所部清军击败。

七八万兵力敌不过两万人,这在太平军作战史上并非意外,而是自始至终的常例。不得已,石达开只好另想策略。不过他的策略并非凭借兵力优势继续攻衢州,而是放弃此地,意图从赣南进入福建。"天京内讧"的负面效应立即显示出来,失却了金陵这一根本的翼王,真的无翼再展雄风了。

这个时候,在九江的老部下林启荣向他求救,他拒绝了;陈玉成等在湖北作战形势不利,他不闻不问;吉安危急,他也置之不顾。更关键的是,这时太平军的死敌曾国藩还在湖南"守孝",留在江西的湘军全靠李元度等少数部将苦苦支撑。原本刚强的"天朝勇士"竟然落到一介专拣软柿子捏的地步。而正是他这一次进攻浙江,吓坏了清廷,担心天下财赋居其半的浙江落入太平军手中,才重新启用曾国藩,这不仅改变了曾国藩的命运,也加剧了太平军的失败。

可怜的翼王无翼,进攻浙江失败后,石达开转战江西、福建、湖南,节节败退至广西,最后到大渡河,迎来生命的最后终点。同治二年(1863)六月十二日,石达开为了保全部下的性命,他牵着自己五岁的儿子,带着身边不愿意离去的亲信投降。

历史上这个杰出的青年将领,就这样告别了历史,不过,历史也并没有忘记他。

洪仁玕并非草包

洪仁玕的头衔是"九门御林开朝精忠军师顶天扶朝纲干王"。此人并非不顶用的草包,虽然他来金陵的时间较晚,但正是他成功地策划了一出"围魏救赵"的好戏,突破了清军江南大营对金陵的包围。如果再辅之以长远战略,这位干王可能改写历史。

按照这个计划,咸丰十年(1860)二月十日,忠王李秀成率军六千,经浦口过江到北岸,换上清军服装伪装成官军,顺利抵达杭州,公开虚张声势正面攻击杭州城,同时挖地道至城墙下埋设炸药。杭州守军一下子军心溃散,自乱阵脚。官员弃官而逃者有之,士兵抢掠者有之,李秀成趁机攻入城里,但在满城遭到了清军的抵抗,李秀成连攻六日未能得逞,但见目的达到,便放弃进攻,退回金陵。

江南大营主将张国梁得知杭州被困的消息,赶紧抽调近四分之一的兵力救援杭州。此时,李秀成等太平军主力已回到金陵城外,十余万太平军从三个方向进攻，江南大营寡不敌众，全线溃散。太平军大胜，江南大营另一主将和春吞鸦片自杀，张国梁溺死。

受此战鼓舞，咸丰十年（1860）五月，正当曾国荃所部湘军合围安庆的同时，太平军诸将在金陵召开会议，确定了先取苏常，后攻金陵上游的战略。可惜，他们这一次没有看到安庆之战的重大意义。

这年春天，太平军忠王李秀成率部扫荡江苏，先是兵不血刃占领苏州，长江下游尽归其所有，然后扑向上海。但是，八月，李秀成的军队遭到了上海洋人招募的军队抵制，被击退。九月，干王洪仁玕召集陈玉成、李秀成回京，讨论援助安庆的措施，决定再一次采取"围魏救赵"之法，进行第二次西征，以逼迫湘军撤去安庆之围。

这一次他遇到的对手不是清军，而是湘军，是曾家兄弟。"围魏救赵"未能如意，直到咸丰十一年（1861）春，干王洪仁玕、章王林绍章方才不得不领军出金陵，会合桐城一带的太平军吴如孝部，谋与陈玉成共救安庆；黄文金出芜湖西援安庆，同时联络皖北的捻军南下，以增强援军实力。

咸丰十一年（1861）五月一日，洪仁玕等人进至安庆以北的新安渡，连营三十余里，与进攻桐城的多隆阿部形成对峙。

很多书上说，太平军对安庆十分重视，其实不然，至少在曾国荃围攻安庆长达两年的时间里，前面大半时间看不到太平军"重视"安庆之处。洪仁玕也并没有特别重视，虽然他说过"安庆一日无恙，则天京一日无险"，摆明了他对安庆之战的胜败是有把握的，他才敢放手去掠取金陵以东。

至于安庆失守以后，洪仁玕回忆说："我军最重大之损失，乃是安庆落在清军之手。此城为金陵之锁匙而保障其安全者，一落在妖手，即可为攻我之基础。安庆一失，沿途至金陵之城，相继陷落，不可复守矣。"[1]这已经是后悔药了。

安庆城内高手如云

这个时候我们打量一下安庆，才发现安庆城内太平军高手如云。

负责驻守安庆的主将是叶芸来，广西人，参与金田起义，隶属于陈玉成。咸丰十年（1860）春，当英王陈玉成等进攻江南大营时，叶芸来奉命留守安庆。五

---

[1]《洪仁玕自述》，《太平天国》（二），广西师范大学出版社，2004年，第853页。

月，曾国荃发起攻城战，叶芸来率太平军守城不出，老九只好移兵关外各营进围东门。叶芸来应当在此前后升"受天安"。

刘玱琳是驻守安庆的"主将"之一，隶属于英王陈玉成部，与叶芸来、"谢天义"张朝爵、吴定彩、程学启、丁汝昌等二万五千名太平军坚守战略重地安庆长达九年。

刘玱琳在太平军中地位不高，有人称他为主将，而地位次于叶芸来，可能还是叶的部属。但是，此人在安庆之战中起着重要的作用。他自加入太平军起，逢仗冲锋在前，勇猛无比，曾率部连踏清军营垒十余座，令清军为之胆寒。曾国藩既对刘玱琳痛恨无比，又很尊敬这个对手，常称"玱琳先生"，或称"玱翁"。

张朝爵，广西人，咸丰三年（1853）八月随石达开驻安庆。秦日纲代守安庆，张朝爵为副。咸丰十一年（1861）八月初一安庆陷落，张朝爵"乘小舟走出回金陵，后封力王"，并非曾国藩奏折中所云"实无一名漏网"。张朝爵之脱身，说明是经过精心谋划的，老九曾在致胡林翼书信中提道："迭讯贼供称，叶酋已造木排二百余架，每架可坐十人，大约将由水路冲突也。荃已请水师严防黑夜，为拦截之计，庶不至于漏网耳。"就是说，叶芸来等人早已试图突围，为个人谋后路，但被老九侦知，因之防范极严。安庆攻克后发现张朝爵的住处还有五石粮食，而当时全城早已绝粮多时。可见此人私心之重。

吴定彩，平西主将，此时安庆城内真正属于李秀成麾下的，只有后军主将陈坤书及吴定彩二人而已。

叶芸来的官爵要比上述三人都低，却是安庆城的负责人，因为他是陈玉成的部下。

安庆守军中还有一位叫程学启的，安徽枞阳人，幼年丧母，由族人程惟栋之母养育成人。入太平军八年，因不是两广老兄弟，虽屡立战功，只做到"天豫"，自觉功高赏薄。此人后来投降成为湘、淮军悍将，可是在太平军中并无地位，可见陈玉成并不识人。

同治元年（1862），李鸿章率淮军入上海，请求曾国藩将程学启调入淮军。临行前，曾国藩勉励他，说："江南人誉张国梁不去口，汝好为之，亦一国梁也！"张国梁是两次围困金陵之江南大营的统帅名将，曾国藩将程学启比作张国梁，可见在他心目中对程学启寄予名将之望。

两相对比，就可以看出双方差距不是一点点。

老九与曾国葆围攻安庆屡次受挫，自觉不能强攻，转而对程学启招降策反。老九幕中有桐城人孙云锦献计：程学启事其养母非常孝顺，只要拘程惟栋母子入湘军大营，威吓程母："学启不降，当诛尔亲子。"程母极为恐慌，在老九的逼迫下化装为丐妇进入程学启军营，伏地痛哭乞求程学启投降。程学启自觉养母待其恩重，且安庆局势危急，为个人前途计，心有降意。但叶芸来对其有所提防，每天派人登城监视程营动向。闻听有丐妇化装入营之事，大惊，以壮士八人持令箭召程学启入城相见。程学启知道事情不妙，如若进城，不免有变。急中生智，即以此令箭招其手下干将二百人，骗开营门，直奔安庆北门外三里处老九之弟曾国葆大营。安庆守军派兵追杀，程学启等叩湘军营壁门，大呼曰："我来降，追者在后，故不能释兵。信我，可开壁相迎，不信，亦请发炮相击，免使我死贼手也！"曾国葆闻之，跣足出视，传呼开垒门接纳程学启等入内，追兵无果而退。

老九策反程学启成功，安庆之围愈紧。

此后程学启对攻克安庆发挥了重要的作用。入淮军后，程学启亦被李鸿章倚为长城。程学启说："下游河梁众，得一河即一屯，得一桥即一将，复何患哉！"李鸿章闻此言，"不复忧也"。

程学启确有名将之范，有人问其秘诀，他回答："事至即法，无古今，在相地势、得士卒心耳！"

曾国藩曾经问孙云锦："吾弟只道学启有才，他到底有何本事？"孙云锦对曰："学启爱将如命，挥金如土，杀人如草。"曾国藩捻髯大惊："此名将也！"

同治二年（1863）五月初八，曾国藩回复左宗棠一函，特意赞扬了程学启，说"近年所见诸将，唯程学启谋勇俱优，去年拨赴上海时，舍沅弟（曾国荃）坚不肯放，兄弟力争数日，强之东行。厥后程镇屡立奇功，舍弟虽深幸少荃（李鸿章）振起一隅，有益全局，而亦未尝不私怨阿兄，坐令彼得一人而强，此失一人而弱"[1]。

曾国藩兄弟深知"得一人而强，失一人而弱"，而陈玉成放着如此高手却不知利用，不可叹乎？

安庆城中还有一位叫丁汝昌的，安徽庐江人，太平军攻略安徽时，被裹胁入军，与程学启相识，成为其部下。后随程学启降老九，又归入淮军，得李鸿章赏识，后来成为著名的北洋水师提督。

[1] 曾国藩：《曾国藩全集》（25），岳麓书社，1987年，第3765页。

英王不英

安徽是陈玉成经营的主要地盘。回过头看，石达开喜欢攻扰江西，陈玉成主要活动在安徽，李秀成主要活动在江苏。到了后期，这局势愈发明显。

在史学家眼里，陈玉成被看作是一个非常出色的军事家，受封英王，更加印证他英明伟大，因而算是深得后人喜爱的名将。

在湘军看来，陈玉成的特点是喜欢抄人后路。曾国藩曾告诉老九："凡官兵无不畏抄后者，虽有三万人前进，苟闻有贼二千人蹑其尾，则人人狼顾。"[1]陈玉成还善于杀回马枪，他往往于日暮收队时"截扎官军后路，逼官军寻它开仗，令官军为客，而他常为主耳"。[2]问题是他在安徽遇到的三位湘军主将都是他的天敌："鲍军（指鲍超）之冲锋猛战，曾军（指曾国荃）之稳练不摇，多军（指多隆阿）之应变善战，皆贼中所惮。"[3]

如此看来，英王果真"英"吗？

从安庆反围城攻坚战中的表现来看，英王不英。

陈玉成是广西藤县客家人。道光十七年（1837）生，十四岁参加太平军。到咸丰七年（1857）开始经营安庆时，只有二十岁。此人本不甚识字，有的文献记载，英王爱读书，屋里摆满了各种典籍。可这是明显违反天国禁忌的。洪秀全连自己的儿子都不允许他读书，作为部将，陈玉成难道不知道？一个识字不多的人读古代典籍，本身难度就很大；如果确有其事，说明英王对洪秀全也是阳奉阴违。可知，这记载不实。

在老九合围前，安庆兵力不可谓少，至少相比老九八千湘军来说，是有绝对优势的，不同于江西战场，太平军已坚守安庆八年。而且此时，湘军主要精力还被分散在皖南，曾国藩的祁门大营时不时受到太平军包括李秀成等人的攻扰，此时英王为什么不敢和老九的吉字营在安庆正面决战？反而在搞什么围魏救赵？

围魏救赵，说白了就是避实击虚，畏惧老九吉字营而已。直到围魏救赵之计在湖北失败，不得已，英王才返回安庆，企图对老九来一个里外反包围。但是，英王不仅没有得计，反而损失很大。

---

[1] 曾国藩：《曾国藩全集》（23），岳麓书社，1987年，第2015页。

[2] 曾国藩：《曾国藩全集》（22），岳麓书社，1987年，第1238页。

[3] 《李秀成自述别录》，《太平天国》（一），广西师范大学出版社，2004年，第844页。

归根到底是由于年轻的英王缺乏战略定计，又与其他诸王配合欠当，于军事上这可算大忌，他仗着安庆城防坚固，强攻势必代价惨重而未必有效。没想到，老九以围为攻，在安庆的东、北、西三面开挖两道长濠，内濠用以围困城内的太平军，外濠用以抵御救援安庆的太平军，加上城南的长江由湘军水师负责巡逻，断绝太平军对安庆的粮草支持。

三月中旬，曾国藩闻听杭州失守，定下心计，"浙江既失，则安庆为重，以其为武昌、九江之门户也。水师得此城，则有所依附以为根本也；以绝金陵贼粮之源，以杀江淮各贼掎角之势也"。

五月，湘军将领李续宜得悉江南大营陷落，致函老九提醒他缓进。老九回复，"以全局而论，怀为楚北门户……弃已复之近地，而救糜烂之远疆，缓不济急"，乃定议合围安庆。六月，老九正式移营进逼东门、大洲、游梁，十六日移营西门盐河边，安庆长围始合。

八月，老九派湘军水陆二师合攻安庆，叶芸来仍然布置城守，坚持不战，并飞函请陈玉成增兵入城助守。

本来这个时候英王还来得及救安庆，可是他们却从江苏绕浙江、经江西，长驱几千公里入湖北，偏偏要绕过安徽，事后还怪李秀成没有及时跟进。等到再返回安庆周边时，英王连一万余人的吉字营都冲不破，更别说进入安庆城了。

正如其部属所说的那样，英王顾恋分地，置诸绝境，太阿倒持，自毁锋芒。

另一重要原因是逐利。逐利是包括英王在内的太平诸将的秉性，自咸丰十年（1860）起，就在太平军把注意力对着长江下游膏腴之地的空隙间，曾国藩统领湘军一边从容调兵遣将，一边陆续扫清安庆周边。胡林翼派湘军进逼桐城，湘军水师从枞阳打开，进攻内湖。李续宜从陆路全力攻取枞阳，杨载福、彭玉麟率水师进攻枞阳。五月湘军击败枞阳太平军，入菱湖。

而这些举动，太平军诸王没当回事，因为安徽已经经过太平军与湘军两次的厮杀攻掠，没有多大价值了，却根本没有想到安庆的军事战略地位有多重要。

英王接连遭受安庆、庐州的惨败后，居然不顾部下反对投往寿州，以致被已暗中背叛太平军的苗沛霖所擒，这个结局让人大跌眼镜。

由于缺乏对安庆之战的预估与准备，竭尽了全力的陈玉成在安徽战场上未能扭转被动局面，这位号称"三洗湖北，九下江南"，破省城三座，州县一百五十余座，"活捉大钦差四位"，战绩彪炳的英王，死前发出这样的预言：天国"去我一人，江山也算去了一半"。

祁门决策为老九

老九的战略是先扫清各方堡垒，挖很深的壕沟，把安庆围起来，在里面埋炸药，把城墙炸掉。

由于太平军诸王都在舍上求下，老九有足够的时间日日掘壕。但围城日久，厘金又受江浙、江西军情紧张的影响，商贾不行，军饷紧迫。

早在咸丰十年（1860）四月底，曾国藩就已获悉陈玉成既定两路大举进犯江鄂二省。他对胡林翼说，若不力固上游，而先救下游，则其祸必速而烈。"固上游以为图下游之根本"，因此成为湘军不可动摇的既定政策。

江南大营溃败之后，曾国藩突然奉旨补授两江总督，并授钦差大臣，督办江南军务。这样曾国藩自东流、建德率鲍超、朱品隆、唐义训等部一万湘军进驻祁门。

到咸丰十年（1860）六月间，曾国藩最为倚重的湘军大将鲍超回四川老家休假，左宗棠刚授四品京堂，回湘募勇成军，张运兰亦还在湖南，曾国藩期望的三万湘军，实足一万。曾国藩正担忧老九之"安庆新营太多，惧不足以当长风巨浪"。因兵力不济，曾国藩原定的四路进军，不得不改为三路：北路由池州规取芜湖，中路由宁国规取东坝，南路以广德或湖州趋太湖之东，或出宜兴趋湖西。问题是南路当下只有李元度所统数千人，其他都还只是一个规划，没有着落。曾国藩身边幕僚只有李鸿章一人，正四处另寻合适人选替代，李鸿章才可以抽身外出。

八月，曾国藩得悉陈玉成进兵宁国，杨辅清驻石埭，古隆贤、赖裕新驻泾县，李世贤亦来援安庆，湘军新旧交替，纷纷索饷，外寇内忧，一时并集，宁国、广德相继落入太平军手，湘军一时陷入无进兵之路、无筹饷之地的尴尬境地。

其实，这一次太平军的行动，就是所谓的第二次"围魏救赵"计划。这一次，太平军分兵五路，陈玉成从长江北岸西进湖北；李秀成率军从长江南岸西进湖北；杨辅清、黄文金自长江南岸进军赣北，李世贤率军经徽州入赣东，刘官芳率军攻击曾国藩祁门大营，约定陈玉成、李秀成两路于次年春天会师武昌，迫使安庆湘军回师救援，另外三路则牵制皖南、江西湘军，并寻机破敌。五路人马，每路少则数万，多则十余万！

老九的探报传来消息，太平军诸路皆动，他预料，八、九月之交，北岸将有大仗。安庆湘军养精蓄锐，磨砺以待。大战气氛骤然紧张。

九月，湘军在宁国、徽州、休宁等地遭遇太平军的强攻，相继失守，曾国藩大营祁门戒严。此时，英法联军侵入北京，朝廷令曾国藩派鲍超北援。这对曾国藩来说是雪上加霜，湘军能战之将本来就嫌少，鲍超是安庆大战的骨干，如果他抽身北上，那这个仗就不用打了，曾国藩的战略规划将全部泡汤。曾国藩处于内外交困。幸亏李鸿章的拖字诀帮了大忙，到月底，议和成功。

但奇怪的是，太平军并未乘胜加强攻势，而是由安徽奔赴浙江。曾国藩所担忧的太平军会"从婺源窜乐平、景镇，断祁门之后路"的情况并没有发生，可惜太平军放弃了这样一个好机会。

而且，围困安庆的曾老九搜获了陈玉成的文件，掌握了太平军的战略计划。

十月，英王陈玉成率太平军偕捻军龚得树等部，列营四十余座于桐城西南之挂车河等处，与湘军李续宜、鲍超及杨载福等部开战，湘军大获全胜。同时，忠王李秀成率太平军西上江西、湖北，进入皖南。

在历次战争中，人数始终占绝对优势的太平军却没有得到任何便宜。

但是，十一月，曾国藩的祁门大营却陷入了重围。南路之刘官芳分三支，一支破建德进入鄱阳、浮梁，一支破江湾、上溪进入婺源，一支破羊栈岭攻黟县。光第一支人数就有数万人。然而，湘军在兵力悬殊的情况下，仍然连连取得了胜利。

黄文金部众五六万人在赣北遭遇左宗棠，曾国藩分鲍超助敌，连日雨雪，黄文金不战而退。李秀成攻玉山，则遭遇王德榜、顾文彩等善于防守之将，亦无功而退。

陈玉成在休整一段时间之后，于次年一月初又率部进攻枞阳，试图打通通向安庆的陆路补给通道，打破湘军合围安庆之势。枞阳为太平降将韦志俊驻守，老九分兵助守，加上湘军水师总兵李成谋和多隆阿援助，陈玉成被击退。太平军来势虽凶，但其战力却让人跌破眼镜。其中，一支五百人的湘军新勇都能击退三千太平军，足见湘军以少胜多，以弱胜强，至此太平军首次直接救援安庆的努力宣告失败。

曾国藩将湘军老营设在祁门，招致许多湘军将领的不满，包括李鸿章等幕僚都劝曾国藩另择要地："祁门地形如在釜底，殆兵家之所谓绝地，不如极早移军，庶几进退裕如。"后世甚至有人以为军事上曾国藩还不如李鸿章等人厉害。

明知祁门为绝地，曾国藩为何坚持驻节祁门？其实这里面大有深意。

首先，这样做是为了应对朝廷。自杭州失守后，咸丰皇帝急如热蚁，把战争的希望全寄托在曾国藩身上，于四月十八、十九两日，连下了三道严旨，督曾国藩移师苏州，驰援苏、常：

令曾国藩统率所部兵勇，取道宁国、广、建一带，径赴苏州，相机兜剿，以保全东南大局，毋稍迟误。

曾国藩规取安庆，屯兵坚城，即使安庆得手，而苏、常有失，亦属得不偿失。全局糜烂，补救更难。为今之计，自以保卫苏、常为第一要务。著官文、曾国藩、胡林翼熟商妥议，统筹全局。

著曾国藩即遵前旨，兼程前进，由浙赴苏，会同瑞昌，调度各军。

清廷关心的也是浙江这块财赋宝地，曾国藩的战略重心却一直放在安庆。此前，他已经上奏陈述这一战略决策："自古办窃贼，与办流贼不同。"同时也告诫李续宜，"办流寇之法，城守以困之，游兵以击之，二者不可偏废"。[1]

他认为陈玉成只不过是流寇，而洪秀全属"窃号之贼"，必须"剪除枝叶，并捣老巢"，"欲廓清诸路，必先攻破金陵"，攻破金陵，直捣老巢。

朝廷要求曾国藩从浙江入手，以苏、常包围金陵，这显然改变了曾国藩此前的既定决策，事实上也是错误的，历史的经验也表明，欲取金陵必须从长江上游着手。

因此，曾国藩为了保障自己既定的正确战略，坚决不撤安庆之围，但又不能明确拒绝朝廷命他救援浙江的旨意。如何做到两全其美呢？曾国藩自然分身无术。

然而，当曾国藩在决定两江总督驻地也就是湘军大营的地点时，找到了一个两全其美的办法。

这个地点就是皖南的祁门。

祁门地处皖浙赣三省交界处，为皖赣锁钥。四面皆山，高山屏蔽。一条官马大道由东向西横亘全境，向东，可以直通到杭、苏；向西，则可以连接到赣、闽；往上，可以直达安庆以扼金陵；往下，则可以抵达南昌以控武汉。其间险堑天成，攻守皆宜，历来为兵家必争之地。

当然，驻节祁门最大的好处是牵制南岸的太平军，保障安庆，为围城的九弟作后盾。但当时，包括李鸿章在内的人，大家都不明白曾国藩的苦心。

于是曾国藩亲自率兵渡江入徽，摆出规复江浙的姿态。并向朝廷表示："臣奉恩命节制两江，必须带兵过江，驻扎南岸，以固吴会人之心，而壮徽宁之声援。"

曾国藩在祁门十个月，和他的大军像一枚钉子一样，牢牢地钉在皖南，地动山摇也无法撼动；像一把钢刀，直刺太平天国胸膛，时刻威慑着江浙、金陵。

直到咸丰十一年（1861）二月十四日，曾国藩才决定将湘军大本营从祁门移至

---

[1] 曾国藩：《曾国藩全集》（22），岳麓书社，1987年，第1295页。

东流、建德一带，"余因群贼环扰祁门，无非欲解安庆之围"。一句话，道出了曾国藩冒险驻扎祁门的用意，为了九弟，他将危险留给了自己。

受苦株子之贿

咸丰十年（1860）九月十六日，曾国藩接到老九的信，其中就有缴获的陈玉成等太平军黄绫文件一包；十七日接到老九送给曾国藩的礼物：一包苦株子。

老九送曾国藩苦株子，可谓用心良苦。曾国藩给他回复，大致可以看出老九的意图。曾国藩说：

> 安庆不宜撤围，此人人意中所有之事。普天下处处皆系贼占上风，独安庆一城系贼占下风，岂肯轻易撤围？今既受苦株子之贿，愈不肯撤围矣。[1]

曾国藩信中所说"受苦株子之贿"，就是指老九送给他这样一个礼物，希望曾国藩同意他不撤安庆之围，严肃中又不乏调侃诙谐：苦苦株守。

在安庆战局面前，老九审察军势，制定合围皖城的战略部署。他认为，"以全局而论，桐、怀为楚北门户，竭数年之兵力，始得争此尺寸之土，又复舍而他顾，则是弃已复之近地，而救糜烂之远疆，缓不济急，于彼无甚益，而于此则有大害也，仍以围皖城为相安"。

老九无疑是要曾国藩坚定安庆之围不动摇，曾国藩这么调侃他，其实也是为了坚定老九长围久困之初心。

但此时的老九，充满骄矜之气，让曾国藩深以为虑。

在兄弟间的往来信件中，曾国藩多次批评他。曾国藩九月初十的信中写道：

> 初九夜所接弟信，满纸骄矜之气，且多悖谬之语。天下之事变多矣，义理亦深矣，人情难知，天道亦难测，而吾弟为此一手遮天之辞、狂妄无稽之语，不知果何所本？……弟只管安庆战守事宜，外间之事不可放言高论毫无忌惮。孔子曰：多闻阙疑，慎言其余，弟之闻本不多，而疑则全不

---

[1] 曾国藩：《曾国藩全集》（19），岳麓书社，1987年，第585页。

阙，言则尤不慎。捕风捉影，扣槃扪烛，遂欲硬断天下之事。天下事果如是之易了乎？大抵欲言兵事者，须默揣本事之人才，能坚守者几人，能陷阵者几人；欲言经济，须默揣天下之人才，可保为督抚者几人，可保为将帅者几人。试令弟开一保单，未必不窘也。弟如此骄矜，深恐援贼来扑或有疏失。[1]

这一封信，曾国藩罕见地用了最严厉的语气来责备老九，并且说以后再有荒唐之信，就不会回复他了。

次日，曾国藩又在信中说："吾深以为弟之意矜气浮为虑，务当返躬猛省，千万千万！初五日午刻来信，吾读之且惧且恶也。"

二十三日，曾国藩在信中又提及此事："弟军中诸将有骄气否？弟日内默省，傲气少平得几分否？天下古今之庸人，皆以一惰字致败；天下古今之才人，皆以一傲字致败。吾因军事而推之，凡事皆然。"[2]

几次痛责后，老九马上给阿兄表示认错。九月二十四日，曾国藩给老九的信中这么写道：

> 沅弟以我切责之缄，痛自引咎，惧蹈危机而思自进于谨言慎行之路，能如是，是弟终身载福之道，而吾家之幸也。[3]

然后又回忆昔日祖父的教导：

> 吾于道光十九年（1839）十一月初二日进京散馆，十月二十八早侍祖父星冈公于阶前，请曰：此次进京，求公教训。星冈公曰：尔的官是做不尽的，尔的才是好的，但不可傲。满招损，谦受益，尔若不傲，更好全了。遗训不远，至今尚如耳提面命。今吾谨述此语告诫两弟，总以除傲字为第一义。唐虞之恶人曰"丹朱，傲"；曰"象，傲"；桀纣之无道，曰强足以拒谏，辨足以饰非，曰谓已有天命，谓敬不足行，皆傲也。吾自八年六月再出，即力戒惰字以傲无恒之弊。近来又力戒傲字。昨日徽州未败之前，次青（李元度）心中不免有自是之见，即败之后，余益加猛省。大约军事之败，非傲即惰，二者必居其一；巨室之败，非傲即惰，二者必居

---

[1] 曾国藩：《曾国藩全集》(19)，岳麓书社，1987年，第581页。

[2] 曾国藩：《曾国藩全集》(19)，岳麓书社，1987年，第587页。

[3] 曾国藩：《曾国藩全集》(19)，岳麓书社，1987年，第588页。

其一。[1]

受阿兄再三告诫，老九大有改变。十月，太平军援安庆之攻势甚大，但老九决计守墙濠，不打浪仗。

有惊无险的祁门之困

咸丰十一年（1861）正月初八，太平军再次扑向曾国藩祁门大营，距大营十八里被击退。

自咸丰十年（1860）十一月至此，曾国藩的祁门大营四面都受到太平军的威胁：太平军杨辅清与李世贤联手攻克宁国府后，于十二月上旬与黄文金联手拿下曾国藩祁门大营与江北之间的交通要道建德，祁门大营与江北湘军主力的联系受阻。曾国藩调兵反攻建德，杨辅清为湘军所败，退回宁国。

咸丰十一年（1861）正月初五，黄文金、李远继以二万之众自饶州府分数路攻打景德镇，意图切断祁门大营的补给线，但被景德镇的湘军左宗棠部所击退。

咸丰十年（1860）十二月底，李世贤出休宁、刘官芳出羊栈岭共同进逼祁门，但刘官芳很快为湘军鲍超部所击退，李世贤也被湘军张运兰部所击败，后撤至兰田。

咸丰十一年（1861）正月间，刘官芳探知鲍超出援景德镇，便分兵两路，再次进攻祁门；李世贤自湖州进入江西休宁，先切断皖南湘军粮道，尔后伺机回攻祁门。李秀成攻围建昌，威胁江西省城。

于是，李世贤部在东南方的休宁，黄文金、李远继部在景德镇，刘官芳部在东北方向，李秀成部自南面进抵婺源，对祁门大营形成了四面合围之势，且皖南太平军兵力一度十倍于湘军，使得在祁门的曾国藩深感危机四伏，不得已写下遗书布置后事。但曾国藩仍然反复叮嘱曾国荃，安庆之围不可动，万一太平军由集贤关攻安庆各营之背，则必须坚守五日，五日之内，鲍超之援军必到。

后世很多学者认为，太平军之所以没有攻下祁门，是因为他们非但没有一个合力进攻祁门的总体计划，而且在实战中也未做到统一协调指挥，而是各自为战，想打就打，想走就走。其实不然，太平军攻打祁门的目的并不是在祁门，只是

---

[1] 曾国藩：《曾国藩全集》（19），岳麓书社，1987年，第588页。

因为祁门是由江西通往安庆的要道，他们或许并不知道祁门是曾国藩大营所在。他们的目的只是为了解安庆之围。各军之间也并非没有配合，如李世贤、刘官芳进攻祁门，李秀成攻建昌，都是为了配合打通通道。

然而，李世贤很快受挫，不得不南下赣北；刘官芳一度攻到距祁门十八里，但遭到伏击，被迫放弃；黄文金正月初九被鲍超阻击在景德镇附近洋塘，大败而退；李世贤被左宗棠料到并阻住；李秀成被曾国藩、鲍超算计着，防备在先。从中也可以看到，尽管太平军人多势众，却总无法取得战争主动权，彻底改变局面。太平军后期这些名将，战力每况愈下。因此太平军为策应西征、图解安庆之围而进行系列牵制作战行动徒有其声势，而实际效果不佳，最终只是让曾国藩的祁门大营有惊无险而已。

此时，曾国藩又获悉，南岸之太平军不肯救援北岸太平军，关键因素就是太平军此次进军目的并不是直接针对安庆，而是武昌。这更坚定了曾国藩死守祁门的决心。

英王算计流产

咸丰十一年（1861）正月，陈玉成自枞阳失败后，于三月初西进鄂东，威胁武昌。一些史学家认为，就在陈玉成逼近武汉之际，英国参赞巴夏礼抵达黄州，会见陈玉成，巴夏礼借口维护英国商业利益，危言耸听地劝告陈玉成不要进攻武汉，陈玉成果然上当，决定终止攻打武汉。

这并不合史实。一个外交人员怎么可能劝止住陈玉成？事实上，陈玉成不攻武汉，转而攻取鄂东南州县，一是因为其势太孤，二是其目标也并非要攻下武昌，而是试图调虎离山，让湘军回救武昌，自解安庆之围。因此，陈玉成一边在鄂东南作战，一边等待其他几路。这与曾国藩的判断是一致的，他得知陈玉成逼近武汉，便调李续宜回援。"希庵既已南渡，狗逆必回救安庆，风驰雨骤，经过黄梅、宿松均不停留，直由石牌以下集贤关，此意计中事也。"[1] "狗逆上不敢犯武汉，下不敢扑太湖、安庆，知其无能为矣。"[2]胡林翼也说："贼是势利鬼，见二千人在城，即不敢来，可见此贼之无能。"[3]

---

[1] 曾国藩：《曾国藩全集》（19），岳麓书社，1987年，第649页。

[2] 曾国藩：《曾国藩全集》（19），岳麓书社，1987年，第657页。

[3] 胡林翼：《胡林翼集》（二），岳麓书社，1999年，第886页。

到咸丰十一年(1861)四月下旬,陈玉成见李秀成等不能如约入鄂,而安庆又被湘军围困日紧,遂不得不回师,以图再次直接救援安庆。

李秀成并非不积极迅速向武汉进发,转战于皖南、赣北、浙西一带,而是在皖南、赣北遭遇到湘军的阻击,不得不转战于此,攻城筹粮,并被迫在浙江常山过年,直到次年六月才进入湖北。"然李秀成自入江境,不特未破一府城,并未破一县城,其机已钝,或不能为大害。"[1]假如曾国藩让李秀成顺利进入湖北,那只能说明大局全坏。不管是为了安庆之围,还是为了湘军大局,曾国藩都不可能让李秀成轻松借道江西攻向湖北。这一点,是太平军围魏救赵计划中根本没有想到过的,此时的局势已不是咸丰中期的局势了。

在这期间,曾国藩早看破了太平军的计谋,他多次对围困安庆的九弟表示:

群贼分路上犯,其意无非援救安庆。无论武汉幸而保全,贼必以全力回扑安庆围师;如不幸而武汉疏失,贼亦必以小支牵缀武昌,而以大支回扑安庆,或竟弃鄂不顾,去年之弃浙江而解金陵之围,乃贼中得意之笔,今年钞写前文无疑也。无论武汉之或保或否,总以狗逆回扑安庆时官军之能守不能守,以定乾坤之能转不能转。安庆之濠墙能守,则武汉虽失,必复为希庵(李续宜)所克,是乾坤有转机也。安庆之濠墙不能守,则武汉虽无恙,贼之气焰复振,是乾坤无转机也。弟等一军,关系天地剥复之机,无以武汉有疏而遽为震摇,须待狗逆回扑坚守之后,再定主意。[2]

不久,他又对老九说,即使武昌出现了疏失,安庆之围仍不可以撤。太平军纵然有攻破湖北之势,也断无坚守湖北之力。武昌即使失守,尚有办法收复;安庆之围一撤,难以复围。并且安慰老九:

此次贼救安庆,取势乃在千里之外,如湖北则破黄州、破德安、破孝感、破随州、云梦、黄梅、蕲州等属,江西则破吉安、破瑞州、吉水、新淦、永丰等属,皆所以分兵力,亟肆以疲我,多方以误我。贼之善于用兵,似较昔年更狡更悍,吾但求破安庆一关,此外皆不遽与之争得失,转旋之机只一二月可决耳。[3]

[1] 曾国藩:《曾国藩全集》(19),岳麓书社,1987年,第655页。

[2] 曾国藩:《曾国藩全集》(19),岳麓书社,1987年,第651页。

[3] 曾国藩:《曾国藩全集》(19),岳麓书社,1987年,第682页。

曾国荃攻安庆的意图丝毫没有动摇,他也坚定地表示:"荃决志在此稳守,无论有何风浪,有何谕旨,均不能妄动一步。"[1]

等到李秀成赶到湖北时,陈玉成早已回师救援安庆,李秀成只好于七月上旬率军折返赣北,他也无力独自承担攻打武昌的任务,到这里,太平军"围魏救赵"以合取湖北而迫使湘军解安庆之围的计划最后落空。

接下来,他们要直接面对最厉害的角色曾老九。

真正大英雄从临深履薄做出

在陈玉成两面夹攻之下,曾国荃的内外两道战壕承受着巨大压力,而驰援安庆的李续宜部又被太平军牵制在湖北,很多湘军将领对曾国荃能否坚守表示怀疑,连胡林翼也一度失去信心。同时,湘军后方基地武昌受迫、曾国藩的驻地祁门大营也多次为太平军所围困,军情危急。左宗棠在乐平亦受到太平军围困,景德镇失守。曾国藩一面安慰九弟"贼势散漫,似不甚足畏",一边自言"无日不在危机骇浪之中"。

艰难困苦,玉汝于成,越是艰难,越能突显战略定力。曾国荃与兄曾国藩通信频繁,始终坚持围攻安庆,既有定识,又有定力,"坚守静待之法"。曾国荃一面不惜代价坚守安庆围濠,对安徽境内太平援军进行了顽强的抵御;一边不顾自己安危,帮助曾国藩解决买米运米的困难。

> 弟当援贼围逼,后濠十分紧急之时,不顾自己之艰危,专谋阿兄之安全,殷殷至数千言。昔人云:读《出师表》而不动心者,其人必不忠;读《陈情表》而不动心者,其人必不孝。吾谓读弟此信而不动心者,其人必不友。[2]

老九曾写了封长信,大概就是劝说曾国藩尽快移出祁门。原来曾国藩已移往东流、建德一带,但后来又因谋攻景德镇而被部下接回祁门。这一次,曾国藩读信后,当即表示三日后起程赴东流,"在舟次居住,以答两弟之意","弟从此安心做事,不可挂念南岸也"。

---

[1] 曾国荃:《曾国荃全集》(第三册),岳麓书社,2006年,第130页。
[2] 曾国藩:《曾国藩全集》(19),岳麓书社,1987年,第667页。

咸丰十一年（1861）三月二十日始，陈玉成亲率三万主力进抵集贤关内外，连续猛扑安庆外围老九之营濠，"危险之状，念之震栗"。好在此时，在鲍超的支援下，左宗棠克复景德镇，饶州、景德、浮梁、乐平一律肃清，曾国藩调鲍超率八千湘军北上赴援安庆。

同时，从金陵来援的干王洪仁玕等军两万余人驻扎在新安渡、练潭一带，谋与陈玉成会师，力解安庆之围。后被湘军阻击，退至桐城。

太平军定南主将黄文金自芜湖北渡来援，联合捻军及洪仁玕等军，复攻新安渡、挂车河清军，又为多隆阿部击败数次，退至桐城孔城镇。

桐城一下子聚集了太平军数位主将，兵力超十万人。

曾国藩一面劝止老九致书胡林翼、多隆阿求援，专待李续宜和鲍超之援军，一面以人力天事相劝：

> 凡办大事，半由人力，半由天事。如此次安庆之守，濠深而墙坚，稳静而不懈，此人力也；其是否不至以一蚁溃堤，以一蝇玷圭，则天事也。各路之赴援，以多、鲍为正援集贤之师，以成、胡为后路缠护之兵，以朱、韦为助守墙濠之军，此人事也；其临阵果否得手，能否不为狗酋所算，能否不信狗酋逃遁，此天事也。吾辈但当尽人力之所能为，而天事则听之彼苍，而无所容心。弟于人力颇能尽职，而每称擒杀狗酋云云，则好代天作主张矣。[1]

湖南人打仗，有一个特别有意思的现象，那就是将与将之间喜欢约定时间，就像乡里人赶集、城里人逛街一样。但是，这样约期打仗，往往最容易出状况、误大事。

咸丰十年（1860）正月十九日，湘军余际昌约多隆阿、鲍超打仗，约定以三排枪为号。结果鲍超于黎明时放了三排枪，却因为大雾，多隆阿没有听到，导致余际昌部大挫一仗。咸丰十一年（1861）正月十六日，张凯章与鲍超约攻上溪口，同时在渔亭出队，结果张凯章到时，鲍超却因故中途折回，差点误事。二月初九，张凯章与朱品隆、唐义训约攻上溪，以冲天火箭为信号。结果，朱、唐先到，二人都没有见一火箭。三月初五，张、唐二人再次约攻徽州，以排枪为信号，结果唐冒雨先到，而张却未到，导致大败。

老九也爱与各路援军约期打仗，被曾国藩知道后，予以严词制止：两军相距

---

[1] 曾国藩：《曾国藩全集》(19)，岳麓书社，1987年，第679页。

五里之外，不可约期打仗。因为凡与人约，或被人约，就多了许多牵扯，倒不如自己视情而定，能胜敌则出战，或者见他人酣战正急，可以出战相助。

为了缓解安庆围军的压力，曾国藩准备放弃"围贼之计"，只作野战与自全两计。

他离开祁门后进驻东流江边，离安庆越来越近，老九希望他到安庆前线视察一次，但曾国藩拒绝了。理由很奇葩：

> 余既出江滨，岂有不思与弟一见之理？惟历年以来，凡围攻最要紧之处，余亲身到场，每至挫失，屡试屡验。余偏不信，三月攻徽，又试往一行，果又验矣。此次余决不至安庆，盖职是故。[1]

曾国藩不到安庆前线的理由竟然是他到哪里，湘军在哪里就会打败仗。世上就有这样的巧事，屡试不爽之后，曾国藩也迷信起来。为了不给九弟带来挫折，只好拒绝前往安庆会晤九弟的想法。

老九自然不愿意放弃围城，鉴于曾国藩强调"鄂江膏腴之地，处处糜烂，不特鲍军不可作久围之师，即弟军亦宜腾出为游击之师"。曾国藩并非不知道，自古以来争要地者，相守一二年者亦有之，如刘邦项羽争荥阳，袁绍曹操争官渡，都是如此。安庆也是必争之地，但是相持日久，本来就缺饷缺粮的湘军，粮饷接济更感艰难。

曾国藩把这个难题交给了老九，由老九来决断。

老九思前想后，决心仍然不变。

正好陈玉成出兵桐城，与多隆阿开战；鲍超开始攻打赤岗岭，老九也顺势攻打菱湖。但鲍超在赤岗岭遭到太平军的猛烈反击，这令鲍超惊呼："此处贼之悍勇，超过各处"，湘军攻击一天，没有前进一步。只好一边炮击，一边切断水源和粮草通道。

攻打菱湖的老九也面对太平军的强力反制，未能击破敌垒，湘军伤亡很大。

老九便改变策略，出兵将菱湖太平军十八座营垒以大包围形式包裹起来，仅用数天时间开挖出一条长濠将北岸十三座营垒围住，切断他们的去路。

老九又查悉太平军在安庆城南岸多置小船以通城内守军与北岸援军之间往来，便联合湘军杨载福水师，以炮船数十艘往来湖中，发炮轰击，又在东岸陆路抢筑新营，水陆相依，严密防守，使菱湖两岸太平军交通受阻。曾国藩欲调成大

---

[1] 曾国藩：《曾国藩全集》(19)，岳麓书社，1987年，第692页。

吉协助老九扎住菱湖,老九竟然不许。

曾国藩得以让鲍超、成大吉率部万余人同扎于集贤关外,一面联通湘军水师,一面防备陈玉成。

此时,据李鸿章报告,忠王、侍王、璋王、干王等诸王都与陈玉成不合,外畏之而中恨之。

此外,洋人不断派船只接济太平军粮草,老九曾向阿兄报告:"十六日辰刻,有艇船一只,悬挂红旗,其载有二千余石,至城下停泊,今辰仍开下去。重载而来,轻载而回,或洋人,或奸细,与贼转运,均未可料……弟细思艇船乃中国之船,焉得与该逆运送接济。此事殊为可虑。"[1]

曾国藩获悉后,下令湘军水师日夜巡逻长江上下,阻断太平军运送粮草通道。同时又致拜帖给洋人。按照曾国藩的说法,"彼不过图小利耳,我以数百千饵之,亦无不可",派能言善辩之人,待洋船经过时,如有停泊之势,则随船驶近洋船,与之婉商,不让洋人接济安庆城内太平军。同时又上奏北京,通过恭亲王总理衙门照会各国洋商,令他们承诺不再接济安庆城内太平军。

于是安庆城内开始粮草短缺,相继有太平军出城投降,老九从降卒口里获知城内粮草不敷,支持不了半个月。安庆大局已定。

拔掉安庆这个钉子

咸丰十一年(1861)七月上旬,老九率湘军攻占了安庆外围的所有据点,直逼安庆城下。陈玉成为解安庆之围进行最后努力,又召集各路将领会议,再组织各路人马十余万开始反攻,经苦战,收复了集贤关,并在关口、毛岭、十里铺一举扎营四十余座。接着,分十路攻敌后濠,前仆后继,奋勇冲击,曾一度突破湘军第一层濠;前锋甚至突入至中路第二层濠内,并在第一层濠外修筑了月墙,以避湘军炮火。老九督派湘军增修新垒并遣敢死之士数十人出濠踏毁月墙。老九以万余人守安庆外濠内濠,计七十余里。

赵烈文在日记中记载了这一次惊心动魄的战斗:"二十二日已刻,大股扑西北长濠,人持束草,蜂拥而至,掷草填濠,顷刻即满。我开炮轰击,每炮决血衢一道,贼进如故,前者僵仆,后者乘之。……贼死无算而进不已,积尸如山,路

[1] 曾国藩:《曾国藩全集》(19),岳麓书社,1987年,第703页。

断，贼分股曳去一层，复冒死冲突，直至二十三日寅刻，连扑一十二次"，"凡苦
战一日一夜，贼死者万数千人，我军死者百余人，用火药十七万斤，铅子五十万
斤"。[1]一天内湘军消耗的火药和铅子数如此之多，可知战斗惨烈残酷程度。

中旬，程学启攻占北门外石垒两座。下旬，安庆守将叶芸来倾城出战，试图与
陈玉成里应外合，双方激战数日。与此同时，老九派兵日夜开掘地道。

咸丰十一年（1861）八月一日，湘军埋入城下的地雷迸发，轰坍安庆北门。老
九挥军登城，程学启身先士卒攻入安庆城中，守将叶芸来、吴定彩以下万六千余
人战死，安庆遂陷。英王陈玉成等各路援军，被阻于湘军后濠之外，当安庆"破
城时，列队远望，其胆已落，渐渐退去"。陈玉成等向东徘徊，老九又与多隆阿分
道追击。这一天晚上，曾国藩得到喜讯，感叹"日月合璧，五星联珠""国家中兴，
庶有冀乎"！凑巧的是，这与五月钦天监的预判完全吻合。

曾国荃以区区一万多兵力抵御陈玉成多番猛攻，坚持围死安庆方略，被胡林
翼赞为"劳苦可念，其坚忍尤为可敬"。

咸丰十一年（1861）八月二十六日，赵烈文走到老九最大的营垒吉字中营察
看。发现营正当集贤关来路，营后十余步即到外濠，"视外濠尤深广。濠以外又有
一濠，稍狭。贼二十二日猛扑，在此处略东，暴骨如莽，此间亦有露骸数千具，臭
气尚郁勃，飞蝇集处，攒黑成片，望之惨然"。[2]

英国人吟唎（A.F.Lindley）生动地描述了安庆之战的场面：

> 清兵驻扎在城上大炮射程之外的地点，建筑起无数敌人爬不进他们也
> 爬不出的坚固土垒和木栅，把这个苦难的城市团团地围困起来……他们十
> 分精明地在安庆周围，自扬子江上游直到城边，修建了绵长的木栅封锁
> 线。他们运用哲学的思维，精密地计算到，当城内粮尽的时候，他们的兵
> 士就可以吃得饱饱地爬上城墙而不会遇到任何严重的打击；同时还可以用
> 最简便的好办法来随意搜罗那些饥饿待毙的守军头颅。这样就可以占领这
> 个城市。这种办法虽然历时长久，但是轻而易举，毫不费力，用不着战斗
> 就可以结束战争，并领到人头赏金。[3]

回顾老九拔除安庆这个钉子的全过程，发现短短的几年，老九不再是那个
初出茅庐的愣头小子，已脱胎为一个成熟的军事将领。

---

[1] 赵烈文：《能静居日记》（一），岳麓书社，2013年，第355页。

[2] 赵烈文：《能静居日记》（一），岳麓书社，2013年，第369页。

[3] 吟唎：《太平天国革命亲历记》，王维周译，上海古籍出版社，1985年，第262页。

围城打援是曾氏兄弟成功的关键,但对于军事,老九也有自己的认识,也许是受其兄长的点拨,也许是实战所激发,不论如何,这些战术却在安庆之战中得到了应用。第一,将俘虏收为己用,早在咸丰十年(1860),老九攻克枞阳后,收纳了近千名降卒,虽然他并不是对这些降卒十分放心,而是"有心"地利用,但是最终能使他们逐步地转化,如他令韦志俊(韦昌辉之弟)一军及新降之众由池州直捣芜湖,盖为以毒攻毒,可省兵力,增强湘军实力,又是对其进行考验。

第二,察敌情,知地势。曾国藩认为:"窃谓知敌者,贵知敌之情。"老九对敌情的掌握往往较老兄更占先机。在安庆之战中,曾氏兄弟之所以能坚持安庆之围不撤,就是知道太平军一定会救援安庆,以游击打援的方法逐步削弱敌人的实力,对于陈玉成"围魏救赵"的伎俩又心知肚明,不为眼前暂时的困难所迷惑,坚持既定政策。

第三,坚持号令统一。这次安庆大战历时之久,经历的危机之多,是湘军东征以来所没有过的。但湘军三路将领都能互相配合,团结协作,做到了"静"字和"稳"字,以静制动,以逸待劳,以稳应变。无论是水师陆军的配合,还是围城之师与打援之师的配合,可以说是太平军望尘莫及的。

如李续宜与多隆阿两部合作密切,关系甚好。胡林翼告诉曾国藩:李续宜与多隆阿之和睦,如一鼻孔出气。夜宿多隆阿帐中,并不归营,不禁感叹为一大奇境。曾国藩自然高兴,将李续宜与多隆阿两人之间的和衷共济,称为最好消息。"前敌数公相得益彰,在后路者可以高枕无忧,天下至乐,孰大于是。"

而这中间,老九起到了关键作用,老九深受兄长曾国藩的影响,在军事上特别注意经常和彭玉麟、鲍超、多隆阿等其他几路将领随时诚恳地沟通,确保了军令更加统一,大家都乐于配合老九。

咸丰十一年(1861)八月初七,曾国藩自东流至安庆,与九弟、季弟国葆相会。进城时,曾国藩看到安庆城外濠沟之深,地段之长,称"成功信不易易也"。

紧接着,老九联合多隆阿,先后克复桐城、池州,长江两岸战事大顺。

安庆之得失,关系曾家气运

安庆大战,以英王陈玉成惨败告终,然而,他却赢得了许多太平天国粉丝的景仰和怀念。

李秀成在回忆安庆城破后的情形时,这样写道:"安省被曾九帅之兵克复,

合城饿死……全军俱没死于大江之中,此城尽没,未漏一人。" [1]

曾国藩在奏折中说:"杀毙长发老贼二万余人,该逆情急,赴江内、湖内凫水遁窜,又经水师截杀,实无一人得脱。" [2]

挂车岭一战中,老九也因杀人过多而心怀不安,曾国藩写信给他:

> 吾家兄弟带兵,以杀人为业,择术已自不慎,惟于禁止扰民、解散胁从、保全乡官三端痛下工夫,庶几于杀人之中寓止暴之意。[3]

曾国藩显然将杀敌与止暴视为必然。五月赤岗岭大战后,太平军降者众多,曾国藩马上去信提醒老九:

> 目下收投诚之人,似不甚妥善,如挤疖子不可令出零脓,如蒸烂肉不可屡揭锅盖也。克城以多杀为妥,不可假仁慈而误大事。[4]

结果太平军四千守垒兵士战死,八千降卒被斩首。六月,老九再度表示杀人太多,曾国藩再度回信告诫:

> 既已带兵,自以杀贼为志,何必以多杀人为悔? 此贼之多掳多杀,流毒南纪;天父天兄之教,天燕天豫之官,虽使周孔生今,断无不力谋诛灭之理。既谋诛灭,断无以多杀为悔之理。[5]

集贤关破敌,老九争夺安庆月城,安庆指日可破,曾国藩又叮嘱老九:

> 屠城以泄其愤,迪庵在九江亦是如此办法。[6]

深受儒家理学浸染的曾国藩、曾国荃兄弟为何反复强调以"多杀"为志? 即使在老九"以多杀人为悔"的情况下,仍然鼓励老九屠城泄愤?

---

[1] 罗尔纲:《增补李秀成自述原稿注》,中国社会科学出版社,1995年,第195页。
[2] 曾国藩:《曾国藩全集》(3),岳麓书社,1987年,第1617页。
[3] 曾国藩:《曾国藩全集》(19),岳麓书社,1987年,第638页。
[4] 曾国藩:《曾国藩全集》(19),岳麓书社,1987年,第726页。
[5] 曾国藩:《曾国藩全集》(19),岳麓书社,1987年,第737页。
[6] 曾国藩:《曾国藩全集》(19),岳麓书社,1987年,第749页。

这与儒家皇权本位的战争观关系密切。孔子儒家以仁为最高道德法则，为政以仁。而战争仍然作为政治的工具，是维护礼制、君权为目的的。所谓"诛乱除暴"的道德原则，在现实中很容易转化为血淋淋的"仁"。战争的道德使命使人沦为战争的婢女，用血水浇灌出一朵朵"恶之花"。曾氏兄弟身处其中，又何能逃避这一功利化的深渊？而且，他是将此次战争与个人命运、家族命运联系起来。其历史的局限性由此可见一斑。

在英王醒悟过来后方才明白，安庆事关天国大局，然而，在曾氏兄弟这里，不仅早已把安庆得失与金陵擒王联系起来，而且将其与曾家气运联系起来。

此一役，老九不仅亲临前线，而且临危不乱，若非如此，胜败未可知也。

安庆攻城激烈之中，一个湘军士兵掷出一个火炮，因为引线过长，被太平军拾起回掷过来。当时湘军濠沟内遍地都是火药，这一来，反将火药引爆，将守濠士兵炸开十余丈。太平军趋势跨过濠沟者有七八个人。老九见此情势危急，亲自上阵，击杀敌军。溃散士兵见状，又返回投入战斗，将太平军击退。

安庆太平守军在困守一年多时间，断粮多日的情况下战斗力仍然爆表，老九幕僚赵烈文日记中多有记载：

> 至七月杪，北门地道成，晦夜四鼓，前营开字营官程又忠（本皖城守贼，今夏投诚），薄城西北门，缘城而升，城破，会地道亦发，我师蜂拥而入，守贼皆饥倒不能抵御，城上炮架至以铁链锁炮手其上，以防其逸，见军至跪地乞死而已。逆目张朝爵、叶矮子不知下落，陈某、吴某皆死，杀贼凡一万余人。男子髫龀以上皆死，各伪官眷属妇女自尽者数十人，余妇女万余，俱为兵掠出。房屋贼俱未毁，金银衣物之富不可胜计，兵士有一人得赤金七百两者，城中凡可取之物扫地而尽，不可取者皆毁之，坏垣掘地，至剖棺以求财物。惟伪英王府备督帅行署，中尚存物十七，余皆悬磬矣。贼绝粮已久，通城惟伪目张朝爵私藏米五石余于屋顶，余处信无颗粒。人肉价至五十文一两，割新死者肉亦四十文一两。城破入贼居，釜中皆煮人手足，有碗盛嚼余人指，其惨至此。城将破，援贼见火起，尚来扑围二次，不得进，越日始退。[1]

太平守将担心自己的炮手逃跑，用铁链将炮手锁在炮架上。城中绝粮后，守城头目自己藏有粮食却不顾部卒生死。战争使敌我双方都失去了理性乃至人性。

---

[1] 赵烈文：《能静居日记》（一），岳麓书社，2013年，第355页。

赵烈文甚至发出感叹，称其为军兴以来最残酷的战役：

> 计是役前后阵诛贼不计外，夏间鲍军门攻破援贼刘玢琳，降者四千余，疑其内应，尽杀之。自四月至今，城外各贼营陆续来降，亦皆戮死，又八千余人。前月援贼前队驱胁良民，死于炮火者一万余人，今城陷复杀贼及万，共死三万余人。军兴以来，荡涤未有如是之酷者矣！闻收城之日，五鼓城陷，杀戮至辰巳时，城中昏昧，行路尚须用烛，至今阴惨之气犹凝然不散，尸腐秽臭，不可向迩。嗟乎！无边浩劫，谁实酿成？闻之非痛非悲，但觉胸中嘈杂难忍而已。[1]

赵烈文"无边浩劫，实谁酿成"的疑问，让人脑海里不由得浮现战争的残酷场景。

为老九作枪手

安庆攻克的当月，咸丰十一年（1861）八月二十六日，湖北巡抚胡林翼病逝于武昌。

对于湘军统帅曾国藩来说，这个天下最好的搭档死得太可惜了。他除了在给朝廷的奏折上大力称赞胡林翼之外，还专门帮老九作枪手，写挽联祭奠胡林翼的英灵。

九月十四日，曾国藩写好祭奠胡林翼的挽联：

> 逋寇在吴中，是先帝与荩臣临终憾事
> 荐贤满天下，愿后人补我公未竟勋名

同时，他送出罕见的奠仪两千两，还告诉九弟："弟与季弟可同送一份礼，余可作枪手，撰一挽联，弟自书之。"[2]这副对联也颇有深意：

> 少壮剧豪雄，到暮年折节谦虚，但思尽忠补过

[1] 赵烈文：《能静居日记》（一），岳麓书社，2013年，第355～356页。
[2] 曾国藩：《曾国藩全集》（19），岳麓书社，1987年，第780页。

上联是说胡林翼是从不拘小节中脱胎换骨出来的，曾国藩以老九的名义来写，恐怕还有一个深意，就是希望世人看到老九也是这样一个人。下联以老九的名义说出"苦心调护"四个字，更显得情真意切。

曾国藩顾忌于敏感的兄弟关系，一直希望老九将自己看作是湖北属员，一来用饷方便——只要湘军将领求饷，胡林翼都尽力满足，二来将来保举方便。曾国藩顾忌兄弟关系从不保举九弟。九弟之功多半靠胡林翼出面保举。

老九取得安庆大捷，与胡林翼的支持调护确实关系重大。

胡林翼的乡土情结比曾国藩更重，他对最信得过的湘军将领李续宜说："天下兵将，只靠吾楚耳！"[1]他对老九也说："涤丈（曾国藩）当罗网高张，取天下之英才而尽罗致之。兵则暂时必应以楚人为倡，为纲领耳。"[2]胡林翼常常以楚指湘，他对湖南诸将格外关照。

他曾经感慨，"国家养绿营兵五十余万，二百年来所费何可胜计？今大难之起，无一兵足供一割之用"，花那么多钱，结果却无兵可用，皆因无将才，教训深刻。"天下皆须兵之地，天下无带兵之人"[3]，胡林翼对湘军将领苦心调护正基于此。

安庆大战，胡林翼主张："非三路分进，终是头痛医头，脚痛医脚，枝枝节节而为之，吾恐三四年未必成功。而水陆将领精力尽疲，英华衰歇，是欲速而反迟也。若蓄势审机，驻兵于贼所必争之地，使贼欲不战而不可得，则一半年之后，城邑可尽复，是似迟而实速也。"[4]这一主张与曾国藩的意见高度一致。

既要三路进兵，各路将帅之间必须和衷共济，方才奏效，在这方面，胡林翼是高手，自己也深为满意，胡林翼说："同人之和，揆帅之德，天下疆吏，无此遭逢，且兵精吏饬，蒸蒸言上。天下巡抚之安稳，岂能更有第二哉！"[5]安庆大战过程中，参战将领们的团结，督抚之间的配合默契，让胡林翼这个湖北巡抚深感安稳。

这一点，曾国藩都深为钦佩，他说："江楚皖豫诸将帅，惟润帅能调和一气，联合一家。鄙人虽有联络之志，苦于才短性懒，书问太疏，遂不能合众志以勤王事，合群力以贯金石。至于察吏理财，拙才更逊百倍矣。"[6]多隆阿与李续宜之间

[1] 胡林翼：《胡林翼集》（二），岳麓书社，1999年，第522页。

[2] 胡林翼：《胡林翼集》（二），岳麓书社，1999年，第567页。

[3] 胡林翼：《胡林翼集》（二），岳麓书社，1999年，第637页。

[4] 胡林翼：《胡林翼集》（二），岳麓书社，1999年，第223页。

[5] 胡林翼：《胡林翼集》（二），岳麓书社，1999年，第348页。

[6] 曾国藩：《曾国藩全集》（23），岳麓书社，1987年，第2172页。

的亲密，老九与多隆阿之间的配合，水师与陆师之间的默契，围城之师与游击之师的应援，在安庆大战中发挥了关键作用。

曾胡两人共同指挥安庆战役，互相尊重，基于两人性格的差异，难免有些矛盾，但两人都能互相理解。曾国藩指出胡林翼"主意不甚坚定"，左宗棠亦说胡林翼"多谋少断"，但在军事上仍尊重胡的意见。

咸丰十年（1860）八九月间，英法联军逼近北京。咸丰北狩热河，途中谕令曾国藩等率兵北援。率部北援与围困安庆构成一对尖锐的矛盾。"惟北援是君父之急难，不敢不遵"，[1]"北援理也"，就"应以撤安庆之围，以纾贼势"，[2]然而，"保江西两湖三省，势也"[3]，就不能撤安庆之围。在理与势之间，胡林翼主张宁可违势也不能悖理。曾国藩却为了大局敢于抗命不遵。

当咸丰十一年（1861）七月胡林翼病危而安庆尚未攻下时，曾国藩不无忧虑地说："此公（胡林翼）一身关系全局安危。近日皖北事事呼应不灵，脉络不通，恐误大事。若润帅（胡林翼字润芝）不病，纵在鄂垣而皖江两岸处处血脉贯通也。"[4]

咸丰十年（1860）九月，太平军李世贤、杨辅清、刘官方等部在皖南进攻频繁，占领广德、宁国、徽州等府州，曾国藩在皖南几无立足之地，甚至写下遗嘱。老九顾虑到阿兄的安全，一度想撤安庆围师。胡林翼不便反对，表示"如涤帅（曾国藩字涤生）嫌南岸兵少，可以沅甫（老九）万人调去，北岸不须沅甫也"，[5]言词间既无奈又有不平之气。而陈玉成的进攻也造成北岸紧张，因此，季弟曾国葆坚决反对，曾国藩坚定了不撤围的决定："季弟不欲撤安庆之围，此是至当之论，吾亦力持此议。"

安庆战役中围城打援的策略得到了胡林翼的大力支持。本来，胡林翼是不主张围城的，他说："十年军事，无人能运棹灵捷者，只苦顿兵坚城耳！"[6]胡林翼在总结清兵九年间失败的教训时得出一条结论：

> 读尽一部念三史，古今兵事，有战法，无攻法。惟近九年之官军异是。贼不欲战，官军蛮攻，贼果欲战，官军一定要跑。此近年官军之情状也。昔年攻武昌，攻梅家洲，攻九江，均无计不施，无丑不备，亦可知其

---

[1] 胡林翼：《胡林翼集》（二），岳麓书社，1999年，第744页。

[2] 胡林翼：《胡林翼集》（二），岳麓书社，1999年，第727页。

[3] 曾国藩：《曾国藩全集》（22），岳麓书社，1987年，第1615页。

[4] 曾国藩：《曾国藩全集》（23），岳麓书社，1987年，第2187页。

[5] 胡林翼：《胡林翼集》（二），岳麓书社，1999年，第723页。

[6] 胡林翼：《胡林翼集》（二），岳麓书社，1999年，第413页。

大概矣。[1]

清军的失败就是一味围而蛮攻，一旦受挫，就只会逃跑，想尽了办法，也出尽了洋相。

胡林翼的主张与曾国藩的"以我为主，以静制动，变客军为被动，伺机歼敌"的战术完全不谋而合，所以"围城为危机，攻城为非计"[2]。

胡林翼认为，四面围坚城，其注意力易被围敌所牵引，"则不能顾其后与其旁，情见势绌，无一而可"[3]，一旦援敌横击旁扰，就会分散围城兵力，且可能在移动中被敌援师消灭，达不到围城目的。而且围城徒然牵累兵力，如一万人围城，则一万人为敌所累，等于没有一兵。

他认为，只有两种条件下可以围城：一是四面无敌，且有十倍于敌之力；二是围城与打援相结合。[4]前一种情况湘军毫无条件，兵少将寡，只有围城与打援相结合才是有效的战术。围城只是策略，打援才是目的。围城以引诱援敌，打援以消灭敌人有生力量。不以得城为喜，而以破援敌为功。在胡林翼看来，"天下兵事，只此一理：有围城之人，须先行另筹打仗之人"。[5]而且要以弱兵、中等之兵围城，以强兵打援，不能以强兵围城。然而，"铁桶"围城，却是老九惯用战法，与胡林翼发誓"永不围城"迥异其趣。而胡林翼还是尊重老九的做法。

因此，当老九率万人围安庆时，胡林翼以游击之师积极配合，使得陈玉成始终无法突破安庆围师，而且损兵折将。胡林翼在安庆克复不久后即病逝，曾国藩十分悲痛，声称从此再也找不到合作如此顺心之人。正是因为出于对胡林翼的感激心理，曾国藩特地为老九作枪手，以申曾胡之情。

不敢仰邀议叙

战场上，老九出力最大，然论升迁速度却远逊于左宗棠、李鸿章。

攻克安庆，是湘军东征进程中至关重要的一仗，老九凭区区一万兵力，死死

[1] 胡林翼：《胡林翼集》（二），岳麓书社，1999年，第239页。

[2] 胡林翼：《胡林翼集》（二），岳麓书社，1999年，第415页。

[3] 胡林翼：《胡林翼集》（二），岳麓书社，1999年，第417页。

[4] 胡林翼：《胡林翼集》（二），岳麓书社，1999年，第585页。

[5] 胡林翼：《胡林翼集》（二），岳麓书社，1999年，第442页。

围困安庆,任凭太平军花样玩尽,坚守不撤围,奠定了金陵攻坚战的基石。

然而,这一战结束,朝廷只给了老九布政使衔,以按察使记名遇缺题奏,赏穿黄马褂。咸丰十一年(1861)十月二十一日,上谕赏给头品顶戴。同治元年(1862)正月初四,补授浙江按察使,二月奉旨补授江苏布政使。自咸丰六年(1856)八月出山组建吉字营,至此历时近六年之久,其功震动天下。然而,多次胜仗后,阿兄曾国藩都能给其他湘军有功将领请赏晋职,唯独对于老九,曾国藩不敢保举。安庆克复之后,迭有胜仗,克池州、无为等,老九都眼看着其他将领晋职受赏。

金陵受困四十六天,击破太平军十三王三十万大军的轮番猛攻,保住了大局稳定,其功亦不可谓不大。然而,曾国藩却因为是自家兄弟,不便于给老九及季弟请功,他在给老九的信中说:

> 金陵解围一案,季弟请奖一节,实不宜形诸公牍。在我既不能奏请奖弟,在官、李又不能不奏军情,专奏保奖,陈述数行,徒觉词费。
>
> 朝廷立法,所以待大员子弟防范颇严,如在京不准保送军机,不准保送御史,皆因其声势较广,恐其营私树党。
>
> 季弟劳绩虽多,吾二人只可置之不议。方今督兵者,如胜、袁、都公,皆有子弟在营,若非皇上特恩,皆只能叙"不敢仰邀议叙"六字而已。[1]

就因为兄弟关系,当大哥的只能委屈两位弟弟,为了避嫌,不敢提及二人的功劳,致使二位弟弟有功而不能得到奖赏。相反,左宗棠出山后升迁却要顺利许多。

左公长期在湖南巡抚幕中做幕宾,一个编制外的人员,是一个为国家出力却并不属于朝廷命官的人物。

然而,在咸丰十年(1860),左宗棠即以四品京堂候补随同曾国藩襄办军务。次年左宗棠即以三品京堂候补帮办两江总督曾国藩军务。由襄办转为帮办,以四品升为三品,只有几个月时间。

同治元年(1862),左公补授浙江巡抚,这中间左公并无多大战功,时间也不及一年。其升迁之快令人吃惊。仅过一年,同治二年(1863),左公即被补授闽浙总督,此时老九才被提拔为浙江巡抚。

立功者的升迁速度远不如有才者的升迁速度快,这也是这场战争中的常事。

湘军三雄之一的李鸿章也不如左宗棠升迁快。自咸丰九年(1859)入曾国藩幕中帮办军务,到同治元年(1862),李鸿章奉命赴上海,升为江苏巡抚。李鸿章

---

[1] 曾国藩:《曾国藩全集》,岳麓书社,1987年,第894页。

直到同治四年（1865）才署理两江总督，晚三年才与左公平起平坐。

但无论如何，其升迁速度都超过老九，老九任巡抚晚于李、左一年，直到光绪元年（1875），差不多十年后才担任河东河道总督。

老九的遭遇，只因其兄的光芒太过吗？说是也不全是。

显然，无论是朝廷还是时人，都是将李鸿章、左宗棠与曾国藩并在一起考虑的，却把曾家老九看作是一个次要人物。从实际情况来看，当时的局面是曾国藩总制一切，真正的三雄应该是老九、李鸿章和左宗棠。官场也好，舆情也好，对老九的压制，无非是忌惮曾家兄弟，倘若没有阿兄的"光芒"遮蔽，老九的遭遇或许不至于如此。老九的不平可见一斑。

不惟如此，至同治二年（1863）三月，老九已统军三万人，其部下将领中简放实缺者仅萧孚泗一人而已。

后世也有人讥议老九立的功最大，可是声名地位却不如李鸿章、左宗棠，是没有看到这一大关节。论战功，老九仅凭克安庆，即可以和克苏州的李鸿章、克杭州的左宗棠并列，况且老九还有后来的收复金陵之功。李鸿章收复苏州历时一年半，左宗棠收复杭州历时两年。前者靠收买降将的手段，后者则在城破时逃出十万之众，实际上只是逼太平军出城，并没有消灭太平军的有生力量。

老九的功劳是实打实，流血拼杀出来的。

老九不容于世

曾国藩兄弟征战在外，远离自己的家人，随着名望日重，一些对其家人的指责也纷至沓来，让人忧心。

咸丰十年（1860）九月二十八日，曾国藩清理文件时看到胡林翼写给陈作梅的一封密信。

陈作梅本名陈鼐，道光年间与李鸿章同年进士，曾国藩私下里将其与郭嵩焘、李鸿章、帅远燡合称为"丁未四君子"。咸丰九年（1859）十二月中旬应召至宿松进入曾幕，任职于秘书处，后又委办粮台事务，是曾国藩的重要幕僚之一。

恰好陈作梅奉命赴江西了。曾国藩便拆开此信，不禁大吃一惊。信中，胡林翼告诉陈作梅，说曾国藩老家乡下人都在讥评九弟曾国荃，"如此大非乱世所宜"，要陈作梅密告曾国藩，让他箴规其弟。

但是，信中并没有谈及具体何事，曾国藩只好问李鸿章，是否听到陈作梅说过这件事。

李鸿章如实告知，说陈作梅曾经说过老九乡评不好。

曾国藩进一步追问何事。

李鸿章只好如实回答，原来湘乡曾氏老家有块地，是洪家葬地，被老九占用，而且未与人说明情况，令洪家很不服。洪家人有写信给曾国藩，但没有寄出去，而湘乡绅士大多见过这封信，因而影响很不好。此其一。

其二，乡间说老九起新屋大夫第，规模壮丽，有似会馆。建房所伐的都是人家的坟山大树，而且大多没有告诉过人家，没有征得同意，因而物议沸腾。

其三，曾家子侄荡佚，习于吹弹歌唱。

听了李鸿章所说的三件事，曾国藩忧惧不已。

面对乡下的指摘，当天曾国藩在日记中写道："细思余德薄能鲜，忝窃高位，又窃虚名，已干造物之忌，而家中老少习于'骄奢佚'三字，实深悚惧。"

但此时，老九正忙于安庆之战，曾国藩并没有立即给九弟写信谈及此事。

他先给在家的老四写信，专门谈及老九建房一事：

> 当此大乱之世，兴造过于壮丽，殊非所宜，恐劫数未满，或有他虑。弟与邑中诸位贤绅熟商。去年沅弟起屋太大，余至今以为隐虑。此事又系沅弟与弟作主，不可不慎之于始。弟向来于盈虚消长之机颇知留心，此事亦当三思。至嘱至嘱。[1]

老四对大哥的话是比较听的，不像老九"向来不肯认半个错字"，因此，曾国藩对四弟立下规矩：

> 家事有弟照料，甚可放心。但恐黄金堂买田起屋，以重余之罪戾，则寸心大为不安，不特生前做人不安，即死后做鬼也是不安。特此预告贤弟，切莫玉成黄金堂买田起屋。弟若听我，我便感激尔；弟若不听我，我便恨尔。但令世界略得太平，大局略有挽回，我家断不怕没饭吃。若大局难挽，劫数难逃，则田产愈多指摘愈众，银钱愈多抢劫愈甚，亦何益之有哉？嗣后黄金堂如添置田产，余即以公牍捐于湘乡宾兴堂，望贤弟千万无隐我于恶。[2]

---

[1] 曾国藩：《曾国藩全集》（19），岳麓书社，1987年，第592页。
[2] 曾国藩：《曾国藩全集》（19），岳麓书社，1987年，第592页。

话说得很重，"死后做鬼都不安""感尔恨尔""用公牍捐掉"等，可以想见曾国藩对这种讲排场图享用的做法有多反感。

针对子弟骄奢佚三字，曾国藩给在安庆前线的九弟和季弟写信，委婉地提出批评：

> 余家后辈子弟，全未见过艰苦模样，眼孔大，口气大，呼奴喝婢，习惯自然，骄傲之气入于膏肓而不自觉，吾深以为虑。[1]

又说：

> 前函以傲字箴规两弟，两弟不深信，犹能自省自惕，若以傲字告诫子侄，则全然不解。盖自出世以来，只做过大，并未做过小，故一切茫然，不似两弟做过小，吃过苦也。

子侄的骄奢佚，曾国藩将其归咎于他们一出生，没有受过挫折，没有吃过苦，因而，曾国藩反复多次警告他们，"世家子弟，最容易犯的就是一奢字傲字。京城中子弟后代出问题的，没有不由于奢傲二字的"。

这一次的指摘，因为是针对九弟来的，故曾国藩一直引以为警示信号，高度重视。

咸丰十一年（1861）八月十六日在营中，曾国藩与九弟谈心，提出："欲得家运绵长，第一禁止奢侈享用。若游心能如老庄之虚静，治身能如墨翟之勤俭，齐民能以管商之严整，而又持之以不自是之心，偏者裁之，缺者补之，则诸子皆可师也，不可弃也。"[2]

禁享用，求虚静，尚勤俭，不自是，这几点作为曾国藩的修身齐家理念长期以来一以贯之，并不是因为有了这次指摘才提出来。他还告诫诸位弟弟，凡是家道可以长久的，不是依靠一时的官位，而是依靠长远的家规；不是依靠一两个人的突然发达，而是依靠大家的共同维持。因此，家中子侄出现问题，引起乡评指摘，兄弟都有责任。

要避免这样的问题再出现，就必须预先提防："凡是官运极盛的时候，公私之事格外顺手，一倡百和，然而闲话即由此起，怨谤即由此兴。我们兄弟应当于极盛之时，预作衰时设想，当盛时百事平顺之际，预为衰时百事拂逆地步。"

[1] 曾国藩：《曾国藩全集》（19），岳麓书社，1987年，第593页。

[2] 曾国藩：《曾国藩全集》（16），岳麓书社，1987年，第652页。

同治元年（1862）六月二十日，曾国藩给老九写过一封信，又提及外间的指摘：

> 外间指摘吾家昆弟过恶，吾有所闻，自当一一告弟，明责婉劝，有则改之，无则加勉，岂可秘而不宣？鄂之于季，自系有意与之为难。名望所在，是非于是乎出，赏罚于是乎入，即饷之有无，亦于是乎判。去冬金眉生被数人参劾，后至抄没其家，妻孥中夜露立，岂果有万分罪恶哉？亦因名望所在，赏罚随之也。众口悠悠，初不知其所自起，亦不知其所由止。有才者忿疑谤之无因，而悍然不顾，则谤且日腾；有德者畏疑谤之无因，而抑然自修，则谤亦日熄。[1]

这一次信中所说的事，还是同一件事。但老九怪大哥不应该在信中说，曾国藩予以驳斥，提出面对指摘，有德者抑然自修，则谤自消。他还提出了自己的忧虑：

> 至阿兄忝窃高位，又窃虚名，时时有颠坠之虞。吾通阅古今人物，似此名位权势，能保全善终者极少。[2]

这一忧虑，一直潜伏在曾国藩心底，时时反思，同年十二月初六，他在日记中写道："日内思家运太隆，虚名太大，物极必衰，理有固然，为之悚皇无已。"因而读陶渊明《饮酒》诗以调解。[3]

观曾国藩一生，无论面对什么样的指摘，他都是首先反省，查找原因，提醒自己和兄弟们重视"自概""自修"，"惟于无事时，常以危词苦语，互相劝诫，庶几免于大戾耳"。然而，老九却另有自己的看法。

早在同治元年（1862）三月，老九给当年协助自己一起援救吉安的战友赵焕联写信：

> 吾本楚人，然不能谓吾楚之不好谣。近世之疑谤，往往无因而妄以相加。即如鄙人之征剿安庆，自谓竭力为上司分忧计，如上司之调遣省兵五千人，以杂凑之万众，欠饷七八个月，而无哗言闻于上。前后援贼之死于濠内外者，实在二万以外；城贼、垒贼之死于皖者，实在三万以外。而弟之禀报、信函及与人接谈，未尝以一字相矜。尚且鄂中自前年五月起至

[1] 曾国藩：《曾国藩全集》（20），岳麓书社，1987年，第843页。
[2] 曾国藩：《曾国藩全集》（20），岳麓书社，1987年，第843页。
[3] 曾国藩：《曾国藩全集》（16），岳麓书社，1987年，第692页。

去年八月，每月应解散军之抵饷银四万两，自初至今，未解分毫，而弟亦未尝与咏之中丞及鄂台龃龉半字。揆之公义私情，亦可谓安分守拙矣，然如此尚不见容于当时。[1]

赵焕联，字玉班，湖南湘乡人。咸丰元年（1851），受湖南巡抚骆秉章之命独领一军，镇压省内起事会党。后协助曾国荃攻陷江西吉安。老九很少对外人谈起自己受到的物议，此时，他向老战友倾诉了自己的委屈：不见容于当时。他认为自己杀敌有功，但未尝有一字自夸；自己军中长期欠饷，未尝与人有过龃龉。不过，他没有谈及自己占地建房，伐人树木之事，个中情形不得而知。

时隔不久，他又向另一湘军将领吴坤修倾吐了自己的不平：

> 宦场恩怨，究如浮云之过太虚，其不足荣辱吾辈也久矣，何容介于怀来。今日之所谓某也，忠某也，诈某也，洁清某也，污秽不过。就一二有力者之口，褒贬于皮毛之上，和者百人，遂甚其词以相加，一经有识者推寻其心迹，殊皆不如此。

> 盖自春秋以来，评论善恶之简册已多诬罔，况居今日世俗之议论乎？古尚灼见真知，谓见之不灼，犹恐知之不真，且不遽置可否也。其待人之慎如此。今乃不凭见所见，而惟凭闻所闻，好恶寄乎是，向背存乎是，黜陟亦由乎是。苟其所得闻者，悉属正人而又无私爱私憎也，则差谬较少，否则未有不毫厘千里者。今日主持风雅之不自私其爱憎也，几人哉？吾辈又何必曲避其所憎，而阿就其所爱也哉！但求自立无瑕，内有所以自重，而外斯轻焉耳。[2]

吴坤修，字竹庄，江西永修人，最早时在湖南做小吏，后加入湘军，协助曾国藩创建水师。咸丰十年（1860）积功为盐运使。与曾氏兄弟交情深厚。

吴坤修"武能戡乱，文足经邦"，却也是一个个性十足的人，曾国藩曾写信劝诫吴坤修，"阁下昔年短处在尖语快论，机锋四出，以是招谤取尤。今位望日隆，务须尊贤容众，取长舍短，扬善于公庭，而规过于私室，庶几人服其明而感其宽"。[3]

老九能够和他推心置腹，大概也同属于这一类人，颇有惺惺相惜之感。在这

[1] 曾国荃：《曾国荃全集》（第三册），岳麓书社，2006年，第157页。
[2] 曾国荃：《曾国荃全集》（第三册），岳麓书社，2006年，第163~164页。
[3] 曾国藩：《曾国藩全集》（28），岳麓书社，1987年，第5885页。

封信中，老九表达了对世道褒贬的意见，并表示自己不曲避、不阿就人之所憎所爱，但求自立无瑕的处世态度。

一言以蔽之，老九对自己招致的物议，颇不以为然，对自己不容于世，亦颇耿耿于怀，并往往归咎于谣谤。这并非全系老九个性使然，相反，他有一些看法还是颇有见地的，如老九在另一封给赵玉班的信中对当时的官场风气作过如此的分析：

> 外间风气，今年与去年又殊，大率有各不相下之意。而所争多在意气与功名之间，亦非尽君子之所当也。各植其党，各树其私，亦未必果正人而皆有用之徒也。庙堂多事迁就，外臣心中果能以公忠体国、知所顾忌者，究亦不多。外假以人事君之名，而内实难化妒才忌能之心迹于隐微，党同伐异，一唱百和。苟有认真吏事、军事者，倘或意见稍有未协，即群起而排挤之，或借他事以倾轧之。然则士之欲特立独行于斯世也，不綦难乎？以吾观之，若积此习而不改，行见有将帅封疆不和之弊，谨将预审之机奉告，一哂。[1]

老九不同于阿兄曾国藩那样事事精于反躬自省，但老九之不容于世，不能说与这种官场积习没有关系。

诰诫之词甚多，体谅之情究少

攻克安庆后，老九的日子并不好过。

咸丰十一年（1861）十月初一日，在安庆，老九与阿兄国藩商议增募湘勇直捣金陵之计，并奏请派老九回湘添募湘军，老九于初六启程回湘。在老家休息两个月后，老九在长沙设局募勇，增募十二营合六千湘军。在这期间，曾家兄弟又你来我往对曾家气运进行了一番长时间讨论。

同治元年（1862）五月，阿兄曾国藩首先给弟弟曾国荃上了一堂人生哲理课：

> 余家目下鼎盛之际，余忝窃将相，沅所统近二万人，季所统四五千

---

[1] 曾国荃：《曾国荃全集》（第三册），岳麓书社，2006年，第283页。

人，近世似此者曾有几家？沅弟半年以来，七拜君恩，近世似弟者曾有几人？日中则昃，月盈则亏，吾家亦盈时矣。管子云：斗斛满则人概之，人满则天概之。余谓天之概无形，仍假手于人以概之。霍氏盈满，魏相概之，宣帝概之；诸葛恪盈满，孙峻概之，吴主概之。待他人之来概而后悔之，则已晚矣。吾家方丰盈之际，不待天之来概，人之来概，吾与诸弟当设法先自概之。

首先摆出事实，告诉九弟，曾家气运到了即将鼎盛的时期。然后摆出历史教训，得出一条根本规律：自概。接下来，阿兄给老九指明自概之法门，三个字：

自概之道云何，亦不外清、慎、勤三字而已。吾近将清字改为廉字，慎字改为谦字，勤字改为劳字，尤为明浅，确有可下手之处。沅弟昔年于银钱取与之际不甚斟酌，朋辈之讥议菲薄，其根实在于此。去冬之买犁头嘴、栗子山，余亦大不谓然。以后宜不妄取分毫，不寄银回家，不多赠亲族，此廉字工夫也。

谦之存诸中者不可知，其着于外者，约有四端：曰面色，曰言语，曰书函，曰仆从属员。……而弟等每次来信，索取帐棚子药等件，常多讥讽之词，不平之语，在兄处书函如此，则与别处书函更可知矣。沅弟之仆从随员颇有气焰，面色言语，与人酬接时，吾未及见，而申夫曾述及往年对渠之词气，至今饮憾。以后宜于此四端痛加克治，此谦字工夫也。

每日临睡之时，默数本日劳心者几件，劳力者几件，则知宣勤王事之处无多，更竭诚以图之，此劳字工夫也。

廉字摆第一位，谦字摆第二位，显然都是有针对性的，而且阿兄这一课中直接点出了具体事例，相当于点名批评。也难怪老九听了这一课后不舒服。最后，阿兄还不忘自我表扬一番：

余以名位太隆，常恐祖宗留诒之福自我一人享尽，故将劳谦廉三字时时自惕，亦愿两贤弟之用以自惕，且即以自概耳。[1]

果不其然，老九听了这一课后，不以为然。于是五月二十八日，曾国藩致沅

---

[1] 曾国藩：《曾国藩全集》（20），岳麓书社，1987年，第833页。

弟、季弟的信中，又提及此事：

> 沅于人概天概之说，不甚厝意，而言及势利之天下，强凌弱之天下。此岂自今日始哉？盖从古以然矣。

> 从古帝王将相，无人不由自立自强做出，即为圣贤者，亦各有自立自强之道，故能独立不惧，确乎不拔。昔余往年在京，好与诸有大名大位者为仇，亦未始无挺然特立不畏强御之意。近来见得天地之道，刚柔互用，不可偏废，太柔则靡，太刚则折。刚非暴虐之谓也，强矫而已；柔非卑弱之谓也，谦退而已。趋事赴公，则当强矫；争名逐利，则当谦退；开创家业，则当强矫，守成安乐，则当谦退；出与人物应接，则当强矫；入与妻孥享受，则当谦退。若一面建功立业，外享大名，一面求田问舍，内图厚实，二者皆有盈满之象，全无谦退之意，则断不能久。[1]

毫无疑问，这第二课可以列为儒家修身宝典，只是阿兄这番大道理，终于让老九憋不住了，他回信曾国藩：

> 渡江两月以来，所接兄信诰诫之词甚多，而体谅之情究少。曾母疑其子杀人于市，三告之后，信以为真，本亦人情，况诎论弟者，皆今日之理学名臣乎？在兄约束弟辈，不欲贻他人指摘之口实，赚坠家声，是不得不明责婉劝。而在弟见兄惯听浸润之言，凡摘吾短者，兄与之交结如故，且有时而加浓，或为之笃信于目前，或为之扬名于身后。人与我以难堪则略之，我与人偶有不顺则述其称屈。弟以为大儒而又出自门内，此论一定，所关终非细故。是不可以不辩。[2]

老九引用历史上著名的"曾母疑子"的典故来质驳，颇有几分力度。他肯定大哥约束自己，是分内之责。问题是，大哥"课堂"上的这些"案例"，大都来自指摘老九的那些人，是片面的。而且，对于这些指摘老九的人，大哥与他们结交如故，深信不疑，这就让人受不了了。不了解情况的人，还以为这些指摘确实板上钉钉的了。因为一般人看来，连自己的亲哥哥都认为老九不廉不谦不劳，说明老九真的问题很多啊。

老九其实是一个很在乎声誉的人，他不在乎当下的毁誉，在乎的是历史声

[1] 曾国藩：《曾国藩全集》（20），岳麓书社，1987年，第837页。

[2] 曾国荃：《曾国荃全集》（第五册），岳麓书社，2006年，第145~146页。

誉。"诰诫之词多，体谅之情少"，只是一种反感的表露。

然而，老九的辩驳，又加剧了大哥对他不虚心的印象，于是又有一番顺耳逆耳之教训：

> 弟于吾劝诫之信，每不肯虚心体验，动辄辩论……君子大过人处，只在虚心而已。不特吾之言当细心寻绎，凡外间有逆耳之言，皆当平心考究一番。逆耳之言随时随事皆有，如说设弟必克金陵便是顺耳，说金陵恐非沅甫所能克便是逆耳。

对于阿兄这一课，老九干脆不予回应，他转而向老朋友郭崑焘表露自己的心迹：

> 弟近日颇知侧身修行，勤劳报国。在军一日，尽一日之心；在营一年，竭一年之力。此外世俗之荣辱、庸众之毁誉，皆觉于我无与焉。若知之，若不知之；若闻之，若不闻知。行乎心之所安，不希冀傥来之福，亦不强途人之见悉与我皆同也。[1]

这段话的意思很明显，自己的所作所为，都是"行乎心安"，不强求路人与其一致。在另一封给毛鸿宾的信中，老九还直接批评了湖南人的习气：

> 昔年在都门时，闻朱伯韩论楚人习气，仿若能拨乱世而反之正者，而叩其中藏底蕴深者固有之矣；而一无所有，徒以论说炫己之所长，讪论人之是非短长者，亦良不少也。伯韩此论，系为当时楚人之讲学问文章者而发，而吾谓今之讲事功、谈经济、论人才者仍未除此习气。以爱憎为好恶，而不辨其人之真与幻也，有时以幻者为真，而真者且以为幻矣。即或从而警醒之，而彼固结于党同伐异之锢习，其说终牢不可破。以此衡量天下人才，欲大众不出此范围，岂不可笑！与此处之，途径既误，其源浊矣，且诩诩然自命其流之能清也，夫谁得而信之？其所谓经济者，大率昧于本根，别寻枝叶而已矣。其所谓事功者，操与纵悉失其当，进曲突徙薪之荣为多事，贵焦头烂额之功，欲图之于凌烟之上，举世称之若狂，又安足以瞀惑高明之士哉？国荃饱历艰虞，默观时态，稍不为乡俗之见所囿，

[1] 曾国荃：《曾国荃全集》（第三册），岳麓书社，2006年，第189页。

便已大不理于人口。[1]

从这里应该可知，老九遭到的非议相当一部分应该来自湖南，因而他直指楚人习气"以爱憎为好恶"，固结于党同伐异之习，以此来品评人物，貌似有拨乱反正之旨，实则以真为幻，徒有空言。自己稍不受此范围，就招致酷评。看样子，老九对这种现象深恶痛绝。他认为大哥也不免受这种习气影响，才导致他不体谅自己。同治二年（1863）正月，老九在信中还直言：

> 兄若于公事上不体亮我一层，心中觉我事事不妥当、不如人，则辛丑、壬寅在都门少年习气又出来矣。[2]

大哥不体谅，自有大哥的道理，因为大哥是要立志做圣人，自然以圣人的标准要求自家兄弟。倒不是大哥觉得老九事事不妥当不如人，而是因为兄弟俩是一条船上的人，任何一个人出点事，都会影响到曾家的气运。

然而，老九并不想像大哥那样做圣人，对于阿兄之劝告，老九这样回答：

> 弟自问性情，亦当在平和一路，好恶颇得其正，而未见曲意以稍同，微有觖望，在所不免……
>
> 兄弟五人，我才不如六哥、季弟远甚，而命运独亨；德不如兄与四哥远甚，而亦谬窃时名，获亨厚福，早已心满意足，别无奢望。惟在军办事，若不趋功利一路，有时多窒碍难行。[3]

老九的辩解充满委屈与底气不足，他自诩是一个三观（"好恶"）很正的人，性情也并非人们所理解的那样悍猛，对于自己能够做到这个地步，心满意足，他认为在军事上，不讲究功利，许多事办不成。打仗只讲胜败，做不了君子和圣人。老九的所思所想，所作所为，站在他的角度来看，似乎一切都是为了帮他的大哥打赢这场战争，他既不是背负着朝廷的使命，也不用对其他人负责。他既无法理解太平天国的意义，也无法接受大哥乃至其他人对他的指责。他的精神境界止于此。

---

[1] 曾国荃：《曾国荃全集》（第三册），岳麓书社，2006年，第190页。

[2] 曾国荃：《曾国荃全集》（第五册），岳麓书社，2006年，第198页。

[3] 曾国荃：《曾国荃全集》（第五册），岳麓书社，2006年，第205～206页。

欲拔本根，先剪枝叶，
还是拔其根本，枝叶自靡

同治元年（1862）二月，曾国藩接到清廷谕旨，令其统筹全局。

此时，曾国藩的心里已对克复金陵有了通盘打算。他在给皇帝的奏折中定下这样的方针：

> 方今东南糜烂，臣等孰不思直攻老巢，擒渠扫穴？惟用兵之道，可进而不可退，算成必兼算败。与其急进金陵，师老无功而溃退，何如先清后路，脚跟已稳而后进？所有进兵金陵之次第，以臣愚计之：多隆阿一军，应俟攻克庐州，而后可进；曾国荃一军，应俟攻克巢县、含山、和州、西梁山，而后可进；袁甲三、李世忠一军，应俟会克庐州，守定六合，而后可进；都兴阿一军，应俟守定扬州、浦口，而后可进；彭玉麟、杨载福之水军，应俟攻克裕溪口、西梁山，而后可进。欲拔本根，先剪枝叶，仍须计算各路游击之师，数倍于金陵围城之师，庶几无撤回之虞。[1]

欲拔本根，先剪枝叶。这是曾国藩金陵之战的总体战略。

浙江杭州于咸丰十一年（1861）十一月二十八日失守，城中六十万人，半死于饿，半死于兵。咸丰十一年冬，太平军意图再次进攻上海。上海告急，清廷多次谕令多隆阿攻庐州，李鸿章赴镇江，曾国荃赴上海。清廷并不忌讳回避之例，擢升曾国荃为江苏布政使。

---

[1] 曾国藩：《曾国藩全集》（4），岳麓书社，1987年，第2070页。

早在咸丰十一年（1861）十一月，钱鼎铭因上海告急，受上海绅民之托来曾国藩大营中请求调兵驰援，而且大有申包胥之风，久住不去，涕泣哀求，大有不得大兵同行即不还乡之势。曾国藩答应派老九率八千人往救。曾国藩的考虑有三：一是自己身为江督兼节制浙江，而湘军尚无一兵一卒将达于苏境，上愧对朝廷，下愧对吴民，亦名实不相符；二则"上海一县，人民千万，财货万万，合东南数省，不足比其富庶，必须设法保全"，而且上海作为苏杭及外国财货所聚之地，乃天下之膏腴，湘军饷源有赖于斯，上海商人已承诺每月可得厘捐六十万金；三是欲靖太平天国起义，论情势不得不保上海。曾国藩决定派左宗棠赴浙江，保举其为浙江巡抚；蒋益澧为浙江布政使；派老九带兵驰援上海。

然而，面对阿兄的苦心积虑，老九不为所动，他明确拒绝阿兄："不愿往上海，恐归他人调遣，不能尽合机宜，从违两难。"[1] "金陵为贼根本，急攻金陵，贼必以全力援护，而后苏杭可图。"[2]

其实，老九的心里早就在规划金陵，这是"天下第一功"，其时的上海只是一个小县，弹丸之地，其重要性焉能与金陵相比？就算保住上海，也难以青史留名。

安庆战后回乡募勇的老九，回到湖南故意一待就是三个多月。

这三个多月，老九先是获赏头品顶戴，这是一般巡抚才能获得的殊荣；而后又补授浙江按察使、江苏布政使，成为地方大员。

老九铁了心要打金陵，赴援上海一事，曾国藩想到了另一个人：陈士杰。

陈士杰，湖南桂阳人，二十九岁通过拔贡，被选职入户部。咸丰元年（1851）丁父忧，回到老家，翌年率团丁镇压县内农民起义。咸丰三年（1853），加入曾国藩湘军，成为曾国藩赏识的重要幕僚。后得知太平军进攻桂阳，念母心切的陈士杰回乡组织团练，抵住了石达开进攻桂阳的图谋。曾国藩想到办事稳健、有胆有谋的陈士杰，然而，陈士杰以孝奉母亲为先，婉拒了曾国藩的好意。

这样，曾国藩只好将援沪一事交给李鸿章。"因以围攻金陵属之国荃，而以浙事属左宗棠，苏事属李鸿章，于是东南肃清之局定矣。"[3]

曾国藩打算派李鸿章募水陆五千人前往。并且因程学启是安徽人，应李鸿章之请，决定将程学启所部调归李鸿章，曾国藩自己的亲兵营也交韩正国带走。

然而，程学启是老九的部下，曾国藩不得不商请九弟，要他写信给程学启，令其听李鸿章之节制调度。不仅程学启不情愿，老九也是一万个不情愿，无奈阿兄多次相求："总望沅弟多方设法，助我保守上海，为恢复三吴之张本，

[1] 曾国藩：《曾国藩全集》（16），岳麓书社，1987年，第690页。

[2] 王定安：《曾国荃年谱》，北京图书馆出版社，1996年，第535页。

[3] 王定安：《曾国藩事略》卷一，《曾国藩年谱》，岳麓书社，2017年，第265页。

千万千万。"[1]

不得已老九只好忍痛割爱。多年以后,老九还在给纪泽信中诉说:"李中堂福大于海,均由文正公助程学启得来,亦天赐也。余则十二年来兔子翻到原囱,好在后运甚好。"[2]他认为,李鸿章的功名是靠程学启之力。这是后话。

后世也有人因为老九不去上海,认为他是目光短浅,或者如苏同炳那样认为:"曾国荃不愿率湘军东援上海,帮助了李鸿章有机会崛起政坛;而李鸿章所统率的,则是他自行募练的淮军。湘淮代兴,于此见其端倪,而其变化契机,则只在曾国荃的一念之间。"[3]这都只是事后诸葛,以百年后的上海来打量此时的人物,以今判古,撇当时的历史情境,李鸿章也好左宗棠也罢,任谁都想着去打金陵,这恐怕是不争之事实。有个说法,咸丰生前有令,谁打下金陵谁可以封王,不管这是不是事实,都可以想象金陵在朝廷和人们心目中的分量。

至于李鸿章,即便不去上海,也挡不住他的崛起。换了别人去上海,未必能出一个如李鸿章式的人物。

此时的金陵已经成了太平天国的"天京"。自咸丰三年(1853)三月太平军攻克这座有着千年历史的古城并在此建立起严密的军事系统后,"天京"就成了其"首都"。

围绕这座城市的攻防战已经进行有八年之久,清军的江南大营、江北大营数万人马先后被太平军击破。

安庆得手后,湘军的剑锋直指金陵。

同治元年(1862)正月,曾国藩奏请由九弟曾国荃担任围攻金陵重任。

在老九的眼里,"金陵恃江南江北各城为屏蔽,江南北各城恃金陵为应援。金陵为贼根本,拔其根本,即枝叶不披而靡"。

"拔其根本,枝叶自靡",老九的战略与阿兄曾国藩的战略截然相反。一个是企图农村包围城市,一个是主张城市攻坚战。

立定这一目标后,老九率吉字营迅速出兵,五月即进据金陵城外雨花台。

湘军水师大将彭玉麟率水师进占下关,老九之弟曾国葆驻兵三汊河,金陵之役开始。

此时,湘军的兵力合吉字营、水师一起不满两万人,以如此单薄的兵力进攻太平军重兵防守的根本,曾国藩深为忧虑,屡次提出孤悬未可轻进,要求老九退兵缓图。

[1] 曾国藩:《曾国藩全集》(19),岳麓书社,1987年,第804页。

[2] 曾国荃:《曾国荃全集》(第五册),岳麓书社,2006年,第452页。

[3] 苏同炳:《中国近代史上的关键人物》,百花文艺出版社,2000年,第182页。

然而，老九立志已坚。"诸军士自应募起义，人人以攻金陵为志，今不乘势薄城下，还军待寇，旷日持久，非利也。若舍金陵老巢弗攻，置将士于间地，浪战而意怠，在老九看来，先图苏浙、后拔金陵之说，是不知时务也，攻必无成。逼城而屯，亦足以致寇，军势虽危，顾不可求万全。"[1]

曾国藩不得不接受老九的意见。攻略金陵的宏伟计划就这样诞生了：

曾国荃循江北岸至于和州，曾国葆循江南岸至于南陵，彭玉麟率水军中江而下助力两岸。这是直捣金陵之师。

李鸿章率湘淮陆师，佐以黄翼升淮扬水军，突过太平军境，是为援攻苏沪之师。

大江以北，多隆阿为围攻庐州之师，李续宜为援颍州之师。

大江以南，鲍超为进攻宁国之师，张运兰为进攻徽州之师，互为应援。

左宗棠出师规复浙江。

曾国藩建节安庆，居中驭控，广辖数千里。

何人知我霜雪侵

老九在金陵城下再施掘濠围城之法，开挖内外两道濠沟，据以围城打援，等待时机。

同治元年五月十二日，老九移营雨花台东南隅，太平军守军三万出战，老九分湘军三道击之。

六月，李秀成率太平军自苏州来援金陵，携洋枪无数，双方大战于雨花台，湘军凭濠拒守，又拔卡纵击，斩太平军两千余人。另一股太平军自宁国来援金陵，也没有占到老九的便宜。

进入七月，老九围城之军中疾疫流行，不得不坚壁自保。围城湘军苦于疠疾，死亡近三成，久病不起者近五成。"宁国各属军民死亡相继，道殣相望，河中积尸生虫，往往缘船而上，河水及井水皆不可食。臭秽之气中人，十病八九。诚宇宙之大劫，军行之奇苦也。"[2]

八月，李秀成率苏州太平军图谋自小丹阳攻金柱关，老九遣湘军罗逢元部至薛镇挫败这一图谋。

---

[1] 王闿运：《湘军志》，岳麓书社，1983年，第65页。

[2] 曾国藩：《曾国藩全集》(20)，岳麓书社，1987年，第856页。

闰八月，围城湘军中疾疫未了，兵勇互相传染，死者山积。此时，太平军忠王李秀成率三十万众自苏州、常州奔来，连营数百里。阿兄曾国藩得知后檄令撤围，老九坚守不退，他向其吉字营将领说：

> （太平军）虽众，皆乌合无纪律，且久据吴会，习于骄佚，未尝经大挫，吾正苦其散漫难遍击，今致之来，聚而歼之，必狂走，吾乃得专力捣其巢，破之必矣。[1]

老九这番言语，何来的自信？

从赵烈文对老九安庆大战中的濠沟与江南大营清军将军围城的濠沟的对比审视中即可看出一些端倪：

> 吾八年春，省吾兄于秣营，遍观长濠营垒，识其兵帅，与此间有三异：一、钦差总统大营，离濠十余里，而此处统领营逼近濠墙，且正当冲要。二、长濠深不及二丈，当敌冲处名龙脖子，以在石山上，不能开掘，仅垒小石作墙，高不及丈，而此处濠深广皆倍之。三、濠内各营，虽头敌俱不设严备，无坑堑，而此绕营小濠亦复宽深，鹿角梅坑，无不得法。
>
> 又人事异者复有二：一、营官饮食，咄嗟立办，客至无不留饮，而此间客至，方谋到城中饭肆买菜，客卒不及候而罢。二、营官及随身亲勇皆华服，此皆如田人，不可辨认。
>
> 此五者，严既胜懈，俭复胜奢者。呜呼，一成一败，非偶然矣！[2]

这里写出了老九带兵打仗与清廷的正规武将的明显差异：

其一是绿营部队，统帅部离前线濠沟有十多里，带兵统帅既安全又舒服；而老九的统帅部大营正当要冲，就在吉字营的前线濠沟边上，很危险，但便于应急指挥与反应，军心也更稳固，老九之不怕死由此可见一斑。

其二是防卫方面，濠沟的深度和营墙的高度迥异。绿营江南大营的濠沟浅，墙子又矮；老九吉字营的营墙又高又深，即便穿越了这个濠沟，也容易掉进沟里面难逃一死，因为里面放了竹签子，可以将人活活扎死。

其三，两者濠沟内的防备也不同。江南大营基本上没有防备；吉字营大濠沟里还围绕着营房开设小濠沟，里面是鹿角梅坑，十分复杂又颇有法度。

[1] 唐昌晋：《清代政事军功评述》，台北里仁书局，1996年，第1063页。

[2] 赵烈文：《能静居日记》（一），岳麓书社，2013年，第369~370页。

其四,接待来客的做法不同。江南大营对来访的客人是随时好酒好肉招待;老九的吉字营如遇来访者需要就餐,必须临时去买,等的时间长了,人家不好意思只好走人。因为前线就是打仗的地方,又不是招待之所,不是享福之地。

其五,官兵奢俭差异分明。江南大营将前线当作官场,官兵都穿得整整齐齐漂漂亮亮;吉字营从老九本人到最基层的官兵跟种田的农民没有两样,分不清谁是官谁是兵。

赵烈文由此得出一个结论:江南大营之败与老九吉字营之胜,并不是偶然的。后人叹时势造英雄,但同样的时势为什么造出的不是他人,而是老九呢?

从赵烈文日记里对老九的印象,可以看出老九这个人的性格特征与做事风格:严、俭、实。老九被太平军称之为"曾铁桶"不是浪得虚名。

所以,老九的自信首先来自自己的这种踏实。

其次,来自长江的肃清。而千里长江的肃清得益于九洑洲的克复。

九洑洲为长江关键,与金陵相犄角,为兵家必争之地,位于长江急湍凶流之中,"高崎伪城,巨炮层列",对岸有拦江矶、中关诸石垒,又有草鞋峡、下关、七里洲、燕子矶等十数座坚垒,船只与小划互为倚护,李世忠驻江北浦口一带,"御九洑洲以全北岸门户"。不仅陆师无从下手,就是水师也难猝攻。

老九分三队攻之,以丁泗滨、许云发、杨明海、胡俊友四营为一队,从下关进攻;以喻俊明、唐敏义、陶树恩、严定国、张锦芳、罗宏裕、杨占鳌六营为第二队,从草鞋峡进攻;以彭楚汉、傅敏才、颜海仙、张锦芳为第三队,作策应。彭玉麟亲督成发翔、任星元两营据九洑洲上流,作欲攻不攻之势,使太平军不敢兼顾南岸。

很快,下关、草鞋峡和燕子矶被攻克,众人合力于五月十五日一举力克九洑洲。这一战,湘军水陆并进,洲头洲尾齐出,两岸并举,人皆死战,任凭太平守军千炮环轰,片刻不息,会西南风大作,湘军以火箭攒射,立焚水中拖罟数只,风烈迅猛,燃及洲上卡房,兵士趁势登岸,跃过重濠,肉搏齐上,前锋即殪,后者更进,逾者被戕,践尸复登,聚而歼之。

尽管此役血战五昼夜,湘军伤亡两千余人,但自此后,长江北岸尽为湘军所有,长江一律肃清。

老九在历史上以悍将著称,多以为他只会打死仗,却不知老九既稳又狠,是军事上的一个奇才。

老九的稳慎与猛劲,在金陵外围攻防战中可以说是发挥到了极致。

稳慎的时候,他比其阿兄曾国藩更稳更慎。同治元年(1862)三月二十七日,阿兄给老九写信,指出:

用兵以审势为第一要义。以弟军目下论之，若在下游采石渡江，隔断金陵、芜湖两贼之气，下窥秣陵关，是为得势。若在上游三山渡江，使巢、和、西梁留守之师与分攻鲁港之兵隔气，是为失势。[1]

老九收到信后，"恍然大悟矣"，他回信表示：

弟前所以欲助季弟击鲁港、芜湖者，一则想通淮盐之利；一则因季部尚有千人无饷，仅分华阳一份之厘而世人尚有不许可者。知凡天下事不可靠人，仍须靠自家也。

来谕听弟自行相机取势，弟当傍稳路取办战守之事，乃免贻误。从采石矶过江，上而太平府三十里，对面进秣陵关亦六十里。然□集万八九千之众，似不宜进金陵，则待庐郡既克之后，乃进金陵，似更稳也。[2]

可见，老九并非一味蛮狠，他不仅接受了阿兄"渡江之早迟，由弟自行酌度。或待庐州克后，或庐未克而先渡……机已灵活，势已醋足，早进可也；否则不如迟进。与其顿兵城下，由他处有变而退兵，不如在四外盘旋作势，为一击必中之计"[3]的建议，而且坚定决心，一边趁闲暇之时，以操练新军为要务，一边等待鲍超与季弟国葆攻击芜湖之结果，一边从西梁山之上、玉溪口之下过江，斜上四华山扎营，以规东梁山之敌，作为顺势之法。又要求阿兄派水师四五营相随同进，有江面水运接济，他则可早进扎金陵，依水为营，作为"万稳之道"，做到水陆二师互相依护，"如此布置，则陆师以水面为粮路，千稳万妥，虽十万贼打不进也"[4]。

历经多年，老九也晓得"军事之变动无常，弟近日愈觉胆小可怕，且处处留人分守，久之愈觉兵分力单耳"。在金陵攻防战中，李秀成在苏州召开会议，倾苏、杭所得之西洋火器，会并于金陵一路，老九"以病军当此强众之寇，时时内度诸己，外揣敌情，宁肯慎固以全师，不敢冒险而欲速"[5]。

猛劲的时候，他比历史上任何猛将更猛更不要命。

---

[1] 曾国藩：《曾国藩全集》(20)，岳麓书社，1987年，第817页。

[2] 曾国荃：《曾国荃全集》(第五册)，岳麓书社，2006年，第121~122页。

[3] 曾国藩：《曾国藩全集·家书》(二)，岳麓书社，1985年，第818页。

[4] 曾国荃：《曾国荃全集》(第五册)，岳麓书社，2006年，第123页。

[5] 曾国荃：《曾国荃全集》(第五册)，岳麓书社，2006年，第182页。

同治元年(1862)闰八月开始的敌我双方势力悬殊的攻防战,生动地展示了老九的猛将本色。李秀成以老九所扎营垒为重点攻击目标,自前至后,处处皆扎营,层层排列逼迫。太平军东西两路同时对湘军发起猛攻。老九凭借深沟高垒,坚壁固守,等太平军攻近,突以排炮轰之。太平军闻炮则伏,炮停则又冲杀,昼夜不停。不久,西路太平数千人冲上江心洲,眼看要截断湘军兵源及粮源通道,老九下令连夜赶筑十余垒,死保水路交通。可见,太平军在金陵攻防战中也表现出色。

太平军广扎营垒,占地五六十里,湘军前后左右皆处于太平军环伺之中,"知尽能索,肆应不暇,濒于危者累矣"。老九将围城之军一分为三,以其二防金陵城内守军侵袭,他自率其一挡住太平军援军,双方轮番迭战,激烈异常。太平军使用人海战术,上去一批,被杀一批,均倒毙于湘军枪炮之下。就这样,太平军打了近十天,伤亡数万人,不见一丝战果。李秀成心里很着急,就集中洋枪洋炮,对驻扎雨花台的吉字营展开交战以来最猛烈的攻势。"洋枪洋炮,骤若飞蝗,开花硼炮,横飞入营,烽燧蔽天,流星匝地。"太平军负片板蛇行而进,冒着枪林弹雨死冲湘军营垒。但刚刚接近,大多数人就丧命于枪炮之下。未死的太平军把战友尸体推入濠沟,塞填草束,准备踏尸踩草冲过去。二十九日这天,老九的左颊受枪伤,血渍垂襟,然而,他毫不退缩,裹创巡营。

九月初三,太平天国侍王李世贤率部三四万人自浙江龙游赶至,与李秀成军会合从东边来攻老九,老九命令湘军踞濠发炮,双方相持两昼夜。初五日,老九又遣万人开壁出战,杀声震天,破太平军坚垒十三座,杀敌八千人。太平军"若蝇若蚁,倏往倏来,多用箱篓实土于中,排砌濠边,明防炮子于上,暗筑地道于下"。太平军开挖五六道明暗地道猛攻湘军嘉字、吉后两处营垒。老九全力防范太平军的地道攻势。

几天后,老九利用太平军抽调西线兵力集中东路,西线营垒散而不坚之机,遂派李臣典等人组织偷袭,烧毁太平军十二座营垒,太平军损失近三千人。李臣典本人也被太平军打成重伤。

十二日起,李秀成和李世贤等人连续七天继续围逼金陵城外的老九大营。太平军连续并力猛攻,用炸药轰塌老九雨花台大营附近的营墙两处,随即"乘隙直上,万管齐发,排炮雷轰,踊跃争先,呼声动地",数千名兵勇纷纷冲入缺口。眼见数千呐喊的太平军已经杀入营垒,湘军上下急红了眼,深知今日不是你死就是我亡,但没有一个逃跑,全体呐喊迎上前去。太平军往返冲杀五六次,终不得入。面临绝境的湘军,凭借第二道濠墙疯狂堵击,化险为夷。应该说,这一场战役,是太平军兴起以来打得最壮烈的一场血仗,不仅时间长,而且决战之猛,牺牲之大,极为罕见,也给了湘军以重创。

老九以区区三万人之力，力敌三十多万太平军。其间，阿兄曾国藩也多方筹措援军，无奈鲍超、多隆阿、程学启等将均无法脱身，营中火药也接济不上，曾国藩令江西省城全数搜刮，也不满四万斤。曾国藩不禁发出"凡危急之时，只有在己者靠得住，其在人者，皆不可靠。恃之以守，恐其临危而先乱；恃之以战，恐其猛进而骤退" [1] 的感叹。

这次战斗以后，西路太平军决长江之水，力图截断湘军粮运。太平军的火器胜于湘军百倍之多，每日都以开花大炮攻打湘军营垒，其洋枪多至两万杆。湘军水师出动舢板，驻守双闸，配合陆师保护水道。东路太平军把重点放在暗挖地道方面，力图攻破湘军营垒。太平军地面上的炮火攻击没有停止，目的在于掩护挖地道。这迫使曾国荃不得不从西路抽出曾国葆手下的四千人来援，全力抵御太平军的明攻暗掘。他从营墙内部修地道谋求打通墙外太平军所挖的地道，以挖对挖，每挖通一处地道，或熏以毒烟，或灌以秽水，或以木桩堵洞口，使太平军的地道连连失效。最后，太平军势竭了，顽强的湘军在兵力悬殊的情况下成功地守住了大营。湘军在千方百计地破坏太平军所挖地道的同时，也在努力寻找机会出击。

双方僵持到十月初三，老九遣军出濠，攻太平军守卡；次日，遣弟国葆与李臣典、彭毓橘等由西、东、南三路出战，苏、浙太平军分路而退。血战四十六天后，李秀成只得下令撤围，率军自南门进入"天京"。李世贤率部退到秣陵关。金陵围师解严。太平军以十倍以上的兵力硬是没能撼动老九的吉字营，最终太平军无功而退。

何人知我霜雪侵，老九的这番苦战，埋下了他对李秀成的刻骨仇恨，攻下金陵，俘获李秀成后，老九亲自拿了刺刀和尖锥，准备将李秀成千刀万剐，被人劝止后，又命令兵卒用刀割李秀成大腿上的肉。

兄弟再议兵机

经过此次四十六天的惊涛骇浪，尽管湘军取胜，但老九兄弟俩不敢懈怠。一则虽然金陵围城之军转危为安，但对克城毫无把握；二则湘军其他各部如在宁国之鲍超、旌德之朱品隆、九洑洲之李世忠都还处在危困之中。

---

[1] 曾国藩：《曾国藩全集》（20），岳麓书社，1987年，第870页。

然毕竟"经一番大惊恐，长一番大阅历"，曾氏兄弟反复商磋退兵之事。

退兵，是湘军受困之时曾国藩心中反复盘桓的念头。同治元年（1862）九月，曾国藩即指示九弟："如忠、侍等酋解围而去，弟当趁势退兵，以伤病羸弱者循江滨退至金柱关，选精锐者整队出追贼。"这一"以追为退"之计，是为了"不着痕迹"。当然，阿兄曾国藩也是关心九弟"苦守已满一月，实属劳瘁异常"，又事关数万人的性命。

但是，老九坚持到十月，决计不肯少退，也不肯改由东坝一路进兵。

曾国藩最担心的莫过于株守金陵，又成三年五年之局。这背后还有一个不便明说的原因：

> 余生平不信鬼神怪异之说，而八年五月三日扶乩，预料九江一军之必败，厥后果有三河之变。及昨二十九日写铭旌时，异香满室，余所亲见亲闻，又觉神异之不尽虚妄也。[1]

这事还真怪，曾国华之死，事前有征兆，曾国葆死后，竟然异香满室？如果不是亲眼所见所闻，曾国藩怎么会相信呢？因此，曾国藩以退求稳的想法越来越强烈。

然而，他没有别的两全其美的办法。曾国藩退让一步，表示如果鲍超在宁国获胜，则听九弟决定退与不退。他苦口婆心地劝告老九，"凡行军言退，万众不愿，此次弟为救鲍而退，与寻常之退迥不相同，可以告麾下将士，亮余苦心耳"[2]。

曾国藩提出要老弟以救援鲍超的名义退兵，实际上是给老九一个台阶。他还列举了湘军东征一路来的遭遇劝诫老九：咸丰五年（1855），曾国藩亲率水师两军驻南康，志在湖口，结果两年都未得志。清军统帅和春、张国梁重建江南大营，株守金陵，结果亦被太平军击破。如今老九固执不退，与自己当年，与和、张之举措有何区别？曾国藩力劝老九"当一面顺天意，一面尽人事，改弦更张，另谋活着"。

尽管阿兄连续十余封书信，要求老九退兵，但老九始终不以为然。

见事至此，同治二年（1863）元旦，阿兄曾国藩决定亲至金陵，与老九面谈。这一次，他打算当面说服九弟退兵。这么做，事出有因。

这年正月，曾国藩接到在家的四弟曾国潢寄来的一封密信：

---

[1] 曾国藩：《曾国藩全集》（20），岳麓书社，1987年，第917页。

[2] 曾国藩：《曾国藩全集》（20），岳麓书社，1987年，第887页。

国潢敬密呈伯兄大人座右：

今年二月，卿宜人（曾国葆夫人）去世之后，看八字者来，有请年科三（注：曾国葆嗣子纪渠）八字者，断之曰：八字颇好，今年欠吉，要五尺布插田，要五尺布过年，尽称为奇。后十一月，沅弟寄信来，说在营为事恒公（曾国葆）病痛，许观音戏三天，要九弟妇率科四、科六（曾国荃之二子纪瑞、纪官）速速酬完。九弟妇拆作两天，十二月初四、五酬完。初五夜，打卦至百余个之多，竟不领受。后戏子才上床，去世之信即到。科四母子盖信神，因有看八字者说沅弟明年断不可打仗亲自出队，话语颇不吉利。九弟妇母子苦欲求大伯父另派一人往金陵督兵，求谕沅弟来身边办事云云。弟不深信邪说，想兄亦以谓然。因九弟妇再三苦言，是以附呈。叩求伯兄大人审核发为祷。[1]

信中所说的"五尺布"，是指包在头上的长白布，湖南乡间叫拖头，孝布。意思是说，曾纪渠这年要两次戴孝。一次是为嗣母戴孝，在插田时；一次是为另一长辈戴孝，在过年时。这个长辈是谁，算八字者并没有明说。但巧的是，都应验了。插田时，曾国葆夫人去世；过年前，曾国葆病死在金陵前线。

曾国葆之死如此凑巧，震惊了在乡下的曾国荃夫人。她要求在家的曾国藩四弟国潢向在安庆的大哥求情，不要派老九亲自督兵。

这就是密信的情由。

同治二年（1863）正月十一日，曾国藩给九弟写信：

余自接澄弟密信一片，已决不欲令弟军雕剿各处。上年凯章病重，余即批准令其回籍调养。况弟谊属手足，岂亲爱反不如凯乎？况澄意但请调至安庆身边，并不求回籍乎？目下金陵大局苦于无人接办，而尽可不必远出雕剿，尤不宜亲身督队，除坚守金陵老营外，有余力则派人助剿舍、巢、无、庐一带。今年一年望弟笃守恐惧和平四字，以弭灾而致福。[2]

先后失去两位亲弟弟之后的曾国藩，不得不对老九更加关注。尽管他可能不相信乡下算八字者的话，但面对骨肉亲情，面对九弟媳妇的苦求，做大哥的不可能置之不理，这正好也暗合自己欲令九弟退兵的主意。

此时，老九因为左臂疼痛厉害，不能伸缩，他自言"大约系风、寒、湿三者为

[1] 唐浩明：《评点曾国藩家书》（下），岳麓书社，2002年，第119页。

[2] 曾国藩：《曾国藩全集》（20），岳麓书社，1987年，第929页。

患。此处本疼痛已久，因肝气不舒畅。腊底、新年懒于调治，又不无拂意之事接于耳目，是以因寒带发，痛不可当"[1]。

拂意之事接于耳目，到底是指什么事，阿兄曾国藩也茫然不知。按理说，这应该与曾国藩无关，而可能是老九听到一些谣言指责。但勤于反躬自省的曾国藩却认为"有时与弟意趣不合"。因而，又是一番大道理：

> 弟之志事，颇近春夏发舒之气；余之志事，颇近秋冬收啬之气。弟意以发舒而生机乃王，余意以收啬而生机乃厚。平日最好昔人"花未全开月未圆"七字，以为惜福之道、保泰之法莫精于此。曾屡次以此七字教诫春霆，不知与弟道及否？星冈公昔年待人，无论贵贱老少，纯是一团和气，独对子孙诸侄则严肃异常，遇佳时令节，尤为凛不可犯。盖亦具一种收啬之气，不使家中欢乐过节，流于放肆也。余于弟营保举银钱军械等事，每每稍示节制，亦犹本"花未全开月未圆"之义。至危迫之际，则救焚拯溺，不复稍有所吝矣。弟意有不满处，皆在此等关头。[2]

应该说，这封信将兄弟二人的性格旨趣揭示得恰到好处。时人后人都说，曾国藩对九弟格外照顾，无论是保举、银钱和军械总厚于他军，其实，那往往是在危急之时。同治元年（1862）八月，他在信中表示："弟军之视鲍、张、朱、唐各军已极优矣。"须知此时正当老九受困于李秀成四十六天之久。同治二年四月八日，阿兄致信老九："饷银于前解二万之外，续解三万，本日又解三万。米粮昨解三千石，本日禹志涟到，又买得四千石。它营正在载饥载渴之时，弟处已有苟美苟完之乐。"同治三年（1864）四月，"昨日接少荃公文，又解九万金，专指鲍营。余已飞咨止之，令其专解弟营。弟得此项，如贫儿暴富，可过好节矣"。这都是在围攻金陵关键时候，不可一概而论。于平时，曾国藩对九弟反而更为节制，厚彼而薄弟。

曾国藩指出，这可能就是九弟对自己的不满之处，因而主动将此等关节点破，希望九弟释疑而舒展，弥合兄弟之情。

不仅如此，曾国藩还将自己应得的一品荫生名额，让给老九的儿子纪瑞，又生怕九弟辞让，故而只告诉在家的四弟国潢而未告知九弟。

阿兄的一片苦心，可以说令人感佩。

然而，老九却并不认同阿兄的做法，他所谓的"拂意之事接于耳目"并不是

---

[1] 曾国荃：《曾国荃全集》（第五册），岳麓书社，2006年，第200页。

[2] 曾国藩：《曾国藩全集》（20），岳麓书社，1987年，第933页。

阿兄所说的"保举、银钱和军械等事"，"究竟亦不尽然"，相反兄弟间"微有觖望，在所不免"。对阿兄事先不告知而将荫生名额让给儿子纪瑞的做法提出了不同看法，"只好为纪梁报捐职衔，以骈均其荣"。

在这件事上，老九是不是装，我们不便猜测，但由此可知，老九的城府比阿兄还要深，他偏偏不道出"拂意之事"是什么。

正月二十八日，曾国藩自安庆启行，巡视长江下游金陵一带。二月初六日，至雨花台大营，老九与兄按行各垒，慰劳将弁，见军心均属稳固，布置亦尚妥当，始罢撤师之议，曾国藩逗留七日即回安庆。

阿兄曾国藩走后，老九很快"肝气平和，身体日好"。

大局决裂可虞

就在这个时候，李秀成先派章王林绍璋、对王洪春元、纳王郜永宽等率太平军从金陵下关渡江向西攻取巢县、庐州，下取天长、来安、六合，以图里下河要地。十天左右的功夫，太平军冒雪从九洑洲冲过浦口、江浦，突破李世忠大营防线，五日后占领安徽含山、巢县。

一个月后，李秀成调集护王陈坤书等继续渡江入皖，自己率十万主力随后跟进。又一个月后对李世忠发起猛攻，迫使李世忠退守江浦，继而又溃退大胜关。

李世忠本为太平军降将，虽然拥兵八万，但"虐民十倍于贼"，"见贼即避，地皮尽铲"，早不被曾氏兄弟所信任和倚重，而且生怕其坏事。连面对这样一支毫无战斗力的队伍，李秀成都未能全歼李世忠。

三月初，皖北池州、无为、庐江、六安纷纷告急，李秀成对上述诸城连续进攻，但均遭到湘军的反击，未能得于。大军陷入无粮、扎脚不住、攻城不下的双重困窘之中，只得撤围沿途东返。一路上饿死、病死者甚多。到过江时，又恰逢汛期，水位高涨，到处泥泞，只能潜水而过，暴露于湘军的炮火之中。

李秀成抵达皖北天长，恰与捻军张宗禹部会合。此前，苗沛霖降而复叛，围攻寿州很急。老九恐李秀成往攻扬州、里下河，于是分派李臣典、赵三元、武交清等军猛攻雨花台石城，赵清河、黄东南、晏澧周、张诗日等专攻聚宝门石垒，又派陈湜、萧孚泗、易良虎等三路接应，以攻其所必救，牵制李秀成，使其不敢去攻扬州。

四月二十七日，老九令各军多备工具，乘夜出队，分道环攻，三更时发，湘军直逼雨花台，束草填濠，架梯登城。李臣典骞旗在前，士兵纷纷掷火球、火箭，赵三元更是率众肉搏齐登，萧孚泗等纵军围攻，逼敌入水，湘军当即攻下雨花台。

果然，洪秀全急招李秀成回。李秀成撤天长、来安等围，取道仪征、六合向江浦、浦口、九洑洲行进，洋人吟唎以船渡李秀成过江。湘军乘势收复江浦、浦口、截击渡江之李秀成。时逢大江水涨，道路被水冲崩，无处行走，九洑洲也一片汪洋。又饿又疲的太平军靠青草、芦笋甚至死尸以充饥。曾国藩又令彭玉麟、杨岳斌率水师对其截击，水陆南北夹击。由于太平军渡江人数过于密集，炮弹就在人群中间爆炸，许多士兵又被挤落江中，被江水冲走。太平军战死、溺死者数以万计。"其自九洑洲过江者仅存四五万人"。当年和春、张国梁等人屡攻不下的雨花台、金陵南门外各石垒，以及与金陵互为犄角的九洑洲竟被湘军奋力攻下。湘军吉字营进逼金陵。

这段时间，湘军也处境艰难，不仅"各路交警，应接不暇"，朱洪章接连两次败挫，士气大伤，长胜军也成为不可恃之劣营，石清吉等将领也不得力；而且"饷项大绌，为数年以来所未有"。"近日粮台奇窘，通省城寻凑不上万金。今日作函向幼丹借银六万，指明九江新关税；向寄云借谷四万，指明近河州县仓谷；向少荃借钱八万。不知均有些点缀否。"[1]堂堂湘军大帅、节制四省的总督，不得不向自己所节制的部下借钱借粮。到了同治二年（1863）四月，鲍超一军因无饷可支，逃者千余人，病者两千余人。皖南食人肉，每斤卖到一百二十文。轻易不向朝廷请饷的曾国藩也不得不发出专折：

> 今年兵事之迟钝，半由于饷需之奇绌。臣部八万余人，益以李续宜部下二万人，欠饷多者十五个月，少亦七八个月。昨鲍超自枞阳登岸，苦无途费，其部卒逃散一千余人。毛有铭自东关起程，其部卒逃散数十人，并据将倡逃之将弁邹庆星等禀请参革。臣带兵九载，今年始有饷匮兵逃之事。……臣力小任重，统军过多，每月需额饷五十余万，而入款不过十余万，不敷之数甚巨。……凤夜祗惧，恐微臣之颠踬立见，而大局之决裂尤可虞也。[2]

进而提出，要求朝廷派大员来江南，分去自己钦差大臣、两江总督中的一职，使自己责任略为减轻些，"稍释惴栗之怀"。

老九身处前线要冲，调度比起阿兄曾国藩来更胜一筹，对阿兄的调度每每不

---

[1] 曾国藩：《曾国藩全集》（20），岳麓书社，1987年，第949页。

[2] 曾国藩：《曾国藩全集》（6），岳麓书社，1987年，第3279页。

以为然，甚至长篇辩驳。曾国藩有时不得不承认自己"料敌不明，调度不善"。不过，老九只需考虑金陵一线当面之敌，阿兄曾国藩不得不统筹全局。

所幸的是，太平军各路都已势穷力绌。李秀成六安解围之时，曾国藩即有"风波渐平"之快。同时，李鸿章在上海连克太仓、昆山，杀敌两三万人，"为军兴以来所罕见"。

乱世功名之际尤为难处

同治二年（1863）三月，老九补授浙江巡抚，仍办金陵军务，不必上任。

喜讯传来，曾国藩自然格外高兴。"此次畀以开府之任，而仍不令到任，朝廷于此等处苦心斟酌，可感孰甚！吾兄弟报称之道，仍不外拼命报国、侧身修行八字。至军备之要，亦有二语，曰'坚守已得之地，多筹游击之师'而已。"[1]老九内心如何激动，不得而知。但老九要做的第一件事，就是要谢恩。

本来老九军务正处繁重之际，上道谢恩折，阿兄曾国藩完全可以代为办理，但老九却要求辞谢浙江巡抚一职，改为武职或京卿（京中闲职）。老九的理由是"才不胜任"，这当然不是真心话。大概是因为自己功劳最大，升迁却慢于他人，老九心中不平而已。

然而，这在久历宦海的阿兄曾国藩看来，老九只是廪生优贡出身，没有改武职的理由。他明确告诉老九：

> 过谦则近于伪，过让则近于矫。[2]

如果改为京官，那么，以老九巡抚兼头品顶戴的身份，只有侍郎适合，不可能改为三品京卿。

不过，在老九看来，这么做有先例，左宗棠就曾以三品京卿的身份帮办过曾国藩军务。

而生性谨慎的阿兄曾国藩，此次要求九弟不要再提改武职、转京卿的要求，"恐人疑为矫伪不情也"。

然而，老九似乎并不理解阿兄曾国藩的用心，每次给阿兄曾国藩写信，也都

---

[1] 曾国藩：《曾国藩全集》（20），岳麓书社，1987年，第962页。

[2] 曾国藩：《曾国藩全集》（20），岳麓书社，1987年，第968页。

提出应辞去巡抚之职。四月十三日,阿兄曾国藩接到老九的公牍,却发现老九已署浙江巡抚部院这一新衔。以此推知老九"他处公文皆换新衔矣,似可不必再辞"。个中道理,阿兄不吝拳拳指教:

> 辞谢一事,本可浑浑言之,不指明武职京职,但求收回成命。昨接弟咨,已换署新衔,则不必再行辞谢。吾辈所最宜畏惧敬慎者,第一则以方寸为严师,其次则左右近习之人,如巡捕、戈什、幕府文案及部下营哨官之属;又其次乃畏清议。今业已换称新衔,一切公文体制为之一变,而又具疏辞官,已知其不出于至诚矣。欺方寸乎? 欺朝廷乎?[1]

道理很实在,语气很严厉。

没有官场经历的老九,自然不知这里面的道道关节,身边可能也没有得力的幕僚。听阿兄曾国藩一番严词后,又决定换衔。阿兄曾国藩立即予以明告:此二三月内弟之公牍概用浙抚新衔,追折差回时奉到朱批,如准开缺,再行换衔可也。

然而,没有想到,老九辞谢浙江巡抚之意并未改变,相反越来越坚切,理由就是"乱世功名之际尤为难处"。

这十个字大获阿兄曾国藩之心,心里已经谋划未来,并对老九殷殷相劝:

> 吾兄弟常存此兢兢业业之心,将来遇有机缘,即便抽身引退,庶几善始善终,免蹈大戾乎? 至于担当大事全在明强二字。《中庸》学问思辨行五者,其要归于愚必明,柔必强。弟向来倔强之气,却不可因位高而顿改。凡事非气不举,非刚不济,即修身齐家,亦须以明强为本。[2]

实际上,就在得到朝廷补授浙江巡抚谕旨前几天,老九还与阿兄谈诗,并深得阿兄赞赏:

> 弟读邵子诗,领得恬淡冲融之趣,此自(是)襟怀长进处。自古圣贤豪杰、文人才士,其志事不同,而其豁达光明之胸大略相同。以诗言之,必先有豁达光明之识,而后有恬淡冲融之趣。

---

[1] 曾国藩:《曾国藩全集》(20),岳麓书社,1987年,第973页。
[2] 曾国藩:《曾国藩全集》(20),岳麓书社,1987年,第978页。

曾国藩对九弟能够领悟恬淡之趣，大为高兴，称其胸怀大有长进。又勉励九弟：

> 吾辈现办军务，系处功利场中，宜刻刻勤劳，如农之力穑，如贾之趣利，如篙工之上滩，早作夜思，以求有济。而治事之外，此中却须有一段豁达冲融气象。二者并进，则勤劳而以恬淡出之，最有意味。余所以令刻"劳谦君子"印章与弟者，此也。[1]

阿兄曾国藩殷殷相劝，最终打消了老九辞受浙江巡抚之意。朝廷收到辞谢折后，自然也没有允准，冠冕堂皇地说了一句："论功行赏，国家自有权衡。""不必受宠若惊，固辞朝命。"

这一次兄弟俩关于辞受巡抚一节，也看出了老九对于当官颇有了一点意兴阑珊。

奏议——"功夫在诗外"

在湘军中，曾国藩和九弟既是上下级关系，也是并肩作战的难兄难弟。曾国藩始终把兄弟俩的命运捆绑在一起，一荣俱荣、一损俱损。因此，曾国藩对九弟是尽心倾力的，尤其是对这个涉官场不深的九弟言传身教不息。老九获授浙江巡抚，虽然没有去赴任，留在金陵前线督战，但总算进入了封疆大吏的行列，按清制，他有权力单独给皇帝上奏汇报工作。

那么，教九弟写汇报，就是曾国藩指导其为官之道的一个核心内容。曾国藩传授给了九弟哪些关于汇报的独门秘笈呢？

第一，汇报越少越好。曾国藩高度重视汇报，然而并不是汇报越多越好。他告诉九弟："弟奏事不必限定一月一次，有所陈则多奏，无所陈则少奏。遇有陈言之时，将军情顺便一说。其平日零星报仗及请恤请奖，弟均不必出奏，咨至余处转奏即可。"[2]

有事多奏，无事少奏。就像写文章一样，有话则长无话则短。身为地方诸侯，所管的事都可称为国家大事，如果什么事都汇报，那至少说明这个领导分不清轻

---

[1] 曾国藩：《曾国藩全集》（20），岳麓书社，1987年，第959页。

[2] 曾国藩：《曾国藩全集》（20），岳麓书社，1987年，第1012页。

重大小，没有章法，眉毛胡子一把抓。因此，曾国藩要老九切记，"奏议是人臣最要之事"[1]，必须加一番功夫。

第二，三种情况不上报。哪三种情况呢？曾国藩明确告诉九弟，一是不轻易地将谣传之事上奏朝廷。即今天所讲的不造谣、不信谣、不传谣，这事关一个人的政治鉴别力。二是不将尚未确定的事情向朝廷上奏。未定之事，变数难料。一旦上报，必有下文。不仅将自己置于被动之境，而且还有不稳重、欺骗上司之嫌。三是不将尚属计划中的设想轻易上奏朝廷。人们常说，计划赶不上变化。别人的事如果有变化，那还情有可原；自己计划中的事做不到，说明你能力不够。

第三，多留心优秀的奏折。就是把别人写得好的奏折拿来多看，作范文。曾国藩这样教导九弟：

秋天得空时可以试写几篇，但眼界不要太高，自谦不要太过。目前各地的奏折，有三个地方来的写得较好，就是浙江、上海和湖南。这三个地方的奏折分别出自闽浙总督左宗棠、江苏巡抚李鸿章和湖南巡抚幕僚郭昆焘（郭嵩焘的弟弟）之手。

这些人都是奏折高手，又熟悉官场内情。大哥告诉九弟，我以后凡是有这些地方来的奏折都会抄给你。你要留心看一看，每个折子须看两遍，第一遍看其主旨和整体结构布局，第二遍推敲其遣词造句的功夫。每天看一两篇奏折，不用多久，对当下官场宦术就能做到心中有数了。

老九在大哥的悉心教导下，果然长进不少。然而，他只关注奏折怎么写作，却疏忽了汇报的背后其实隐藏着很深的官场宦术。因此，不久后，老九就捅了娄子。

咸丰十一年（1861），在恭亲王奕䜣主持下，总理衙门决定向西方国家购买数艘新式军舰，组成一支舰队，具体委托给时任中国海关总税务司总代理的英国人李泰国去办理。结果发生了著名的"李泰国事件"。

李泰国很快就将军舰开到了中国，但是令国人吃惊的是，这军舰上还有一批哇哇乱叫的洋人。原来李泰国擅自代表清政府聘请了一个叫阿思本的英国军官做这支舰队的司令，由阿思本挑选了一批军官和海员组成军队，并且规定船上只用洋人，不用中国人。这与恭亲王当初决定的由中国人当司令，英国人当副手，由中国人做海员，且目的是要打造一支中国自己的海军的计划全然不同。总理衙门当然反对，但李泰国非常强硬，扬言若不接受他的做法，就解散舰队。这一来，清廷的计划就要泡汤，不得不变卖军舰，蒙受损失。包括李泰国雇来的洋人遣散费和军舰在内，损失至少在七十万两银子。

---

[1] 曾国藩：《曾国藩全集》（20），岳麓书社，1987年，第964页。

清廷一下子蒙了，怎么办？奕䜣尴尬之下只好征求各地督抚大员的意见。九弟曾国荃也接到了朝廷的谕旨，请他发表意见。老九非常兴奋，这是大事啊，于是下了很大功夫写成奏折，直接报上去了，将大哥的嘱咐抛在了脑后。

老九的态度很明确，与其让洋人掌控这支海军，不如解散。他的理由很充分，"江边仅金陵一城未复，长江水师帆樯如林，与陆军通力合作，定可克期扫荡，实不藉轮船攻战之力"。这说得在不在理？当然在理，但其实老九真实的想法是不希望洋人来抢功。这与后来他多次拒绝李鸿章助攻金陵是一个意思。他要贪下这"天下第一功"。

本来他只需要表达这个意见就可以了，但是他大概是看到了朝廷对他的重视，于是替朝廷出了个主意。"轮船所需经费甚巨，请裁沿海水师，节省饷需，以资酌济。"老九的意思是只解散洋人，至于军舰，花费不少，退掉可惜，不如留下来巡回海上，但这样必须裁掉沿海水师才可以补上这个窟窿。

老九正在为自己这个主意自鸣得意，却不料，这让这件事的主角恭亲王面子上搁不下了。本来，这件事办砸了，恭亲王就下不了台，本来经费就紧张，多少钱花冤枉了，责任当然得由他来负。

第一次讨论国家大事，老九哪里懂得这些道道？他替朝廷着想的主意，在恭亲王等人看来，无异于在指责决策者失误。

李鸿章就比老九高明许多，毕竟是从曾国藩身边锻炼出来的，他一看到老九的奏折，就直指问题所在。他信中说："大疏请派轮船捕海盗，是李泰国七船结穴处。"原因很简单："调停轮船一疏，此乃总理诸老疢心之事，不免触恼成怒，公然言之，致触忌讳。"[1]

曾国藩也看到了老九的奏折，他心中叫苦不迭，写信给他："弟十九日疏陈轮船不必入江而以巡海盗为辞，殊可不必。弟意系恐李泰国来金陵搅局攘功，何不以实情剀切入告？……凡心中本为此事，而疏中故托言彼事以耸听者，此道光末年督抚之陋习，欺蒙宣宗，逮文宗朝已不能欺，今则更不宜欺矣。七船之事，余曾奏过三次，函咨两次，即不许李泰国助攻金陵、苏州。李少荃亦曾上书恭邸二次，计恭邸亦必内疚于心，特以发贼未灭，不欲再树大敌，故隐忍而出此耳。"[2]

曾国藩的意见其实和老九等人一致，即持解散的态度。但他非常理解恭亲王也是想解散军舰，目的其实也是在帮曾国藩兄弟。曾、李和恭亲王都有意成全老九独享其功，故而持解散论，否则这支军舰必然来助功金陵和苏州，不可能花这

[1] 李鸿章：《李鸿章全集》（29），安徽教育出版社，2008年，第258、261页。

[2] 曾国藩：《曾国藩全集》（20），岳麓书社，1987年，第1031页。

么多钱去捕什么海盗，"我辈作折须预为军机处拟旨者设想。"[1]

曾国藩回复北京就要高明得多："以中国之大，区区一百七十万之船价，每年九十万之用款，视之直轻如秋毫，了不介意。或竟将此船分赏各国，不索原价，亦足使李泰国失其所恃，而折其骄气也。"[2]

看看，在处理洋务问题上一直持大事寸步不让态度的曾国藩，却有意将这件大事看小，甚至将坏事变成好事，使洋人失其所恃，折其骄气，花这点钱值得。这等于不仅替恭亲王圆了场，大事化小，而且还替他挽回了面子。这一切，久历官场的恭亲王对此心领神会，为此还专门给曾国藩写信，表示钦佩。

老九刚开始还不服，当朝廷的批文下来后，他才傻眼了："曾国荃未到浙江巡抚之任，嗣后军务与杨岳斌、彭玉麟一律咨由曾国藩奏报，毋庸单衔具奏。"

一句话将老九单独汇报的权力给收回去了。既然你小子不懂事，那还是让你大哥来代你为之吧。不轻不重地敲打了老九一回。这滋味老九心里好受吗？

经历过这件事之后，老九才真正明白，奏议不是那么简单易学的事，官场宦术的精华与秘诀全在此一关节上。正所谓"功夫在诗外"也！

打仗亲兄弟

在湘军东征的过程中，为了让九弟做到万无一失，曾国藩自始至终从做人、处事到战争兵法都对老九进行了悉心指导，使老九长进很快，成为一个人人敬畏的"悍将""福将"。

那么，曾国藩教给了九弟哪些兵法呢？

一是呆活之变。

他针对九弟善于打死仗、长围久困并获得"曾铁桶"这一著名称谓的特点，告诫弟弟："古人用兵，最重'变化不测'四字。弟行军太少变化。"[3]

咸丰八年（1858），曾国藩特意送给九弟一副对联，传授用兵之道：

> 打仗不慌不忙，先求稳当，次求变化；
>
> 办事无声无息，既要精到，又要简捷。

---

[1] 曾国藩：《曾国藩全集》（20），岳麓书社，1987年，第1276页。

[2] 曾国藩：《曾国藩全集》（6），岳麓书社，1987年，第3946页。

[3] 曾国藩：《曾国藩全集》（20），岳麓书社，1987年，第887页。

打仗求稳当没有错,但还要讲求变化,兵者,诡道也。在这方面,曾国藩首创"活兵""呆兵"之说。"谋定后战"图"稳当","以活济呆"求"变化","以众击寡"忌"分兵",他对"活兵""呆兵"进行了这样的阐述:"进退开合,变化不测,活兵也;屯宿一处,师老人顽,呆兵也。"[1]

意思是说,大军屯扎于坚城之下、长期和敌人相持、围城硬攻者为"呆兵";灵活机动、来去无定、变化无常、伺机消灭敌人者为"活兵"。"呆兵""活兵"并不是一成不变的,视情况而定。

攻城中,"呆兵"为围城之师,"活兵"为打援之师;防守时,"呆兵"为坚守之师,"活兵"为策应之师。用兵过程中,曾国藩非常注重保留和运用"活兵",以作为"游击之师",要求九弟"多用活兵,少用呆兵,多用轻兵,少用重兵",并且强调:"军之要务,亦有二语。曰'坚守已得之地,多筹游击之师'而已。"[2]

同治元年(1862),围攻金陵之战开始后,曾国藩对九弟曾国荃的进兵方略作出指导:"弟统三万人,不筹出一支结实可靠之活兵在外纵横驰击,而专以合围攻坚为念,似非善计。"老九兵少,没有考虑到"活兵",但曾国藩仍然要求他将部队"分作两大支,一支呆兵,屯扎金陵;一支活兵,凡金柱、东坝、小丹阳、二溧、句容等处,听弟择地而驻,相机而进。有急则两支互相救应,去金陵总在二百里内外也"。"望弟力变大计,以金陵、金柱为呆兵、重兵,而以进剿东坝、二溧为活兵、轻兵,庶有济乎?"[3]

于是,老九听从大哥的劝告,派出彭毓橘、刘连捷两支"活兵"驰骋于金陵周围,曾国藩还不放心,后来又抽出鲍超一支作为老弟的"活兵",游弋于金陵东坝、二溧之间,一边疏清金陵周围的太平军,一边往来攻击各路太平军援军,使金陵最后变为一座只出不进的"孤城"。

二是主客之说。

曾国藩曾自称"生平用兵,失之太呆",后人据此认定曾国藩只会"打呆仗",却不知曾国藩很讲究兵法之变道。蔡锷后来评论说:"曾、胡之论兵,极主主、客之说。谓守者为主,攻者为客。主逸而客劳,主胜而客败。尤戒攻坚围城。"[4]

所谓主客之说,就是兵法上的奇正之变。曾国藩总结自己用兵"深以主客二

[1] 曾国藩:《曾国藩全集》(20),岳麓书社,1987年,第893页。

[2] 曾国藩:《曾国藩全集》(20),岳麓书社,1987年,第893、962页。

[3] 曾国藩:《曾国藩全集》(20),岳麓书社,1987年,第894页。

[4] 蔡锷:《曾胡治兵语录》,广西师范大学出版社,2007年,第166页。

字为重"[1]，认为"善用兵者，最善为主，不喜作客"[2]。

那么，什么是主什么是客? 曾国藩这样解释:

> 扑营则以营盘为主，扑者为客。野战则以先至战地者为主，后至战地
> 者为客。临阵则以先呐喊放枪者为主，后呐喊放枪者为客。[3]

相对应的是:"中间排队迎敌为正兵，左右两旁抄出为奇兵; 屯宿老营与贼相持者为正兵，分出游兵飘忽无常伺隙阻击者为奇兵; 意有专向吾所恃以御寇者为正兵，多张疑阵示人以不可测者为奇兵; 旌旗鲜明使敌不敢犯者为正兵，羸马疲卒偃旗息鼓本强而故示以弱者为奇兵; 建旗鸣鼓屹然不动者为正兵，佯败佯退设伏而诱敌者为奇兵。忽主忽客，忽正忽奇，变动无定时，转移无定势，能一一区别之，则用兵之道过半矣。"[4]

基于这一兵法，曾国藩无论是在九弟攻安庆还是打金陵中，都常常告诫九弟:"宜使贼来寻我，我不去寻贼。"我去寻敌，我变成客了; 敌来寻我，我就是主。这是曾国藩用兵中反复强调的原则，即以攻为守，以守为攻。这并不仅仅是由于曾国藩天性稳慎的原因，而是湘军兵少的客观现实所致。

三是动静之宜。

静是曾国藩修身法宝之一，同时也是他用兵精髓之一。他曾在日记中写道:"思战阵之事，须半动半静，动者如水，静者如山"; "又思兵须不得已而用之，常存不敢为先之心，须人打第一下，我打第二下也"[5]。

动静相宜，才能做到把握战争的主动权。

老九在攻克安庆后，以极快的速度进兵金陵，大有孤军深入之势，曾国藩颇为担忧，指出"凡军行太速，气太锐，其中必有不整不齐之处，惟有一静字可以胜之。不出队，不呐喊，枪炮不能命中者不许乱放一声，稳住一二日，则大局已定"[6]。

同样他也一再告诫包括九弟在内的湘军将领:"城贼猛扑，凭濠对击，坚忍不出，最为合法，凡扑人之墙，扑人之濠，扑者客也，应者主也。我若越濠而应之，则反主为客，所谓致于人者也。我不越濠，则我常为主，所谓致人而不致于人也。"[7]

[1] 曾国藩:《曾国藩全集》(21)，岳麓书社，1987年，第590页。
[2] 曾国藩:《曾国藩全集》(23)，岳麓书社，1987年，第2108页。
[3] 曾国藩:《曾国藩全集》(21)，岳麓书社，1987年，第590页。
[4] 曾国藩:《曾国藩全集》(14)，岳麓书社，1987年，第385页。
[5] 曾国藩:《曾国藩全集》(16)，岳麓书社，1987年，第362页。
[6] 曾国藩:《曾国藩全集》(19)，岳麓书社，1987年，第650页。
[7] 曾国藩:《曾国藩全集》(19)，岳麓书社，1987年，第384页。

咸丰六年（1856）五月曾国藩给罗萱写信，告诉他"攻城最忌蛮攻。兵法曰：'将不胜其忿而蚁附之，杀士卒三分之一而城不拔者，此攻之罪也。'故仆屡次寄书，以蛮攻为戒"。又说："但很战浪迫，为我军向来大弊。此次必须谋定后战，切不可蛮攻蛮打，徒伤士卒。"[1]

咸丰十年（1860）十月，他告诫九弟："凡与贼相持日久，最戒浪战。……宁可数月不开一仗，不可开仗而毫无安排算计。"[2]"贼初来之日，不必出队与战，但在营内观看，看其强弱虚实，看得千准万准，可打则出营打仗，不可打则始终坚守营盘，或有几分把握。"[3]

事实也证明，太平军主动进攻湘军营垒往往受挫，湘军在对手进攻受阻、士气沮丧之时发动反击的战术屡屡奏效。后来在平捻战争中也是曾国藩的决策，以静制动。"以有定之师制无定之寇。"

三大兵法，成就了老九的不败纪录。我们也可以看到，曾国藩教给九弟的三大兵法并不是孤立的，而是一个有机的整体。老九在各大战役中给人留下了深刻的印象：围攻安庆时，花了一年多时间在城外挖了两道长濠；进兵金陵雨花台后，用四个月的时间赶挖两道"深沟高垒"，李秀成的二十万太平军反复攻杀四十余天却始终突破不了仅有两万多湘军的营垒，被迫撤退。因此，湘军克九江用时十六个月，克安庆用时十七个月，克金陵则用了二十六个月，连英国人都禁不住称赞不已。

合围金陵

水师克复九洑洲，陆军攻打雨花台，两场大血战，湘军双双大捷。

然而，入夏之后的长江下游酷热难当，同治二年（1863）的这个夏天酷热更甚去年。曾国藩因为中暑而呕吐，只能整天困卧竹床，令人摇扇，不能治事。然而，合围金陵依旧摆上了曾家兄弟的重要作战计划。

要合围金陵，第一件事便是要断金陵城内外水路接济。金陵是大都会，靠肩挑陆运是无法养活城中数十万军民的，九洑洲克复后，以前接济金陵的红单船、洋船必须力禁。阿兄指示老九，洋船不准在金陵湾停泊，遍示洋人不准托带盐

[1] 曾国藩：《曾国藩全集》（21），岳麓书社，1987年，第551~552页。

[2] 曾国藩：《曾国藩全集》（19），岳麓书社，1987年，第349页。

[3] 曾国藩：《曾国藩全集》（19），岳麓书社，1987年，第594页。

船。此一任务由阿兄上奏总理衙门，并由湘军水师负责，同时令老九责刘南云、曾良佐负责细细稽查水师有无严查江面，有无洋船接济，"断截江中接济，实足制贼死命"。

第二件事则是调鲍超驻扎金陵东北；指示老九以"大动蛮教，打字向前"[1]之法，将有暗中联络李秀成之嫌的李世忠从其盘踞的二浦驱走，改由萧庆衍军驻扎。

曾国藩又特意嘱咐九弟，将都兴阿部副将杨心纯一军调来会攻金陵。"去年调之来共患难，今年亦可调之来共功名。"[2]

此时，曾氏兄弟信心十足，大有克复金陵指日可待的预期，因此，在调兵之时，一方面求稳防弊，一方面不忘昔日有过扶危解困之功的将领。

第三件事则是曾国藩计划等江西边境荡平之后，调江忠义、李榕、席宝田等由皖南趋东坝，会攻金陵。

然而，眼看就要合围金陵，却天不遂人愿，事机不顺者迭出。

先是鲍超染暴疟，军中也疾疫大作，死亡相属。

再是江西未清。太平军黄文金、李世贤二王群集湖口、鄱阳湖，江忠义、李榕两军不得不驻守湖口，苦战苦守。

同时，皖南军务也更棘手。太平军诸王古隆贤、赖文鸿等仍聚在太、石、泾、旌一带。苗沛霖复叛后，盘踞寿州，势力猖獗，安徽巡抚唐训方孤军支撑日久，青阳、蒙城又被苗沛霖日夜围攻，因为临淮一带关系皖北全局，牵动金陵后路，一时竟然不得不震动多方加以援击。因此曾国藩不得不调鲍超西进助击。

这样一来，金陵前线只剩下老九一路。

眼前的金陵城外，九洑洲、七里洲、中关、下关、雨花台、紫金山、秣陵关、江东桥、上方桥等处，已经筑垒如城，掘濠如江，为坚不可拔之基。只剩下江东桥、上方桥等几个堡垒关隘尚未攻破。

老九于同治二年（1863）七八月间，先是攻破印子山，然后令陈湜督兵图西南要隘江东桥，令萧庆衍督兵图东南要隘粮路上方桥。经过湘军力战，先后于七月三十日攻毁上方桥坚垒，于八月十二日攻克江东桥堡垒。

此时，金陵城外只有秣陵关未被攻下。九月，老九派军东渡立下一垒，用巨炮隔河轰击，在上下游各修三营立住进兵阵脚。太平军派其洋枪队来争，双方相持两昼夜。湘军李祥河、萧庆衍等军分别从上下游过河，力克多处太平军土垒，并分道驰攻。战经七天，连克二十多处营垒。继而，金柱关守将朱南桂约会朱洪章

[1] 曾国藩：《曾国藩全集》（20），岳麓书社，1987年，第994页。
[2] 曾国藩：《曾国藩全集》（20），岳麓书社，1987年，第998页。

等将领，突袭秣陵关南之博望镇，于九月十九日历经一昼夜攻破博望镇。

博望既得，秣陵关更加势孤。老九令赵三元、伍维寿率马步九营进攻秣陵关，派陈湜、熊登武合击中和桥。没想到，一战轻松夺得秣陵关。九月二十七日，老九率萧庆衍、萧孚泗、彭毓橘、李臣典、陈湜前往孝陵卫察勘地势。太平军自朝阳门、太平门突出两支部队，双方交战。老九望见太平军一头目指挥督阵，令洋枪队隐于山麓，待其接近时射击。没想到，这一击将太平军护王陈坤书击中坠马。太平军章王、顺王见此只得退入城中。

金陵城就在老九脚下，城之西南与东南已先后被湘军围住，老九派萧庆衍全队进扎孝陵卫，困住金陵城北，渐成合围之势。

十一月，李鸿章收复苏州。苗沛霖被擒伏诛。

李鸿章的过人之处

苏州、无锡先后收复，但太平军忠王李秀成、侍王李世贤等实力仍在，蚁聚金陵以南，约合六七万之众。十一月初十，李秀成由太平门进入金陵城内。

早在两个月前，老九增募两万新勇，他担心彭玉麟、杨岳斌水师不能得心应手，添募水师十二营，且都没有函商阿兄曾国藩，自作主张。曾国藩不得不一一去信止之，并劝诫老九"天下事焉能尽如人意？古来成大事者，半是天缘凑泊，半是勉强迁就"[1]。

老九的顾虑不是没有道理，江忠义、席宝田、李榕、朱品隆诸军久居不动，到了曾国藩"催之不动、责之不怕"[2]的程度。

老九急切想要克复金陵，其实早已埋下独占"天下第一功"的想法。越是这样，曾国藩越是既担心又不得不好言劝慰。"克城之迟早，仍有天定，不关人谋"[3]之语频频见诸阿兄给九弟的书信。

李鸿章克复苏州后，加剧了老九的紧迫感。同治二年（1863）十一月初，湘军于金陵城外所掘地道告成，初五日地道轰陷城墙十余丈，神策门城坍，各部争登，无奈被阻，湘军死伤三百余人。

曾国藩获知消息后，赶紧去信安慰："此盖意中之事。城中多百战之寇，阅历

[1] 曾国藩：《曾国藩全集》（20），岳麓书社，1987年，第1041页。

[2] 曾国藩：《曾国藩全集》（20），岳麓书社，1987年，第1042页。

[3] 曾国藩：《曾国藩全集》（20），岳麓书社，1987年，第1053页。

极多,岂有不能抢堵缺口之理? 苏州先复,金陵尚遥遥无期,弟切不必焦急。" [1]

为了安抚老九焦躁的情绪,阿兄不得不述说一番天意人谋的大道理:

> 古来大战争、大事业,人谋仅占十分之三,天意恒居十分之七。往往积劳之人非即成名之人,成名之人非即享福之人。此次军务,如克复武汉、九江、安庆,积劳者即是成名之人,在天意已算十分公道,然而不可恃也。吾兄弟但在积劳二字上着力,成名二字则不必问及,享福二字则更不必问矣。[2]

尽管如此,急于早日克复金陵的老九,仍对地道攻城与大炮守垒情有独钟。然而,曾国藩一直反对九弟施地道攻城之法:一是地道难以奏效,浪费火药;二是金陵城内皆百战之兵,其力不至于堵不住一道缺口。在十二月的再一次地道攻城失败后,阿兄明确要求老九"莫再轰地洞"。

事实上,后来的发展如曾国藩所料。太平军本也是挖地道的行家,防守地道亦颇得法。他们遥望湘军所扎先锋垒之处,知其下必有地道,即遥度其处,先从城内挖一直道透出城外,然后分头暗挖暗濠。湘军或三穴两穴并进,估计其所占地面之宽狭为横濠长短,如其数以待之,十不失八九。同治三年(1864)五月,金川门一带刘连捷等所开三穴,于二十二、二十三日皆斗穿;神策门以北,张诗日等所开两地道,于二十日斗穿;正当神策门朱南桂等所开地道,被太平军斗穿五处,加修后,只有一处可望有成;龙膊子以南及朝阳门一带,只有朱洪章等所挖地道尚有指望;其余李祥和、熊登武、陈万胜等各营所挖地道,均在抵达城墙根下时,被太平军所挖横道斗穿。

对于大炮守垒,阿兄曾专门致信详说其利弊,提出用大炮守垒,只可偶一用之,多用则实可不必。曾国藩管带水营多年,深知大炮之长短:

> 凡炮火之利有二:曰及远,曰命中。大炮之大子可以及远而难以命中,谓其愈远则行愈迟慢,且有声可以回避;又往往自上落下,不能横穿也。其群子可以命中而难以及远。包得合膛,筑得极紧,可及二三箭之无,否则仅及一箭而已。群子所能及之处,先锋包亦几能及之。
>
> 军兴日久,各弁勇事事外行,徒慕大炮之名。风贼在二三里外,纷纷开大炮大子击之,喜其响之震、烟之浓而已。见贼不畏炮而排进如故,则

[1] 曾国藩:《曾国藩全集》(20),岳麓书社,1987年,第1057页。

[2] 曾国藩:《曾国藩全集》(20),岳麓书社,1987年,第1057页。

以为凶悍无匹，而不知大子实不伤人也。吾在水营时，教将弁专用群子包得圆、筑得紧、开得近三语者，内湖各营罕能做到，外江间有做到者，便是无敌之将。陆营善用大炮者，吾尚无所闻。弟营善用大炮者共若干人？然大约不满三百人，而营中之炮，却不止三百尊。[1]

阿兄的一片苦心，使老九胸怀宽舒开来。同治三年（1864）正月，老九主动约杨岳斌水师巡江。二十一日，老九坐船至下关，与杨岳斌、彭玉麟会晤，率朱南桂、张诗日等巡察金陵洪山、北固山、神策门、太平门，随即遣朱洪章、武明良、熊登武、罗雨春、沈鸿宾、萧开印等部攻克太平军天保城即钟山石垒，以长胜营驻守，断金陵水陆运道，以萧孚泗、萧庆衍扎太平门外，梁美材扎洪山，朱南桂扎北固山，堵住神策门大路，金陵城围始合。而围师不满五万，分布九十余里，逼困金陵数十万太平军。

早在同治二年（1863）年底，曾国藩即有意商请李鸿章助攻金陵，但遭到老九的婉拒：

> 少泉所管之事过多，来此一隅，似不相宜，亦恐京师不以为然也。程学启乃少泉得力之将，方杭、嘉、湖、常、溧、句、丹未克以前，少泉亦备多力分，似未可调。[2]

为了免除阿兄的顾虑，老九还申述了自己的内心想法：

> 弟于未事方事之初，讲求尽人力，临事究仍未尝代天主张，不过性偏急切，仿如要一手遮天做去，此趋事赴功之大病也，近亦稍知自返矣。[3]

对于老九不希望外人来分享克复金陵这"天下第一功"，其实曾国藩心知肚明，同治二年（1863）的李泰国事件，曾国藩就已明白，老九是不希望有洋兵助攻；老九在信中还有"一酒参五水"之说，也曾令阿兄特别忧切，如今不许李鸿章助攻金陵，仍然是如出一辙。这个心思瞒不住阿兄，又何尝能够瞒得过李鸿章。自同治二年（1863）十一月打下苏州后，曾氏兄弟从北京发来的谕旨中看到了消息，却长时间没有收到近在下游的李鸿章一个字，曾国藩只好无奈地将其归结为

[1] 曾国藩：《曾国藩全集》（20），岳麓书社，1987年，第1069页。
[2] 曾国荃：《曾国荃全集》（第五册），岳麓书社，2006年，第225页。
[3] 曾国荃：《曾国荃全集》（第五册），岳麓书社，2006年，第226页。

李鸿章忙于应付因苏州杀降而导致与戈登矛盾，无暇写信。

老九于此关节上却看得似乎比阿兄更有先见："少泉兼顾浙事，其心迹未尝不好，然终恐与左帅龃龉之日。"左宗棠心高气傲，同样不希望李鸿章插手浙江军事。这不，之后的事实证明了这一点，正是因为李鸿章兵进浙江，埋下了左李长期相争不和的种子。假使李鸿章助攻金陵，那么，未尝不会和老九发生龃龉。老九和左公其实是一类人。

金陵合围后，老九"气象极好"，令阿兄大为赞赏："胸襟必能自养其淡定之天，而后发于外者有一段平和虚明之味。""如金陵果克，于广大中再加一段谦退工夫，则萧然无与，人神同钦矣。富贵功名皆人世浮荣，惟胸次浩大是真正受用。""愿弟出以广大之胸，再进以俭约之诚，则尽善矣。"[1]

好消息再次传来，据金陵城内逃出的兵民所供，城内米粮无多，三四月当有望克复。二月二十四日，左宗棠率所部湘军攻克杭州。

但这对于老九来说，只能增加其焦灼，"求效之心尤迫于星火"。

其幕僚赵烈文日记中记载了老九当时的情形。赵烈文将自己了解到的吉字营所扎城北、外营多不守纪律，统帅宽纵，军政废弛的情况告诉了老九。老九却无奈地表示，因为各营欠饷太多，兵士只能喝粥，各营统领又愧又惧，哪敢再严厉约束部下？赵烈文担心，如此下去，再不破城，湘军大有瓦解之势。老九也告诉赵烈文，说他梦见登上一座高山，却找不到下山的路，进退不得，怀疑是凶兆。赵烈文也无言劝解。可见当时老九的心情是何等郁积。[2]

其实，对于曾国藩来说，金陵坚守如常，何日才能了此公案的焦急感丝毫不亚于老九。与此同时，徽州又起战火，杭州城破后太平军急攻徽州，幸而保全，但太平军转而南进江西；江西巡抚沈葆桢又与曾国藩争夺江西厘金，户部议准一人一半。老家又传来惠妹病势严重的消息。几番交织，让曾国藩煎灼不已。

不仅曾氏兄弟愁思不解，连赵烈文也都感同身受：

> 更虑积以成渐，士气必将懈怠，而悍贼愈逼，死志愈坚，交绥之际，不无可虑。且巨憝未擒，坚城尚在，我军困守，已及两年，成则扫平大难，东南之人皆出水火。万一不成，则不独群黎无更生之望，楚军暴露十年，徒为画饼，天下事尚可问乎！九帅为此日夜焦灼，寝食俱减。加自新春至今，冒风栉雨，无片刻宁处，致婴气痛、腹利诸疾，形容清削，颇非昔比。[3]

[1] 曾国藩：《曾国藩全集》(20)，岳麓书社，1987年，第1084页。

[2] 赵烈文：《能静居日记》(二)，岳麓书社，2013年，第742页。

[3] 赵烈文：《能静居日记》(二)，岳麓书社，2013年，第744页。

三月后，老九亦肝火上窜，湿毒上身，病势不轻。他自言"肝病已深，痼疾已成，逢人辄怒，遇事辄忧"[1]。

这对患难兄弟，此时此刻，只有"互相劝勖互恭维而已"。

一再反对老九挖地道做法的曾国藩，此刻也不再阻止，"听弟加工再挖"。

兄弟俩都知道，自苏州杭州克复以后，国中人人皆望金陵能迅速攻克。然而，"将克未克之际，必有一番大风波"[2]。不如意之事机，不入耳之言语纷至迭乘。"求稳"二字，成为曾国藩反复告诫老九的字眼。不期其速，而期其稳。金陵之太平军确实非其他诸路太平军可比，金陵一城也远非其他诸城可比。正如曾国藩所说，此时此刻必须有定识定力，稳慎图之。

曾国藩既担忧老九的身体，又顾虑人言之可畏，四月，他又重提请李鸿章助攻金陵：

> 如奉旨饬少荃中丞前来会攻金陵，弟亦不必多心，但求了毕兹役。独克固佳，会克亦妙。

同时，阿兄又不得不反复劝慰老九功不必自己出，名不必自己成，总以保全身体，莫生肝病为要。[3]不要因此煎迫而致病：

> 事事落人后者，不必追悔，不必怨人，此等处总须守定畏天知命四字。金陵之克，亦本朝之大勋，千古之大名，全凭天意主张，岂尽关乎人力？天于大名，吝之惜之，千磨百折，艰难拂乱而后予之。老氏所谓"不敢为天下先"者，即不敢居第一等大名之意。今少荃二年以来屡立奇功，肃清全苏，吾兄弟名望虽减，尚不致身败名裂，便是家门之福。老师虽久而朝廷无贬辞，大局无他变，即是吾兄弟之幸。只可畏天知命，不可怨天尤人。所以养身却病在此，所以持盈保泰在此。[4]

四月初八北京的廷寄中已有谕旨，要李鸿章克复常州后，即可移军助金陵，以图速效，不能令大股太平军突围出来。但是李鸿章却奏明回苏州，并不想来助

[1] 曾国藩：《曾国藩全集》（20），岳麓书社，1987年，第1109页。
[2] 曾国藩：《曾国藩全集》（20），岳麓书社，1987年，第1107页。
[3] 曾国藩：《曾国藩全集》（20），岳麓书社，1987年，第1112页。
[4] 曾国藩：《曾国藩全集》（20），岳麓书社，1987年，第1113页。

攻金陵。其他诸如富明阿等想来助攻金陵的援兵也被调回本防，别无一支来帮这个忙，令曾国藩又喜又忧："事权专一，可喜；担荷之重，亦可惧。"

然而，进入五月，老九的病并没有好转，"肝气腹疼，头面手足生湿毒，夜不安神"[1]。苏杭克复后，太平军东进西攻，江西、湖北各处危急四伏，警报迭起，不唯北京忧虑，就是曾家兄弟也万分忧急。曾国藩深知老九的性情，唯恐老九肝气之病，愈积愈深。刚好曾国藩从黄翼升处获知，李鸿章对曾家兄弟内心深处有相亲相卫之意，于是他便再次与老九商量，决意再次奏请李鸿章亲自带开花炮队、洋枪队前来会攻金陵：

> 如苏军齐到成功，则弟受其劳，而少荃享其名。则既可以同膺懋赏，又可以暗培厚福。盖独享大名为折福之道，则与人分名即受福之道矣。如苏军虽到，而城贼仍坚持不下如故，则谤可稍分，而责亦稍轻。余昨日已答少荃派炸炮至金陵会剿。细思弟之肝病，不宜再郁两月，而饷项亦断难支至三四月，故决计奏请少荃前来。[2]

理由很简单，既然李鸿章有好意，那么，让他来享受功名也算是一种回报，何必一个人独享大名？如果李鸿章来助攻金陵，却不奏效，也可以减轻外界对老九的谤言和指责。然而，话虽这么说，曾国藩自己依然犹豫不决，将请不请李鸿章助攻的"好处"和"不好处"向老九和盘托出：

> 不请少荃来会剿，则恐贼城相持太久，饷绌太甚，弟以郁而病深。请少荃前来会剿，则二年之劳苦在弟，一旦之声名在人，又恐弟以激而病深。故展转踌躇，百思之决。弟之声名，即余之声名也；弟之性命，即余之性命也。二者比较，究以保重身体为大，弟自问身体足以久磨自炼，则余自放心矣。[3]

夜来又细思，少荃会剿金陵，好处甚多，其不好处不过分占美名而已。后之论者曰：润克鄂省，迪克九江，沅克安庆，少荃克苏州，季高克杭州，金陵一城沅与泉各克其半而已。此亦非甚坏之名也。何必全克而后为美名哉？人又何必占天下之第一美名哉？如弟必不求助于人，迁延日

---

[1] 曾国藩：《曾国藩全集》（17），岳麓书社，1987年，第1017页。

[2] 曾国藩：《曾国藩全集》（20），岳麓书社，1987年，第1120页。

[3] 曾国藩：《曾国藩全集》（20），岳麓书社，1987年，第1123页。

久，肝愈燥，脾愈弱，必成内伤，兄弟二人皆将后悔，不如及今决计，不着痕迹。[1]

可见，曾国藩为了请不请李鸿章会攻金陵这个问题，苦思多日。无一不为九弟之声名着想，为九弟之身体着想。湘军东征十余年，胡林翼收复武汉，李续宾收复九江，老九收复安庆，李鸿章收复苏州，左宗棠收复杭州，都是重要的战役，重大的功劳。曾国藩认为，能占一即够了，天下第一美名不必沾恋。

并且为了安慰老九的心，原来拒绝了北京要求其亲临金陵前线督军的曾国藩，这一次主动表示："少泉将到之时，余亦必赶到金陵会剿，一看热闹也。"[2] 此所谓看热闹，其实还是想彰显曾家功劳。无论如何，身为江苏巡抚的李鸿章既是自己的得意弟子，又是自己两江总督所节制的部属。其苦心孤诣如此！

连续多日，关于商请李鸿章助攻一事，曾国藩本人一直反复不定。倒是老九被说服了，下定决心同意请李鸿章来会攻金陵，这让曾国藩悬着的心终于放了下来：

> 少泉到后，如能迅速克城，早破一日，弟早息一日之肩，固属万幸。若不能遽克，仍须吾弟坚嘱各营严断接济，一毫不肯放松。弟肝病已深，余所稔知。然凡事须退一步想。假如九洑洲、东坝及丹、句、金、溧至今未克，弟虽再围一半年，毫无指望，亦无如何，假如此时会剿者系平日积不相能之人，亦无如何。今少泉来，实与吾弟水乳交融，而大功实不甚远，此心岂不绰绰？[3]

很快，老九收到李鸿章复信："鄙意以我公两载辛劳，一篑未竟，不敢近禁脔而窥卧榻。况入沪以来，幸得肃清吴境，冒犯越疆，怨忌丛集，何可轻言远略。"[4] 李鸿章明确表示，不想分占老九即将到手的功劳。曾国藩阅信后表示："少泉意在助吾兄弟成功，而又不敢直言，其意可敬。"[5] 常州克复以后，李鸿章借病回苏，又在丹阳克复后的奏报中，故意声明，金陵不日可克，弦外之音，就是告诉朝廷不必要李氏助攻。

这一点连老九身边的幕僚赵烈文都看出来了，李鸿章为了不助攻金陵，故意

[1] 曾国藩：《曾国藩全集》(20)，岳麓书社，1987年，第1124页。

[2] 曾国藩：《曾国藩全集》(20)，岳麓书社，1987年，第1124页。

[3] 曾国藩：《曾国藩全集》(20)，岳麓书社，1987年，第1126页。

[4] 李鸿章：《李鸿章全集》(29)，安徽教育出版社，2008年，第316页。

[5] 曾国藩：《曾国藩全集》(20)，岳麓书社，1987年，第1126页。

前攻嘉兴,侵占左宗棠之功,城内太平军欲降,李鸿章咨商左宗棠,左公不予理睬,没想到李鸿章竟然成功收复嘉兴。二人之怨,由此而结。

曾氏兄弟明白,这聪明的李鸿章要了一个滑头,长兴、湖州是左宗棠的辖区,左公并未请他帮忙;况且湖州、长兴焉能与金陵相比?看得出,李鸿章是有意将功劳让给曾家老九。到此,老九亦决定复信盼他早来。兄弟意见统一后,五月二十二日,曾国藩正式向北京上奏《遵旨统筹会剿金陵折》,提出自己将于六月亲赴金陵,并要求北京饬令李鸿章会攻金陵。

其间,曾国藩派从湖南乡下专程来安庆省亲的儿子纪泽赴金陵大营探视老九,纪泽回报说九叔病已痊愈。观老九之信字迹秀整,辞气也极和平,曾国藩这才略为放心。

尽管金陵城神策门、朝阳门外所掘地道,又一次被城内太平军从内挖出,横穿数处,湘军士兵折损甚多。然而老九持续苦攻之决心依然未变,骑马周历各营,事机越发顺利。五月三十日,李祥和部终于攻下太平军地保城即龙膊子石垒。

北京方面接连迭谕李鸿章不分畛域,不避嫌怨,迅速拨兵助攻金陵,李鸿章那边则仍然借辞松沪腹地空虚,其兵力仅勉支堵击,"须教练枪炮各队,且须攻破湖州再来金陵"[1]。李二先生这一"拖字诀"用得极妙,既不拒绝,也不即来。

曾氏兄弟也越来越明白,李鸿章深知老九一军千辛万苦,不想来分此垂成之功。曾国藩不禁发出由衷赞叹:"诚能如此存心,则过人远矣。"[2]夸奖李鸿章的同时,阿兄也不忘称赞老九几句:"惟数万人困于坚城之下,最易暗销锐气。弟能养数万人之刚气而久不销损,此是过人之处。"[3]嗣后,曾国藩对李鸿章说了一句:"吾兄弟薄面,赖子全也。"[4]曾李两家关系因而情谊深厚,始终不渝。

独占天下第一功

五月底,北京似乎也感觉到金陵合围,指日可克。兵部火票要求立即刊刻张贴圣旨,允许城内军民归顺投诚并不准私行杀害及抢夺财物:

---

[1] 曾国藩:《曾国藩全集》(20),岳麓书社,1987年,第1131页。

[2] 曾国藩:《曾国藩全集》(20),岳麓书社,1987年,第1136页。

[3] 曾国藩:《曾国藩全集》(20),岳麓书社,1987年,第1139页。

[4] 刘体智:《异辞录》,中华书局,1988年,第39页。

现在金陵合围，指日可克，若俟城池既拔，则玉石俱焚，虽悔何及，亟宜及早省悟，自觅生机，惟念其间有久陷贼中，隐怀疑惧，未能自拔者。用是再行剀谕，嗣后如有设计献城，或擒折首逆，即立予重赏。其有从贼已久，蓄发较长，但能诚心归顺，均准其剃发免死，给予牌照、路费，资遣回籍，携带眷口资财，悉归本人，兵勇不得抢夺。无籍可归，妥为安置。如私行杀害、劫夺财物，即将该兵勇按照军法从事，交将该本官从重惩办。各处投诚难民，均照此一律办理。着各路统兵大臣、各省督抚，即将此旨刊刻张贴，遍行晓谕。[1]

应该说，这道谕旨来得非常及时，给了金陵城内误入歧途者、裹胁从"军"者最后一次生机。

六月十六日午刻，金陵城旋告克复。两天后，喜讯传至安庆大营。这天晚上三更，阿兄接到九弟的咨文，"思前想后，喜惧悲欢，万端交集，竟夕不复成寐"[2]。五天以后，老九会同杨岳斌、彭玉麟八百里驰奏克复金陵外城的奏折到了皇帝案头。

金陵克复得如此快速，亦与老九于六月十五日接到李鸿章咨文有关，文中称已派刘士奇、潘鼎勋、刘铭传、周盛波等二十营来助攻，定于十六日拔营。得知消息的当日，老九在龙脖子行营，将李鸿章咨文传示众将：他人至矣，艰苦二年以与人邪？

众将皆曰：愿尽死力。

恰在这时，信字营传来消息，李臣典所挖通往地堡城下之地道今晚告成。

真是天缘凑泊，第二天午时正刻，赵烈文在营中闻地道崩隆隆如雷，赶趋营外，用望远镜窥视，只见城北烟雾塞空，蔽钟山下半不见。约一饭的工夫，见城内龙广山顶皆是湘军，旗帜漫山而下，灿烂如撒星。又一会，山脚下屋火起。再过一会，城中火大起，天王府火骤发，冲入云霄。不一会，通济门火起，继而西门外太平军营垒火起，中关拦江矶太平军营垒火起。"城定已破，众欢声如雷。"

申刻将尽，老九回营。赵烈文等人都来祝贺。此时的老九穿着短布衣，跣足，汗泪交下。

六月二十三日，曾国藩在奏报中生动地记述了金陵克复的具体情形：

[1] 《清穆宗实录》（三），华文书局，1982年。

[2] 曾国藩：《曾国藩全集》（17），岳麓书社，1987年，第1031页。

自得天堡城后，城中防守益密，地堡城扼住隘路，百计环攻，无隙可乘，直到五月三十日，始经李祥和、罗逢元、王远和、黄润昌、陈寿武、熊上珍、王仕益等率队攻克，占取龙膊子山阴，居高临下，势在掌握。自六月初一日起，各营轮流苦攻，伤亡极多。

接下来，曾国藩在奏折中用三分之二的篇幅叙述了各将领打下金陵的经过，如叙说李臣典在这一仗中立功甚大的情况：他侦知金陵城粮食尚可支持数月，吉字营地道又都不见成效，官兵筋疲力尽，若不速攻，恐事久生变。于是，他主动提出率众人从太平军炮火最密集处重开地道。半个月后，正当吉字营官兵往地道装火药时，忠王李秀成率军数百，从太平门城墙根直攻地道处大营，朝阳门也冒出数百太平军，都穿着湘军号衣，到处掷火弹。湘军疲惫之极，又是深夜，差点被算计成功。

六月十六日早晨，老九调齐四路大军，李臣典于地道口安放好引线，点火，霹雳一声巨响，正好炸开城墙二十余丈，趁烟尘蔽空之际，吉字营各统领个个身先士卒，从缺口处冲入，各营士兵蚁附齐进，锐不可当。

太平军大势已去，老九"悬不赀之赏，严退后之诛"，吉字营很快攻入金陵城中，分头四路出击。

太平军也不示弱，有的以火药倾盆烧杀湘军，给了湘军巨大杀伤；有的排列轰击湘军，与湘军对射。

忠王李秀成传令将天王府及各王府同时举火焚烧，一时间城中各殿火药冲天，烟焰满城。

十六日夜，吉字营攻破金陵内城，夺得太平天国玉玺二方、金印一方，系天王洪秀全之印。另据太平军被俘人员称，洪秀全已于五月间服毒自杀。

忠王李秀成于城破之后，藏于山中民房，三天后，被吉字营提督萧孚泗搜出擒获，福王洪仁达亦被擒。老九亲自讯问，都供认不讳。

三天之内，吉字营杀死太平军十余万人，"秦淮长河，尸首如麻"，包括太平军大小王将三千多名，三日三夜火光不息。

曾国藩于奏折中并没有表彰自己和老九等人的功劳，但通过这些叙述，将战斗的残酷、老九指挥得当、吉字营不怕死的形象彰显得令人感动。曾国藩不无感伤地说：

"窃念金陵一军围攻二载有奇，前后死于疾疫者万余人，死于战阵者八九千人，令人悲涕，不堪回首。"[1]

这次地道战之成功，引起曾国藩特意现场察看，比在奏折中所写更为真切：

> 所掘两洞，跟城极近，不过十余丈耳。沅弟于龙膊子山上，随山高下，架炮数层，安炮百余尊，进攻十余日，昼夜不断，城上之贼不能立足，故城外掘地道者虽极近而贼无如何也。此次地道破城，一在炮火极多，猛攻极久，使城贼立脚不住；二在附城极近，掘洞极速，仅五日而成功，出于贼所不意；三在沅弟精诚所格，五万人并力用命。以是知人力可夺造化之功，凡事不得尽诿气数也。[2]

六月二十五日，阿兄自安庆移驾金陵，兄弟相聚。十载东征，大业竟成。老九如愿以偿，自三十持旄，四十而成"天下第一功"。

六月二十七日，这天金陵城大风雷雨，热极骤冷之感，令人清爽。洪秀全的尸体在王宫内被掘出，次日被扛至金陵大营。曾国藩与老九亲往验看。这是兄弟俩第一次与对手见面。可惜，洪秀全已死有两月。

赵烈文记载了他所见到的洪秀全，其尸尚未坏，中衣皆绣龙，头秃，须已微白。曾氏兄弟描述的洪秀全相差不大：其尸体遵从拜上帝教，不用棺木，遍身皆用绣龙黄缎包裹，虽裤脚亦系龙缎。头秃无发，胡须尚全存，但间有白须。左股右膀肉犹未脱。"验毕，大风雨约半时许。"[3]

寥寥几个字，似乎给这场旷日持久的对抗厮杀留下了无尽的遐思。

谤满天下

金陵克复，涤荡东南十余省、绵延十四年的这场晚清巨变终告平息，得以长舒一气苟延残喘的北京也以极快的速度给予了功臣们恩典：曾国藩加恩赏加太子太保衔，锡封一等侯爵，世袭罔替，并赏戴双眼花翎。老九着赏加太子少保衔，锡封一等伯爵，并赏戴双眼花翎。其他湘军诸将各有封典。

嗣后，时任湖广总督官文、江苏巡抚李鸿章、陕甘总督杨岳斌、兵部侍郎彭

---

[1] 曾国藩：《曾国藩全集》（7），岳麓书社，1987年，第4217～4221页。

[2] 曾国藩：《曾国藩全集》（17），岳麓书社，1987年，第1035页。

[3] 曾国藩：《曾国藩全集》（17），岳麓书社，1987年，第1034页。

玉麟、四川总督骆秉章、浙江提督鲍超、西安将军都兴阿、广西提督冯子材等封侯拜爵。

老九人逢喜事，病即痊愈，湿毒十愈其七，戏酒三日，精力沛然，应酬无倦。

曾国藩在金陵料理粗毕，拟定以英王府为总督衙门，于七月十九日离开酷热难当的金陵城登舟回安庆大营。却不料，阿兄前脚刚走，老九便开始郁郁不乐。

老九不乐，事出有因：

一则是老九攻拔金陵外城后，当即八百里驰奏，并称不过一两日即可扫清全部敌军，谁知北京连日翘首以盼，可老九却没有续报，而据李鸿章称，忠于太平军的兵员尚有万余，北京也获悉老九大势粗定，便回老营休息去了，朝廷担心将士们因此贪取财物，给了太平军伺机奔脱之机，因而在六月二十六日的谕旨中措辞严厉地指责：

> 该逆死党尚有万余，曾国荃于攻克外城时，即应一鼓作气，将伪城尽力攻拔，生擒首逆。乃因大势粗定，遽回老营，恐将士等贪取财物，因而懈弛万一。该逆委弃辎重，饵我军士而潜出别道，乘我不备，冀图一逞，或伺间奔窜，冲出重围，切不可不虑。着曾国藩饬令曾国荃督率将士，迅将伪城克日攻拔，歼擒首逆，以竟一篑之功，同膺懋赏。倘曾国荃骤胜而骄，令垂成之功或有中变，致稽时日，必惟曾国荃是问！[1]

收到这样的回报，不亚于是一记闷棍，打得老九晕头转向，心中忧愤不已。不过这一不快很快就被随后到来的封赐所冲洗掉了。但随之而来的是更大的麻烦。

七月二十四日，老九又见到北京兵部廷寄发来的上谕，说：

> 御史贾铎奏，请饬曾国藩等勉益加勉，力图久大之规。并粤匪所掠金银悉运金陵，请令查明报部备拨。曾国藩以儒臣从戎，历年最久，战功最多，自能慎终如始，永保勋名。惟所部诸将，自曾国荃以下，均应由该大臣随时申儆，勿使骤胜而骄，庶可长承恩眷。[2]

借一介御史之口再给老九一个下马威，还装模作样，说国家命将出征，是为了拯民于水火，岂是为征利之图，看中金陵城中那点小钱？只是用兵时间过长，国库空虚，兵民交困，若金陵确实存有巨款，也是各省的民脂民膏，当然要用来

---

[1] 曾国藩：《曾国藩全集》(7)，岳麓书社，1987年，第4215页。

[2] 曾国藩：《曾国藩全集》(7)，岳麓书社，1987年，第4276页。

做军饷和赈济百姓，于国于民都有好处。言下之意是不能让曾家兄弟独吞。更让老九难以相信的是，北京还派了江宁将军富明阿从扬州到金陵来，他表面上是来查看八旗兵驻防的营地，实际上是来秘密调查李秀成是不是真的被湘军活捉，以及了解金陵城内的其他各种情况，其中最受关注的是太平天国的财宝，上岸后逢人就打听。因为太平天国有所谓的"圣库"，"圣库"里堆积了大量金银财宝的消息，早已传得纷纷扬扬，成了公开的秘密。北京如此不信任老九，对他防范如此之严，岂能不让他伤透了心？

怎么说服朝廷相信金陵城内没有金山银山？曾氏兄弟摆出了以下证据：

第一，曾氏兄弟原本也相信中外纷传金陵财富金银如海，百货充盈。事先就已决定，城破之后，查封府库，将财物"多则进奉户部，少则留充军饷，酌济难民"。

第二，结果出人意料，一方面，破城后，猝不及防，各宫殿被太平军一炬成灰。另一方面，据战后审查，原本就不存在一个什么金库。太平军各王、将官皆各私财务，公家贫困。

第三，老九亦不相信没有财富，勒令吉字各营按实将所获财物上缴。但曾国藩认为不妥，因为各兵勇所得的赃物，多寡不一，如强行搜缴，老实者刑求而不得，强悍者抗令而逃逸，得不偿失，不仅有伤政体，而且丧失军心。

总之，一句话，攻克金陵，竟未能收获传说中的金库，大出曾氏兄弟的意外。[1]

这样的解释，终于得到了北京的认可，"城内并无贼库，自系实在情形"。但谣传并未就此止息。

再则是金陵克复后，洪秀全虽死，李秀成及洪秀全之子洪福瑱却趁乱得以突围而出金陵。李秀成虽然很快被俘，但洪福瑱却一直下落不明。老九根据被俘降卒及难民供称，洪福瑱于城破时积薪自焚，而李秀成则供称，洪福瑱系自己挟之出城，后来分散；曾国藩则根据沿途百姓的说法，推定洪氏必死于乱军无疑。此后，各地谣传纷至，如刘松山、左宗棠、杨昌濬等先后报称，洪福瑱突围时有两三千人跟随，这与此前曾国藩所说的几百人差别太大。

这一来，就引起朝廷的高度警惕：是不是曾氏兄弟在撒谎呢？

曾国藩不得不使出杀手锏：

> 至防范不力之员弁，是夕贼从缺口冲出，我军巷战终日，并未派有专员防守缺口，无可指之汛地，碍难查参。且杭州省城克复时，伪康王汪海洋、伪听王陈炳文两股十万之众，全数逸出，尚未纠参。此次逸出数百

---

[1] 曾国藩：《曾国藩全集》(7)，岳麓书社，1987年，第4247页。

人，亦应暂缓参办。[1]

意思是左宗棠打下杭州，十万太平军突围而出杭州城，北京没有追究责任，如今打下金陵，区区几百人逸出，就喊要纠参，这样做公允不公允? 曾国藩比老九要老到百倍，他干脆来一个"查无此人"，无可指之汛地，无可纠参之人，断了北京的念想。

孰料，这一来，触发了克复杭州省城的功主左宗棠的禁忌。左公一直掩饰克复杭州后导致城中太平军全数脱险的事实，曾国藩这么一说，等于公开了左公的敏感隐私。从此二人正式反目为仇。此后长达八年，至曾国藩去世二人都没有往来。

曾国藩离开安庆进驻两江总督驻地金陵视事之后，兄弟晤谈多次，曾国荃退出官场的意愿便越来越强烈。

坐轿者肯息，抬轿者不肯

金陵克复，大功告成，即便没有任何顾虑，老九之部曲吉字营被裁撤都是正当的，只是迟早的问题。

早在金陵大战正酣之际，老九便向阿兄提出一旦金陵城破，吉字营全数裁撤的想法，遭到了阿兄的反对：

> 金陵果克，弟之部曲断不能全数遣散。一则江西是管辖之境，湖南是桑梓之邦，必派劲旅防御保全。二则四五万人同时遣散，必无许多银钱。而坐轿者愿息，抬轿者不肯，其中又有许多人情物理层次曲折。勇退是吾兄弟一定之理，而退之中次序不可凌乱，痕迹不可太露。[2]

"坐轿者肯息，抬轿者不肯"，这句俗语恰好点出了曾国藩对世故人情的洞悉。即便老九要退，也得顾及当年的吉字营部下吧。

金陵克复后，同治三年 (1864) 七月初一日，阿兄在金陵与九弟夜谈行藏机宜。

具体谈了些什么，不得而知。从后来的情况分析，大约不外三件：裁撤湘军、开缺辞职、罢厘筹饷。这三件事其实也是一件，那就是退藏。

---

[1] 曾国藩：《曾国藩全集》(7)，岳麓书社，1987年，第4273页。

[2] 曾国藩：《曾国藩全集》(20)，岳麓书社，1987年，第1086页。

行藏是兄弟俩共同的机宜，只不过，曾国藩主张缓退，而经历了战后来自北京、其他方面的猜忌和疑谤，老九则要求速退，甚至越快越好。裁撤吉字营和撤厘，其实都是为了老九能够尽快开缺回籍。

七月十三日，曾国藩和老九商定后，决定先撤萧庆衍全军，每营给欠饷两万两，余由湖北清理；梁美材三营回湖北，每营给欠饷两万两；撤韦志俊五营，每营发饷两万两；撤建字二营；吉字中营留二十营计万人守金陵，外留一万五千人作游击之师。

迫不及待的老九，不停地催促阿兄。

曾国藩不得不承诺——速办。但是，吉字营一下子全撤，谁来支撑曾国藩？"熊登武、张诗日、刘南云三人，弟万万不可放走。陈舫仙稍迟一步，明年再退可也。此外孰留孰散，听弟裁酌，总不使我遽倒门面为要。"[1]

老九吉字营共裁二万五千人，此外李续宜部裁一万人，其他共裁一万五千人。此之谓裁一半留一半。

而裁撤湘军一事很快就得到北京允准，"着即筹发欠饷，酌量遣散"，酌留的另一半则分守金陵、芜湖和金柱关各要隘，兼作游击之师，进攻广德等处。

为了能使老九如愿开缺回籍，曾国藩还提前在奏稿中预先设伏，提出曾国荃于克城之后，心血过亏，困惫殊甚，欲请回籍，一面调理病躯，一面亲率遣散之勇，部勒南归，求所为善始善终之道。但遭到北京的拒绝，"该抚所见虽合于出处之道，而于荩臣谋国之谊，尚未斟酌尽善。况遣散勇丁，只须分派妥靠之员，沿途照料，而现在江宁、安庆等城，均须督兵镇守，该抚正宜驻扎江宁，安心调理，一俟就痊，即可帮同曾国藩分任其劳。即着曾国藩传旨存问，无庸遽请开缺回籍"[2]。

但是，不料此后老九开缺回籍之心日益坚决。七八月间，老九湿毒更甚，遍身发烧，曾国藩告之以是秋天秋燥之故。并反复写信劝谕，他认为老九完全没有必要郁郁不乐。

古来有大功勋者，不过其自身赚得一爵位罢了，老九不仅如此，还送给阿兄曾国藩一个爵位。这样一个"礼"，别人或许不觉得，老九也不会居功，但曾国藩却表示，自己的爵位是老九玩命挣来送给自己的"大礼"，因而感念在心，并告诉家人，还要让曾氏宗族人皆知之。他称赞老九无论家事国事，有志必成，有谋必就。

接着，他拜托老九目前要做好三件大事：一是守好金陵、芜湖等处；二是向安徽南北派出两支游击之兵；三是重修江南贡院，要赶在十一月举行江南乡试之

[1] 曾国藩：《曾国藩全集》（20），岳麓书社，1987年，第1157页。

[2] 曾国藩：《曾国藩全集》（7），岳麓书社，1987年，第4267页。

前修好。

知弟莫如兄,曾国藩对老九抑郁的原因非常了解。他认为老九其实内心并不满足当前的成就,于是,又劝道:

> 古人称立德、立功、立言为三不朽。立德最难,而亦最空,故自周、汉以来,罕见以德传者。立功如萧(何)、曹(参)、房(玄龄)、杜(如晦)、郭(子仪)、李(光弼)、韩(世忠)、岳(飞),立言如马(司马迁)、班(固)、韩(愈)、欧(阳修)、李(白)、杜(甫)、苏(轼)、黄(庭坚),古今曾有几人?吾辈所可勉者,但求吾尽心力之所能及,而不必遽希千古万难攀跻之人。弟每以立言中之万难攀跻者,而将立功中之稍次者一概抹杀,是孟子钩金舆羽、食重礼轻之说也,乌乎可哉?

钩金舆羽,语出《孟子》,意思是金子比羽毛重,但不能说三钱多重的金子比一车羽毛还重,二者悬殊,不可比较。食重礼轻,也是孟子的一个比喻,一般情况下,礼比食重要,但特殊情况下,食比礼重要。因此,人生要经权互用。老九的抑郁正是于经权之辨上失了权衡,不满足于立功,拿那些立言者与自己相比,便产生一种郁躁情绪。

因而,阿兄曾国藩劝他,不如满足现有之功,继续读书养气,小心加大度,增进德行。就如建房一样,所立之功好比地基,好比房屋的结构,今后只须装修便好了。

他又告诉老九,朝廷此前谕旨中所说"荩臣谋国,尚未尽善"八个字,是慰问老九的"温旨",而不是责备老九的"微词",金陵一役,大功告成,无论中外都对老九必无闲言,不必多心多疑。大哥的多番劝慰,可谓入情入理,用心良苦。[1]

奈何至八月,老九病势又加重,并于左肩下胁上生一毒。好在不久即痊愈,总是时好时坏,但不管老九退藏思归如何心切,曾国藩总是殷殷叮嘱其"不宜转饿弯"。并告诫他,"大臣告病,第一折请假调养,第二、三折乃能请开缺回籍。弟并未到任,微有不同。拟第一折即请开缺回籍,八月二十七日发,九月发第二折,十月初发第三折,十月底决可成行"[2]。

八月二十日,是老九四十一岁生日。阿兄在安庆作寿诗十三首,并写成小屏幅带至金陵。

---

[1] 曾国藩:《曾国藩全集》(20),岳麓书社,1987年,第1164页。

[2] 曾国藩:《曾国藩全集》(20),岳麓书社,1987年,第1166页。

其一云：

> 九载艰难下百城，漫天箕口复纵横。
>
> 今朝一酌黄花酒，始与阿连庆更生。

其十云：

> 左列钟铭右谤书，人间随处有乘除。
>
> 低头一拜屠羊说，万事浮云过太虚。

"漫天箕口复纵横"，"左列钟铭右谤书"二句道出了老九其时所遇谤满天下的处境，"万事浮云过太虚"，意在嘱咐老九把功名毁誉看作过眼浮云，不必在怀。

为了劝慰九弟，曾国藩坦诚地说："若非弟之九年苦战，吾何能享此大名？故略陈众人所颂者，以为祝寿也。"[1]又说：他写这十三首七绝，是欲"使儿曹歌以侑觞。盖欲使后世知沅甫立功之苦，兴家之不易，常思敬慎以守之"。全诗极力为曾国荃评功摆好，说他"一剑须臾龙变化，准能终古老泥蟠"，称颂他于咸丰八年（1858）十五日攻占吉安，是"书生初试大功时"；称颂他咸丰十一年（1861）八月初一日攻占安庆，"上感三光下百神"；称颂他攻占金陵，是"昆阳一捷天下悦""正赋周宣六月篇"。

裁撤吉字营的同时，曾国藩上奏停止已开征三年专供江南的广东厘金，却未获允准。

八月二十七日，曾国藩如约上奏请求允许老九因病开缺回籍调理：

第一，早在春夏之交，老九饮食日减，睡不成寐。此前已经曾国藩汇报过一次。旨在说明老九之病并不是装的。

第二，攻克金陵后，老九遍体湿疮，彻夜不能眠，病势日增，不能握笔写字。

第三，当下撤军之事已经就绪，军务大定，老九又无地方专责，暂时不需要他，可以开缺。[2]

老九有病不假，但按大清惯例，并非有病就一定能请假开缺，官员即使死在任所也不为过。自古帝王对功臣就有防范之心，一防其骄纵不轨，二防其辞劳偷闲。一句话，就是不受朝廷驾驭。谙熟帝王心术的曾国藩不愧是高手，首先铺垫其事，老九有病并不是克城之后才有的，事先我就报告过；其次，再进一步铺陈，带病坚持工作，是将帅应受之苦，因此，以前也觉得正常；但这一回不一样了啊，

---

[1] 曾国藩：《曾国藩全集》（20），岳麓书社，1987年，第1165页。

[2] 曾国藩：《曾国藩全集》（7），岳麓书社，1987年，第4355页。

病势由心虑之发展到日增的地步，扛不过了。这样如烧炉火一样，添了三次柴逐渐将火烧旺，让人看了感觉不得不准其请假。接下来，又开列两个开缺回籍的合理条件：一是其本人该办的事情办得差不多了；二是只要病好马上回岗位，并非是不再出山。前者是必要条件，后者是充分条件。二者俱备，上面一看，合情合理，准了。这不得不让人佩服曾国藩办事手段之高明。

因此，批复谕旨很快地下来了，同治三年（1864）九月初十，北京谕旨，准许老九回籍开缺养病，并赏人参六两。这次，北京还颇有人情地赞扬了老九二句："该抚系有功国家之臣，朝廷正资倚畀，尚其加意调治，一俟病体痊愈，即行来京陛见。"[1]不过，这些话对老九来说，已经意义不大了。

十月初一，老九启程回湘，阿兄亲自送出百余里，初四早饭后，老九与阿兄告辞，自采石矶开船东归，又令曾纪泽亲送至芜湖。

老九自此与他的吉字营分手。留守金陵的吉字营由刘连捷、朱南桂、朱洪章等人统带。吉字营的名号自此消失。

雪沅过节在水陆相仇

湘军两支重要的生力军，长期并肩作战，一是老九的吉字营，一是杨岳斌、彭玉麟统领的湘军水师。复安庆、克金陵，合靠水陆二师通力协作，尝尽艰苦。但时间长了，难免有龃龉甚至矛盾。

关于老九与雪帅彭玉麟之间的矛盾，传说很多，但有凭有据的是在同治元年（1862）五月十五日，曾国藩在给九弟的家书中写道：

> 雪琴与沅弟嫌隙已深，难遽期其水乳。沅弟所批雪信稿，有是处，亦有未当处。弟谓雪声色俱厉。凡目能见千里，而不能自见其睫，声音笑貌之拒人，每苦于不自见，苦于不自知。雪之厉，雪不自知；沅之声色，恐亦未始不厉，特不自知耳。[2]

由此可知，二人的嫌隙，出在个性上。至于老九批彭玉麟的信稿上说了些什么，不得而知。大概意思是指彭玉麟声色俱厉。曾国藩并没有偏袒老九，深知老

[1] 曾国藩：《曾国藩全集》（7），岳麓书社，1987年，第4356页。

[2] 曾国藩：《曾国藩全集》（20），岳麓书社，1987年，第833页。

弟个性的曾国藩说了一句大实话：目见千里，而不能自见其睫。各人都只能看到别人的毛病，对自己身上的毛病却看不见、不自知。这一点，彭玉麟如此，老九亦如此。

从曾国藩的书信中可以发现，彭玉麟确实有两次提出，要求曾国藩大义灭亲，杀掉老九。

这事见诸同治三年（1864）十月二十四日，从曾国藩书信中可以略知事情原委：曾国藩身边一个叫柳寿田的戈什哈（侍从护卫），成立亲兵营时，柳寿田等被外放至水师。但柳寿田倚仗曾国藩之势，在水师中挑起事端，发生冲突，总管水师的统领彭玉麟撤了他的职，割了他的耳朵，还不允许他回金陵大营见曾国藩。因此，曾国藩在信中以罕见的严厉之辞诘责彭玉麟：

> 此等举动，若他人以施之阁下，阁下能受之乎？阁下于十一年冬间及此次皆劝鄙人大义灭亲，舍弟并无管、蔡叛逆之迹，不知何以当诛？不知舍弟何处开罪阁下，恨之若是？

不仅如此，曾国藩对彭玉麟信中指责自己"将兵紊乱"也大为光火："鄙人在军十年，自问聋聩不至于此。"老九的好坏，吉中营的好歹，曾国藩认为他心中泾渭分明。他直接指出：外间痛诋吉中营者，却以彭玉麟为最。

他还认为，官绅商民、水陆各军，有贬吉中营的，也有夸吉中营的，倘若如彭玉麟所言，那么，安庆、金陵之绅民势必痛恨吉中营入骨髓了。他反问彭玉麟：

> 柳寿田明知阁下与舍弟积不相能，而故重责割耳，谓非有意挑衅，其谁信之？吉中之勇，既有所挟之凌人，而反不说出营名，露出号补，直待打毕割毕，始行说出"吉中"二字，又谁信之？[1]

俗话说，打狗还看主人面。

信中所说的"劝鄙人大义灭亲"的事，咸丰十一年（1861）冬天，彭玉麟也说过一次。为什么要大义灭亲？曾国藩没有说，但从老九所做的事来说，无非两条：一是纵部下杀戮，二是贪财。就算老九二条全占，也不至于罪当该死。否则当时之官场，差不多大半都该死。正如曾国藩信中所说："舍弟并无管、蔡叛逆之迹，不知何以当诛？"

---

[1] 曾国藩：《曾国藩全集》（27），岳麓书社，1987年，第4803页。

研究湘军史的人大都爱找一些野史来作证据，用一些据说、传闻来作为研究的材料，或者引用当时人的一两句话，以偏概全，来推证全局。这样的做法对于厘清事实毫无帮助，只会越来越混乱。

咸丰十一年（1861）冬，彭玉麟因何事而劝曾国藩杀其九弟？野史说是因为曾国荃克复安庆后纵兵屠城，可问题是，安庆克复是在当年的九月。何以几个月之后才提出这一问题？

这一次，雪帅又劝曾国藩杀老九，时间是在同治三年（1864）十月，距金陵克复已有四个月之久，且老九已获准开缺回籍回到了湖南老家。如果是因为老九纵兵劫掠金陵的话，雪帅也不至于这个时候才提出大义灭亲。

真正的原因，其实在于湘军水师和陆师之间的摩擦。矛盾产生的原因可能是多方面的，但关键恐怕还在于军饷。

湘军水陆二师长期缺饷，这是不争的事实。在有限的军饷中，曾国藩不得不考虑平衡，但在大战关键时候，比如攻打安庆、克复金陵时，曾国藩当然会优先考虑围城部队，否则一旦他们闹饷，就可能导致功亏一篑。而彭玉麟的水师和老九的吉字营往往都是担当这一任务的主力部队。相对而言，曾国藩有时会偏向于老九的吉字营。水陆二师的矛盾应该是由此而引发。

在进攻金陵时，深受缺饷之苦的曾氏兄弟，不得不在战略规划中也得考虑饷源。

同治元年（1862）四月间，阿兄多次晓谕老九应当在东梁山以下采石、太平一带渡江，他指出，这"本是妙着，亦是险着"。"妙处有四：一曰隔断金陵、芜湖之气；二曰水师打通泾县、宁国之粮路；三曰芜贼四面被围；四曰抬船过东坝可达苏州。又有最大者，金柱关可设厘卡，每月进款五六万，东坝可设厘卡，每月亦五六万。二处皆系苏皖交界，弟以本省之藩司，抽本省之厘税，尤为名正言顺。"[1]

同时也指出这样做，"险处有二：初渡采石，营垒未定，恐大股来扑，一也；北岸无大支活兵，恐四眼狗窜出乱扰无、庐、巢、含，又恐九洑洲之贼上犯，二也"[2]。

此时，曾老九的吉字营一军，欠饷近九个月，高于鲍超（欠饷八个半月）和徽州各军（欠饷七个月）。但为了饷源，老九相信阿兄的话，"以兄决计俟水师到齐之日，即率众渡江，击金柱关也"。

老九费力击破金柱关，即在此设卡抽厘。曾国藩原本计划，所抽之厘，八成归老九之军，二成归季弟国葆之军。然而，老九却提出，自己只要六成，另二成归彭玉麟之水师。

---

[1] 曾国藩：《曾国藩全集》（20），岳麓书社，1987年，第823页。

[2] 曾国藩：《曾国藩全集》（20），岳麓书社，1987年，第821页。

原因在于,陆师依赖水师之力甚多,伤人亦多。而且抽长江之厘全靠湘军水师稽查。这得到了阿兄的大赞,更修改为"沅五、雪三、季二",老九占五成,彭玉麟三成,季弟国葆二成。

老九这么做,很有可能就是为了大战在即,缓和或化解水陆二师的矛盾。曾国藩自然乐于玉成。

这期间,曾国藩又多次写信劝老九要注意戒傲戒奢,虽然没说具体事情,但极有可能是针对老九在饷事和作风方面的问题,诫其不要有让人指摘的把柄。

但是,对于老九的善意,水师不一定理解。

同治二年(1863)九月,阿兄向在家的老四国潢倾诉,说老九添募陆军至二万多人,又添募水师十二营,全不函商阿兄。长江业已一律肃清,太平军并无一船,彭玉麟、杨岳斌的水师已足够,不知老九再添这么多水师有何用?

老九添募水师,极有可能是不想倚仗彭玉麟之水师,打算靠自己。幸得曾国藩及时予以申止。

同治三年(1864)正月,老九主动约彭玉麟、杨岳斌水师相会于下关,三人唱戏饮酒,尽欢而返。"弟于二君,只记生平之好处,不复记前之不满意之词矣。"[1] 应该说,老九的姿态还是不错的,能够摒弃前嫌,团结水师,懂得顾全大局。

人际关系的矛盾其实是很正常的。彭玉麟与杨岳斌就曾发生过矛盾。

1855年初,湘军水师在湖口失利后,外江战船败退湖北。但水师将领彭玉麟与杨载福却因事不和,互不相让。胡林翼得知后,亲自设宴,为他们调和矛盾。关于这一件事,方宗诚有详细的记载,书中说:

> 文忠知之,乃致书彭公、杨公,请其会商要事。杨公先至,欢谈,而彭公至,杨公即欲出,文忠又强止之,两人相对无语。文忠乃命设席,酌酒三斗,自捧一斗,跪而请曰:天下糜烂至此,实赖公等协力支撑,公等今生隙,又何能佐治中兴之业耶?因泣下沾襟。于是彭、杨二公皆相呼谓口:吾辈负官保矣!如再有参差,上无以对皇上,下无以对官保。遂和好如初。[2]

彭玉麟与老九之间并没有什么仇与恨,二人更多时候是并肩作战的战友,战场上互相支持,相互配合,才有安庆、金陵大战的胜利。而其部下之间的矛盾和摩擦却不是那么容易解决的,而且身为水陆二师各自的统领,自然应当维护部下的利益,否则何以带兵?二人之间的矛盾更有可能是由此引发。

[1] 曾国荃:《曾国荃全集》(第五册),岳麓书社,2006年,第235页。

[2] 方宗诚:《柏堂师友言行记》(卷二),文海出版社,1968年,第12页。

典型的例子就是为很多人乐于发挥想象的柳寿田事件。

同治三年（1864）十月十四日，曾国藩闻柳寿田割耳事，写信给九弟。"恐伤弟之肝气，甚不放心。一去吉中二字，则水陆相仇无已时矣。"[1]

这里，曾国藩明确提出"水陆相仇"。

柳寿田事件只不过是湘军水陆二师矛盾中的一个小插曲而已，可后世一些人却夸大其事，诬说是曾国藩兄弟派去监视彭玉麟的。却不知曾国藩对彭玉麟之了解和感情，何需监督？彭玉麟对曾国藩的忠诚，早有事实证明。曾国藩公开当着彭玉麟的面说："往昔患难相从，为日最久者，惟阁下与次青情谊最挚。"曾国藩也深知，"彭雪芹外观虽狠，而其实则好说话，遍受厚庵、少荃、沅甫之气。"[2]彭玉麟外刚内柔，好说话，受尽了杨岳斌、李鸿章和老九的气。

柳寿田原本是曾国藩身边一个戈什哈，就是侍从护卫，成立亲兵营时，柳寿田被派去作哨官，一个低级武职，同治六年（1867）官至水师营副将病死。

曾国藩对此人并不十分信任，他说过："柳寿田向来说话近于浮滑，本部堂不甚放心也。"由于在曾国藩身边当过侍卫，柳寿田明知彭玉麟与老九"积不相能"，故而在水师营借用曾氏兄弟的名义胡作非为，挑起是非，引发水师对吉字营的强烈不满，导致彭玉麟对吉字营非常痛恨。彭玉麟是一个爱憎分明、疾恶如仇之人，但他未必了解事情的原委，误信了柳寿田和水师的谗言，故而迁怒于老九。

同时彭玉麟又是一个不爱做官也不懂得官场关节的人，他压根儿就没有想过，你要求自己的顶头上司杀掉自己的亲弟弟，这怎么可能？即便他犯了大罪，也不现实呀。但他偏偏就这样说了，也足见彭玉麟对曾国藩的信任，他相信曾国藩与一般的官僚不一样。这正是彭玉麟可爱之处。

咸丰十一年（1861）冬，曾国藩听了彭玉麟大义灭亲的建议后没有发作，但是这一次不同了，一方面缘于老九克成大功后，反而招致谤满天下，弄得九弟心情极坏，病势加重，不得不开缺回籍，曾国藩对此耿耿于怀，尤其心疼老弟，他不希望这种事情再次发生，于是，他在给九弟的信中写道：

> 柳寿田之事，吾思之再三，若不稍着声色，以后吉字营勇似吃大亏，故于复雪琴之信亦严加诘责。雪琴接信，即踵门叩谢，深自引咎，大约以后渐可相安。[3]

---

[1] 曾国藩：《曾国藩全集》（20），岳麓书社，1987年，第1175页。

[2] 赵烈文：《能静居日记》（二），岳麓书社，2013年，第1066页。

[3] 曾国藩：《曾国藩全集》（20），岳麓书社，1987年，第1178页。

另一方面，彭玉麟信中对吉中营的诋毁并没有拿出确实的证据，在处理柳寿田事件上又没有事先向曾国藩禀报，曾国藩担心水师此后不听节制，不得不发出诘责。

老九接到曾国藩的信后，复信表示："雪琴处究以不诘责为妙。得何铣款，务乞于二三月将吉中二十营悉撤为要。弟与南翁实能设法借到款，在楚清厘，二十营欠饷四五成，并不甚费力也，请兄放心。即为皖、吴节饷计，亦以多撤早撤为要，何妨先从弟部下手耶？振字、湘后左、右及吉左八营，亦宜夏、秋毕撤，其营毛病亦多，终不可久留耳。"[1]

可见，老九自己也知道毛病出在吉字中营，主动提出撤掉这二十个营，其他吉字诸营也一概撤掉，从根本上化解水陆二师的矛盾，并劝兄不要诘责彭玉麟。而彭玉麟接到曾国藩的诘责信之后，才恍然大悟自己的做法不妥，亲自到金陵曾国藩处叩谢。此次风波并没有影响彭玉麟与曾家兄弟的感情。

事实证明曾老九和彭玉麟之间没有个人恩怨。彭玉麟退休回到湖南衡阳老家，捐资修建船山书院，光绪八年（1882），曾国荃无偿将家藏《船山遗书》板片以及两百部初印书捐献出来，并"又捐助膏奖银两，嘉惠来学"。其他不说，光两百部《船山遗书》工本费就值六千两银子。曾国荃建议彭玉麟每部书卖五十两，即"可得捐项万两"，并将"板片即存于衡州府船山书院内，随时刷印，取书价以备岁修之费"。[2]

渠得贪名，我偿素愿

历史上名将多，贪财的名将也多，但他们的"名气"都未有如老九这样大。一来有曾国藩这样一个"做官以不贪为宝"的清廉大哥作陪衬，二来有那么多好玩的晚清野史。当然根本原因还在于老九功绩之大，战功之奇，愈发凸显了他的贪名。

战后，清廷在嘉奖老九的同时，也在查究太平天国财产的去向，还专门派人来金陵。

因为，就在攻下金陵的消息传开之时，另一股小道消息也早就传开了。这消息便是金陵城内"金银如海，百货充盈""金陵城里有一座太平军的金库"。

---

[1] 曾国荃：《曾国荃全集》（第五册），岳麓书社，2006年，第236页。

[2] 曾国荃：《曾国荃全集》（第四册），岳麓书社，2006年，第189页。

曾国藩、曾国荃兄弟亦曾对此深信不疑,因此在破城之前,也考虑到了如何处理"贼赃"的问题。曾国藩指示老九,"城破之日,查封贼库,所得财物,多则进奉户部,少则留充军饷,酌济难民"。但是万万没想到,"克复老巢而全无财货,实出微臣意计之外,亦为从来罕闻之事"[1]。正如曾氏兄弟不敢相信眼前的现实一样,朝廷对曾国藩所说的并无传说中所谓的金库一说也不相信。

直到现今还有很多人不相信,金银珠宝又不能吃掉、烧掉,特别是洪秀全等诸王的生活用品大都是用金银做的,一些所谓"不动产",总还在吧。它们到哪里去了呢?

人同此心,可以想知,当时的清廷不相信曾氏兄弟所言是很正常的。

但是,对金陵城里的金银财货的下落,朝廷自始至终也没有查出一个所以然来。以清廷的神通,耳目众多,猜忌曾老九者更多,曾氏兄弟再精明,恐怕也不是对手。

此事最后是不了了之。但是,官方虽然不追究了,民间对于这个问题的议论倒没有停息,老九陷入了扯不清的是非漩涡。

民国八年(1919)七月由上海大东书局石印出版的《南亭笔记》指出:

> 曾忠襄为文正公介弟,攻金陵既破,搜遗敌,入天王府。见殿上悬圆灯四,大于五石瓠。黑柱内撑如儿臂,而以红纱饰其外。某提督在旁诧曰:"此元时宝物也!"盖以风磨铜鼓铸而成,后遂为忠襄所得……闻忠襄于此中,获资数千万。盖无论何处,皆窖藏所在也。除报效若干外,其余悉辇于家。
>
> 忠襄既破金陵,于天王府获东珠一挂,大如指顶,圆若弹丸,数之得百余颗,诚稀世之宝也。忠襄配以背云之类,改作朝珠,每出熠耀有光,夺人之目。忠襄病笃,忽发哮喘之症,医者谓宜用珠粉。仓卒间,乃脱其一,碎而进之,闻者咸称可惜。又获一翡翠西瓜,大于栲栳,裂一缝,黑斑如子,红质如瓤,朗润鲜明,殆无其匹。识者曰:"此圆明园物也。"[2]

类似的记载还见之于其他:

> "至于曾国荃,时人估计其'获资数千万','除报效若干外,其余悉辇于家',以致'老饕之名遍天下'。曾国荃自领军以来,'每克一名

---

[1] 曾国藩:《曾国藩全集》(7),岳麓书社,1987年,第4247页。

[2] 李伯元:《南亭笔记》卷八,山西古籍出版社、山西教育出版社,1999年,第174~176页。

城，奏一凯歌，必请假回家一次，颇以求田问舍自晦'。此次攻下金陵，获赃尤巨。"[1]

这些记载言之凿凿，一如亲见。特别是《南亭笔记》，由于它的作者正是《官场现形记》的作者李伯元，以反映晚清官场而闻名，更是彰显了这一传说的影响。一时间，曾老九"老饕"的名声便越传越广。

老九万万没有料到，这付出了血的代价贪到的"天下第一功"换来的却是"天下第一谤"，以至于《清史稿》都说"国荃功高多谤"。

功高者多谤，这本来就是中国历史上一个常见的现象。但我们不妨来分析一下，老九这一"谤"的由来是真是假。

说金陵城里的财宝被老九私吞了，没有人亲见。起因只是太平天国实行的"圣库"制度。所谓圣库，是洪秀全为了收敛金银财物的一种制度。洪秀全为了裹胁人们参军，实施的是"一人参军，全家为质"的做法。既然全家都参了军，那么，这一家的财产就自然都是"天王"的：房屋烧毁，断了他们的退路；财物充公，灭了他们的私心，壮大天国的势力。太平军定都金陵后，金陵本是一个富庶之地，天下财赋之区江浙亦在太平天国的控制范围之内，十年中，洪秀全不知收聚了多少财富，全在这"圣库"中。

然而，我们必须明白一个事理，"圣库"不是静态的，更不是只进不出。十余年中，这座圣库的命运前后发生了根本的变化。正常和不正常的消耗，很快就使"圣库"成为一个入不敷出的空架子。

金陵陷落后，被困在城内的张继庚混入太平军内部，潜伏了几个月时间。他写信给江南大营统帅向荣报告过"圣库"的情况。在第一封信里，张继庚说，太平军刚刚占领金陵时，运了大批的银两藏在"圣库"，一共有一千八百余万两，几个月后，就只有八百多万两了，可见"圣库"消耗之速。因此张继庚催促向荣赶紧攻下金陵。在另一封信里他说道："前九月时，伪圣库尚存八百余万，现只存百万不足。"[2]这说明"圣库"在咸丰六年（1856）的"天京事变"前，即已严重匮乏。

在太平天国后期，"圣库"已名存实亡。李秀成承认："昔年虽有圣库之名，实系洪秀全之私藏，并非伪都之公帑。"[3]亦即"圣库"已由"公帑"变成了"私藏"，且由洪秀全的嫡系掌管，而洪派以下人众，亦纷纷效法，于"一切杀妖取城所得金宝绸帛物等项"中，仅向"圣库"缴纳谷物牛羊等食物，而将银钱衣物等

---

[1] 罗明、杨益茂：《清代人物传稿》下编（第十卷），辽宁人民出版社，1994年，第101页。

[2] 叶帆：《太平天国》（四），上海书店出版社，2004年，第774页。

[3] 曾国藩：《曾国藩全集》（7），岳麓书社，1987年，第4247页。

据为己有。

这也就是为什么连续有诸如陈玉成、石达开等太平军将领降清或被俘后都没有提到"圣库"的原因所在了。

忠王李秀成在被俘后倒是供称:"天京事变"后,"国库无存银米",他只好拿出自家的粮食,救济难民,部队没有给养,他只好又变卖家中女眷的首饰。同治二年(1863)苏州告急,李秀成欲离金陵前往赴援,洪秀全及朝臣令其"助饷银十万"[1]。所谓金陵城内的财宝可知一二。

这里,一方面是缘于以洪秀全为首的太平军诸王后期追求奢靡的享乐;一方面是由于本来城内军民日用消耗、武器粮饷、雇佣工费等耗费钱财巨大,而金陵在被清军围困多年,只有出没有进的情况下,眼看着江河日下。至同治二年(1863),连基本的粮食储备也成了问题。以致李秀成在湘军围困金陵时,苦劝各位王兄王弟"切勿存留银两",而"概行要买米粮"。

当然,这里也不排除金陵城破时,湘军士兵大肆抢掠瓜分了一批财宝;脱险的太平军也带走了一批财宝。李秀成出城后被人认出,为了脱身,表示"若能导至湖州,原〔愿〕以三万金为寿〔酬〕",且与随行的童仆"臂金条脱皆满,又以一骑负箱箧,皆黄金珠玉宝贵之约值白金数十万两"[2]。

所谓曾国荃"于此中获资数千万"[3]也是一个子虚乌有的想象之数。嘉庆十九年(1814),清朝户部库存银为一千二百四十万两;道光三十年(1850),库存八百余万两;咸丰三年(1853),库存仅仅二十余万两。"数千万两"这一数字是当时大清帝国国库储备的数倍乃至数十百倍!

这个可能性不大。

况且,曾国荃率部攻破金陵是在同治三年(1864)六月十六日,自六月十六日至十八日,湘军与太平军在城内激战,此时的曾国荃并未入城,他根本未参与抢掠。至于说可能有部下献纳,但怎能献"数千万"?

究其实,关于老九于金陵一役中获财数千万一说,完全是出自李伯元等人"道听途说"的小说家言。

陈恭禄先生指出:"《南亭笔记》暴露出他(即李伯元)的历史知识极端贫乏"[4];冯尔康认为"其撰《南亭笔记》,带有作小说的态度写作,失实太多",并

---

[1] 《李秀成自述》,《太平天国文书汇编》,中华书局,1979年,第537页。

[2] 薛福成:《庸盦笔记》卷二,江苏人民出版社,1983年。

[3] 朱东安:《曾国藩传》,百花文艺出版社,2001年,第229页。

[4] 陈恭禄:《中国近代史资料概述》,中华书局,1982年,第252页。

将《南亭笔记》一书定为"史料失真的笔记的典型"[1]。

《曾国荃全集》的整理者梁小进先生也指出，近百种晚清至民初的笔记史料中，李伯元之前的笔记均未发现有关曾国荃大量侵吞太平天国财物和金银之事的记载，李伯元《南亭笔记》系记此事的第一家，但并未交代所闻的出处。其后徐凌霄、徐一士的记载与李伯元的记载基本一致，亦未交代出处。[2]

那么，换一个角度，倘若真如他们所说，曾老九发了横财，那么，这笔横财在哪里呢？

老九的侄女、曾国藩的季女曾纪芬曾在《崇德老人八十自订年谱》中说：奉曾国藩之命，邵位西的女儿"拜欧阳太夫人为义母，暂居署中。其女以其逃难时衣中所藏珍珠一粒为贽。此珠旋以赠忠襄夫人。忠襄夫人尝有累金珠花一副，为部将某回乡后所献，号为珍贵。此外所藏器玩，无非玉瓶、如意之属，亦未见珍奇异常之物"[3]。

与之相佐证的还有赵烈文所见。赵烈文是曾国藩身边的一个核心幕僚。同治二年（1863），曾国藩对金陵前线放心不下，特地把他打发到金陵大营，专门为老九出谋划策。金陵攻陷前后的情况，赵烈文是见证者。这是晚清末年一个有见识有眼光且人品高尚的知识分子，他留下一部《能静居日记》，被史学家称为信史。在他的日记中没有关于老九贪财的记载，假如有，他是会毫不犹豫地记录下来的，就如他如实记录湘军杀人一样。相反，他多次为其辩诬、抱不平。

作为一代名将，老九贪名的由来其实非常值得我们今人深思。

除了上述传言给老九的声名带来极大损坏之外，老九的贪名其实也有他自己的原因。

第一，贪功使气，喜好张扬。

前面说过，老九出山，与其兄曾国藩把消灭太平军当成经世的事业不同，他的动机有二：一是为了"赴兄急"；二是因科举不顺，故而想别求出路，以补偿他久试不中的不平。

老九并非正规科班出身，他的"优贡"不算科举正途，在功名上有些名不正言不顺的意味，以至于同治十三年（1874）冬天奉诏入京的老九与同年的优贡生聚会，会中有人提议辑刻《同年录》，要老九作序。老九在序中还表示进士、举人、拔贡三途，萃行省之精英，前程甚懋，而优贡则"不敢望夫丰情"，"往往自惭形秽"，也正是这样，使得他没有一般科班出身的士大夫那般的道德约束。

---

[1] 冯尔康：《清史史料学》，沈阳出版社，2006年，第327页。

[2] 梁小进、杨锡贵：《曾国荃天京"获资数千万"考析》，《文史博览》，2012年12期。

[3] 曾纪芬口述、瞿宣颖笔录：《崇德老人八十自订年谱》，衡山聂氏铅印本，民国二十一年。

这一点在曾家老四曾国潢身上也有类似的表现。曾老四在家里仗着曾国藩做京官,就在乡下与知县大人称兄道弟,指点公务,借机揽财。曾国藩知道后,不断地提醒老四:"不贪财、不失信、不自是。初出茅庐,尤宜慎之又慎。"[1]

老四倒是很直爽,对兄长的"三不",他是这么回复的:"不失信、不自是二者,老兄或可稍不挂念。唯不贪财一语,有点靠不住。然亦止有财字,无贪字。"[2]

可见,一般读书人的道德约束在这等功名不顺的人那里是不大起什么作用的。

老九小曾国藩十三岁,最为其器重,称其为"真白眉",亦即有侠义之气。兄弟俩虽一母所生,却性格迥异。由此兄弟二人也偶有不合的时候,但二人又是最知心的。

曾国藩在钱财上心清如水,立志做官以不要钱为本,那是因为他的官家身份要上对朝廷下对百姓负责;刚开始时,老九却毫不掩饰自己的贪心。因为他是一个布衣、匹夫,无须对朝廷负责,对百姓负责,打仗是玩命的事,无利谁起早呢?

因此,曾国藩对他的要求是,只要不比塔齐布、罗泽南、彭玉麟等诸位将帅做得过分,就可以了。

咸丰八年(1858)八月,老九以铁桶战法,攻克吉安府,送了一笔钱物回家;此时,他还有些害羞。嘱"请仲兄大人饬弟妇至腰里宅内,指点检拾妥惬。不必另呼雇工,恐其宣传于外,弟得贪名也"。这次送来的"羡余"是"数年应有之薪水杂款",共白银两千三百多两。

以后每克一名城,奏一凯捷,老九必请假回家一次,并非以求田问舍自晦之意,实则是借战争空隙送钱回乡。曾国藩是一个自奉甚俭、律己甚严的人。墨经出山之时,他在写给湖南各州县公正绅耆的信中又再度发誓:"惟有'不要钱'、'不怕死'六字时时自矢,以质鬼神,以对君父,即藉以号召吾乡之豪杰。"曾国藩说到做到,不往家里多寄钱。曾家经济困窘之时,老父亲也不向儿子开口。咸丰七年(1857)曾国藩回家听说家中困窘之后,非常难受,后来在给曾国荃的信中即说,以前"令老父在家受尽窘迫,百计经营,至今以为深痛"。老九在家时深知其情,便主动承担起了赡养家庭的责任。

此后攻安庆,老九更是招致物议沸腾。

除了他贪大求奢,手笔宽博之外。老九的性格我行我素,毫不在意外界议论。有了一定的财力,咸丰九年(1859)老九即开始在湖南老家修建房屋,名为"大夫第";数次扩建,至最后全部竣工,前后共用了八年时间。大夫第由竹亭公

---

[1] 曾国藩:《曾国藩全集》(19),岳麓书社,1987年,第169页。

[2] 曾国藩:《曾国藩全集》(中),岳麓书社,1987年,第568页。

祠、敦德堂、奖善堂三大部分组成，宅地总面积十三万多平方米，长六百米，宽两百三十米，规模宏丽，"俨若城市"。

一时乡人浮议。

同时，老九大手笔资助同族及亲友；改葬父母；替曾国藩担负起了"照顾家族"的责任。曾国藩自己给妻子家人寄钱始终保持一个限度，"顾身膺肰仕，心中不免缺陷。复得九舍弟手笔宽博，将我分内应做之事，一概做完，渠得贪名而我偿素愿，皆意想所不到。"[1]晚年他更说："余兄弟姊妹各家，均有田宅之安，大抵皆九弟扶助之力。"

阿兄的一番话，坐实了老九的贪名。后来的研究者凭此一条即可坚持己见。

内心矛盾的曾国藩也一直不断地"敲打"老九，提醒他注意自己声望。

但这些话对于老九来说，都是耳边风："外间訾议，沅自任之。"一副慷慨担当、毫不在乎之态。

连李鸿章都说："沅翁（老九字沅甫），百战艰苦，而得此地，乃至妇孺怨诅。"[2]正是因其不恤人言，才导致"漫天箕口复纵横"。

第二，金陵城破之后，湘军士兵的掠夺也助长了老九之贪名。

湘军之兴，刚开始是为保卫桑梓，但曾国藩并不讳言"升官发财"，在《得胜歌》里，就有"升官发财笑呵呵"的诗句，以此激励士兵拼命杀敌。对于湘军将领，曾国藩的理念是"卫道保民"，因此，刚开始对将领的保举非常谨慎，对士兵的奖赏倒从不吝啬。但到了后期，随着战争的时间越拉越长，保举的人越来越多，而士兵人数也越来越多，军饷越来越窘迫，士兵正常的工资都难以实时兑现，拖欠的现象越来越普遍，"升官发财"的愿望越来越难以实现。即使获得保举，也没有实缺可做，大多只有一个虚衔。到后期，士兵的来源成分更复杂，纪律要求也越难以执行，连工资都发不出，带兵的将领们都不好意思处罚那些违纪的士兵。

湘军士兵围困金陵两年半之久，最后总攻发动之前，老九曾令四成兵力守营，六成兵力分队攻击。不料，发起总攻时，人人争相入城，人人都知道，百战艰辛，皆为此役。要知道，为了这一役，老九牺牲了两个兄弟，还有更多的湘军士兵付出了血和生命的代价。结果以至于军中无有一人。

有人甚至指证，不仅金陵城内金银被洗劫一空，连建筑物上的木料都被拆了，运回湖南。舆论大哗，"'老饕'之名满天下"。"老饕"一名，说白了，便是"挥金如土，杀人如麻"，这或许是对曾国荃这一个性的形象概括。

[1] 赵烈文：《能静居日记》（二），岳麓书社，2013年，第1107页。

[2] 李鸿章：《李鸿章全集》（29），安徽教育出版社，2008年，第406页。

湘军十年征战,一直被"饷绌"困扰,士兵因此哗变的事例各军皆有,唯独曾国荃所部不曾发生此类事变。特别是咸丰八年(1858)曾国藩重出江湖以后,曾国荃所部吉字营待遇优于他军,彭玉麟、鲍超等人便屡屡抱怨这种厚此薄彼的做法。甚至,除了与他人争夺拨款以外,曾国荃的个人账目也不是很清楚,常常遭惹物议。而在具体作战中,湘军不吝惜子弹炸药,消耗极大,连曾国藩也啧有烦言,但又不得不"源源接济"。一方面他担当的是整个湘军最重的攻坚任务,关系全局,其部优待高于其他部队也是正理;另一方面,李鸿章在上海对老九也格外关照,常给他接济粮饷和新式武器。因而老九打仗使用弹药不计成本,也是事实。

中篇
荷叶巡抚

一年秘书一生情

同治三年（1864），金陵大捷后，老九开缺回湘，曾经在老九身边工作一年多时间的赵烈文，前来送行，二人洒泪而别，他对老九有过这样的评语：

> 沅帅为人笃厚无比，任事之勇，为事之敏，亦世希有。惜举动失之稍轻，遂增瑕累。然君子之过，人皆见之，固不能与消沮闭藏者同日语也。[1]

后人议老九的秘书不好当，只看到表层之一毫而已。

赵烈文（1832~1894），字惠甫，号能静居士，江苏常州人。他于咸丰十一年（1861）正式进入曾国藩幕府，曾国藩北上任直隶总督，赵烈文正式拜师，前前后后在曾国藩身边待了八年时间，是曾国藩身边的核心幕僚兼门生。

同治二年（1863）正月，赵烈文从上海办事回安庆途中路过金陵，特意到湘军金陵大营拜见了在这里率军围城多时的老九。当时老九正卧病在床，听说赵烈文来了，不仅让他换上便服进内室，执其手晤谈多时，还送了一架西洋望远镜给他，让他出营后登高瞭望金陵全城。让赵烈文意想不到的是，此次见面后，老九竟然恳请他留在自己身边工作。

原来，在赵烈文回皖之前，曾国藩就曾致信老九，打算派赵烈文到老九身边，让他先了解一下这个人：

> 赵惠甫今日来辞行，订八月回皖一次，或久局或暂局，弟与之相处一月便可定夺。其人识高学博，文笔俊雅，志趣不在富贵温饱，是其所长；藐视一切，语少诚实，是其所短。弟坦白待之，而不忘一敬字，则可久矣。[2]

同治二年（1863）五月，赵烈文来到金陵大营入老九幕。作为曾国藩信任的人，赵烈文参与机务，并负责起草文案。

---

[1] 赵烈文：《能静居日记》（二），岳麓书社，2013年，第835页。

[2] 曾国藩：《曾国藩全集》（20），岳麓书社，1987年，第985页。

赵烈文见证了老九打下金陵的全过程，特别是老九在这个过程中的艰难处境，以及兄弟间的往来函商和决策过程，也对老九身边的人和事看得很清楚。

在他留下的重要文献《能静居日记》里，赵烈文对当时很多人和事都做过坦率的评价。如对左宗棠、李鸿章都有过多次议论。

金陵决战阶段，作为老九的身边人，赵烈文也忠实地记录了老九的为人与性格。包括如金陵城破后吉字营的胡作非为，以及老九的应对之法：

> 傍晚闻各军入城后，贪掠夺，颇乱伍。余又见中军各勇留营者皆去搜括，甚至各棚厮役皆去，担负相属于道。余恐事中变，劝中丞再出镇压，中丞时乏甚，闻言意颇忤。张目曰：君欲余何往？
>
> 余曰：闻缺口甚大，恐当亲往堵御，中丞摇首不答。
>
> 至戌末，余见龙膊子至孝陵卫一带放炮，知有窜贼。时城虽复，而首逆未就擒，悍党李秀成、林绍璋等咸不知下落，大事未为了当。余复于卧榻摇中丞起，请派马队要截。中丞不以为然。卧良久起，张灯取余所拟奏稿，增删略尽……
>
> 至四鼓时，城北来报，有马贼二百余，步贼千计，假冒官军衣装，并携带妇女从缺口冲出，守汛者昆字及湘后左右营精锐大半在城内未返，余皆疲顿，不能阻之，仅杀数十人。出城后由孝陵卫福字李泰山、节字萧孚泗等营卡门出，亦莫能遏，其众投句容路而去云云。报者不敢惊中丞卧，余以意度之，伪酋必在其中无疑。余时观文案，诸友缮折未竟，闻报不禁浩叹。中丞与彭毓橘正闭门酣卧，急叩门请之起，商定折内增数语，为后来地步，中丞称善，并飞札马队营官伍维寿追剿。[1]

据赵烈文所知，时城中天王府、忠王府等尚在，余王府多自焚，太平军有人大呼"城中弗留半片烂布与妖享用"。湘军进攻，亦四面放火，太平军所焚十之三，湘军所焚十之七，烟起数十道，屯结空中，不散如大山，空中呈现出一大片紫绛色。正午，二座王府皆烧。

老九对赵烈文并非言听计从，即便是奏稿的写作，老九也自有主张。

同治二年（1863）九月，北京发廷寄问各地督抚关于李泰国事的处置方法，老九忘记了曾国藩的告诫，自行向朝廷上奏提出自己的意见。赵烈文则劝其不要单独奏事，他在回安庆去见曾国藩的路上都没忘记给老九写信，坦诚相劝：

---

[1] 赵烈文：《能静居日记》（二），岳麓书社，2013年，第799页。

窃意公之所处，于地方军务皆异，独任而空言议论，烦数非宜。今月奏事似当少缓，或竟一二月不拜疏，未为旷废也。接侍以来，仰窥用心，不畏难，不避嫌，率作兴事，务求成绩，苟利社稷，不难毁己以济人，破家以为国，虽垢秽之、涕唾之而不顾，诚人臣事君之极节，于千百年中求之，盖如凤麟之希世一见。夫天下不患无智，患无志耳，以公之秉心不移，上苍将降侑之，四方将倚赖之，欲不大用于世，殆不可得。然干纯之利，不贵其剚犀断蛟，而贵其盘身绕指；松柏之贞，不称其方春之欣，而称其凌霜之郁。刚之是用而柔之是贵，权也；荣之为美而瘁之见称，时也。……公明智绝人，奚复不察，而忠笃之至，虑无反顾。功多则忌丛，言多则怨府，愚鄙辄用为忧。……在营三月，蒙厚非常，下士重爵禄，中士重礼貌，上士重意气，（烈）下士耳，而公所施则兼三者，信栝素寡之所难堪，既惭先事后禄之言，复凛福过灾生之惧。[1]

赵烈文信中所言应该说是发乎内心，老九"不畏难，不避嫌，率作兴事，务求成绩"，丝毫不假，但却不顾"权也""时也"，自己认定的事直性而行。果然不久，老九之奏折批回，内中严旨批道：曾国荃未到浙江巡抚之任，嗣后军务与杨岳斌、彭玉麟一律咨由曾国藩奏报，毋庸单衔具奏。

在安庆的赵烈文听说后，马上拜见曾国藩。曾国藩要他赶快回到金陵，"恐沅帅郁抑"。赵烈文因为自己未能阻止老九上奏，心中感觉愧歉，不想再回金陵。但是，禁不住曾氏兄弟的好意相劝，赵烈文又回到老九身边。

同样的事，于同治三年（1864）又再次发生。金陵城破之后，老九回大营睡觉，醒来后，对赵烈文劝其派马队追杀逃出城去的敌人不以为然，第一件事便是叫赵烈文拟写奏稿。赵烈文建议老九于城破之后回营一事，不要在奏稿中提及，仅叙述一个克城大略即可。然而老九却听不进赵烈文的意见，直言："不必取巧，似近讳饰，至各将功绩，我处不奏，中堂（指曾国藩）必不肯详告，是负诸人矣。"[2]

结果又被赵烈文言中，嗣后得到的朱批对老九因回营而致幼天王等人下落不明一事予以严词呵责。

赵烈文并非因为老九不听劝告而改变心迹，始终为人之谋，忠人之事。

同治三年（1864）六月二十日，也就是金陵城破之后第四天，老九亲讯李秀成，有人告诉赵烈文，老九要杀李秀成。赵烈文闻听后急忙赶到老九身边与之耳

[1] 赵烈文：《能静居日记》（二），岳麓书社，2013年，第691页。
[2] 赵烈文：《能静居日记》（二），岳麓书社，2013年，第800页。

语,劝止老九杀之。老九一听盛怒,于座中跳起,厉声说:"这不过是一个土贼,留着干什么? 难道要献俘吗? "赵烈文见不能谏阻,便退出去了。[1]

过了一会,老九突然醒悟过来,命人将李秀成收监,请赵烈文进屋,问其如何处置。赵烈文对老九说:这是个大角色,既是生擒,理当请皇上裁决。您的部下捉住他就可以杀掉他,您说可以还是不可以啊?老九无言以对。让赵烈文行文给曾国藩,并直言李秀成不是被萧孚泗所擒,而是被方山百姓所擒。[2]

六月二十四日,赵烈文耳闻湘勇滥杀老幼之后,发出愤怒的指责:

> 中丞禁杀良民,掳掠妇女,煌煌告示,遍于城中,无如各统领彭毓橘、易良虎、彭椿年、萧孚泗、张诗日等惟知抢夺,绝不奉行。不知何以对中丞? 何以对皇上? 何以对天地? 何以对自己? [3]

对于萧孚泗的做法,赵烈文直言:"吾不知其死所。"

老九不仅不深究部下的掠夺,反而认为赵烈文劝自己赴前敌弹压是"不相谅",但是,第二天老九招赵烈文入见,"色甚忸怩,有读书太少,义理不能制血气之语,暗指昨事,余亦寓谢之"[4]。

或许正是因为赵烈文看到的老九是一个懂得反省、性情直爽、嘴里不认错其实心里能认错之人,他对老九心中并无耿介,甚至增加了好感,这才有本节开始时他给老九的那一评价:为人笃厚无比。

战后,赵烈文虽已回到曾国藩身边,但对老九依然感情深笃。

获知老九克成大功之后反招致谤满天下,心情抑郁,病情日重,赵烈文又致信安慰:

> 最难处者,功名之会,自古名将力争于原,一吏得操其短长而议之,往往功高而赏不行,而公捷书一闻,群以侯伯之赏不为厚,众议之孚,尤世罕有。至于中外之人,或者不满于公,所言者细故,所指者末事,此如浮云之翳太空,顷刻之间,消弭无有,不能损公光焰于毫末,何足置于胸哉? 且以天之宰育万物,祁寒暑雨,尚有怨咨,况在于人。
>
> 某接近已久,见公任事之勇,致力之专,用心之厚,皆大过于人,所

[1] 赵烈文:《能静居日记》(二),岳麓书社,2013年,第803页。

[2] 赵烈文:《能静居日记》(二),岳麓书社,2013年,第803页。

[3] 赵烈文:《能静居日记》(二),岳麓书社,2013年,第806页。

[4] 赵烈文:《能静居日记》(二),岳麓书社,2013年,第806页。

以成大功、尸大名、受大禄，非偶然也。然而径情直行，不为回曲以避阻阨，如水之流，直则易矶而多激，鲜萦纤淳潏之致。[1]

知道老九已获准开缺，他向老九提出拜师，但遭到老九的婉拒。毕竟赵烈文只比老九小八岁，况且赵之才实胜老九，这一点老九大概还有自知之明。老九辞官归湘后，赵烈文一直保持着与之信函联系。曾国藩北上平捻，李鸿章接任江督，见赵烈文失去幕僚之职，无以养其庞大的一家，便要赵烈文出仕，赵烈文却给老九写信诉说了自己的心曲：

自公行后，无亲与疏，去思之声遍于江浒，使（烈）闻之，喜怅交集，益知惠政感人之深，每不于当前取验也。

（烈）携负弱小，聊且安居，苟生偷活，都无成算。王路未夷，群情日易，褊窄之性，阅世愈灰，昨少荃官保垂劝筮仕，非不拳拳，而自审薄劣，内乏真实过人之具，外无和谐应世之长，与其遵路而覆车，何如临歧而顿辔。虽知意美，未敢领诺。惟食指繁众，口腹累人，跧居尚未能决。它日倘得薄田数顷，聊供饘粥，披发东轩，啸咏终日，毕生所图无有它望。

公简亮素心，知之最笃，万有一分息肩之日，当肃缄奉告，期祈相印证耳。[2]

以赵烈文的个性，信中并无虚言，可见主幕之间感情深笃，非如此，赵氏不会向老九吐露心声。

曾国藩平捻无功，回任江督，赵烈文又回到曾国藩幕，此时二人的关系更进一步，由幕僚而兼弟子，师生之间几乎天天见面长谈，中间多次聊到老九。

有一次，曾国藩聊及外间对老九的非议，赵烈文在当天日记中写道：

师云：本地人尚知感激，若非各营官统领猎取无厌，岂非万全美事。

赵烈文：沅师已实无所沾，但前后左右无一人对得住沅师耳。

师云：沅甫不独尽用湘乡人，且尽用屋门口周围十余里内之人，事体安得不糟，见闻安得不陋。[3]

[1] 赵烈文：《能静居日记》（二），岳麓书社，2013年，第823页。

[2] 赵烈文：《能静居日记》（二），岳麓书社，2013年，第844~845页。

[3] 赵烈文：《能静居日记》（二），岳麓书社，2013年，第1066页。

此时，老九在赵烈文笔下由"沅帅"变成了"沅师"，尽管老九并没有答应，但在赵烈文这里，此后便一直以师事之。还有一次，师生长谈，曾国藩问及老九克城时的情况：

> 问及沅师收城时事。余曰：沅师坐左右之人累之耳，其实子女玉帛无所与也。各员弁自文案以至外差诸人，则人置一篓，有得辄开篓藏纳，客至则倾身障之，丑态可掬。师狂笑。继又曰：吾弟所获无几，而老饕之名遍天下，亦太冤矣。余曰：何冤之有？自古成大功者，孰不蒙谤？往往致杀身之祸者有之，下吏对簿者有之，终身废弃者有之，盖谤与名二者相附而行，何足置哉！且沅师而务修边幅，则何自而有沅师之谤；沅师而务修边幅，亦不能成沅师之功。尝见沅师专弁入京，以八百金购笺纸，京中为之沸然。凡亲沅师者皆为之悔，烈则以为正沅师过人可喜之处。今沅师大功已成，群谤久亦自减，千秋论定，究之瑕不掩瑜，自成一家，何伤之有？若此时改易常行，委心顺俗，是于沅师无分寸之益。而邯郸失步，真性反漓，必至进退无据。[1]

赵烈文所说"沅师而务修边幅，则何自而有沅师之谤；沅师而务修边幅，亦不能成沅师之功"，简洁地道出了老九的个性既是老九成功亦是老九招谤的直接原因。

同治六年（1867）九月的一天，师生再一次长谈，而且聊的都是曾氏家事，引起了赵烈文对老九家乡的好奇之感，赵烈文问曾国藩：

> 沅师所居，闻有大池，然乎？
>
> 师曰：乡间塘泺所时有，舍弟宅外一池，闻架桥其上，讥之者以为似庙宇，所起屋亦极拙陋，而费钱至多，并招邻里之怨。
>
> 余问：费钱是矣，招怨何为者？
>
> 师曰：吾乡中无大木，有必坟树，或屋舍旁多年之物，人借以为荫，多不愿卖，舍弟已必给重价为之，使令者则从而武断之。树皆松木，油多易蠹，非屋材，人间值一缗者，往往至二十缗，复载怨而归。其从湘潭购杉木，逆流三百余里，又有旱道须牵拽，厥价亦不啻数倍。买田价比寻常

---

[1] 赵烈文：《能静居日记》（二），岳麓书社，2013年，第1084页。

有增无减，然亦致恨，比如有田一区已买得，中杂他姓田数亩，必欲归之于己，其人或素封，或世产，不愿则又强之。故湘中宦成归者如李石湖、罗素溪辈买田何啻数倍于舍弟，而人皆不以为言，舍弟则大遗口实，其巧拙盖有如天壤者。

忆咸丰七年，吾居忧在家，劼刚前妇贺氏，耦耕先生女也，素多疾，其生母来视之，并欲购高丽参。吾家人云：乡僻无上药，既自省垣来，何反求之下邑邪？对曰：省中高丽参已为九大人买尽。吾初闻不以为然，遣人探之，则果有其事。凡买高丽参数十斤，临行装一竹箱，令人担负而走，人被创者则令嚼参以渣敷创上，亦不知何处得此海上方。[1]

有一次，曾国藩问赵烈文：外间言吾与九舍弟何如？
赵烈文沉默许久。

曾国藩说：第言之，与足下岂尚形迹邪？
赵烈文说：沅师性直而喜事，师举动详慎，见解不同，至心地则友爱无间，虽事机逼迫，不无矢口之言。揆之不藏怒、不宿怨之义，视色取行违，不可以道里计。
曾国藩说：三年秋，吾进此城行署之日，舍弟甫解浙抚任，不平见于辞色。时会者盈庭，吾直无地置面目，足下知之邪？
赵烈文说：未闻。
曾国藩说：足下在彼，始终欢契乎？
赵烈文说：初至，隆礼太甚，使提镇公服投帐迎接，在彼年余，尚无闲言。惟收城之日，因争先遣马队断路，及劝沅师重赴缺口弹压，十九日李秀成生禽，烈请缓其刑诛数事，颇拂意，旋亦释然。
曾国藩说：舍弟岂容直言，左右皆彭椿年之徒，欲得治乎？今闻又用冯邦栋，吾深恶其人。
赵烈文说：闻沅师退志亦切，烈以为未必能退。
曾国藩说：然。吾以鄂抚署者甚不利，已十余任，非死即败。昨敦劝移住贡院，已允吾说矣。[2]

师生之间反复聊及老九，开诚布公，毫不掩饰，从中可见赵烈文心目中的老

---

[1] 赵烈文：《能静居日记》（二），岳麓书社，2013年，第1107～1108页。

[2] 赵烈文：《能静居日记》（二），岳麓书社，2013年，第1110页。

九的真实面貌,其对老九了解之深也非一般人可比,也可以看到二人结下的深厚感情。

同治六年(1867),老九病愈后出任湖北巡抚,明知老九有退志的情况下,赵烈文主动提出赴武汉拜访老九,得到曾国藩的支持。赵烈文也承诺,"每年来往师与沅师处各住数月,以沐光霁"[1]。当赵烈文刚刚抵达武汉,老九再一次开缺的谕旨已经下达。二人甫一见面,便晤谈至下午。十一月初五,二人又一次久谈:

老九问:我这次开缺回乡,外间舆论如何?

赵烈文回答:舆论痛惜朝廷轻视疆事,对于您倒没有什么议论。

老九又问:我此次归乡,从此不再出山,可以吗?

赵烈文回答:作为受恩深重的大臣,应该视国事如家事,老师这次出山不获皇上青睐,不得已辞归,还可说得过去。假如大乱更深,而您却耽于林泉之乐,仅为一身计,非古人忠诚的样子。

老九说:皇上亲政,朝局清明,我相信你的话,也不敢只顾自身,否则不过终老林下罢了。

老九这样推心置腹的对话,若非对赵烈文极为信任,断不会如此。

同治十三年(1874),老九奉谕旨,于九月二十五日,自长沙启程赴京陛见。十一月三十日,正在直隶易州做知州的赵烈文闻知老九将于十二月初三经过,即于第二天动身,赶往漕河镇慈航寺等候。赵烈文见老九"肩舆已近,道左一揖,握手道故,欢若平生,遂邀沅师至寺久谭"。因老九行程很紧,无暇停留,赵烈文送老九至涿州。"沅师来招饮,酉刻往,畅谭至三鼓辞别。"[2]

真可谓一年秘书一生情。

三千里外兄弟论文

同治三年(1864)老九这次开缺回籍,确实是病势严重。

金陵大战,老九焦虑成疾。一方面金陵城久攻不下,士卒病亡战死严重;另一方面又担心别人来抢功,好不容易攻克金陵城,各种谣谤又铺天盖地,内忧外患,交踵而至,弄得老九对当官意兴阑珊。回到乡间,老九病势依然没有缓解,曾国藩有很长一段时间都没有收到老九的信,原因是老九握笔都没有力气。

[1] 赵烈文:《能静居日记》(二),岳麓书社,2013年,第1112页。

[2] 赵烈文:《能静居日记》(二),岳麓书社,2013年,第1631页。

到家月余,老九的病才有好转。老九嘱咐老兄抄奏议给他看。阿兄一面给他整理奏议,一面嘱咐素性喜抱公愤又待友甚厚的老九"告病在家,切不可干预丝毫"。对于老九要他抄奏议,曾国藩马上行动:

> 此次《鸣原堂论文》抄东坡万言书,弟阅之。如尚有不能解者,宜写信来问。弟每次问几条,余每次批几条,兄弟论文于三千里外,亦不减对床风雨之乐。弟以不能文为此生缺憾,宜趁此家居时苦学二三年,不可抛荒片刻也。[1]

十二月初四,曾国藩在日记中记载,"与沅弟论文,名其堂曰鸣原堂"。后来,曾国藩在《鸣原堂论文》序中说:

> 《棠棣》为燕兄弟之诗,《小宛》为兄弟相诫以免祸之诗,而皆以脊令起兴。盖脊令之性最急,其用情最切。故《棠棣》以喻急难之谊;而《小宛》以喻征迈努力之忱。余久困兵间,温甫沅甫两弟之从军,其初皆因急难而来。沅甫坚忍果挚,遂成大功,余用是获免于戾。因与沅弟常以暇逸相诫,期于夙兴夜寐,无忝所生。爰取两诗脊令之旨,名其堂曰"鸣原堂"云。

《棠棣》是《诗经·小雅》中的一首诗,诗中说:"脊令在原,兄弟急难。每有良朋,况也永叹。兄弟阋于墙,外御其务。"脊令为水鸟,而今在原,则失其所。

《小宛》也是《诗经·小雅》中的一首诗,诗中云:"题彼脊令,载飞载鸣。我日斯迈,而月斯征。夙兴夜寐,毋忝尔所生。"曾国藩综合这两首诗,故而取名"鸣原"。这都是喻兄弟情深,兄弟相诫。

八年后即同治十二年(1873)九月,也就是曾国藩病逝一年后,赋闲在长沙讲让堂的老九将阿兄当年精选的历代名臣奏疏十七篇,交给王定安校刊成书,仍以《鸣原堂论文》为书名。老九亲自为之作序。

能够在戎马倥偬、政务繁忙之际,花那么多精力与时间兄弟论文,这不是一般的兄弟之情。观这十七篇奏议,不外乎政事之机。所谓文章之道,其实也就是做人、做官、为政之道。曾国藩深知老九此次开缺回籍,只不过是行藏之机宜,以老九之个性,他绝不会甘心就此隐退,因此告诫九弟如何固本强基,为将来复

---

[1] 曾国藩:《曾国藩全集》(20),岳麓书社,1987年,第1182页。

出时为政奠定基石。文章是管理天下的有效工具,奏疏公牍更是如此。他殷殷相劝:"弟此时讲求奏议尚不为迟,不必过于懊恼。天下督抚二十余人,其奏疏有过弟者,有鲁卫者,有不及弟者。弟此时用功不求太猛,但求有恒。以弟攻金陵坚苦之功,用之他事,又何事不可为乎?"[1]《鸣原堂论文》既是兄弟情深,互相劝勉,又是为老九未来赴国难张本。

小人物玩出惊天大动作

同治四年(1865)三月初五,恭亲王奕䜣按常例入值觐见两宫太后。慈安与慈禧两位太后端坐在紫禁城的东暖阁。慈禧待恭王行礼毕,对他说:"有人劾汝!"说着便拿起奏折递给恭王看,谁知恭王并不接折,追问:"谁人所为?"慈禧告诉他:"蔡寿祺。"恭王失声叫道:"蔡寿祺不是个好东西!"说完便声称要逮问他。

这本是很平常的一个开端,今天的官员听到有人举报他,首先下意识便是想知道举报者是谁。恭亲王,作为咸丰帝的亲弟弟,同治帝的叔叔,此时的身份是议政王、首席军机大臣、总理各国通商事务衙门大臣、宗人府宗令、总管内务府大臣、领神机营、稽查弘德殿一切事务等,集党(皇室)、政、军、外交、经济大权于一身,是个名副其实的一国总理。他要逮问一个人,那不是一句话的事?

问题是,谁吃了豹子胆,敢弹劾议政王?

可偏偏就有!此人就叫蔡寿祺。

然而,在恭亲王眼里,蔡寿祺不是一个好东西。这应该不是因为他要弹劾自己,便诬称其不是好东西,而是"失声"叫出来的。也就意味着这个人在包括恭王在内的诸人心目中早已有定论,否则不至于失声叫出来。赵烈文日记中也说,"其人(指蔡寿祺)不满公论,而其言足以摇动,亦可怪也。"[2]

翻看一下这个蔡寿祺的档案:

蔡寿祺,江西德化人,道光二十年(1840)进士,同治四年(1865)二月初七署日讲官。一看就是一个"黑翰林",就是长期升不了官的翰林学士。刚刚做了日讲官,不到七天即二月十四日便上疏八条痛陈时弊,折留中未发。

这八条的主要内容是:广言路、勤召对、复封驳、振纪纲、正人心、整团练、

[1] 曾国藩:《曾国藩全集》(20),岳麓书社,1987年,第1186页。
[2] 赵烈文:《能静居日记》(二),岳麓书社,2013年,第884页。

除苛政、复京饷。

看起来，这像是一篇改革大文章，可读者别被这骇人的条目所糊弄，奏折的核心并不在这里，而是其中"振纪纲"一条。在这里蔡寿祺历数劳崇光、骆秉章、刘蓉、李元度、曾国藩、曾老九、薛焕诸公之短。[1]

稍微了解晚清史的人一看便知，这几个人都是晚清督抚重臣，而且绝大多数是湘军将领。这些人在两宫太后眼里都是朝廷有功之臣，一个"黑翰林"一口气攻击这么多功臣，太不知自己几斤几两了，自然没被理睬，"留中不发"。[2]

那么，蔡寿祺为什么要一口气弹劾这么多重臣？难道他们真的有问题吗？这里暂且放下。

见自己的告状信没有动静，蔡寿祺又于三月四日再次上疏，这一次矛头直指当朝第一权贵恭亲王奕䜣，弹劾他贪墨、骄盈、揽权、徇私四大罪状。疏中言：

> 近来竟有贪庸误事因挟重赀而内膺重任者，有聚敛殃民因善夤缘而外任封疆者，至各省监司出缺，往往用军营骤进之人，而夙昔谙练军务而通达吏治之员，反皆案置不用，臣民疑虑，则以为议政王之贪墨。

这一条弹劾恭王贪墨，理由是"往往用军营骤进之人"，无疑就是指湘淮军各级将领；那些"夙昔谙练军务而通达吏治之员"，弃之不用，看起来指向很模糊，其实他是有具体所指的，这些人就包括他自己和他的江西同乡朱孙诒。

那么，这个朱孙诒又是谁呢？我们也先搁下。再看蔡寿祺弹劾恭王的其他几条罪状：

> 自金陵克复后，票拟谕旨多有大功告成字样，现在各省逆氛尚炽，军务何尝告竣？而以一省之肃清，附近疆臣咸膺懋赏，户兵诸部胥被褒荣，

---

[1] 《清实录·穆宗实录》载蔡寿祺所奏内容包括：曾国藩奏洪福瑱焚死，未几而该逆为江西拿获……今洪逆诇非江西获，贻患何穷？安庆之役，曾国荃攘多隆阿之功，以道员得头品顶戴。汉中之贼，实系粮尽东窜，多隆阿会同张集据实陈奏，而刘蓉奏称打仗克复，冒功邀赏，反衔恨张集馨，中以非罪。刘蓉以诸生标榜欺饰，曾国藩轻信其谋，致有九江之败。劝骆秉章勿遽入蜀，几误蜀事。抵川后攘功妒能，以知县升署藩司，时正肃顺用事。刘蓉擅作威福，朱孙诒以好论说而被排挤。曾国藩勒去张芾而任李元度，徽、宁不守，全浙被害。王拯奏参薛焕，事事皆实，王拯贬官而出军机，薛焕仍在总理衙门办事。若蒋益澧之暴戾，万启琛之聚敛，杨昌濬、陈湜、江忠浚之鄙陋，曾国荃之贪婪，李鸿章之浮诞，均未曾服官中外，一旦夤缘得法，均骤获高官。第129册，中华书局，1986年，第67页。

[2] 俞炳刊等，《西太后》，紫禁城出版社，1985年，第126页。

居功不疑，群相粉饰，臣民猜疑，则以议政王之骄盈。

这一条弹劾恭王骄盈，理由更荒唐，原因是"大功告成"四个字讲多了。金陵克复，太平军被灭，这对于大清来说，去了心腹大患，难道不算"大功告成"？何谓"一省之肃清"？也许在蔡寿祺看来，这根本不算什么。所以他指认恭王"骄盈"。

近日台谏偶有参劾，票拟谕旨多令其明白回奏，似足以杜塞言路……怵近年部院各馆差使，保举每多过分，而利害而缄口，臣僚疑惧，则以为议政王之揽权。

弹劾大臣，要求弹劾者提供明白清楚之事实，在蔡寿祺看来是"杜塞言路"，因此，指斥恭王"揽权"。

总理通商衙门保奏更优，并有各衙不得援以为例之语，臣僚疑惑，则以为议政王之徇私。

总理通商衙门是当时大清国外交部，是第一权力部门，恭王主管，保奏更优，就认定为"徇私"，这样的逻辑也真是服了。

但是不得不佩服，不愧是进士出身，蔡寿祺的举报信写得非常有技巧：贪墨、骄盈、揽权、徇私，虽没有事实，但不是我要指责，而都是臣民疑虑、臣民猜疑、臣僚疑惧、臣僚疑惑出来的。

基于这四条，蔡寿祺提出的结论是干脆要奕䜣引退：

臣愚以为议政王若于此时引为己过，归政朝廷，退居藩邸，请别择懿亲议政，多任老成，参赞密勿，方可保全名位，永荷天庥。[1]

意思是希望恭王把自己指责的这四条看作是大过，退休算了。明明想算计他人，可偏偏说得那么一片公心，既是为国家好，也是为被举报人好，个中的虚伪由此可见一斑。

此时的恭王仅三十二岁，慈禧才三十岁。

---

[1] 吴相湘：《晚清宫廷实纪》，台北：正中书局，1982年，第99页。

告状者醉翁之意不在王

不过,你以为蔡寿祺是要搞倒恭王,那就大错特错了。好歹也在京城混了二十九年,没吃过猪肉,也见过猪跑,蔡寿祺当然知道凭自己是搞不倒恭王的。他这一招是精心算计过的,要害是想讨慈禧的欢心,因为他从种种渠道揣测到慈禧不满于恭王,因此,便企图借敲打恭王,引起慈禧注意得以升职,顺带搞掉他最痛恨的两个人。

这两个人便是前一次奏折中提到的总理各国事务大臣薛焕、陕西巡抚刘蓉。这一次奏折中所言“挟重赀而内膺重任”“善夤缘而外任封疆”者,就是指他们二人。

蔡寿祺痛恨此二人,是有原因的。早在咸丰七年(1857)蔡父病死,因家乡九江为太平天国沦陷,不能返乡奔丧,便取道山西陕西入四川,想寻找升官发财之路。正逢骆秉章和刘蓉入川,发现他私刻关防,招募乡勇,把持公事,大肆招摇,便将其赶出了成都。

蔡寿祺升官发财之路受阻,因此对他们恨之入骨。

在四川时,他结识了帮助骆秉章总理营务的江西同乡朱孙诒。朱孙诒原来在曾国藩的老家湘乡担任县令,曾国藩草创湘军,就是以朱孙诒组织的团练为基本力量,后担任湘军营官跟随曾国藩东征,然而,朱孙诒实在不是带兵的料,与太平军一接触就大败奔逃,而且是连逃好几次,受到曾国藩的申斥,曾国藩对他的好印象荡然无存。结果,时任湖南巡抚的骆秉章还将他升为宝庆知府。朱孙诒自此脱离了湘军。

此时的朱孙诒是道员兼按察使衔。论资历和官位,朱孙诒原本要比刘蓉高得多。朱孙诒做县令时,识拔刘蓉为生员。但刘蓉入川后担任四川布政使,后又做到陕西巡抚,反而高于朱孙诒。朱孙诒深为不满,加上与骆秉章、刘蓉意见不合,便愤而离去。朱孙诒离开四川后也到了北京,与翁同龢、蔡寿祺多有来往。此后,朱孙诒和刘蓉更是反目成仇,二人都刻印诗文相互讥讽。[1]

刘蓉则与曾国藩是莫逆之交、儿女亲家。

这样,刘蓉就成了朱孙诒、蔡寿祺共同的敌人。薛焕则是四川宜宾人,恭王

---

[1] 曾国藩:《曾国藩全集》(27),岳麓书社,1987年,第5038页。曾国藩致郭嵩焘信中说:“石翘之与霞仙(案:即刘蓉),相欢愈于胶漆,近见其刻诗,注以讥霞,真山谷所称‘石交化豺虎矣’。”

岳父桂良特别赏识的人,而此前刚刚有人参劾过他。

这就是为什么蔡寿祺接连两道奏折都直指刘蓉及薛焕等人的原因所在。而蔡寿祺奏折中将刘蓉在四川的"劣迹"说得那么具体,背后高参便是朱孙诒。

和朱孙诒来往密切的翁同龢在日记中如实地写道:"见崇实、骆秉章复奏蔡寿祺折,……而于刘蓉到川一节,指驳蔡寿祺原供何以于刘蓉行程知之如是之悉,非该员身在蜀中,即系同行之人传述。意盖指朱石翘都转(都转系盐运使别称、朱孙诒字石翘)也。" [1]

蔡寿祺刚做了七天日讲官,就迫不及待地向刘蓉等湘军将领发难,摆明了要报一箭之仇。他们自以为手段很高明,想借慈禧之手除掉他们痛恨之人,却不料引发出一场惊天大案。

万千余地下狠手

恭王失声说出"蔡寿祺不是个好东西"之后,引发慈禧震怒,随即召见大学士周祖培、瑞常,吏部尚书朱凤标,户部侍郎吴廷栋,刑部侍郎王发桂,内阁学士桑春荣、殷兆镛等,垂泪对诸臣子说:"(恭)王植党擅政,渐不能堪,欲重治王罪!"

诸位大臣一听此事太过诡异,谁都不敢表态。慈禧反复提醒,"诸臣当念先帝,无畏王,王罪不可逭,宜速议!" [2]

堂堂一国总理,三年多前的祺祥政变中还是两宫太后的铁杆同盟,怎么一下子就变得罪不可逭了呢?

周祖培赶紧顿首回答:"此惟两宫乾断,非臣等所敢知!"

慈禧说:"要是这样的话,还用汝曹干什么?他日皇帝长成,汝等独无咎乎?"

对于大臣们来说,他日怎么样,谁知道呢?眼下太后咄咄逼人之势才是当务之急。周祖培赶紧替自己解围:"此事须有实据,容臣等退后详察以闻。并请与大学士倭仁共治之!"

一听与倭仁共治,慈禧有些放心了,这才命众人退下。

三月的北京城春寒料峭,诸臣们却"均流汗沾衣" [3]。

倭仁,著名的保守派,与改革派奕䜣政见不同。但是这一回,围绕四条"罪

[1] 翁同龢:《翁同龢日记》(第一册),中华书局,1989年,第409页。
[2] 贾熟村:《慈禧太后轶事》,山西人民出版社,1993年,第62页。
[3] 李慈铭:《越缦堂日记补》,上海:商务印书馆,1936年,第97页。

状"，他也没有查出实据来，只好这样回答慈禧：

> 查恭亲王身膺重寄……如果平日律己谨敬，何至屡召物议？阅原折内
> 贪墨、骄盈、揽权、徇私各款虽不能指出实据，恐未必尽出无因，况贪墨
> 之事本属暧昧，非外人所能得见；至骄盈揽权徇私，必于召对办事时流露
> 端倪，难逃圣明洞鉴。[1]

这样的说辞颇有中国特色：尽管没有证据，但事出有因。只要有人告你，你
就有问题。至少说明你平时律己不严，人际关系不好，不能和同志们打成一片。至
于具体说到贪墨，外人看不见；说到骄盈、揽权、徇私，自然难逃两宫太后洞鉴。
把四条罪状都推给慈禧去定："臣等伏思黜陟大权之自上，应如何将恭亲王裁减
事权，以保全懿亲之处，恭候宸断。"

又一个"莫须有"，聪明圆滑的倭仁，两边都不得罪。太后说有罪就有罪，说
无罪就无罪。可大可小，留下万千回旋余地。

得到这样的答复，慈禧果断亲笔下令：

> 谕在廷王大臣同看：朕奉两宫皇太后懿旨，本月初五日据蔡寿祺奏，
> 恭亲王办事徇情、贪墨、骄盈、揽权，多招物议，种种情形等弊。嗣
> （似）此重情，何以能办公事，查办虽无实据，是（事）出有因，究属暧
> 昧知（之）事，难以悬揣！
>
> 恭亲王从议政以来，妄自尊大，诸多狂敖（傲），以（倚）仗爵高权
> 重，目无君上，看朕冲龄，诸多挟致（制），往往谙（暗）始（使）离
> 间，不可细问；每日召见，趾高气扬，言语之间许多取巧，满口中胡言乱
> 道。嗣（似）此情形，以后何以能办国事！若不即（及）早宣示，朕归
> （亲）政之时，何以能用人行正（政）？嗣（似）此种种重大情形，姑免
> 深究，方知朕宽大之恩！恭亲王著毋庸在军机处议政，革去一切差使，不
> 准干预公事，方是朕保全之至意。特谕。[2]

慈禧的亲笔原稿错别字很多，经大臣们润饰后，又增加几句："至军机处政
务殷繁，着责成该大臣等共矢公忠，尽心筹办。其总理通商事务衙门各事宜，责
令文祥等和衷共济，妥协办理。以后召见引见等项，着派惇亲王、醇郡王、锺郡

---

[1] 吴相湘：《晚清宫廷实纪》，台北：正中书局，1982年，第103页。

[2] 翁同龢：《翁同龢日记》（第一册），中华书局，1989年，第415页。

王、孚郡王等四人轮流带领。"

慈禧同时下令"此诏即下内阁速行之，不必由军机"，打破常规程序跳过军机处，为的是避免再生波折。

这诏文内容充满自相矛盾之处：既是重大情形，又不可细问；既无实据，又"究属暧昧"。

在这种情况下，慈禧仍然要革去恭王一切差使，足见她对恭王之忌恨。

恭王并非孤军作战

恭王有没有问题？

近代学者吴相湘认为，恭王"自入枢廷，以交接亲王，犒赏太监，费用繁重，收入颇不足用，王忧之。后从福晋父桂良言，以提门包为充用常例，试行之，而财足用。于是府中贿赂公行，财货猥积……又因管理各处衙门，于各处缺分黜陟，不能不主持其间，鉴别举错，或戚旧之贤，偶加拔擢，则循资而不得与选之庸才，反谓王操选政有所徇私矣"[1]。

吴氏此话不知何据。不排除从政四十年的恭王没有受贿，没有徇私，假如蔡案发生时，恭王果有贪墨，能逃过慈禧的耳目吗？

其实，此时的恭王顶多就是诏中所言的"妄自尊大，诸多狂傲，……每日召见，趾高气扬，言语之间许多取巧"。仅此而已。

说得更直白一点，就是恭王不大注意小节，尤其是礼仪。

在这一问题上，恭王可谓吃亏不少。他一生四次被罢官，都是因为这个问题。早在咸丰五年（1855）七月初九日，康慈皇太后死后不久，咸丰帝便颁发谕旨："恭亲王奕訢于一切礼仪多有疏略之处，著勿庸在军机大臣上行走，宗人府宗令、正黄旗满洲都统均著开缺；并勿庸恭理丧礼事务、管理三库事务，仍在内廷行走、上书房读书，管理中正殿等处事务，必自知敬慎，勿再蹈愆尤，以付朕成全之至意。"[2]

作为恭王的哥哥，为什么因为弟弟礼仪疏略而开除他职权？难道真的是怕他不知敬慎，再蹈愆尤吗？说到底还是怕这个弟弟权势太重构成威胁。由此可见，咸丰实在找不到别的借口了，只好小题大做，在礼仪问题上做文章。终咸丰一

---

[1] 吴相湘：《晚清宫廷实纪》，台北：正中书局，1982年，第109页。

[2] 茅海建：《咸丰帝奕詝》，《清代皇帝传略》（左步青主编），紫禁城出版社，1991年，第301页。

朝，奕䜣不受信任和重用，绝不是真正因为礼仪问题。

这一次慈禧要罢恭王，理由还是礼仪小节问题。据史料记载，恭王每次上朝，"辄立谈移晷，宫监进茗饮"，两宫必道："给六爷茶。"然而有一回，叔嫂召对颇久，"王立御案前，举瓯将饮，忽悟此御茶也，仍还置处"。这天两宫忘记赐茶，恭王竟险些喝了同治小皇帝的御茶。按制，太后召见之地，"无论若何大员，非总管太监传旨，不能径入"。而恭王却往往不注意，未等内监传旨，"径直入内，以为此制非为彼而设也"[1]。

这是不是问题？在规矩森严的宫禁之地，当然也算问题。然而，我们考虑一下，恭王毕竟只三十来岁，年轻人的性格还没有老成起来，实属常情。同为青年的慈禧难道不可原谅这点儿事情？奕䜣本也是一个喜欢开玩笑的人。

也有人举出安德海的离间导致慈禧恼怒恭王。作为慈禧的贴身太监，安德海经常到内务府索要东西，恭王几次训斥，使得安德海不满，伺机构陷，慈禧愠怒："乃约束及我日食耶？"难道我的日常饮食都要受到约束？据说恭王面圣，竟对两宫云："两太后之地位，皆由我而得之。"以恭王的聪敏，我相信恭王不至于说出如此犯大忌的话来。

与"才具平常"的两宫相比，"恭王性质开明，临事敏决，能力之富强，当时枢臣中，实罕其比"，"自幼学养不固，举趾高蹈，是为美中不足"[2]。人总有缺点，举止高蹈，如果在亲近的人看来，是可爱的一面；如果是对手看来，却是可恶的一面。

究其实，是慈禧要揽权，时刻不忘自己的身份；恭王要办事，常常忽略自己的身份，将二人关系看作自家叔嫂关系。曾国藩对老九说过："恭亲王之贤，吾亦屡见之而熟闻之，然举止轻浮，聪明太露，多谋多断。"[3]这对慈禧来说自然不是件好事。他还担心，若是恭王离咸丰帝太远太久，日久也会难尽惬人心。

作为一个女人，慈禧揽权，很可能是出于自保，避免大权旁落，重蹈"枪法不错"的"八君子"之覆辙。因而，政变完成后，慈禧便借同治之名宣告：

> 朕奉母后皇太后、圣母皇太后懿旨，现在一切政务均蒙两宫皇太后躬亲裁决，谕令议政王军机大臣遵行，惟缮拟谕旨仍应作为朕意宣示中外。自宜钦尊慈训，嗣后议政王军机大臣缮拟谕旨，著仍书朕字。[4]

---

[1] 王闿运：《祺祥故事》，《东方杂志》第14卷，第12期（1917年）。

[2] 吴相湘：《晚清宫廷实纪》，台北：正中书局，1982年，第112页。

[3] 曾国藩：《曾国藩全集》（19），岳麓书社，1987年，第581页。

[4] 吴相湘：《晚清宫廷实纪》，台北：正中书局，1982年，第90页。

这道谕旨，显然表达了两宫驾驭中央决策的要害：奏折先呈两宫裁决，军机大臣只有遵照执行的份。

然而，实际操作过程中，两宫又不得不倚仗恭王。"今膺议政王之重寄，集宫廷大小诸务于一身，虽不若顺治摄政王之位尊权重，然每日商白公事者环伺于军机处门前，耳目声势，亦煊赫于一时。而王于各省事件多委权督抚，其能特达者不加遥制。"[1]

当时的形势，摆明了是叔嫂共治。两宫决策，恭王议政，决策来自议政。谁也离不开谁，这一点宫廷内外谁都明白，两宫权重，恭王自然权重。而恭王又想办事，办事不得不倚重督抚，他能跟督抚打成一片。这等于将各地督抚与两宫又隔离开来，权力的天平实际上倾向于恭王。矛盾就这样不可避免，慈禧也莫可奈何。

结局令人长叹

蔡寿祺的举报信恰好打破了二者微妙的平衡，苦于找不到突破口的慈禧借机发难。

但是，慈禧想得太简单了。

慈禧诏令发布的次日（初八），惇亲王奕誴上奏为恭王申辩：

> 今恭亲王自议政以来，办理事务，未闻有昭著劣迹，惟如对时语言词气之间诸多不检，究非臣民所见共闻；而被参各款，查办又无实据，若遽行罢斥，窃恐传闻中外议论纷然，于用人行政，似有关系，殊非浅鲜。臣愚昧之见请皇太后、皇上恩施格外，饬下王公大臣集议请旨施行。[2]

惇亲王是道光帝的第五子，他说得非常直白，恭王没有昭著劣迹，只是平时说话语气不检点而已，加上查无实据，却要这般处置，关系重大，要求重新审议。

慈禧看了奏折颇为震怒，只是这一怒更道出了恭王没有过失："惇王今为疏争，前年在热河言恭王欲反者，非惇王耶？汝曹为我平决之。"在当年政变时，正是惇亲王指认恭王也有谋反之意，如今反而替恭王出面力争，这恐怕是慈禧没有料到的。

[1] 吴相湘：《晚清宫廷实纪》，台北：正中书局，1982年，第112页。

[2] 李棠阶：《李文清公日记》同治四年三月初八日，岳麓书社，2010年，第975页。

紧接着，十三日，在东陵监工的醇郡王奕譞赶回京城，急忙上书替六哥说情："其往往有失于检点之处，乃小节之亏，似非敢有心骄傲，且被参各款本无实据，若因此遽尔罢斥，不免骇人听闻。"[1]

醇郡王本与恭王不和，他的说法更坐实了恭王只是小节问题。

同时，通政使王拯、御史孙翼谋亦具折，均请酌赏录用，以观后效。肃亲王华丰，内阁学士殷兆镛，左副都御史潘祖荫，给事中谭钟麟、广成，御史洗斌，学士王维珍纷纷上疏，舆论皆倾向恭王。

这样，压力反倒都到了慈禧那边，见此情景，慈禧迅速转弯，于四月十四日下谕："恭亲王著仍在军机大臣上行走，毋庸复议政名目，以示裁抑！"恭王的议政王头衔被剥夺，慈禧达到了基本目的。

得旨后，恭王进宫谢恩，"伏地痛哭，无以自容"。慈禧更是面加训诫，恭王"深自引疚，颇知愧悔"[2]。亲王总理之颜面由此扫荡殆尽。

然而，事情并没有完，十八日，醇王再上一折，剑指倭仁。他指出，回京后遍访内廷诸臣，竟无一人参与三月初七罢黜恭王上谕的草拟事宜，这令其"深骇异之至"。按照常例，谕旨应"命王大臣同看"，作为大学士，倭仁"自应恪遵圣谕，传集诸臣或于内阁于乾清门共读朱谕，明白宣示，然后颁行天下"，然让人匪夷所思的是，这道上谕竟跳过军机处，"何以仅交内阁发抄，显系固违谕旨"。倘若这是倭仁的一时疏忽，"岂有宰辅卿贰，皆不谙国体之理？即使实系疏忽，亦非寻常疏忽可比"[3]。

表面上看起来，醇王意欲问责倭仁，其实是想借此恢复"王大臣同看"的这一军机处的权威，不能允许慈禧擅自越过军机处的做法。不过是借责怪宰辅不谙国体，批评慈禧有违国体的做法。

醇王此举关系重大，正因为这样，使得恭王与慈禧之争稍稍平息了十余年。

这次风波，引起朝论大惊疑，甚至外国使臣也纷纷关注，多次询问。

在这之后，李鸿章给恩师曾国藩写信道："恭邸似可渐复，惟与艮相（注：倭仁）嫌衅日深，仍恐波澜未已。"[4]

一封举报信，彻底改变了晚清的命运。从此以后，恭王行事格外谨慎，小心自保，那种锐意进取的精神随着慈禧的权力一步步巩固而逐渐消逝。

作为"中国第一次近代化运动的倡导者"，恭王无疑是同治、光绪时期卓有

---

[1] 李棠阶：《李文清公日记》同治四年三月十五日，岳麓书社，2010年，第978页。

[2] 《清穆宗毅皇帝实录》（136卷），中华书局，1985年，第197页。

[3] 吴相湘：《晚清宫廷实纪》，台北：正中书局，1982年，第102页。

[4] 李鸿章：《李鸿章全集》（29），安徽教育出版社，2008年，第383页。

分量的改革家，后人逐渐认识到这一点，"恭亲王是个有血性的人，且真心为国图谋，他是清朝最后一百年宗室中的贤者"[1]。慈禧也不得不承认，恭亲王之死为"失兹柱石"。"纵观恭亲王一生，以过人才智处内外交困之际，坚持定见，忠诚谋国，推心置腹于将帅，昭示信义于欧美，内政外交都有起色，清国国祚得以延长，实在是爱新觉罗的好子孙。"[2]。

恭王的才能体现在他作为晚清改革家恰当的策略上，使晚清的外交、教育、工业都走上了近代化的路子。

外交上，恭王的策略获得了诸多地方督抚的支持：备知底细，动中窥要；恃笔舌以争之，恃理势以折之；先在折服其气，然后乘机即转。这一策略方针指导了晚清外交的实践，"一定程度上抵制了西方帝国对中国的侵略"。

改革上，恭王显得举重若轻。对内，恭王常将反对改革的"保守派"，直接安排到总理衙门，让他尝尝不当家不知艰苦的滋味，使大多数人转变成了改革派。对外，他多次提醒西方，操切行事将使大清的改革走向反面，争取到他们对大清改革的理解和支持。

本来他可以更好地在议政王的位置上发挥着更大的作用，然而，蔡寿祺这一举动，不仅导致恭王逐渐心灰意冷，而且打碎了改革所应有的权力资源，为此后恭王的多次被罢免开了一个不好的头。

蔡寿祺想要告倒的薛焕、刘蓉，都因查无实据，经吏部议处，降二级调用。相反，蔡寿祺本人即因诬告而被即行革职，勒令回籍。蔡寿祺被革职后，仍然逗留京师，不过，从此潦倒，五十多岁就须发皆白，落得个偷鸡不成反蚀一把米。

这正是古往今来一切政治玩火者的结局。从对这封举报信的处理上，也可以窥见中国官场套路。

这期间，赵烈文与老九经常谈及朝政，老九亦深感"朝廷之不能长治久安"。

同治六年（1867）六月，曾国藩与赵烈文闲聊，赵烈文发出了震惊的预言：

> 天下治安，一统久矣，势必驯至分剖，然主威素重，风气未开，若非抽心一烂，则土崩瓦解之局不成。以烈度之，异日之祸，必先根本颠仆，而后方州无主，人自为政，殆不出五十年矣。[3]

[1] 蒋廷黻：《中国近代史》，民主与建设出版社，2016年，第35页。

[2] 吴相湘：《晚清宫廷实纪》，台北：正中书局，1982年，第102页。

[3] 赵烈文：《能静居日记》（二），岳麓书社，2013年，第1068页。

指示行藏机宜

同治四年（1865）五月，蒙古亲王僧格林沁阵亡，曾国藩受命赴山东平捻，李鸿章接任两江总督。

月底，嘉兴钱子密之堂兄从北京归来，"谓江浙语及沅弟，毫无闲言"，表明关于老九的闲言终于逐渐消退。

闲言虽然消退，但在老家养病的老九，病情未见减退，面色黄瘦，曾国藩获知后忧心不已："立非常之勋绩而疑谤交集，虽贤哲处此，亦不免于抑郁牢骚。然盖世之功业已成矣，寸心究可自慰自怡，悠悠疑忌之口只可付之一笑，但祝劳伤积湿等病渐渐减轻耳。" [1]与曾国藩长年得癣疾一样，老九亦患有疮癣。曾国藩告诫老九，皮肤之病，决无损于元气，切不可轻用克伐之剂，意思就是不要服药，只要免于抑郁牢骚，便可渐愈。"若无端而郁恼，是与无罪攻伐同一失也。"曾国藩知道老九之病，病在心。

三月初二，曾国藩接谕旨，朝廷命老九迅速进京陛见。曾国藩于年前听人说京师士大夫对于老九毫无闲言，就知道不久将有谕旨征召，但没有想到会这么快。但他知道老九的病尚未痊愈，决计让老九在家静养一年，明年再行出山，方为妥善。不久，得知朝廷征召的消息后，曾国藩身边的有识之士与亲近之友都劝老九暂缓出山，便致信老九，提出让他"闭户三年，再行出膺艰苦"。他预料朝廷还会有征召之旨，要老九如果复奏上疏，可专人送到湖北，搭洋船至金陵，由他来代递，以免两兄弟上奏的意思有歧异。

老九的病到了四月仍然没有好转，曾国藩分析，老九的病以怔忡不寐为最要之症，外毒及善忘多感伤均不要紧。开卷心疼，是心肝血亏之故。阿兄是久病成良医，他以自己的经验告诉老九："治之之道，非药力所能遽效，自以不看书不用心为良方。" [2]因此，尽管此时朝廷又两次下旨征召老九，催其进京，但曾国藩认为老九好歹也是为封疆大吏，且系立功受爵之臣，"自不必轻于一出"，况且病势尚未好转，难以遽膺艰巨。

五月，老九的病开始痊愈，但没想到，到了闰五月，老九复又得病，久劳久病之躯，加上又不听大哥告诫，吃药过多的缘故。

[1] 曾国藩：《曾国藩全集》（20），岳麓书社，1987年，第1202页。

[2] 曾国藩：《曾国藩全集》（20），岳麓书社，1987年，第1191页。

六月中旬，已北上平捻的曾国藩突然接到廷寄，老九新拜山西巡抚。到此，曾国藩感觉到朝廷的好意，认为朝廷不为浮言所摇，给予老九"最称完善富庶之区"，便开始为老九谋划行藏机宜。

在信中，曾国藩告诉老九，如果谕旨到达乡下，病已痊愈，即可应诏赴晋；如果病还没好，便稍为调养，再行北上。意思是这一次不必再辞了，以免辜负朝廷的好心。山西这个地方比较富裕、安静，没有战事，但也有不好之处，一则离京太近，其赋税收入一丝一毫都被户部看着，一清二楚，二则捻军有入晋之虞，必须准备打仗。

或许是受了大哥信中所说的"宦海可畏"四字的影响，或许是真的病未痊愈，到了七月，老九决计辞晋抚之任。这让曾国藩颇感意外：

> 以弟之荣利泊如，尘视轩冕可喜可敬，观弟之病势未减，又可虑也。究竟弟病状比在金陵时痊愈几分？不能构思。则兄于八年春，数月不眠，奄奄欲尽，厥后六月再出，愤发自励，不过半年，精神大振。弟目下之病似尚不如余八年之甚，惟小便过多殊为可虞，宗气动摇，是何症象？下次详以告我。此次纵或恩准开缺，而数月之内，恐不免再有征召。[1]

不久，曾国藩接到老九的信，了解老九病情之后，开始放心。"年仅四十二岁，即再养二年，报国之日方长。此次固辞恩命，能认真调养年余，于保身之道、出处之节，均属斟酌妥善。"具体养病多久，大哥指出："总以养到自己能用心作奏时再行出山。"又告诉他，接到各处信件，"似前此谣诼之辞业已涣然冰释，尽可安心静摄。"[2]

到这个时候，过去关于老九的各种谣言已基本消散，曾国藩尤为高兴。九月，老九再辞晋抚，坚卧不起，曾国藩"喜其知几之明，襟怀之淡，反复筹思，将成其志"。然而，朝廷并没有允准老九，"着无庸开缺，赏假六个月"，"一俟病体稍愈，即行迅速北上"。

老九出山看来是躲不掉了，曾国藩也为九弟反复揣摩，可谓用破机心："近来熟思审处，劝弟出山不过十分之三四，劝弟潜藏竟居十分之六七。以余饱览世变，默察时局，则劝沅行者四分，劝沅藏者六分。以久藏之不易，则此事须由沅内断于心，自为主持。"[3]但是，到年底，他不得不明告九弟："天下纷纷，沅弟断不

[1] 曾国藩：《曾国藩全集》（20），岳麓书社，1987年，第1207页。

[2] 曾国藩：《曾国藩全集》（20），岳麓书社，1987年，第1209页。

[3] 曾国藩：《曾国藩全集》（20），岳麓书社，1987年，第1231页。

能久安，与其将来事变相迫，仓卒出山，不如此次仰体圣意，假满即出。余十五之信，四分劝行，六分劝藏，细思仍是未妥。不如兄弟尽力王事，各怀鞠躬尽瘁死而后已之志，终不失为上策。沅信于毁誉祸福置之度外，此是根本第一层工夫。此处有定力，到处皆坦途矣。"[1]

同治五年（1866）正月，捻军进击樊城，攻克黄陂，湖北危急。曾国藩深忧"湖北军政多出于阍人、仆隶及委员之嗜利者，奏牍则一昧欺蒙，深为可叹。以各省用事之人言之，军事将见日坏，断无日有转机之理"。"沅弟假满出山，与各邻省督抚共事，亦必龃龉者多，水乳者少。然吾兄弟受厚恩，享大名，终不能退藏避事，亦惟循沅前信所言，置祸福毁誉于度外，坦然做去，行法俟命而已。""盖终不免一出，不如假满即出之，最为体面也。惟决计出山，则不可再请续假，恐人讥为自装身分太重也。"[2]

正月二十六日，曾国藩接谕旨，老九调湖北巡抚，这一次朝廷真的是为地择人，亦为人择地。曾国藩也颇为高兴，他正在和捻军作战，正苦于湖北呼应不灵，"血脉不能贯通，今得弟抚鄂，则三江两湖均可合为一家，联为一气"[3]。公私两便。因而，大哥特嘱老九不必待六个月假满，即行赴鄂履职。曾国藩特备公文，催老九迅速赴任。

湖北巡抚衙门风水不利

三月初七日，老九自长沙起程赴鄂；奏派当年吉字营旧部、时任江南福山镇总兵熊登武、提督伍维寿，刘连捷、彭毓橘、朱南桂、郭松林等得力将领募勇六千人，组建湘军九营，后又续招步队十一营，马队一千六百余人，谓之"新湘军"，练成赴鄂。十日后，老九行抵省城武昌，接篆视事。

早在二月间，大哥便指示老九到任以后，公事甚多，不大可能亲临前线，只能偶尔督战，应该另派一可靠之统领，自己驻扎黄州或德安、襄阳等处。原因有二：一方面是表示自己尽瘁报国，久驻前敌，不敢安处；另一方面，是因为湖北巡抚衙门风水不利，历史上已有明证，要老九稍稍避之，"避之以正，非专为私也"。

湖北巡抚衙门风水不好，曾国藩不止说过一次。同治六年（1867）九月，曾国

---

[1] 曾国藩：《曾国藩全集》（20），岳麓书社，1987年，第1232页。

[2] 曾国藩：《曾国藩全集》（20），岳麓书社，1987年，第1235、1236页。

[3] 曾国藩：《曾国藩全集》（20），岳麓书社，1987年，第1239页。

藩与幕僚赵烈文长谈时说："吾以鄂抚署者甚不利，已十余任，非死即败。昨临敦劝移住贡院，已允吾说矣。"[1]

确实，查历年湖北巡抚，自道光十八年（1838）伍长华任职巡抚因周天爵案牵连被革职以来，历吴文镕（战败自杀）、钱宝琛（未赴任而患病）、赵炳言（例外）、龚裕（任上得怔忡之症，死于路上）、常大淳（战败自杀殉国）、崇纶（战败出走服毒自杀）、青麟（战败遭弃市）、陶恩培（城破自杀）、胡林翼（任上病死）、李续宜（转任安徽巡抚后病死）、严树森（降职）、罗绕典（任上病死）等，真可谓"非死即败"。

很快，曾国藩的风水说就再次印证了。鉴于湖北官场之凶恶，老九履新后，曾国藩多方指示其为政之道。

一教筹兵筹饷：

> 督抚本不易做，近则多事之秋，必须筹兵筹饷。筹兵，则恐以败挫而致谤；筹饷，则恐以搜括而致怨。二者皆易坏声名。而其物议沸腾，被人参劾者，每在于用人之不当。沅弟爱博而面软，向来用人失之于率，失之于冗。以后宜慎选贤员，以救率字之弊；少用数员，以救冗字之弊。位高而资浅，貌贵温恭，心贵谦下。天下之事理人才，为吾辈所不深知、不及料者多矣，切弗存一自是之见，用人不率冗，存心不自满，二者本末俱到，必可免于咎戾，不坠令名。至嘱至嘱，幸勿以为泛常之语而忽视之。[2]

二教其联络京官，牢笼乡绅。他告诉老九，近年来，沈葆桢在江西，蒋益澧在浙江，为官巡抚，因为注重联络绅士，获得了极好的名声，要调离时，绅士跪道挽留。而郭嵩焘在广东巡抚任上，与绅士疏离，因而不能久居其位。曾国藩规劝老九，赴湖北做巡抚后，不必效仿沈葆桢、蒋益澧"枉道干誉"，但切不可像郭嵩焘那样讥侮绅士，致使仕途布满荆棘。只要做到礼貌宜恭，银钱宜松，背后不宜多说贬词，那么即使不能获得德声，也可以远离怨嗟。

同时又获悉老九求一善写奏折的人不可得，便向其推荐倪文蔚、严渭春。

三教其军事机宜：

> 捻匪长处在专好避兵，不肯轻战，偶尔接战，亦复凶悍异常。好用马队四面包围，而正兵则马步夹进。马队冲突时，多用大刀长棒。步队冒烟

[1] 赵烈文：《能静居日记》（二），岳麓书社，2013年，第1110页。

[2] 曾国藩：《曾国藩全集》（20），岳麓书社，1987年，第1250页。

冲突时，专用长锚猛刺。我军若能搪此数者，则枪炮伤人较多，究非捻匪所可及，劈山炮尤为捻所畏。[1]

然而，老九对大哥的好心却有拒谏之意。"施之于他人，则拒人千里矣。"尤其是对大哥所提到的湖北巡抚衙门风水不利之说，老九"毅然不信"，曾国藩无奈，只好调侃老九"可谓卓识定力"，又说"兄向来不信择日风水，老年气怯，遂徇俗见"。

老九到武昌不久便着手大刀阔斧地改革，先是撤销了湖北总粮台，裁汰湖北老湘营十三营，用自己新募的湘军取代之。老九确实没有从政经验，没有做过地方大员，湖北巡抚是其第一次从政总揽一省，既缺乏对官场的了解，不知深浅，更关键的是，老九的个性使然，他同样是一个疾恶如仇之人，对于自己看不惯的人事，只按自己的意愿来，却没有考虑到这样做就直接触动了湖广总督官文的利益。

官文，又名僎，王佳氏，字秀峰，又字樸伯，满洲正白旗人。咸丰五年（1855）继杨霈任湖广总督，咸丰十年（1860）拜文渊阁大学士。同治三年（1864），金陵克复后，升入满洲正白旗，封一等果威伯。

总督管一二省的军事，老九此举大伤官文颜面。湖广总督虽然不是老九的直系上司，但官要比巡抚大，管湖南湖北两个省。官文从咸丰初年做湖广总督起，于今已有十余年，此前的湖北巡抚都受其掣肘。而从三月履职算起，老九做湖北巡抚还不到半年。

官场老麻雀遇到一个新来的愣头青，官文自然不会认输，二人针锋相对，势同水火。不久老九的新湘军在前方缺粮，而自己主政的湖北竟然无粮可供。有人密报老九，粮食被官文作为欠饷补发给了被裁撤的士兵。按清制，巡抚倒应提督军务，从未有别加帮办之名，然而，官文却奏请朝廷，令老九帮办军务，老九称"非常旷典，鄙人何以克堪"。老九对官文这类无能无功却同样封侯拜爵的官僚本就反感，如今官文更在背后掣肘自己，老九深为愤怒。

于是，老九曾国荃一纸奏折诉至北京，以极为严厉的文字参纠总督官文，开列其七大罪状，句句强硬，条条见血：

一、滥支军饷；

二、冒保私人；

三、公行贿赂；

四、添受陋规；

---

[1] 曾国藩：《曾国藩全集》（20），岳麓书社，1987年，第1253页。

五、弥缝要路；

六、习尚骄矜；

七、嫉忌谠言。

最致命的是老九切中了朝廷尤为忌讳的结党问题，说官文靠的是"贿通肃顺，宠位日固，资望日深，巡抚屡经更易，政权悉归督署。官文遂大露本色，徇私忘公，愈趋愈下。然尚未如近年恣肆之甚也"。这就等于将官文划归"肃党"。又说他"为将不能却敌，为相不能经邦。性类宽厚，而所厚者皆阿附之流；度似优容，而所容者无非宵小之辈"。这等于将官文的朋友圈一棍子打死。

老九此前与官文本无直接共事，按理说，一出道就参纠位高权重的总督，是谁都要掂量一下子。老九这么做有前因，其六哥曾国华死在三河大战，以及季弟曾国葆死在金陵大营，灵柩路过武昌，此时原湖北巡抚胡林翼已死，所以湖北官员前来吊唁者很稀，曾国藩也曾发出过感叹，如果胡林翼在，肯定不是这个样子，这事让老九心里也觉得委屈。更何况老九觉得自己冒着巨大的危险，吃尽了苦头，攻下金陵，官文没有费一点力气，居然也封侯拜爵，老九心里早就十分不满。老九决定新账旧账一起算，要报这一箭之仇。

对于老九这种行为，曾国藩极不赞成，看到老九送来的奏折初稿，他明确地告诉弟弟不能这样做：

> 顺斋排行一节，亦请暂置缓图。此等事幸而获胜，而众人耽耽环伺，必欲寻隙一泄其忿。彼不能报复，而众人若皆思代彼报复者。吾阅世最久，见此甚明。寄云一疏而参抚，黄藩又一片而保抚，郭臬、李非不快意，当时即闻外议不平。其后小蘧果代黄报复，而云仙亦与毛水火，寄云近颇悔之。吾参竹伯时，小蘧亦代为不平，至今尚庸诋吾兄弟。去冬查办案内，密片参吴少村，河南司道颇为不平，后任亦极隔阂。陈、黄非无可参之罪，余与毛之位望积累，尚不足以参之，火候未到，所谓燕有可伐之罪，齐非伐燕之人也。以弟而陈顺斋排行，亦是火候未到，代渠思报复者必群起矣。苟公事不十分掣肘，何必下此辣手？汴之紫三本家于余处颇多掣肘，余顷以密片保全之，抄付弟览。吾兄弟位高功高，名望亦高，中外指目为第一家。楼高易倒，树高易折，吾与弟时时有可危之机。专讲宽平谦巽，庶几高而不危。弟谋为此举，则人指为恃武功，恃圣眷，恃门第，而巍巍招风之象见矣，请缓图之。[1]

---

[1] 曾国藩：《曾国藩全集》（20），岳麓书社，1987年，第1281页。

信中所说"顺斋排行",是一则隐语,以开斋饭局中讲究先后次序,喻湖北官场督抚相争即老九欲告官文一事。曾国藩认为,这种事即便告赢了,也没有好处,因为官场上各种利益关系构成一个个圈子,党羽牵累,告一个可能得罪一片。被告倒的这个人可能报复不了你,但他的关系圈里的人会想办法来报复你。

接着他举了好几个例子:一是广东官场上,两广总督毛鸿宾(字寄云)告广东巡抚郭嵩焘(字筠仙)。毛鸿宾曾任湖南巡抚,很赏识郭嵩焘。后毛公做了两广总督后,就保举郭公做广东巡抚。毛公的能力平平,对郭公以恩人自居,将其看作幕宾,违反督抚合奏的惯例,绕开郭氏单衔奏事。郭氏认为毛公强横自擅,意渐不平,毛公则认为郭公争权,督抚同城不和。郭嵩焘颇想有所作为,开财源,济军饷,援湘军,但求治过急,好似涸泽而渔,封山而猎,引起有人匿名作了一副对联咒骂郭嵩焘和毛鸿宾:"人肉吃完,唯有虎豹犬羊之廓;地皮刮尽,但余涧溪沼沚之毛。""廓"与"郭"谐音,骂的是郭嵩焘,"毛"则直指毛鸿宾。毛公见舆论于己不利,就参纠郭公。黄藩则上折保郭公。郭嵩焘放话说:"曾涤生(曾国藩字涤生)保人甚多,唯错保一毛寄云。"曾国藩听了,也调侃道:"毛寄云保人亦不少,唯错保一郭筠仙。"闻者无不喷饭。

二是曾国藩自己当年参纠同年老乡、江西巡抚陈启迈的故事。参掉陈启迈之后,江西官场几乎人人都与曾国藩为敌。

三是信中所说的"汴之紫三家本",意即河南巡抚李鹤年,曾国藩何以密折保他?因为咸丰七年(1857)曾国藩回籍守孝时,曾向朝廷公开要官,结果被晾在了乡间,身为给事中的李鹤年上疏起用曾国藩,这才有了曾国藩的再次出山。这次曾国藩围攻捻军,河南防守不力,让捻军从其驻地突围而去,导致曾国藩经营许久的河防战略失败,本来朝廷要追究李鹤年之责任,但曾国藩看在当年的那份奏折的份上,才上密折为其开脱,使其免于处分。

其实,这样的例子还有很多,比如当年胡林翼与官文,关系就处理得很好。湖北巡抚胡林翼见官文驭下不严,用财不节,恐误疆事,便打算弹劾官文。他与阎敬铭商量,不料,阎敬铭说:"公误矣!本朝不轻以汉大臣专兵柄。今满、汉并用,而声绩炳著者多属汉人,此圣明大公划除畛域之效。然湖北居天下要冲,朝廷宁肯不以亲信大臣临之?夫督抚相劾,无论未必胜,即胜,能保后来者必贤耶?且继者或厉清操,勤庶务,而不明远略,未必不颟己自是,岂甘事事让人?官文心无成见,兼隶旗籍,每有大事,正可借其言以伸所请。其失仅在私费奢豪,诚於事有济,岁糜十万金供之,未为失计。至一二私人,可容,容之;不可,则以事劾去之。彼意气素平,必无忤也。"道理很简单,一方面,湖北地位重要,朝廷肯定派亲信之人来坐镇；另一方面，参掉官文之后，如何能确保新来者一定胜过官文呢？胡林翼大悟，因此对官文极力笼络，收官文之小妾为义妹。从此官文事事都听胡林翼，而官文只画押而已。湘军因为有了胡林翼坐镇湖北，办事顺利得多，对大局多有裨益。[1]

然而，老九不是胡林翼。

大哥举出这些正面与反面的例子来说，都是为了劝老九不要犯官场大忌，不是官文不该参，而是火候未到，所以不该由老九来参。况且，官文既有党羽，参纠后，必有说不尽的麻烦，会招致其党群起而报复，得不偿失。

但是生性刚烈率直的老九根本不听大哥的劝告，一意孤行，并且在信里面说，一切后果我一人承担，与你无关。

然而，曾国藩听了觉得老九这说法很傻很天真，他又写信劝老九：

> 此等大事，人人皆疑为兄弟熟商而行，不关乎会晤与否。譬如筱泉劾官，谓少泉全不知情，少泉劾余，谓筱泉全不知情，弟肯信乎？天下人皆可信乎？[2]

兄弟同时开府，兄弟间的事，说一方全不知情，确实说破天都没有人相信。

然而，老九我行我素，做大哥的也没有办法，只好劝其"在自修处求强则可，在胜人处求强则不可"[3]。

在家养病一年多，兼习奏折写作之法，老九的奏折艺术颇大有长进。朝廷接到这一折子，竟然还不好置之不理。

但官文是何等人物？是满洲贵族，京城关系错综复杂，他们明里不能保，暗里保还是可以的。朝廷不得不派出尚书绵森、侍郎谭廷襄两位高规格大员到湖北来调研核实，结果却迟迟不出来，直到同治六年（1867）正月，才传旨将官文"议革职，诏念前劳，原其尚非贪污欺罔，优与保全，解总督，仍留大学士、伯爵，罚伯俸十年。召还京，管理刑部，兼正白旗蒙古都统"。官文回北京后仍做他的文华殿大学士，且又过了不久还做了直隶总督，地位在湖广总督之上。

这次老九斗官文，虽胜犹败。几个月后，赵烈文与曾国藩谈及此事，说，"沅师去年劾官秀峰不胜，余以为此沅师闻道之机，不当吊而当贺"[4]。

[1] 赵尔巽：《清史稿》（38），中华书局，1977年，第11716页。

[2] 曾国藩：《曾国藩全集》（20），岳麓书社，1987年，第1282页。

[3] 曾国藩：《曾国藩全集》（20），岳麓书社，1987年，第1285页。

[4] 赵烈文：《能静居日记》（二），岳麓书社，2013年，第1065页。

从长远来讲, 此话确有几分道理。但就当下来说, 真的是应了曾国藩那句"湖北巡抚衙门风水不利"的话。

督抚相斗, 老九没有占得好处, 不仅官文过了很久才受处分, 而且, 正如曾国藩明言的那样: 老九因此开罪于军机处, 凡有廷寄, 皆由官文转咨; 就是战场上, 老九也迎来了一生中最不顺利的时期。过去在东征太平军时的常胜将军, 此时成了屡败将军。大概是因为吉字营的名号不再, 新组建的湘军胜败各半。尽管于同治六年 (1867) 初肃清湖北, 但在越境助守中, 昔日老部下彭毓橘, 也就是老九的同年表弟, 被捻军活捉, 最后被五马分尸; 郭松林被捻军打断左腿。

同治五年 (1866) 十二月, 朝廷责老九调度无方, 传旨严行申饬。同治六年 (1867) 五月, 老九被摘去顶戴, 与河南巡抚李鹤年一起交部议处。议处的结果是降二级留任。老九屡战屡败后, 颇有牢骚。原本稍有康复的身体又因为郁闷而复发湿毒, 七八月间, 老九两次请假调理。九月不得不申请开缺回籍。而此前曾国藩早已因病上折要求开缺回籍。有意思的是, 这样一来兄弟俩同时要求开缺。

按老九对朝廷的说法, 病情是十分严重:

> 数月以来, 多方诊治, 求效既失于过急, 服药转难于见功。湿入筋骨, 毒蔓肌体, 手足酸痛, 坐卧不安。加以旧日怔忡不时举发, 始而气如奔豚, 上冲胸际; 渐至心摇神惑, 目眩头昏。偶欲行走, 则平地有颠仆之虞; 坐未移时, 则应办之事都不记忆。据医者云, 病非徒伤积劳也, 实因亏耗气血, 必须静养寂处, 谢绝宾客, 方可悉心疗治。[1]

老九有病, 当是实情, 但断非奏折中写的那么严重, 若果真如此, 老九就连行尸走肉都不如了。不过, 这一次老九如愿以偿, 于十月十六日获准开缺回籍调养。这样, 前前后后老九只做了一年零八个月的湖北巡抚。老九这么快便灰头土脸地离开湖北官场, 战捻无功, 结怨官场, 果真是拜湖北巡抚衙门风水不好之赐吧?

---

[1] 曾国荃:《曾国荃全集》(第一册), 岳麓书社, 2006年, 第157页。

老九转饿弯

老九被朝廷申饬后，忧灼胜于以往。曾国藩不断地为他打气，传授秘诀：

一是将自己咬牙立志之诀传予老九。当老九向大哥诉说运气不好，后悔当时不量力而参劾官文，深悟“本系取祸之道”时，曾国藩写信给他：

> 然困心横虑，正是磨炼英雄玉汝于成，李申夫尝谓余怄气从不说出，一味忍耐，徐图自强，因引谚曰：好汉打脱牙和血吞。此二语是余生平咬牙立志之诀。来信每怪运气不好，便不似好汉声口。惟有一字不说，咬定牙根，徐图自强而已。[1]

二是传授用兵之法。老九于军事上的受挫，有多个方面的原因：一是捻军和太平军是两个完全不同的组织，前者没有固定的根据地，不占城池，而喜到处游击，老九的“铁桶战法”在此毫无用处；二是对待捻军，不能像包围城市那样，只需一军即可将敌围困，不必倚仗他人，而必须多方甚至数省通力合作，一处不谐，满盘皆输，这是老九无法控制的，并非老九不懂军事。因而，曾国藩特意帮助老九分析了捻军之长短。

> 吾观捻之长技约有四端：一曰步贼长竿，于枪子如雨之中冒烟而进；二曰马贼周围，包裹速而且匀；三曰善战而不轻试其锋，必待官兵找他，他不先找官兵，得粤匪起初之诀；四曰行走剽疾，时而数日千里，时而旋磨打圈。捻之短处亦有三端：一曰全无火器，不善攻坚，只要官兵能守城池，秀民能守堡寨，贼即无粮可掳；二曰夜不扎营，散住村庄，若得善偷营者乘夜劫之，胁从者最易逃溃；三曰辎重妇女骡驴最多，若善战者与之相持而别出奇兵袭其辎重，必大受创。此吾所阅历而得之者。弟素有知兵之名，此次是星使在鄂之际，军事甚不得手，名望必为减损，仍当在选将练兵切实用功，一以维持大局，扫净中原之氛；一以挽回令名，间执谗慝之口。[2]

[1] 曾国藩：《曾国藩全集》(20)，岳麓书社，1987年，第1309页。

[2] 曾国藩：《曾国藩全集》(20)，岳麓书社，1987年，第1311页。

捻军之猾，以至于清廷一度调集李鸿章、左宗棠等多路大军悉数北上会攻，依然功效不大。

三是传授处逆境之良法。

> 弟求兄随时训示申儆，兄自问近年得力惟有一悔字诀。兄昔年自负本领甚大，可屈可伸，可行可藏，又每见得人家不是。自从丁巳、戊午大悔大悟之后，乃知自己全无本领，凡事都见得人家有几分是处。故自戊午至今九载，与四十岁以前迥不相同，大约以能立能达为体，以不怨不尤为用。立者，发奋自强，站得住也；达者，办事圆融，行得通也。吾九年以来，痛戒无恒之弊，看书写字，从未间断，选将练兵，亦常留心，此皆自强能立工夫。奏疏公牍，再三斟酌，无一过当之语自夸之词。此皆圆融能达工夫。至于怨天本有所不敢，尤人则常不能免，亦皆随时强制而克去之。弟若欲自儆惕，似可学阿兄丁戊二年之悔，然后痛下箴砭，必有大进。[1]

曾国藩指出，老九克复两省，勋业断难磨灭，根本极为深固。但问题在于老九"能立不能达"，处处露峥嵘，而不稳适。因此，劝老九"从波平浪静处安身，莫从掀天揭地处着想"。又推心置腹，谈及自己，过去也不甘心庸碌无为，但近年来阅历万变，开始"一味向平实处用功"，这并非萎靡不振，而是因为位太高，名太重，不这样做，就危险了。[2]

老九开启金口，求大哥训示这太难得了。这恐怕是因为老九斗官文的后遗症陆续彰显，先是老九屡遭严加诘责，而后是中外多不以为然，再者是湖北绅士公请挽留官文。

早在同治五年（1866）十二月，官文被劾的处分还迟迟没有下达之时，李鸿章曾劝曾国藩密保官文，曾国藩没有同意，他对老九说："不知邪火正旺，弟用芒硝大黄且攻之不下，吾岂可更进参茸乎？人心日伪，大乱方长，吾兄弟惟勤劳谦谨以邀神佑，选将练兵以济时艰而已。"[3]

曾国藩还告诉老九，李鸿章虽然对老九参劾官文不大赞成，但对曾氏兄弟极力扶助，李鸿章还认为，此事虽然对老九今后做官不利，但对老九做人没有损失。而在此之前，老九还认为李鸿章是宠荣利禄中人，计较利害亦甚深，颇有几

---

[1] 曾国藩：《曾国藩全集》（20），岳麓书社，1987年，第1317页。

[2] 曾国藩：《曾国藩全集》（20），岳麓书社，1987年，第1321页。

[3] 曾国藩：《曾国藩全集》（20），岳麓书社，1987年，第1308页。

分瞧不起的意味，并称进退缓急，不过多与之深谋。因此，阿兄特意谆谆告诫老九，再次表明曾李两家必须联为一气。

> 弟于渠兄弟务须推诚相待，同心协力，以求有济。淮军诸将在鄂中者有信至少荃处，皆感弟相待之厚，刘克仕感之尤深。大约湘淮两军、曾李两家必须联为一气，然后贼匪可渐平，外侮不能侵。[1]

随着战事之不顺，老九愈发忧急。曾国藩劝老九：

> 事已如此，只好硬心很肠，付之不问而壹意料理军务。补救一分，即算一分。弟已立大功于前，即使屡挫，识者犹当恕之。比之兄在岳州、靖港败后栖身高峰寺，胡文忠在氵参山败后舟居六溪口气象，犹当略胜。高峰寺、六溪口尚可再振，而弟今不求再振乎？
>
> 此时须将劾官相之案、圣眷之隆替、言路之弹劾一概不管。袁了凡所谓从前种种譬如昨日死，从后种种譬如今日生，另起炉灶，重开世界，安知此两番之大败，非天之磨炼英雄，使弟大有长进乎？谚云吃一堑长一智，吾生平长进全在受挫受辱之时。务须咬牙厉志，蓄其气而长其智，切不可苶然自馁也。[2]

正当老九气不顺之时，昔日湘军老将鲍超又与老九发生龃龉，"运气一坏，万弩其发"，老九急欲引退。阿兄却不主张老九在这个名望大损之际退身，应该忍辱负重，咬牙坚持，待军事有了转机、人言稍息之后再行抽身。他劝老九：

> 事已如此，亦只有逆来顺受之法，仍不外悔字诀、硬字诀而已。朱子尝言：悔字如春，万物蕴蓄初发；吉字如夏，万物茂盛已极；吝字如秋，万物始落；凶字如冬，万物枯凋。又尝以元字配春，亨字配夏，利字配秋，贞字配冬。兄意贞字即硬字诀也。弟当此艰危之际，若能以硬字法冬藏之德，以悔字启春生之机，庶几可挽回一二乎？[3]

紧接着，阿兄又以自己生平受人讥笑之四辱来勉慰老九，这"四辱"是：

---

[1] 曾国藩：《曾国藩全集》（20），岳麓书社，1987年，第1322页。

[2] 曾国藩：《曾国藩全集》（20），岳麓书社，1987年，第1328页。

[3] 曾国藩：《曾国藩全集》（20），岳麓书社，1987年，第1329页。

第一件事，是道光十二年（1832），曾国藩考俏生，二十一岁的他信心满满，结果却被学政公开悬牌，责其科举文章文理太浅。第二件事，是道光二十年（1840），做翰林的曾国藩有一次上了一道日讲疏，其中画了一幅图，因为画得太丑，遭到九卿冷笑而鄙薄，大失面子。第三件事，是咸丰四年（1854），曾国藩于岳州、靖港两次战败，栖居高峰寺，遭到全省官绅的鄙夷。第四件事，是咸丰五年（1855），曾国藩于九江大败，进入江西，又参江西巡抚，又坐困南昌，一时成为江西官场的笑话，人人都对他敬而远之。曾国藩进而劝慰老九：

> 弟今所吃之堑，与余甲寅岳州、靖港败后相等，虽难处各有不同，被人指摘称快则一也，弟力守悔字硬字两诀，以求挽回。弟自鄂抚，不名一钱，整顿吏治，外间知者甚多，并非全无公道。从此反求诸己，切实做去，安知大堑之后无大伸之日耶？[1]

对于阿兄的指点开导，老九于忧患之后始知"一字一珠，均早诰诫于事端未发之先也"。[2]但同时，阿兄这些"补药"，反倒加剧了老九"争竞之心稍平，而自强之焰亦渐减矣"[3]的心绪。

越是诸事不顺，老九越是退志渐长。

老九告诉阿兄曾国藩，自己到湖北后，极少有顺手之事，果真是巡抚衙门风水差，房屋也太逼窄，热天一到内外都无退步，室内之人互相贬斥之言充于两耳。因而感叹为官反不如当百姓那般安逸自得。

他向曾国藩坦承自己志不在此，原以为自己本事很大，到今天才知道全靠运气。过去嫌官小不能报国，如今方知官越大，报国之道越亏欠得多。环顾中外，积习太重，趋向不前，不是我等蠢人能够维持周旋得妥当的，因此，"刻刻不忘退志"。

同治五年（1866）五月，老九见到邸抄，御史佛尔国春参纠老九，中有劾官文为肃党有不实之处照例应反坐，虽然经过谕旨平反调停，但"痕迹殊重"，老九于是又增几分退志。退志既萌，牢骚亦盛。对于阿兄的一些开导和教诲，老九并不领受：

> 承嘱在平风息浪处用心，莫在掀天揭地处着想。弟在梦梦中过了半

[1] 曾国藩：《曾国藩全集》（20），岳麓书社，1987年，第1330页。

[2] 曾国荃：《曾国荃全集》（第五册），岳麓书社，2006年，第252页。

[3] 曾国荃：《曾国荃全集》（第五册），岳麓书社，2006年，第254页。

生，至今不知何者为掀天揭地，何者为息浪平风。大约运气佳者，掀天揭地亦是平风息浪；运气劣者，即平风息浪做去，亦是揭地掀天，此中有幸不幸之分焉。[1]

向来不服输的老九，此次竟然认命了。不久，老久获准开缺。这一次大转折，正应了曾国藩早先所说的"行藏机宜不宜转饿弯"[2]，而老九受此打击后，确实转了个"饿弯"。正是由于这个"饿弯"，老九的命运发生了根本转变。

百战归来再读书

同治六年（1867）十一月初十日，老九卸交湖北巡抚大印，起程回湘。谁知，老九离开湖北仅一月，东捻军即败于扬州瓦窑铺，遵王赖文光被俘，东捻军失败，不多久，西捻军亦败。老九运气由此可知。

老九回到湘中荷叶，平时紧张忙碌的生活一下子变得平静下来，而且颇闲静得令人不适应，这样的转折不能不让人产生一种不适感。

早在同治三年（1864）秋天老九开缺离开金陵时，阿兄曾国藩就送给老九一副对联：

千秋邈矣独留我，百战归来再读书。

阿兄大概预料到老九将难以适应乡间闲居的生活，提前为他开了"治疗"的单子，勉励老九多读书，借书籍来充实、提升自己的境界。那一次，老九虽然开缺，一半是因为有病，一半是因为不平，但进取之锐气并末稍减，而是一种行藏机宜，以退为进，以藏为行。应老九之邀，阿兄还专为其抄写了17篇古代名奏，亲自圈点解读评论。老九也确实读得很用心。

对于这个小其十三岁的九弟，曾国藩在他身上花的精力尤多，精研百家、做过圣贤功夫的阿兄，深知学问根本与为学之道，从老九少时起就严定课程，督其读书。老九随他在京师读书时，受到的督导尤严。曾国藩常常与之"谈伦常、讲品

---

[1] 曾国荃：《曾国荃全集》（第五册），岳麓书社，2006年，第266页。

[2] "转饿弯"一词，乃湘中民间俗语，意思就是弯转得太急。

行，使之扩见识、立远志"，所以老九"颇识为学之次第"，"纵不为科目中人，亦当为孝悌中人"。

老九亦颇像其兄，即使在军营中仍不忘看书。咸丰八年（1858）老九围攻吉安，坚城不克，赵玉班见他略有闲时爱看书，便送他一套《二十二史》，老兄知道后，写信嘱咐他：

> 书虽不可不看，弟此时以营务为重，则不宜常看书。凡人为一事，以专而精，以纷而散。[1]

老九听从兄长的劝告，将《二十二史》寄回老家。

数月后，老九又寄回不少好书，曾国藩看后又指点其学问之道：

> 弟寄归之书皆善本，林氏续选古文雅正，虽向不知名，亦通才也。如有《大学衍义》《衍义补》二书可买者，望买之。学问之道，能读经史者为根柢，如两通（杜氏《通典》、马氏《通志》）两衍义及本朝两通（徐乾学《读礼通考》、秦蕙田《五礼通考》）皆萃六经诸史之精，该内圣外王之要。若能熟此六书，或熟其一二，即为有本有末之学。家中现有四通而无两衍义，祈弟留心。弟目下在营不可看书，致荒废正务。[2]

曾国藩一生中写信指导九弟读书之信不下数万言，而且大都是曾国藩自己读书的心得感悟和经验之谈。这可以说是一种纯粹、正统的理学教育，也奠定了老九一生立身行事的扎实基础。对此，连学识渊博的两朝帝师翁同龢都推崇备至，在日记里多次提及，说老九"得力在宋儒书""学有根底"，又说"其人似偏于柔，其学则贯澈汉宋，侪辈中无此人也"[3]。

但是老九的这一次开缺，与前一次境遇大不相同。相比上次百战归来之风光，这一次显得格外落魄。

乡居之初，老九大概还记得阿兄"百战归来再读书"的告诫，同治七年（1868）六月，老九要纪泽兄弟帮他买书，"偶思江南城里好《古文词略》，我一个人想摆二册放倒〔到〕桌子上摆看。又《唐人万首绝句选》亦要两册，便中望侄寄回，如承每样寄一册与岳崧，俾得有目共赏，亦吾心之所乐也。此外如有我所

[1] 曾国藩：《曾国藩全集》，岳麓书社，1987年，第366页。
[2] 曾国藩：《曾国藩全集》，岳麓书社，1987年，第393页。
[3] 翁同龢：《翁同龢日记》，中华书局，1998年，第3册第1117页，第4册1793、1810页。

不知名之小部头书,亦望剔几册回"[1]。

然而,时间一久,乡居的无趣便日渐显露出来。加上同治七年(1868)正月初九,老九的次孙广江出生,生活也随之有所变化。另外,乡间并没有想象的那么闲适,最让老九头疼的便是许多无谓的应酬。老九慢慢地滋生出懒惰的意趣,昔日那种倔强不服的精神,转眼化之为慵懒,为了化解这种无趣,老九调侃道:

> 余一味以懒养神,以糊涂涵养肝气,以风趣节适性情。凡属劳生之具,皆屏诸九霄之外。看书最伤目,写字亦须手动,皆足以隘吾之生,亦早仇视之矣。[2]

过去以"不能文、不中式为恨"的老九,如今"早仇视之矣",令人不敢相信这是真话。即使在京的大侄儿曾纪泽写信告诉他,有人要为他在京谋官,他却表示自己要"安心为荷叶循抚(注:巡抚之谐音,荷叶系老九家乡之地名),升大屋里总督,缺分尚不十分清苦,不愿再背音碑京账也"。[3]

一个"懒"字充斥着老九的书信,并化为风趣调侃之辞。而且对阿兄的告诫往往都以调侃来化解,且自我欣赏。"可见为绅宜在穷乡僻壤,乃可当百步大王。""百步大王"是湘中俚语,言下之意是足不出户。

> 弟在家虽可自适,然人客往来,皆系无谓应酬,扰扰终日,不能看一页书,不能习一个字,弄得我秦无楚无,殊少趣味。所幸两孙儿常承阿祖之欢,见面即要耐〔赖〕抱,不肯稍远于怀,亦一乐境也。[4]

> 余回籍闲处,于人事纷扰中,颇得淡远之趣。有时胸次天空海阔,有时心际粟颗针锋,非不自诩为豪爽,惟绝不翻阅载籍,博证古今,心有所见,笔不能达,且偶一用心即神昏气沮。此生殆与书无缘,亦只得安分守拙,作一极俗极鄙之人,以终吾身而已。[5]

在给阿兄的这些信里,老九乐于自我调侃:此生大概与读书无缘了。"百战

[1] 曾国荃:《曾国荃全集》(第五册),岳麓书社,2006年,第270页。

[2] 曾国荃:《曾国荃全集》(第五册),岳麓书社,2006年,第285页。

[3] 曾国荃:《曾国荃全集》(第五册),岳麓书社,2006年,第290页。

[4] 曾国荃:《曾国荃全集》(第五册),岳麓书社,2006年,第273~274页。

[5] 曾国荃:《曾国荃全集》(第五册),岳麓书社,2006年,第276页。

归来再读书"几个字，似乎早就被抛诸脑后。看起来，这次老九性情大变，不，严格地说，应该是处世风格大变，完全让人看不出是昔日那个凡事都要与阿兄争个长短的老九。

> 弟数年来无所怒，亦无所怨，无从藏而宿之于胸次也，仲氏所述或不甚确。[1]

阿兄由江督任上奉调回京述职，到京以后，老九写信问他："都门人物何如？能似大界冲里王三、年〔鲇〕鱼坝彭国一者几人？视吾辈如威五，而思欲一挤跌进塘内者，恐尚不止'俊臣同名'及西天能为祸祟〔崇〕者也。"[2]信中全是调侃，他将都门人物视之为乡间王三、彭国一，甚至认为乡间这些小人物即使跌进池塘，也能成为"俊臣同名"和孙悟空式的人物。

阿兄问他对《陆师昭忠祠记》的看法，他如此回答：

> 弟目不识丁，而于并世之文无甚推崇者，独兄每有所作，辄往复低徊诵之，不忍释手。第觉其韵味在七百年以上，深求之而不可多得者，吾无以名其妙也。至于此文事实，皆据公牍为张本，极叙其劳，而功即跃之于纸。吾千载后面颜得以有光者，赖此一文，"曾探花带管湖广一省人"，至今衡州传为美谈。此文一出，自弟及诸部将，谁不蒙兄带管于数千载之后乎！[3]

"目不识丁"，"曾探花"等词，调侃之味跃于纸上。

阿兄打算为数十位吉字营将领各作一小传，要他记忆事迹。他如此回答：无如弟之记性甚差，同治三年（1864）以前经历之情状，至今便恍惚如隔世事。倘三四年后精神复元，当遨游金山、焦山、西湖各名胜地方，必经过江南，入祠瞻拜忠魂，或者触景生情，仍可略记一二，录出数行，重请椽笔传之，亦尚不迟。

老九这个自封的"荷叶巡抚""大屋总督"，其实并不是真正的"百步大王"，他还不时穿行于荷叶乡间与省城长沙之间，彼时这小小的长沙城里，聚集了一大批不得志的湘军将领，以李榕、郭嵩焘、李元度、黄南坡、罗研生等人为代表。老九与他们交往频频，就这样一年时间很快就过去了。

---

[1] 曾国荃：《曾国荃全集》（第五册），岳麓书社，2006年，第277页。

[2] 曾国荃：《曾国荃全集》（第五册），岳麓书社，2006年，第279页。

[3] 曾国荃：《曾国荃全集》（第五册），岳麓书社，2006年，第282~283页。

咸丰八年（1858）初，老九对阿兄回顾这一年：

> 弟去年匆匆又懒一年，今且四十六岁矣。懒也懒不出一个明堂，做好汉
> 也做不出一个明堂。未曾一日发愤，便要三月耳聋，五日背疼，七日心忡。
> 惟全不问书和籍，不理笔和墨，偏能一觉睡到大天光，一餐两个半碗饭，
> 满行满走，快乐无忧。可见天生我，教我懒一世，且再懒四十六年，便是
> 九十二岁，值得值得。懒得我此心活泼泼地，大儒气象或亦不足过也。
> 程氏谓溺于汉学者，为玩物丧志，弟初不知有汉，无论唐、宋。凡属
> 积字成句，积句成文之类，谓皆不可玩，玩则未有不丧志者也。兄闻此
> 语，得毋笑其狂悖，而怜其终身昏盲不醒不睹乎？两儿蠢钝，过于乃翁。
> 懒则无愧肖子，然则坟山房分之说，或亦有征与？只得听其自然而已。把
> 背问解，非吾性之所能任也。负之负之。[1]

不问书和籍，不理笔和墨，一觉睡到大天光，天教我懒一世，再懒四十六年，
活到九十二岁，大儒气象不过如此，这样的调侃，有几分真和几分假，只有老九自
己知道。其实，这正是老九真实的另一面，老九的城府从少年时就看得出，他的
话一般都憋在心里。

老九还告诉侄子曾纪泽，"余亦别无他嗜好，合众懒以成一大懒而已。"这恐
怕是调侃阿兄那句"合众人之私成一人之公"。

对于阿兄"勤"字的教导，老九以"懒"字回应，成为常态：

> 弟懒拙如旧，每日不一课其子，至于自课，更无论也。以官法绳之，
> 当记大过数次。幸尚勤于抱孙，或可酌委优缺一次。[2]

> 弟在家闲散自适，一不当家，二不看书，三不写字，性闲或念几句阿
> 弥陀佛、观音菩萨，以养吾闲静之心耳。[3]

如此这般，外人还当真以为老九奉行"三不主义"，开始信佛了。不知阿兄看
到这样的回信，会不会有一种哭笑不得的感觉？

其实，老九并非没有读书，同治九年（1870）四月，他对纪泽说，自己家中书

---

[1] 曾国荃：《曾国荃全集》（第五册），岳麓书社，2006年，第280页。

[2] 曾国荃：《曾国荃全集》（第五册），岳麓书社，2006年，第284页。

[3] 曾国荃：《曾国荃全集》（第五册），岳麓书社，2006年，第322页。

籍满架,缺《四库全书目录》(应为《四库全书总目提要》),希望侄子遇见便购买寄回。果真如他对大哥所说的那样"毫不看书,亦不写字,未用花镜",那么,他要买书作摆设?老九的话大可不必当真。事实上同治十年(1871)六月,阿兄得知长沙没有《阅微草堂笔记》,当即寄一部给老九;十月,他还向阿兄提及《鸣原堂论文》,认为十七篇太少,想尚有续选之篇,当年不知何故中辍?如今阿兄回任江督,可以继续选篇,或者寄回目录也行,自己来抄,总数要有百篇为好。

不过,这一次,阿兄最终还是没有履行一百篇的诺言,老九慢慢地发现,原本很幽默、爱讲笑话的阿兄对九弟的诙谐调侃风趣视而不见,在信中,阿兄不再敦敦告诫老九要如何读书,如何行藏,如何齐家,完全没有了过去那些勤勉的劝诫,有的只是阿兄对自己一身沉重病情的描述和对国家大事的忧虑。阿兄变得又衰又老又病又忙,老九似乎逐渐感觉到阿兄大限不久了。慢慢地,老九也不再在信中调侃。阿兄回任江督才一年多时间,就在金陵总督衙门撒手而去。

踏遍千山万水酬阿兄

同治十一年(1872)二月初四,曾国藩在两江总督署内突然辞世。十天后,闲居在家的老九得知消息后,不禁为之悲声恸哭。

老大去世后,老四最长,根据乡里的规矩,当即商定由老四曾国潢赴金陵协助两个侄子赞襄大事,迎接阿兄的梓棺归湘。

回想三十年里,一对难兄难弟,却始终兄弟怡怡,一同出生入死,一同封侯拜爵,多少天血雨腥风,多少道流言如剑,多少次黄夜长谈,多少回函来信往,老九应该说是历历在目。如今阿兄长逝,还有谁会那样指点迷津?还有谁会为自己化解危机?还有谁会对他敦敦告诫?还有谁会那样包容慰勉?"以大刀阔斧变为清磬疏铃"之后的老九此生能为阿兄所做的最后一件大事,毫无疑问就是要为阿兄找一个长眠之地。

深知阿兄仕宦三十余年,两袖清风、"囊橐萧然",看透人世之荣华,老九对两侄表示:"但求能于附近百里内得一佳城,可免五患,能发万丁,则心满意足,此外富贵荣华之念皆在所缓图也。"[1]"可免五患,能发万丁",或许是对阿兄最好的回报,也是求其心安的法宝:"总以求之吾心而无一不安之处,然后可有当

---

[1] 曾国荃:《曾国荃全集》(第五册),岳麓书社,2006年,第380页。

于贤侄昆弟万分之一，且亦不至浪费多金，稍乖汝考生平之素愿也。"[1]

老九亦深知阿兄是个很恋家的人，决意在老家附近湘乡衡阳一带为阿兄觅一好地：

> 尽两月之地利、天时、人事，遍历湘衡局势，或可惬心一当。颉刚意欲觅之于附省百里内外，弟亦必周详阅历一遍，以答其不匮之思，或不至如东台山顶荒渺而无所稽耳。[2]

老九所说的东台山，是有来历的。早在几个月前，曾国藩的好友冯树堂即在湘乡为之谋地，相中了东台山，并专门写了《东台山地图说》以说明此地风水之好。曾国藩阅后《复冯树堂》说：

> 承示《东台山地图说》一册，气势宏敞，山水环绕，洵为形家难得之地，中间所述"五胜"、"五疑"，亦复评论确当，折衷古法，而参以高识。仆虽不明此道，亦稍知尊说之精当。接筠仙来书，则有"三奇"、"三疑"之说。然既经阁下苦心鉴别其为佳壤，自属可恃。惟《图说》中关系文风一层。鄙意亦以为疑。盖此地既为公会所在，又为文风所关，邑人必不乐从。即令巨绅应允，而士庶或窃有遗议。鄙人平日论求地之道，不贵万众指目吉壤之区，不贵阴谋诡计巧取而得，苟于人情万无妨碍，方当营度，否则不为勉强。小地十一处中当有较佳者，容与舍弟商妥定议。[3]

曾国藩的意思很明白，他在给二位弟弟的信中明确表示：

> 东台山为合邑之公地，众人瞩目，且距县城太近，即系佳壤，余亦不愿求之已有，信复树堂矣。[4]

东台山，一则是乡人的公地，属众目睽睽之地；二则距县城太近。即便是风水宝地，曾国藩也不愿意将其作为墓地。

而老九却认为"东台山顶荒渺而无所稽"，根本不适宜作墓地。至于说其

---

[1] 曾国荃：《曾国荃全集》（第五册），岳麓书社，2006年，第381页。

[2] 曾国荃：《曾国荃全集》（第五册），岳麓书社，2006年，第383页。

[3] 曾国藩：《曾国藩全集》（30），岳麓书社，1987年，第7557页。

[4] 曾国藩：《曾国藩全集》（30），岳麓书社，1987年，第1425页。

"关系文风"，也是后来人据此而编造。光绪十八年（1892）曾国藩的两位湘乡籍湘军旧部，新疆巡抚刘锦棠、江苏按察使陈湜，就在东台山捐资修建了东山书院。十八年后，一个叫毛泽东的人考进了这所已改名为东山学堂的学校，几十年后遂使这所学校闻名遐迩。

到底是选择湘衡还是省城长沙附近？老九与两个侄儿反复沟通商量，纪泽纪鸿兄弟希望葬在长沙附近百里之内，老九并不反对，但他说，"若议及久远安居，则又以僻乡为长策，一则可杜万世子孙市井之习，一则仰体先人存日不忍轻去梓乡之意。"老九还提及在省城附近寻找墓地比在衡阳湘乡更难，因为长沙"过于近四达之衢，则难期五患之免。余提兵三千余里，每见近城名墓，哭被惊扰、罹患者多矣，非当孔道者恒晏然无恐，此层亦不可不先虑及。若夫城中精堪舆者，往往明于用而昧夫体，且好屏弃杨、曾之正轨，侈谈张、蒋之歧途。三十年来，世家因之误事者，似已不少。余近年尝亲求之，山川环聚之中，觉其体势无甚差谬者，则龙、穴、砂、水、向皆有自然之情，斯有自然之用，求之罗盘，亦未有不暗合法度者。彼概求之于卦气者，恒罹于不可测度之祸。余竟不敢深信也。侄兄弟均聪明过人，知必不为妄说所惑"。[1]

这段话可以称得上一篇关于风水的好短论。老九更主张在衡云湘水清峻处为阿兄求一墓地，不大主张葬在长沙市县附近。

老九深感"寻地难于上天，得地尤有前定"，在这方面，他自信"余虽略有所知，亦断不敢逞臆见之私，但生平不信蒋巽而已，盖其慎也"。老九从长沙回到老家，荐地者云集，但他信不过他们，仍然自己亲自勘探，"屡遇五风十雨，踏遍万水千山"，然而，"凡遇惬心之处，皆已为发之祥"。

但在择地问题上，对风水颇为讲究的老九与不信风水的侄儿纪泽看法不一：

> 所云寻地不拘远近，但求明堂宽展，较易办理安葬，无他要诀，以乘生气为第一义。彼沾沾于富贵利达者，固属为地所惑。若并山水环聚，阴阳冲和之理，而亦莫之信，则又恐委之于草莽，难必五患之悉免也。[2]

老九反驳了所谓"以乘生气为第一义"的说法，多次提到"五患之免"。所谓"五患"本于宋代大儒伊川先生程颐，"择地先须避五患。须使他日不为道路，不为城郭，不为沟池，也不为贵势所夺，不为耕犁所及"。其要就是避免墓穴被人为破坏。

---

[1] 曾国荃：《曾国荃全集》（第五册），岳麓书社，2006年，第384页。

[2] 曾国荃：《曾国荃全集》（第五册），岳麓书社，2006年，第394页。

踏遍千山万水的老九历三四月间都未能为阿兄相中一块令自己心安的风水宝地。五月十七日,运载阿兄灵柩的船已抵达长沙水陆洲(现橘子洲),上岸后安柩于城内曾子庙。正当暑天,灵柩不宜久搁。老九决定将他在长沙附近看中的一处地暂时浅葬阿兄,待他日觅得佳壤再行定葬。这就是长沙南门外的金盆岭。六月初七,曾纪泽饭后到九叔家,"偕刘训阁军门往金盆岭,看浅葬之地。山环水抱,藏风聚气,洵不易得,虽永安先灵可也"[1]。

曾纪泽对金盆岭颇为满意,吻合他一直主张将父亲安葬于长沙附近的意愿。六月十四日曾家将曾国藩下葬于金盆岭。

然而老九并不满意这个地方。曾纪泽只好再回老家去寻找。

不久,曾纪泽相中了铜梁山下紫竹林,老九并不同意,然而纪泽却自顾率人开道,准备迎接其父灵柩。曾国藩的至交好友兼亲家郭嵩焘亦在为其寻找墓地奔走。他亲自到紫竹林现场察看,亦否决了纪泽的意见。他认为"此事重大,非可苟且从事"。

一生与曾国藩感情深厚的郭嵩焘自知"颉刚负强任气,吾言必不足征信"[2],他与纪泽四次长谈紫竹林墓地之弊端,然纪泽终不听,直到发掘出嫩石,曾纪泽才长叹一声"此地不可用矣"!又回到长沙。

其实,老九一年前已在长沙湘江边上的坪塘看中了一块地,同治十三年(1874)三月初三日,郭嵩焘偕徐寿蘅、郭松林同至坪塘,"为文正公相地,盖沅甫去岁所相得者。在兴国寺后山,曰伏龙山,寺后主峰曰狮子山,地名桐溪港,故亦名寺曰桐溪寺"。不久,老九及老四曾国潢率曾纪泽、纪鸿到坪塘看地。半年后,郭嵩焘再次来到伏龙山,这一次,郭嵩焘确定"全山形势俱见,亦不可多得之地"。四叔、九叔及几位父辈都力主伏龙山作为曾国藩的"正结",纪泽、纪鸿兄弟也就没什么意见了。

同治十三年(1874)八月十三日,欧阳夫人病逝。十一月初一,纪泽将曾国藩灵柩从金盆岭移至船上,初二日欧阳大人出殡,初五同时下葬,长沙文武百官咸来祭奠。时隔一百四十多年来看,老九为阿兄费尽心力选择的长眠之地,确实是块风水宝地,历尽各种风雨,曾国藩的墓地基本保存完好。反观风光胜其百倍的门生李鸿章死后被人掘墓抛尸,曾国藩何其幸哉!

---

[1] 曾纪泽:《曾纪泽日记》(上),岳麓书社,1998年,第215页。

[2] 郭嵩焘:《郭嵩焘全集》(第九册),岳麓书社,2012年。

荷叶巡抚，乡绅领袖

以"荷叶巡抚"自居的老九虽然戏称自己是"百步大王"，然其实，在这闲居的八年时间里，老九并非真正的"天不探，地不管"，相反他却热心于公益事业。

早在金陵克复不久，他就提议刻印湘籍大儒王船山的全集，并捐银两万两，建立金陵书局。王船山因为在清初曾经抗清，失败后与清廷不合作，在清代处境很尴尬，但湘军将领为了重振湖湘士气，特别重视王船山这面大旗，其中，出版他的全集就是一个重要举措，能够把王船山的著作刻印出来，全靠这两万两银子，老九是功不可没。

受其兄曾国藩的影响，老九对公益事业也报以非常高的热情。南北二场战争相继平息之后，不少湘军将领或因故开缺或因病回湘，一时间长沙城内大腕云集，老九以其声望成为乡绅领袖。

同治七年（1868）十一月，应湖南巡抚刘崑（韫斋）之请，老九赴长沙商议重修《湖南通志》事宜。十二月初，长沙志局设府学尊经阁，老九不受薪水，亦不任具体事务，到局几次，"联络在局之人心，搪塞局外之风浪，以消口舌于未萌"[1]。

同治八年（1869），"乡间多大水，坏堤甚多，富者贫而贫者乏矣"。"湘省各属，苦于水患者十之八，溪涧之堤塍，不厄于倾圮者三之一。昔之富饶变而为贫窭，向之小康将流于行乞，大率十家之中居其三四，亦湖湘之塞运也。""长沙城内气象及一路四乡气象，均患一穷字，人情浮动又甚于昔年矣。""今岁歉收，为二十年来所罕见之灾，目下谷价腾贵，翔至二千文，而不能应贫户之粜。富家之积储亦实无多，愚民雀角鼠牙之争，则倍于同治初年矣。"[2]

同治九年（1870），老九告诉阿兄："去冬钱荒，今岁春、夏之交恐不免谷荒，但祝地方安静，风雨调和，庶免'荷叶巡抚'一片忧民之苦心。""今年湘中收成歉薄，与去年无殊。人心浮动比前更甚，大率好穿好吃而喜事者，多于安分守己之良民。此八十年巽卦当权，四时常有不正之风，其生物与虚耗，其在人也，主肝旺而气盛。湘省如此，推之天下亦大同矣。""刻下乡间谷价尚平，银钱艰窘万分。穷民过活很不容易，富室自立门户，亦綦难矣。""湘中气象，不如往年之殷富，奢侈则过之，团练则加倍焉，然街阜头近日犹有夜间烧屋之事。戈匪不足虑，

---

[1] 曾国荃：《曾国荃全集》（第五册），岳麓书社，2006年，第278页。

[2] 曾国荃：《曾国荃全集》（第五册），岳麓书社，2006年，第287~289、298、300页。

民贫则思为盗贼，此可忧之一端也。久盛之后，难乎为继，理有固然。治民者思溢于威，斯为下者，害多于利矣。运会使然，谁能挽之？"[1]

同治十年（1871），他又不无忧虑地对阿兄说："湘省风气与年俱进，恐非大有力者所能挽回，况又有驱而使之日趋于下者乎？士不勤于向学，农、工、商贾各轻其本业，而思坐获什百之利，犹不足以厌其欲，群相侈尚乎无谓之宫室、衣服、酒席、器具，以供妻妾女子无厌之求。既莫不皆然矣。即有一二勿能及其盛者，方且歉然于心，谁能訾以为非者？习俗移人，贤者不免，矧中才以下乎？弟尝言及湘中之患，在民情浮动，以今观之，动极而犹未有思静之机，此危道也。弟自去位后，领略静中趋味，虚心体察，颇能观世于微。"[2]

表面上"看透世事，无纤毫滋味"的老九，一腔忧国忧民之心跃然纸上。

这年，老九主修省城湘乡试馆，捐银一万四千二百四十两，并捐出省城府后街讲让堂的私宅作为试馆岁修，并作《湘乡试馆记》，写出了应试考生今昔对比：

自道、咸以迄今兹，每岁应文童试者约三千人，应武童试者约八百人，大比之年，应乡试诸生五百余员。昔乘一叶而来，无泊舟之所，今则小西门外有宾兴码头矣。昔担两箦而至，无驻足之地，今则储备仓后有试馆矣。昔提篮于栅门外，跂立久候，今则贡院东街有坐棚矣。至于岁修经费，则有讲让堂之赁租也。[3]

同时，老九还寄予殷殷之望："夙夜望吾乡人士始终持挺然独立之操，习为有用之学，宣力以报我圣清，是乃国家无疆之福，亦即宇宙运会之幸，庶足以征吾湘不替之麻美。"

据《同治湘乡县志》等文献记载，同治四年，老九捐钱重修湘乡县城城隍庙；同治五年，修褚公祠并添建房屋六间，重修安龙桥；同治六年，重修双永桥、积福桥、关帝庙；同治七年，建二十二都石神庙；同治十年，主持修建湘乡县城婴新堂，捐钱一千串；同治十一年，捐二十三都义谷一千石，捐二十四都义谷一千石。

同治十年（1871），老九与凌荫庭等请求省城盐、厘两局，每年酌拨经费协济省城恤无告堂，又增设义塾、立励节堂，计每年可养活穷苦百姓一千余人。总计这些年老九共捐银五万四千两，捐谷两千石，捐出私宅一座，是湘军中最具侠义

[1] 曾国荃：《曾国荃全集》（第五册），岳麓书社，2006年，第302、319、334、337页。

[2] 曾国荃：《曾国荃全集》（第五册），岳麓书社，2006年，第347页。

[3] 曾国荃：《曾国荃全集》（第六册·文集），岳麓书社，2006年，第36页。

心肠的高级将领，"荷叶巡抚" 堪称乡绅榜样。

同治十三年（1874）夏，老九又捐银二万两，首倡重建南岳上封寺。作为禅宗的道场，上封寺最大特点就是从出世到入世，从小乘修持到大乘普度，也肇显了老九的下一步发展轨迹。不久，老九即奉诏进京陛见，结束了他八年的闲居生涯。

八年闲居，负欠如山海

老九从同治六年（1867）开缺回籍，过了八年，到了同治十三年（1874）六月再次被朝廷记起。野史曝言盛传打下金陵发了大财的老九过得其实并不滋润。

战后，向来直爽痛快、不吝钱财的 "九帅" 不仅没有发财暴富之相，反而多次在家信中表达了经济窘迫之状。

同治九年（1870）十一月初一日老九给大哥写信："弟向未留剩活钱而用度日繁，亦渐有涸竭之意。" [1]

同治九年十二月十六日再次对老大表示："住乡应酬亦大，明春有权住省城之计，借以省款客酒饭轿钱。" [2]

同治九年十二月十九日告诉曾纪泽、曾纪鸿兄弟："近又知，钱也者，不可须臾缺也。可缺非钱也，君子戒□乎其所不钱，恐惧乎所不钱，一字不错。昔年浪用，自以为得意，今知其非也。" [3]对当年出手大方乱用表达了悔意。

同治十年（1871）三月初十日又给曾国藩写信："弟住省，不甚见客，与人往来甚少，亦不赴酒席宴会。非惟可省精神，亦可省钱。" [4]由于已无俸禄薪金，而家用又不可一日短缺，以至于想到封爵之俸金，曾国荃在同年四月初六日在给大哥的信中，竟然天真地问道："伯俸每年应有若干？可否在本籍具呈向司库领取？" [5]

克复金陵后，老九被朝廷赐封 "一等威毅伯"，清制封爵一等伯每年可领到五百一十两俸禄，实际上到了晚清，朝廷早已入不敷出，俸禄停发，否则不至于做了六七年之久的一等威毅伯尚不知道每年有多少俸禄。老九直到缺钱花，才想起

[1] 曾国荃：《曾国荃全集》（第五册），岳麓书社，2006年，第334页。

[2] 曾国荃：《曾国荃全集》（第五册），岳麓书社，2006年，第338页。

[3] 曾国荃：《曾国荃全集》（第五册），岳麓书社，2006年，第338页。

[4] 曾国荃：《曾国荃全集》（第五册），岳麓书社，2006年，第342页。

[5] 曾国荃：《曾国荃全集》（第五册），岳麓书社，2006年，第346页。

这个空头名号的一等伯，每年应该有一笔收入。这家伙想钱是想疯了。

光绪元年（1875）五月十三日老九向纪泽、纪鸿兄弟写信诉说："八年闲居……负欠如山海。"[1]

老九在家信中一而再、再而三地向老兄甚至侄儿哭穷，不大可能是"作秀"：一来不合老九的性格，二来瞒不住也不必瞒哄家人。虽然这中间老九闲居了一段时间，但其时距战后不过七年，况且中间还做过近两年的湖北巡抚。那么，老九"负欠如山海"是怎么来的？

老九从军九年，当湖北巡抚近两年，所得收入与阿兄曾国藩相差不会太远。

按曾国藩定下的湘军薪制，湘军一个普通营官的年薪一千八百两，其中每月薪水银五十两，办公银扣除实际使用余额一百两；如果是统三千人以上的，有职务津贴一百两，统五千人以上的，两百两，一万人以上的，三百两。老九长期统率一万人，年收入为五千四百两，加上后来升迁布政使、浙江巡抚等未到任的职务，算是朝廷命官，每年也有一定的养廉银，每年约一万两。剔除这些，按九年算，约为六万两。老九没有实际到职，而且一直在前线作战，一般的陋规收入不可能有。

老九做湖北巡抚的基本工资收入与总督差不多，老九任职二十个月，合法收入最多为三万两。二项合起十多万两不在话下。

当然，老九组建吉字营出山，在前期不是朝廷命官，也不是大哥征召他出山，吉字营的武器、军饷、粮食都靠候任吉安知府黄冕募集，但远远不够，只有靠打仗来获取。

咸丰八年（1858）八月，老九攻下吉安府，战后不久就派人往家里寄了一笔银子，第一次弄这么多银子，曾国荃还有些不好意思，怕主持家务的老四曾国潢责怪，还专门写信予以澄清，信中写明这笔银子的总额是二千三百两，除三百两给自己的妻子外，其他的二千两归家族公用。

应该说，从咸丰五年（1855）至咸丰八年（1858），老九出力不少，三年多时间得到二千三百两银子并不为过。如果真是掠夺来的，应该不止这么个数。

老九确实对家人很大方，不过对当时湘中乡村而言，二千两银子就是一笔足够令人侧目的大数目了。老九的开销主要是在买田和建他的大夫第上面。在这方面，老九讲阔气排场，曾国藩就跟赵烈文说过，老九做了冤大头。湘中大宦不少人买田建房数倍于老九，只是他们比较低调。

另外，老九与其阿兄一样，乐于公益，急人所急。时人称他"公性爽迈，不屑于小节。轻财好义，为人谋衣食常恐不足。推心置腹，任人不疑，故豪杰乐为

---

[1] 曾国荃：《曾国荃全集》（第五册），岳麓书社，2006年，第410页。

之用。奉禄悉以周贫,族戚故旧待举火常数百家。幕客宋绍祁死,赠三千金养其孤,济人之急类如此"。[1]

阿兄的全部遗产除了那价值不菲的藏书外,就是在同治九年(1870)六月赴天津之前给儿子们信中交代的陆续存下的养廉银两万两。对后人提出使用的方法是:"尔辈以后居家,须学陆梭山之法,每月用银若干两,限一成数,另封称出,本月用毕,只准盈余,不准亏欠。"[2]曾国藩去世后,儿子曾纪泽就将这笔钱进行了分配:

> 及惠敏主持家政,稍以文正积存俸余购置田宅,月俸太夫人湘文十二金,两嫂各十金,两房小孩一概在内,不另给,余与两兄每月六金,各房男女佣人薪资在外,均由账房并月费分发。[3]

除了买田宅外,家庭主要人员每月总支出在四十四两,年家庭正常日用支出约在六百两。

阿兄在世时的收入除主要用于家庭日用、买书之外,还有一笔庞大的支出就是作为公用,如出差费用,同治七年(1868)底进京陛见,就带一张可兑现的两万两银票;如弥补军饷不足,咸丰七年(1857)十二月,一次性将其在浙盐盈余的一万五千两解交藩库充饷。其次就是热心公益,如立书院以养寒士,立难民局以招流亡,立忠义局以居德行文学之士,立书局校刊四书十三经五史,以聘博雅之士,诸如此类。再次就是周济亲友故旧,动辄数百两,少则几十两,成为一笔常态性开支。如同治六年(1867)二月二十三日,"袁薇生入泮,此间拟以三百金贺之"。[4]桐城老儒许玉峰过世后无钱安葬,出资二百两,"昨令李翥汉回湘送罗家二百金,李家二百金,刘家百金,昔年曾共患难者也"[5]。

受阿兄影响,作为乡绅领袖,前文说过,老九在闲居期间捐钱不少。既是老九的面子工程,也是老九忧民爱民的具体行动和实际需要。而这八年,老九是赋闲在家,没有正当的收入来源,经济上是只出不进,焉能不负欠如山海?其潇洒的背后,不知背了多少有利无利之债。

[1] 朱孔彰:《曾忠襄公传略》,《中兴将帅传略》,《曾国荃全集》(第六册),岳麓书社,2006年,第14页。

[2] 曾国藩:《曾国藩全集》(20),岳麓书社,1987年,第1370页。

[3] 曾纪芬:《崇德老人自订年谱》,岳麓书社,1986年,第208页。

[4] 曾国藩:《曾国藩全集》(20),岳麓书社,1987年,第1325页。

[5] 曾国藩:《曾国藩全集》(20),岳麓书社,1987年,第1307页。

到了光绪年间，老九甚至还多次表达了"做官完（还）帐"的急切心情。

光绪元年（1875）五月初七日给曾纪泽写信："千辛万苦，乃得此处，虽撙节用之也，年可省出八千两完帐。"[1]

六月初十，老九对纪泽说："天下如有欠帐多而又不得不做官者，恐当辞少而就多，或与我有同情也。"[2]

六月十五日又对他们说："郑小山先生昔在此住六个月之久，亦为省钱与应酬起见，可见英雄所见自古相同。"[3]

六月十八日又说："如量移而近，固为天幸。如十年不调，则为贫而仕，亦可清累。至于济世安民、旋转乾坤之说，皆是运气做成，非真可以人力操胜算而得之者也。如有遇合，亦何尝不济安而旋转之哉？"[4]

十天后，又说："惟晓亭所欠之项，陆续要取偿，余所欠各处之项，自当相其缓急先后，次第以完之耳。"[5]

到了七月十七日他告诉曾纪泽："余用度极撙节，大约今年可剩万五千两完帐。借帐完帐，以无利之帐清有利之帐，以可久欠之帐完宜亟完之帐。如此周转，究系正办……"[6]

一代名将，落到"以无利之帐清有利之帐"的地步，怎么可能想象是一个曾经"暴得横财"之人呢？

光绪二年（1876）六月初六日在回复曾纪泽的信中谈起了经验："乞退不可太早，亦不能不想做官完帐，此中全仗有机缘，否则不敢冒昧率尔径行，且熟思定妥再详复信与侄也。"[7]

他羡慕李大架子李瀚章"省得进京，又可省几万两。即日要到四川，又可多得廉俸。财运之佳，亘古一人，前身当是赵公菩萨投胎，盖不止财归富户"。并表示，"我借他之银，已催两次，我总是要九月乃有指望，方可完他。任他如何记挂在心，却不能先设法也。教官衙门除地二、八月，那里有肉吃？河工除却安澜月，那里有方想！'老气横秋'四字，用以缓帐最好。"[8]读完此段，不禁为之哑然失笑，老九竟然做起赖账先生来了。

[1] 曾国荃：《曾国荃全集》（第五册），岳麓书社，2006年，第408页。

[2] 曾国荃：《曾国荃全集》（第五册），岳麓书社，2006年，第416页。

[3] 曾国荃：《曾国荃全集》（第五册），岳麓书社，2006年，第420页。

[4] 曾国荃：《曾国荃全集》（第五册），岳麓书社，2006年，第422~423页。

[5] 曾国荃：《曾国荃全集》（第五册），岳麓书社，2006年，第426页。

[6] 曾国荃：《曾国荃全集》（第五册），岳麓书社，2006年，第430页。

[7] 曾国荃：《曾国荃全集》（第五册），岳麓书社，2006年，第447页。

[8] 曾国荃：《曾国荃全集》（第五册），岳麓书社，2006年，第446页。

巨大的家庭财政"赤字",需要"做官完帐",以至于对当年过早乞退后悔,无疑这不是故意放出的烟幕弹。老九若真从金陵"获资数千万",在短短的八年时间里,即使日掷千金,也不可能落到如此地步。

后来,曾纪泽的儿子得了白喉,要钱治病,他都不敢向这位九叔借贷,而是写信给左宗棠,托他向远在新疆的刘锦棠借三百两银子。

或许正是因为欠债所迫,同治十三年(1874),谕旨征召老九进京,赋闲多年的老九终于看到了希望,二话没说,没讲任何条件,即启程北上。

早在两年多前的同治十年(1871)八月,老九就请人相命,"凡言相命者,皆云四十八岁后尚有二十余年好运气,添丁进业,并有老太爷之乐"[1]。果然言中。

---

[1] 曾国荃:《曾国荃全集》(第五册),岳麓书社,2006年,第364页。

下篇
赴国难

总督河道

这个官，有人爱当，有人怕当

九年的血雨腥风，一年零八个月的湖北巡抚，八年的乡间闲居，既塑造了老九这样一个晚清历史上的另类人物，也改变了老九的人生轨迹。

他接下来要迎来的是又一个一年零八个月的特殊使命：东河总督。

老九抵达北京的前两天，即同治十三年（1874）的十二月初五日，同治帝病逝，朝议以醇亲王奕譞之子年仅四岁的载湉继位，改元光绪。

光绪元年（1875）二月十一日，慈安、慈禧两宫太后召见，对这个他们曾经又爱又怕的疆场"曾铁桶"予以温语慰勉。此次接见后四天，十五日老九补授陕西巡抚，五天后，改授河东河道总督。

东河总督这个职务不大为现代人所熟悉，这个职位确实有点特别，四十五年前的道光十一年（1831），林则徐便由江宁布政使升迁为东河总督。

河道和漕运、盐政，历来被视为肥缺。河工帑项，是清廷财政支出的大宗。然而，越是肥缺，腐败也就越厉害，大小官吏如蚁如虎大相侵吞，其支出"用之工程者，十不及一。其余以供文武员弁之挥霍，大小衙门之酬应，过客游士之余润"。[1]因此河督这个美差，为清朝一些官吏所梦寐以求。然而，也有很多人怕当这个差。

林则徐接到这个任命通知，就上奏请辞。他认为自己缺乏河工经验，深恐难以胜任，以负重托。别的政事一时拿不准，尚可缓图，"河工事多猝来，计不旋踵，苟胸无定见，一事被蒙，毫厘之差，即成千里之谬"。"设或猝遇险工，束手无策，游移牵掣，致失机宜"[2]，那可能会造成无法弥补的损失。

---

[1] 薛福成：《庸盦笔记》（卷三），江苏人民出版社，1987年，第572页。

[2] 林则徐：《林则徐集》（奏稿上），中华书局，1962年，第9~10页。

其实，林则徐哪里知道，道光特意简拔一个没有河工经验的大臣来担当河道总督之大任，是有深意的。"朕原恐熟悉河务之员深知属员弊窦，或意存瞻顾，不肯认真查出"，相反，没有河工经验，也就可以不受此羁绊，正可厘剔弊端，不会徇隐，"不避嫌怨，破除情面，督率所属，於修防要务悉心讲求，亲历查勘"[1]。

河道工程的集体腐败、奢侈惊人。河督的工程款有制度限制，白拿较难，但白吃很容易。吃得再多，都可以算到工程成本账上。河督衙门，特别能吃。成日开流水席，厨房几十座炉灶一起开火。燕窝成箱地买，每箱几千两银子。海参鱼翅，每席盈万。河督一般都养着戏班子，如有嘉宾，还会花重金去苏杭招名优。从官员到幕友，打麻将的费用，都可以纳入吃喝款报销。清人冯桂芬指出："两河（南河、东河）岁修五百万，实用不过十之一、二，其余皆河督以至兵夫，瓜剖而豆分之。"[2]昭梿在《啸亭杂录》中说："乾隆中，自和相（和珅）秉政后，河防日见疏懈。其任河帅者，皆出其私门，先以巨万纳其帑库，然后许之任视事，故皆利水患充斥，借以侵蚀国帑，而朝中诸贵要，无不视河帅为外府，至竭天下府库之力，尚不足充其用。如嘉庆戊辰、己巳间，开浚海口，改易河道，靡费帑金至八百万；而庚午、辛未，高家堰、李家楼诸决口，其患尤倍于昔，良可嗟叹。"[3]嘉庆时两江总督百龄，亲临治河一线，他感叹："河工诸员，无一可信，以欺罔为能事，以侵冒为故常，欲有所为，谁供寄使？罚之不胜其罚，易之则无可易。"[4]

清廷故意派一个不懂河道之人去管理河务，原是不得已而为之，目的是防止腐败，革除弊政。"当今外任官员，清慎自矢者固有其人，而官官相护之恶习，牢不可破。比皆系自顾身家之辈，因循苟且，尸禄保身，甚属可恶。"[5]而林则徐恰以清廉闻名。

民间流传一句俚语："黄河决口，黄金万斗！"年年修河道，年年水泛滥。咸丰五年（1855），黄河在铜瓦厢决口，此后漕运路分南北，治河、修河成为晚清重要的内政。

黄河这次决口，水势汹涌，两岸普遍漫滩，堤水相平。"黄河向西北斜注，河南封丘、祥符二县受淹，复折转东北，漫注河南兰仪、考城、直隶长垣、东明等县；复分三股，一股由赵王河走山东曹州府南下注，两股由直隶东明南北分注，经山东濮州、范县至张秋镇汇流穿运夺大清河，由铁门关北肖神庙以下二河盖牡

---

[1] 林则徐：《林则徐集》（奏稿上），中华书局，1962年，第11~12页。

[2] 冯桂芬：《校邠庐抗议》，中州古籍出版社，1998年，第68页。

[3] 昭梿：《啸亭杂录》（卷七），中华书局，1980年。

[4] 参见贾国静：《河堤上的腐败》，《中国经营报》，2016年8月1日。

[5] 林则徐：《林则徐集》（奏稿上），中华书局，1962年，第11页。

蛎嘴入渤海，濮、范以下寿张、东阿以上尽遭淹没。"[1]因此，运河被截断，分为南北两路，漕运被迫中断。时任东河总督的李钧也提出过一些具体措施，但恰逢太平天国起义在南方兴起，清廷忙着调兵围攻，"军务未平，饷糈不继"，财政困难，无力他顾，"东西千余里筑堤，所费不赀，何敢轻议"。河道总督既要忙于河务，又要兼顾军务，尤其是要应付太平天国起义，战事吃紧，河道总督无暇无力对河道、堤防进行全面整治，导致河防松懈，政务废弛。老九的前任河督乔松年干脆提出请裁河道总督。

然而，这件事不仅关系河道安危，而且关系到国计民生，缺乏改革魄力的清廷只能置而不论。

这次朝廷选中了老九来做河道总督，或许正是看到他的行事风格，希望他将战场上的"铁桶"战术发挥到河道治理上来吧。

东河总督的驻地在山东济宁，副河督驻地在河南开封。乾隆年间裁撤副河督，而河南黄河段险情频现；嘉庆后，河督驻济宁，每年防河常驻河南；而咸丰年间铜瓦厢决口后，防河事繁，则常驻河南开封，霜清后回山东料理。

铁桶治河，专业对口

光绪元年（1875）四月二十二日，老九抵达开封，接篆视事。

对于老九来说，河道治理是个完全陌生的工作，与昔年打仗完全不同。老九就有两样本事：一是会挖濠沟，二是会筑铁桶。让他来当这个官，算专业对口吧？

东河河道总督的首要职责是维持运道，巡视黄河、运河河工，清理河道，修筑堤坝。老九到任后的第一件事，就是开始寻勘黄河上下游南北各厅工程。

光绪元年七月，老九"在南岸各厅抢修埽工，亲诣堤岸履勘，足资抵御"。[2]不久武陟沁河突然暴涨，老九亲率道厅官员巡视堤顶，抢护平稳。八月，万锦滩黄河陡涨，河溜啮上南河、中河二厅，漫及北岸祥河、下北二厅丁段，经道厅营汛抢护，使得灾情没有扩散。

此后，老九亲驻河干，督饬道厅营汛实心实力，讲求修守。九月，老九根据自己的实地调研，会同山东巡抚丁宝桢联名上奏，提出恢复大运河河运。

[1] 山东黄河河务局：《山东黄河大事记》，黄河水利出版社，2006年。

[2] 曾国荃：《曾国荃全集》（第六册·附录），岳麓书社，2006年，第174页。

黄河决口后是否恢复河运成为朝臣们经常争论的焦点。但老九认为这一次情况不同了：

> 自黄河于张秋穿运，其北段运河更无水源，同治四年试办河运，漕船借黄济运必候汛渡黄，而黄流穿运处一年数变，支溜分歧，在安山、张秋间宽几六十里，漕船未渡以前更需绕走东西两坡，汛期长落长短时异，通塞时变，幸米粮多不过十万石，船五六百只可设法浮送，现议增加漕米，必需预筹修治。[1]

而且，过去南路沿运水路，自咸丰三年（1853）丰工漫溢，致使沙山冲入运河，行舟需绕走微山湖，运河厅有单闸石工坍入运道，行舟又需东绕独山湖、枣林、仲浅各闸淤垫，行船需绕走西坡，至新店始能入运，曲折迂回，耽延时日，运河间段淤塞，随处行船，均无所谓调节控制。为了配合恢复漕运，老九着手修治了济宁至台庄三百余里已废弃湖河。这样一来，老九的奏请得到朝廷批准，南路运河得以修闸、挑淤。但是河运的恢复因为财政困难，加上当时有河运与海运之争，故而提议被搁置。

在修治运河的同时，老九又着手修治黄河。

同治十一年（1872），治河权力下移地方，黄河工程归山东巡抚大臣兼办，强化了巡抚的治河责任，提高了治河的协同性。光绪元年（1875），为了便于更好地处理河务，山东巡抚丁宝桢上疏要求设立厅汛。

厅汛是总河下属机构，厅与地方的府、州同级，官为同知、通判等；汛为县级，官为县丞、主簿等，厅则设守备以下等职，汛则设千总以下各职。

但是厅汛应设在哪里，工部拿不准，便令老九勘察后上报。

其时，正值黄河大汛，老九在黄河上游督饬修防，接旨后，他亲自到堤坝勘察，提出设立厅汛要因地制宜。如有些地方长达七十里没有堤岸，如要设官防守，首先得筑堤。有的地方大堤宽厚不等，必须加高培厚，再行设官，以免下游上溢。然而，这又是一笔巨款，"巨款难筹，拟变通办理"，提出在当前财政困难的情况下，每段河道面临的问题不同，河道分属不同河督、地方官员管理，同一河道南北两岸状况不一，亦应区别修治。修治河道要做到河道总督和地方官员互相合作，设立厅汛要分段酌量派定。因此，老九提出"请设南岸七厅"。

中央政府对河工的固定投入难以为继，曾国荃不得不发挥个人影响力，广筹

---

[1] 姚汉源：《京杭运河史》，中国水利水电出版社，1998年，第614页。

资金。

他采取变通的办法，即先向地方借拨，再由中央报销的办法筹措急需资金。八月，老九"疏请敕下各督抚臣，饬商措解归司库垫款，并发岁料鬻价，以后息银得字一旨俞允"。鉴于黄河南北两岸各汛，夏令以后，水势过大，工程危险，奏请刘齐衔督饬藩司于霜降以前，于南岸各厅添拨银八万三千四百两，北岸各厅添拨银四万五千六百两。[1]

十月，老九又疏请向山东抚臣先行借拨银两，待户部筹拨还款。

十一月，因为运河各厅应修埽坝等项工程，需款甚急，老九奏请由丁宝桢筹拨丙子年运河另案工需银六万两；不久又奏请援照上年成案，拨来年防险银二十六万两。并请李庆翱、刘齐衔饬令藩司照数筹拨，于年前先拨四成，春汛时再拨六成。

老九的请求，大多得到政府批准，这使黄河和运河得到及时的疏通和维护。

光绪元年（1875），老九请求朝廷拨款采办黄河岁料，政府则派各地方大员配合。李鸿章饬令长芦运司，先行措银十万两；丁宝桢饬令山东运司，先行措银四万两，勒限解至河南，"俾归司库垫款，并发岁料帮价。以后息银，务须按年清款，积欠之项，亦应议定数目，分年归补"。[2]至两淮各商，领帑最多，欠款更巨，著刘坤一饬令两淮运司，迅将豫省料价息银，妥议筹解，以免悬宕。

在修治河道的过程中，老九亲眼看到民夫工作条件恶劣，每月领取数额很少的月粮和行粮。不仅民夫的工资不能每年及时足额发放，就是拖欠他们的工资，光是同治五年（1866）以前，就有二十余季之多，这些人鸠形鹄面，"苦累异常，食不敷支"，情况十分可怜。老九了解到河道所属各州县卫于同治十三年（1874）如额征解了长夫工食，就奏请以借拨的方式，先行偿还民夫工资。

正当老九全心投入河道治理工作中时，国家又出现新的危机，新的使命又落到了老九的头上。光绪二年（1876）八月九日，朝廷谕旨老九补授山西巡抚。至此，老九十八个月的河道总督使命宣告结束。

[1] 曾国荃：《曾国荃全集》（第一册），岳麓书社，2006年，第170页。

[2] 曾国荃：《曾国荃全集》（第一册），岳麓书社，2006年，第173页。

感念夫人日日焚香祷告

这次任职河督，时间虽然不长，也曾长时间在河堤上巡察督饬，沐风栉雨，但并非真的又旧病复发。交卸河督大印后，老九赴汉口就医，再次请求开缺治病，他申述自己的病情：

> 目眚未愈而怔忡滋甚，头晕气弱，目眩耳聋，百病丛生，终宵不振。良以昔年随臣兄国藩驰逐军次，皆系臣为前驱。所至之域，与贼对垒不出一里二里之间；临阵交锋，不过两箭三箭之远。身受重创者七次，血流襟袂者数升，至今每遇朔风严寒，臣辄措躬无所。偶有小眚，梦魂犹在锋镝之中。[1]

此情此状一半出于至诚，一半是因为山西巡抚这个职位不是老九想要的。他感叹其他人幸运能任职浙江巡抚，自己"往山西苦寒之地者较为运气稍次"。这个时候老九再没有必要搞行藏之术了。阿兄离世，再无人襄助其谋略，自己也领受过闲居之慌和无钱之苦，若不是真病，老九断不会再度请求开缺。真正的原因是"山西冷于河南"，他向曾纪泽吐露心曲："拟请修墓假又难于措词。且待交卸后方可定计。人之一生，全恃运气，官运在西北，不能强要到东南，亦势使之能也。"[2]

信中所言"修墓假"，意思为其夫人修墓。四月二十二日，就是老九抵达开封，任职东河总督的当天，夫人熊氏病逝于湘乡。

获知消息后，老儿对自己此次出山，颇为后悔。他对纪泽说：

> 去年□被王孝奉牵率而自己太欠老成，关心帐目，遂致一念之动，轻率而出。

> 如我在家中，我夫人之眚必可望早全愈也。

> 余夫妇贫贱劳苦，时常以道义忠孝相勖，我之所以少忝戾于父母之

[1] 曾国荃：《曾国荃全集》（第一册），岳麓书社，2006年，第191页。
[2] 曾国荃：《曾国荃全集》（第五册），岳麓书社，2006年，第452页。

前，事奉贤侄父母不至于大相谬背者，皆侄婶母劝训之力。至于伺候我之病，教育儿孙成人以承我之欢心，犹其余技耳。所以近三十年来，余钦我夫人之妇德，刻刻不敢妄自主张，其中我之错处极多，然心中钦敬妻室纯粹之德。亦尝能自己认错。所以伉俪之情笃于普天下之人。[1]

老九的这个熊夫人，道光五年（1825）十月十二日出生，笄年嫁入曾家，三十八年来，夫妻感情不错，五十一岁病逝。曾纪泽受命所作墓志铭中说：

> 生而颖迈，虽出穷乡僻左之域，而举止肃穆，不学而能。世空名胄之女望见光采，自愧以为弗及。方吾家寒俭，叔母布裙椎髻，操劳于井臼中馈，而春容大雅，不失琚瑀珩璜之度。[2]

这些溢美之词当然不足全信。但生活在曾家这样一个特殊的家庭，虽然贵为一品伯夫人，确实不敢有侈汰傲慢之态。

老九从军九年，摧锋饮血，经纶夷险，吉凶息耗，朝夕数变，熊夫人在家只怕也真的是每天都处在忧危之中。兄弟分家之后，家中大小事务，都靠她一手之力。"千端万绪，朝暮孜孜，则又在罢瘁磨炼之中也。"儿子曾纪瑞、曾纪官也说：

> 吾父率师转战而东也，吾母每夜爇香中庭，吁求天神，匍匐百拜，切切祷祝。祝而复拜，恒尽丙夜，风雨雾霾，严霜炎皓，不为休止。……吾兄弟皆弱年侥幸列身庠序，吾母不色喜；及屡应乡试不第，吾母亦不以介意，但勖以立志修业，宠辱不惊而已。

这应当是事实，老九对熊夫人也颇为满意。他请纪泽撰文："人之生世，以名为重，然非文不足以永其名，得佳文而与集以俱传，所谓附骥名彰，诚不诬也。熊夫人事我之孝顺，笔难殚述。我之隐疚在心，侄之深知也。以吾侄如椽之笔，表彰叔母之隐德，亦足俾巾帼忠孝之典型，流传于千载之后，且可纾我不尽悲悼之忱。"[3]

老九也知道，当他在前敌凶战时，"夫人固无日无夕不焚香祷告天地神明，愿以身当灾厄，而以长命报国之祥，惟移于我身之上也。其誓于天地也，则以随丈夫

---

[1] 曾国荃：《曾国荃全集》（第五册），岳麓书社，2006年，第408页。

[2] 曾纪泽：《曾纪泽集》，岳麓书社，2005年，第202~205页。

[3] 曾国荃：《曾国荃全集》（第五册），岳麓书社，2006年，第411页。

之命以为命，积诚以感神明。是以我虽迭濒于危难，而常有神扶持。此等忠诚孝敬，实为千古所少，有其尤不可及者"。[1]他对曾纪泽深情地叙及夫人之德：

> 我性暴躁，间或不驯，偶有触于吾父、吾母之意恉，其端将露，夫人则以大义绳之，婉词箴之。我间或不能承文正公贞忠报国之隐微，而夫人则以初终之义劝之。至于外名利富贵，重廉静贞节，挽回我之不合于义者，实不可万言罄数。而其治家之宽严得中，教训子女之悉合乎圣贤之训，此皆吾侄所目睹而亲承之者。[2]

老九虽然手笔宽博，但其实倒是整个家族受惠更多，而对于自己这个小家，并不主张奢侈。他所欠之债也多出于公益，而不是家庭享受。熊夫人没有沾染豪门习气，"男课耕读，女责纺织，则言传身教，无间晨昏"；"忧勤艰苦，始终不渝"。教育孩子，"勿有挟以骄人，勿视听非礼，勿交接荡检之士"；"我家门第昌大，汝父兄皆出，敬待宾朋，临御仆隶，必诚必敬，与夫出纳资财，酌剂丰俭之宜，皆汝职也"。在熊夫人病势沉重之际，她还在念叨某孤贫之老媪不能自存，宜分谷十石以赈之；某婢事我谨慎，宜择良家子而善嫁之。[3]

然而，在儒家传统社会，只有妻子为丈夫守孝之义，却无丈夫为妻子守孝之规。夫人病逝于老家，老九不得请假，更不得回籍，其内心之悲疚可想而知。正是出于这种感情，老九在河南反复嘱咐纪泽，为熊夫人择定一处好墓穴。

老九以看病的名义使出耐字诀、拖字计，吁请赴汉口就医，离家近了许多，"倘如所请，则可另想主意"。如果朝廷不允，则"只得一心前进"。

老九一心想再出现奇迹，如两年前那样，本是补授陕西巡抚，可是没几天就改授东河总督。缓几步，拖几个月，说不定圣意改变，也未可知。

然而，朝廷只许他两个月假。老九回到长沙治疗，没有多久，十二月，朝廷催促其上任的谕旨又到：山西地方紧要，着即驰赴新任。

光绪三年（1877）二月二十六日，老九自长沙起程赴晋。四月二十三日，驰抵山西省城太原接任山西巡抚。

[1] 曾国荃：《曾国荃全集》（第五册），岳麓书社，2006年，第412页。

[2] 曾国荃：《曾国荃全集》（第五册），岳麓书社，2006年，第412页。

[3] 曾纪泽：《曾纪泽集》，《叔母熊伯夫人墓志铭》，岳麓书社，2005年，第202～205页。

巡抚三晋

如果说天才的军事将领老九的前半生纯是一介武将，那么他的后半生则转变成一位颇有作为的地方行政长官。这个中的变化正是从"赴兄急"到"赴国难"，从求功到恩民的转变。可惜，后人都忽视了他这么一个慢慢转变的过程。

曾国荃作为一个地方行政长官，最为人称道的便是他在做晋抚和江督的任上。

三晋云山感其德

曾国荃初临山西，"比年大旱，灾连数省。国荃力行赈恤，官帑之外，告贷诸行省，劝捐协济，分别灾情轻重、赈期久暂"。老九抚晋，真正是临危受命，来解决这场史上有名的"丁戊奇荒"。这是一场两百余年未有之灾难，持续时间之长，从光绪二年（1876）到光绪五年（1879），足足四年；涉及范围之广，遍及中国北部；灾情之严重，在中国灾荒史上亦不多见。在重灾面前，前任巡抚鲍源深以旧疾日增为由，奏请开缺。朝廷权衡再三，想到了老九，于是，赈灾成为他初临任上的当务之急。

踏上山西的土地，就等于踏上了一片重灾区。"亢阳不雨，又已半年，夏麦无收，秋禾未种，民间颠连之状，卖妻鬻子，掘草根，捋树皮，团土丸以充饥者，所在皆是。"[1]灾荒起处，但见山西饥民"始则卖儿鬻女以延活，继则挖草根、剥树皮以度餐；树皮殆尽，亢久野草亦不复生，甚至研石成粉，和土为泥。饥饿至此，何以成活？于是道旁倒毙之人，无日无之"。[2]

七月时，全省受灾至七十六州县，饥民至三四百万人。

---

[1] 曾国荃：《曾国荃全集》（第三册），岳麓书社，2006年，第487页。

[2] 朱寿朋：《光绪朝东华录》，中华书局，1958年，第391页。

到十一月，全省受灾已八十余州县，饥民五六百万人。

不过，此种情景，曾国荃并非没有见过，当年在安徽征战期间发生的人食人的现象在他脑海里仍然记忆犹新。然而奇怪的是，曾国荃发现，山西境内经常可以看到大片的鸦片地，所过之处，吏治之废，更加让人相信，这恐怕不仅仅只是一场天灾，似乎更像是一场人祸：

> 窃闻古者救荒于临时，而实备荒于平日。是以耕三余一、耕九余三。虽有旱干水溢，民无菜色，从未有自种害人之物流毒于桑梓地方者也。此次晋省荒歉，虽曰天灾，实由人事。自境内广种罂粟以来，民间蓄积渐耗，几无半岁之粮，猝遇凶荒，遂至无可措手。小民所恃以足食者有三：曰天时，曰地利，曰人力。伏查晋省地亩五十三万余顷，地利本属有限，多种一亩罂粟即少收一亩田谷。小民因获利较重，往往以膏腴水田遍种罂粟，而五谷反置诸硗瘠之区，此地利之所以日穷也。
>
> 未种之先吸烟者，不过游手无赖及殷实有力之家，至于力耕之农夫，绝无吸食洋烟之事。今则业已种之，因而吸之，家家效尤，乡村反多于城市。[1]

据曾国荃后来勘查，"一省之内，每日饿毙何止千人"，"二三千里目观惨况，残喘呼救，枯骸塞途"。[2]耳闻目睹饥民越境掠食，扰害安分灾黎的情景，见惯了"杀人如麻"的曾国荃不觉潸然泪下。这绝不是作秀，十年征衣，从生与死的较量中走出来的人，早把功名看破，连被千夫所指为"老饕"都不计较，还在乎别人怎么看他么？

这一回，曾国荃是真的被触动了。为政地方与行军打仗截然不同，打仗的目的是要取胜，是要死人的；做官则是要保民，是要救人的。使民免于涂炭，就是他这个长官的职责。这一回，他把自己治下的百姓看成他的吉字营。于是，他拿出了自己的看家本领，要钱！要粮！向上要，他不间断地向朝廷打报告；向外要，他利用自己的人脉资源，不断地向他当年的战友们伸手。他向朝廷力陈晋灾之严重，替三晋百姓陈请，请求减免、缓交各种军饷、京饷及各项钱粮。

从光绪三年（1877）五月到光绪五年（1879）一月，他先后上奏十多次，促使朝廷减免了山西大量饷赋，揭去了压在灾民身上的一层重压。为了让三晋灾民能集中精力灾后重建，他提出削减晋民繁重的差使，他与朝廷派来视察山西灾情、有"理财专家"之称的阎敬铭一起会商，在实地查看的基础上，制定章程，改革

[1] 曾国荃：《曾国荃全集》（第一册），岳麓书社，2006年，第282页。

[2] 王定安：《清曾忠襄公国荃年谱》（卷二），台湾商务印书馆，1978年。

兵差制度，减去一些差徭，裁减官吏用以勒索农民的所谓"例差""借差""所有无名科派，悉予革除"。

山西不设总督，巡抚就是这里的老大，少了许多掣肘，再碰上阎敬铭也是位严正无私的官员，赈灾的事情就要好办多了。

于是曾国荃又提出推广"摊丁入亩"的赋役制度改革，减免丁粮。"摊丁入亩"本是康熙时就开始实施了的一项财税制度，但奇怪的是，到曾国荃入晋时，山西各州县还没有全部实施，只有临汾等十六个州县丁徭银归入地粮。他当即命令地方官员按户稽查，将有丁之粮归之于地，无丁之粮核实酌减，属于逃亡之户，一并减免丁粮，而各州县的地丁银也随之一并得到蠲免，全部摊入地粮征收。这对于减轻农民负担，恢复灾后的农业生产无疑有着很大的帮助。

经历了十多年的战争之后，中央这个时候是不可能拿出大笔的钱粮来帮助山西赈灾的，中央所能做的，就止于减免本应上交的税粮，这已经是尽了中央最大的能力了。中央无能，曾国荃只好向外寻找援手。他积极联络李鸿章、丁日昌等人，为山西赈灾呼吁，向他们求援。好在这些人大都是他当年并肩作战的战友，交情深厚。他们也发挥了"天灾无情人有情""一方有难八方支援"的大局精神，在他们的帮助下，曾国荃筹集到了较其他受灾省份更多的拨款和赈粮。

但是这些钱粮相对于偌大的山西又只算是杯水车薪。曾国荃再三思虑，他又想起了当年湘军出征时的做法，奏请朝廷批准重开捐纳，说白了就是"卖官"。"晋商"本就是全国有名的，商人发了财，买个官员的身份，在当时也是一种时尚。在"丁戊奇荒"中，山西通过卖官鬻爵得到的捐银高达一千零二十九万余两。算是对山西赈灾起了支柱性的作用。整个山西在灾荒期间"先后放赈银一千三百万余两，米二百余万石，活饥民六百万人"[1]。

老九在灾情善后期间还免除灾民的徭役，每年为山西百姓省钱巨万。经过多年的努力，终于使山西百姓走出困境，使山西恢复元气。"同时荒政，山西为各省之冠，民德之，为立生祠。"过后，山西百姓仍对老九感恩不已，为他建立生祠。清廷也给予曾国荃褒奖和肯定："在山西巡抚任内，救灾恤民，政绩尤著。"[2]

六十七岁那年，曾国荃在两江总督任上病逝，许多官员特别是山西籍的官员仍然对他念念不忘。山西寿阳籍官员祁隽藻之子、时任左都御史的祁世长撰挽联道：

---

[1] 朱孔彰：《中兴将帅别传》，岳麓书社，1989年，第113页。

[2] 曾国荃：《曾国荃全集》（第六册·附录），岳麓书社，2006年，第8～9页。

公为儒将名臣，武略文韬，威德遍大江南北；
我感故乡遗爱，救灾输粟，精神在三晋云山。

著名金石学家，和曾国荃一样做过东河总督的吴大澂亦云：

率湘军转战一十八行省，论三朝将相名臣，难兄难弟；
为晋邦全活数千万灾黎，宜百世子孙食德，尔公尔侯。

时任山西布政使的奎俊则送挽联道：

东南半壁仗元勋，溯六月摧坚，十稔坐镇，寰海震威名，幸承寄语停
骖，客路犹教亲矩矱；
庚癸频年全活命，看万家生佛，八座福星，士民咸顶祝，讵料耗传折
柱，寒江空自荐蘋蘩。

此外，时任太原府知府的吴鸿恩、甘肃新疆布政使饶应祺、山西候补知县周
中佐、山西武乡县知县李寿芝都以挽联的形式表达了感恩之心。

如果说，一个人称颂可能属于曲笔之类，那么，一批人同时称颂，应该说明
是事实了。

洁己爱民，整饬吏治

在军事上，曾国荃算是一个天才的军人、统帅；在行政上，曾国荃也是一个
天才的官员。他没受过一星半点的军事训练，在做巡抚以前，也没有做过一天半
天的基层地方官员。他学历不高，不是儒家正途出身，却和古代那些名将良相一
样，上马杀敌，下马牧民，官声斐然。

曾国荃用四个字把做官的精髓概括得非常精到，那就是"洁己爱民"。曾国
荃抚晋期间，最大的困难不在赈灾，而是"安民"。换言之，就是如何处理好官与
民的关系。这恐怕是古往今来永恒不变的主题。其实，官场没有新鲜事。历朝历
代很多官员碰到的麻烦事，在一百多年前的那场两百年不遇的大灾中，曾国荃都
一样碰到过。吏治废弛、官贪吏暴、灾民饿死、刁民闹事、百姓京控，没有哪一样

让人省心。曾国荃认为,要处理好这些麻烦事,首先要找到造成麻烦的根源。

面对两百年不遇的大灾荒,山西境内不少地方官慌了手脚,有丰富军事经验的曾国荃,一如大战在即,力倡镇静。"盖以灾荒太甚,民食维艰,与其传令扰民以失民心,不如镇静无哗而固众志。"[1]身为地方官,如果遇事不能镇静,那么老百姓只会更加恐慌,加剧灾情。曾国荃到任不久,就敏锐地发现山西吏治废弛,由此判断灾荒很大一部分其实是人祸。这人祸不是由所谓的"刁民"引起的,相反,他指出是由官员引起的:

> 废弛二字,乃近来之大病,法制弛,而因循颓惰妨民之事日多;政行弛,而盗贼奸宄忌惮之情日少。又且泄泄沓沓,公事颟顸,官常骫骳,禁不期其必止,令不期其必行,徒有纸上之虚文,更添格外之枝节,以致有弊无利,有名无实,此正有志者力图整顿之秋也。[2]

曾国荃不愧是曾国荃,理政一如他征战那样,目光所指便是敌人的软肋:"正本清源之治,必自官之一身始",而要治官,先得洁己。"必先官身处于无过之地,而后可以责人",己身不正,如何责人?下属官吏为何有禁不止,有令不行?其要害在于自己无以服人心。

平时不能服人,遇事又被人抓住短处痛处,正是吏治废弛的缘起。整饬吏治,必先治官。曾国荃认为,要实心爱民,当官者就应当把民事当作家事。"地方官职在牧民,民之事即己之事也。一举一动皆须从民生起见,舍为民而言办事,其事可知,其居官更可知矣。"为此,他不断地训导属吏:"身居民上,刻刻当敬以持己,又宜凛若朽索之驭六马,可期慎而不败。"[3]敬以持己,就是洁己,洁身自好,敬民畏民,好比用一根快要朽断的绳索来驾驭车马,必当小心谨慎方能免蹈于覆辙。

他告诫官员,爱民,是因为当官的衣食日用都取之于民:"吾辈履任握篆,日用饮食、衣服之需,何一非天家之所赐,何一非从民膏民脂而来?"[4]所谓"父母官",官不是百姓之父母,百姓才是为官者的衣食父母,民如能免一分苦累,便有一分生机。"惟以恤民为心,恫瘝在抱,一日在官,办一日之事,尽一日之职,居之

---

[1] 曾国荃:《曾国荃全集》(第六册·批牍),岳麓书社,2006年,第19页。

[2] 曾国荃:《曾国荃全集》(第六册),岳麓书社,2006年,第89页。

[3] 曾国荃:《曾国荃全集》(第六册),岳麓书社,2006年,第57页。

[4] 曾国荃:《曾国荃全集》(第六册),岳麓书社,2006年,第67页。

无倦。"[1]古人把官员称之为"民之父母",其实是说为官者应当把百姓之事当作自家的事、官事,"治民如治家,斯不愧民之父母"[2]。

既称"父母"之官,那么,"县令为一县之主,当平民与民之纷争;长官为一省之领袖,当平官与民之纷争,只问理之是非,事之曲直,情节之实在,心秉大公,无所左右。固不能优容宵小,长袊棍之刁风,亦不能袒护官员,滋地方之流弊。惟能小心谨慎,洁己爱民者,不获罪于穷黎"[3]。

由此可见,曾国荃的洁己爱民方才不得罪百姓的思想,完全是以民为本,真正抓住了从政为官的要害,把住了官民关系的命脉。

洁己,既是一种操守,也是一种准则。他还提出"操守是居官大要,廉明乃为政根基"[4]。洁己,说白了就是"廉明"。具体来说要做到——

一是俭以养廉。

俭以养廉是其兄曾国藩实践"做官以不要钱为本"的保障。经历了"挥金如土"之快,也经历了经济困窘之痛的曾国荃,大概颇有些感触了,终于悟出了其中的道理。他引《周官·六计》中"以廉为本"之语,进一步指出,"而其所以能廉者,则在乎俭"。

他对属下的县令说,有些州县长官,新到一个地方为官,跟随的朋友多或四五人,或八九人,家丁多或数十或数百。亲戚故旧,子侄弟兄,不远千里奔走相随。饮食耗之,衣服耗之,束脩耗之,来往川资则又耗之,稍有亏累,就不得不从百姓身上打主意。有的长官身边的属史,趁机借主人之威风,行为害百姓之贱行。所以,官吏之贪,与其不俭有着直接的关系。于是,他苦口婆心地规劝这些官员,假如能平日里多留心些庶务,则幕友可以稍省几人,以一个而兼数事,则家丁可以少用几个,一切起居饮食,舆马衣服,务崇朴素,则日用均可以从简。这样一来,也就不必贪。

二是约束手下。

曾国荃还强调,爱民从约束手下胥役开始。他指出,"胥役惯以斯民为鱼肉,凡地方妨民之事,半由此辈生出。严束胥役最是为民除弊下手紧要功夫。地方官安民之政,虽有多端,而此二事极为切实者也"[5]。因此,"夫善爱民者,必自严治

[1] 曾国荃:《曾国荃全集》(第六册·批牍),岳麓书社,2006年,第83页。

[2] 曾国荃:《曾国荃全集》(第六册·批牍),岳麓书社,2006年,第84页。

[3] 曾国荃:《曾国荃全集》(第六册·批牍),岳麓书社,2006年,第92页。

[4] 曾国荃:《曾国荃全集》(第六册·批牍),岳麓书社,2006年,第141页。

[5] 曾国荃:《曾国荃全集》(第六册·批牍),岳麓书社,2006年,第88~89页。

衙蠹始"[1]。

他要求各级官员用人时宜择洁己奉公之品。真正为好官者，左右无此伺候之人。"家丁本无恒产，以奔走营生，原少一定之性情，心术往往视其主之好恶爱憎为转移。主尽忠则仆有义，主尚仁则仆亦滋，气谊之相感然也。主贪利则仆行私，主好残则仆亦刻忍，近墨者未有不黑者也。"[2]

他严饬下属官吏"严查胥役，使之不得苛索舞弊"。当时凤台县饥民众多，动用仓谷，设厂放赈。为做到"实惠及民"，曾国荃饬导属吏，督率绅耆，认真办理，"不假胥吏之手"，"以防不肖书吏勇役从中舞弊"。告诫他们"凡有能为好官者，必先清署内以端其本。""凡能清署内者，必先自治其身，立于不败之地。身者万汇之所瞻仰，虽有掩着之工，不能瞒近侍之人。《周官》六事，以廉为本。廉为体，六者其用也"[3]。他提出，"立政首在除奸，用贤必先远佞"[4]，"事以得人为本，以察吏为先"[5]。"官正则民不敢以邪妄干，官公则民不敢以私曲试，官廉则民不敢以贿赂贡，官明则民不敢以朦混尝，持循既久，相信以心，滑吏无所用其奸，蠹役无所施其伎。"[6]

三是严惩贪腐。

针对山西吏治败坏，官员贪污克扣赈灾银粮等现象，曾国荃在赈灾的同时对贪官予以严惩。

老九对山西各地的罂粟种植深恶痛绝，下达禁令后，各州县犹有观望者，他表示"地方官办理不力，原可执法相绳"。但是，"充其量，官之失察者例止罚俸，民之违禁者罪止杖八十。利之所在，趋之若鹜，虽有严刑峻法，亦难保其必行，况法律本轻乎"？[7]而乘此大祲粮贵之时，劝民改业，可期事半功倍。

光绪三年（1877）三月，曾国荃上疏，参吉州知府段鼎耀，荣和县知县王性存，阿东解粮委员、试用县丞郭学海漠视民生、扣留侵吞赈银、中饱私囊，请求查办。

光绪四年（1878），曾国荃发现阳曲县仓书李林儒、孙毓树利用职便盗米五十石，审明案情，就地正法。同年，又参稷山县知县王懋庚于大灾之年无视民生，"私派捐输，修理衙署"，奏请革职查办。

[1] 曾国荃：《曾国荃全集》（第六册·批牍），岳麓书社，2006年，第102页。

[2] 曾国荃：《曾国荃全集》（第六册·批牍），岳麓书社，2006年，第21页。

[3] 曾国荃：《曾国荃全集》（第六册·批牍），岳麓书社，2006年，第21~22页。

[4] 曾国荃：《曾国荃全集》（第一册），岳麓书社，2006年，第47页。

[5] 曾国荃：《曾国荃全集》（第四册），岳麓书社，2006年，第465页。

[6] 曾国荃：《曾国荃全集》（第六册·批牍），岳麓书社，2006年，第157~158页。

[7] 曾国荃：《曾国荃全集》（第三册），岳麓书社，2006年，第542页。

　　光绪五年(1879)二月,上疏朝廷,指永济县知县洪贞颐在征收光绪三年(1877)上忙钱中征多报少、克留备用,请旨查办。

　　对品行不端的官吏,曾国荃也建议革职查办,绝不姑息。如曲沃县知县张鸿达"素性嗜利、罔恤民艰",山阴县知县李国玠"居心险诈",试用直隶州州判王锡金"性情狡狯、惟利是趋",宁武府经历余作霖"躁妄喜事、动辄要挟",忻州吏目谢锡莹"擅受滥刑、任性妄为",寿阳县典史魏锡龄"多方苛派、扰害闾阎",均奏请即行革职。至光绪五年(1879)十二月,曾国荃上疏参劾并予以处置的地方官吏计有四十余人。曾国荃整饬吏治、严惩赈灾中的舞弊行为,有助于切实地赈恤灾民,缓和官民对立,刺激相关官吏秉公任事,促进赈灾成效的提高。

　　在治官上,曾国荃可谓毫不手软。然而,在治民上,曾国荃却相当谨慎。他对当时的连坐之法表示出不满之情,"夫一家为盗,九家连坐,酷烈之诛,固不可为训"。[1]因此,要求属下官员"断不可妄戮无辜一名"。

　　曾国荃的个性也在这期间真实地呈现出来了。如果说过去战争中出于需要,对于某些不能洁己爱民的部属,有时不得已只能忍耐的话,那么,此时的曾国荃则完全没有那些顾虑了。他非常反感那些空言塞责之徒,在下属面前反复强调,"为治不在多言,而在力行"。"总以实心行实政、以不忍人之心行不忍人之政为是。"[2]

　　辽州和顺县令既按亩而苛捐,修理衙署,复匿灾不报,征收钱粮。曾国荃察知以后,严辞谴责:

　　　　为民司牧,每事必先有利于己而后敢为,若无利于己而仅有益于民,不曰于我无与,则曰何苦乃尔。及至流民即于饥饿死亡,则曰:岁也,非我也。是何异以梃与刃刺人于死耶。……夫以此种居心而为官者,何以为子民之父母?何以为属官之表率!……括万民之脂膏,供一己之燕安,任听民间卖儿鬻女,尽填贪吏之欲壑。[3]

　　曾国荃一眼看穿了那些处处以利己与否作为办事不办事原则的官员的心眼,毫不留情地揭穿在众人面前,让其没有存在的机会。这正是曾国荃廉明的体现。他说:"事之所在,权即寄焉;权之所在,利即归焉;利之所在,弊即丛焉。故作吏者,断不可以不勤,尤不可以不明。"[4]抚晋的成功,正缘于他勤廉心明。

---

[1] 曾国荃:《曾国荃全集》(第六册),岳麓书社,2006年,第65页。

[2] 曾国荃:《曾国荃全集》(第六册),岳麓书社,2006年,第34页。

[3] 曾国荃:《曾国荃全集》(第六册),岳麓书社,2006年,第50~51页。

[4] 曾国荃:《曾国荃全集》(第六册·批牍),岳麓书社,2006年,第131页。

为此，他也多次告诫属官：

> 凡地方官之于民事，必须察其由来，究其归宿，兴其利必先防其弊，
> 务其实不自矜其功，而后实惠可以及民，经久可以无弊。尽一分心力，必
> 有一分效验。譬之举业，素习枯窘之题，必能驰骤于长节连章，此可以理
> 信之也。[1]

为政者兴利除弊，要察其由来，究其归宿，用如今官场惯用的话语来说，就
是要科学决策。决策要符合科学规律，有科学依据，曾国荃也算是无师自通。他
在山西赈灾、安民上的种种举措，也都要归根于此。

> 为治原无墨守之法，要在因地因时，实实于百姓有益为程度。故良药
> 不期于执方，期于利病；善政不期于泥法，期于宜民。[2]

所谓因地因时，就是科学决策的依据；所谓于百姓有益，就是科学决策的
旨归。

他用牧马与牧羊来打比方，告诫官员"驭民之道，待良民宜宽，驭匪类宜
猛，疾恶如仇，方能爱民如子，施吾辣手，乃得尽吾婆心……牧马去其害马者，
马始蕃；牧羊去其害羊者，羊始生"[3]。谁也想不到，昔日的辣手军人，竟也如此
心细。

他完全是以辩证的观点来看待利弊的："与民兴利不如为民去弊，去其弊而
后利足以及民，兴其利而不防其弊，则利或反为民害。"[4]其实，这一朴素的辩证
法则，完全源于曾国荃"以己心求民心，视民事如家事"的为政观，即所谓将心比
心而来。

他认为，守令之好坏，根源就在于他有无爱民之心：

> 官果有爱民之心，往往一言之善，闾阎互相传颂，志之不忘；官苟无
> 为民之心，虽日日与之言兴利除弊，而民终莫之信，知其口惠而实不至

---

[1] 曾国荃：《曾国荃全集》（第六册·批牍），岳麓书社，2006年，第66页。

[2] 曾国荃：《曾国荃全集》（第六册·批牍），岳麓书社，2006年，第131页。

[3] 曾国荃：《曾国荃全集》（第六册·批牍），岳麓书社，2006年，第99页。

[4] 曾国荃：《曾国荃全集》（第六册·批牍），岳麓书社，2006年，第61页。

也，此岂尽民之无良哉？[1]

因此，他又强调：为政者断不可失信于民。

> 一守贤则千里受其福，一令贤则百里受其福，为守令岂别有异术哉。亦惟体民心，以己心视民事如家事。官有勤政理讼之实，功名自著，移风易俗之实效，如是而已。[2]

处理官民关系，不就是要"体民心"吗？曾国荃在儒家学业上不得志，可是，耳濡目染，儒家理学传统的经世思想曾国荃算是真正读进去了。曾被无数读者视为一介武夫的曾国荃，却能清醒地看到官民关系好坏的根本，他说：

> 长民者，不患民之不我尊，而患民之不我亲。尊则由于畏法，亲则易于感恩。民有求于官，而官无不应。官有令于民，则民亦无不乐从。故民不觉官之可畏，只觉官之可感。官亦不觉民之可疾，第觉民之可爱。[3]

任何时候，要使百姓亲官尊官，必得首先亲民尊民。"真心为民者，常以民为不可轻；实心处事者，常以事为不易办。"[4]曾老九俨然体悟到了先贤为政之道的真谛。

保富安贫，培养元气

曾国荃还提出了保富安贫、培养元气的行政理念。

山西这场大灾荒，极大地伤害了当地的元气。其历时之久，也使得要恢复元气面临着巨大的困难。

"居官以培养元气为要，以顾恤民隐为先。"[5]这是曾国荃在抚晋赈灾期间

---

[1] 曾国荃：《曾国荃全集》（第六册·批牍），岳麓书社，2006年，第92页。

[2] 曾国荃：《曾国荃全集》（第六册·批牍），岳麓书社，2006年，第147页。

[3] 曾国荃：《曾国荃全集》（第六册·批牍），岳麓书社，2006年，第107页。

[4] 曾国荃：《曾国荃全集》（第六册·批牍），岳麓书社，2006年，第119页。

[5] 曾国荃：《曾国荃全集》（第六册·批牍），岳麓书社，2006年，第60页。

大力倡导的一种治理理念。灾荒过于严重,长时间无法缓解,一些地方官便在富人身上打起了主意,有的甚至强行要求富人捐款捐物。

曾国荃知道后,立即进行纠正。他强调"保富方可安贫",保富于救荒大有裨益。

> 富民者,一方之贫民所资以为生也。荒年民迫于饥,无物不卖,且称贷者多,富民利其价之廉、息之倍也。……在富民虽为利起见,而贫民之赖以活者固已多矣。[1]

不得不佩服曾国荃的洞察力。历史上极少有人如此重视、强调保富,更别说保富就是保元气了。历史上,在灾荒面前,富人往往极容易成为灾民仇恨、打劫的对象。仇官、仇富情结此时稍不留意就会如星星之火一样,迅速被放大。

曾国荃从儒家经典中找到了根据,他指出:"圣贤经济之学,皆谓富民为国家之元气,《周礼》养民之条亦曰安富。诚以富民者,一方之贫民所资以为生也,今欲籍富民余粟以赈贫,既大乖前贤安富之道,尤易启奸民觊觎之心。"[2]

《周礼》关于养民必安富的观点,历史上似乎并不被重视。相反,孟子"不患寡而患不均,不患贫而患不安"倒是时时被人提及。"劫富济贫"、均贫富的思想在中国历史上根深蒂固,由此引发的仇富、劫富现象也屡见不鲜。曾国荃出身并非富人,其祖辈世代务农,小时候吃过一般穷人都吃过的苦,却记住了《周礼》把富人看成是一国之元气的训条,并且把它应用到赈灾上来,当属难能可贵。

他还反复对多位县令晓之以理:

> 一村之富户,未必能赡一村之贫民。即使力足以赡,而合村之亲疏老幼安坐以待富民之为之谋,既无此情,亦无此理,非惟富者所不欲,抑亦贫者所不安。[3]

就是说,劫富济贫并不是解决穷人生计的根本办法,相反,劫富济贫为害更深。

> 分一家之粟不足供百家数日之食,分一家之财不足给百家数日之用,

---

[1] 曾国荃:《曾国荃全集》(第六册·批牍),岳麓书社,2006年,第63页。

[2] 曾国荃:《曾国荃全集》(第六册·批牍),岳麓书社,2006年,第56页。

[3] 曾国荃:《曾国荃全集》(第六册·批牍),岳麓书社,2006年,第63页。

而富者方栗栗危惧，病富之为累，几欲求为贫民而不可得者，目前之财粟且不能保其长有，岂又假置房田广借贷以营日后之利哉？于是富民以富为讳，而贫民必愈窘，饿殍必愈多。[1]

劫富济贫的结果只会使人人不敢求富，富人不敢言富，更不敢济贫，那么，社会财富则不可能生产，社会经济断不可能发展，为此，曾国荃提出"以明刑安富为第一要义"，防止"无赖恶豪"强行攫取富者之财，致使富者之财闭而不出，最终导致饿殍多，民生愈困：

> 夫时值大祲，以明刑安富为第一要义。不明刑，则无赖恶民乘灾滋事，而富者不安矣。富者不安，则相率饰为匮乏，不敢自挂有钱之牌，以招抢掠之祸。于是，贫民有称贷者，彼不敢放也。有鬻宅田者，彼不敢买也。以致远近大小粮贩闻风裹足，不敢复来。民间之财脉不通，外粮之接济又嗷嗷众口，饿殍不愈多耶？况不能明刑以安富，流弊无穷。[2]

谈到流弊，曾国荃还指出："安富非止为富民计也。纵贫民以扰富民，则富民之气日馁，贫民之气日骄。彼且谓官之所爱者贫民也，我即稍有不法，官必不我禁也。官之所恶者富民也，我即取而瓜分，官必不我责也。"[3]安富表面上对富人有利，其实对穷人更有利。他要求县令们去鼓励热心的富民行乐善好施之义举，但要坚决制止强迫富人乐善好施，摊派捐助。并且指出："劝绅富捐粮本好，若因偶不听从，遂将富民之积米封存，势与查抄相似。"要求官员拿出诚意，去感动那些富人。"天下无不可动心之人，特患官场不肯出诚意以感孚之耳。"[4]"出自富民之好善乐施则可，若垂之为救荒之宪典，恐起无端油火之案。"[5]

沁水县令看到灾荒之年，民间报赛祈神并没有停止，所费不赀，或一会而费中人之产，或一戏而耗百日之资，为民惜财起见，请求巡抚大人予以限制。曾国荃对这一提议进行了驳斥。相反，他从市场经济的角度提出，要各属县在保证地方安定的前提下鼓励赛神、演戏、祭祀，以"耗富民之财，使贫民借以生活"。

有钱人办庙会、演戏、祭祀，为什么要限制禁止呢？这在曾国荃看来是很荒

[1] 曾国荃：《曾国荃全集》（第六册·批牍），岳麓书社，2006年，第64页。

[2] 曾国荃：《曾国荃全集》（第六册·批牍），岳麓书社，2006年，第95页。

[3] 曾国荃：《曾国荃全集》（第六册·批牍），岳麓书社，2006年，第103页。

[4] 曾国荃：《曾国荃全集》（第六册·批牍），岳麓书社，2006年，第52页。

[5] 曾国荃：《曾国荃全集》（第六册·批牍），岳麓书社，2006年，第63页。

诞的。在今天看来，这不就是鼓励消费，拉动内需么？曾国荃向这位县令讲述了当年范仲淹的故事，他说：

> 赛神、演戏等事，最为贫苦小民之利。……富民以观戏而耗财，贫民正以有人观戏而借以谋生。昔范文正公岁荒不禁竞渡，且为展期一月，日率宾客士大夫往观，夫岂不知竞渡之耗民财哉？正欲耗富民之财，使贫民借以生活耳。[1]

范仲淹是《岳阳楼记》的作者，曾国荃能从历史中找出范仲淹的事例来，恐非寻章摘句，当出于年轻时在湖南受"先忧后乐"岳阳楼精神的熏陶，这也是范仲淹对湖湘文化影响的又一例证。

富人举办演出，耗费的是富人的钱，与穷人无涉；而穷人正好借此机会出力，摆摊设点，做些小生意糊口，这不正是他们求之不得的好机会吗？范仲淹治理灾荒时，不仅不禁止搞竞渡的文体活动，反而把这一活动的期限延长，办成一个竞渡"文化节"，很好地拉动了消费，增加了穷人的收入。老九又引《吕氏春秋》，来告诫这些县令：

> 《吕氏·实政录》谓："富者为贫民者元气之所存。"……地方官但能护卫富民，使之安然而无忧，坦然而无惧，则彼将因荒年物价之贱而置房田、买器具，或大为贸易以求数倍之赢，或出放粟米银钱以营数分之息。谋利既切，用人自多，而贫民之有才有力有器具有房田者，遂人人得以效其奔走，易其钱财，虽在凶年，何至遂填沟壑哉？[2]

灾荒之年，假如富人把钱粮都收得紧紧的，那么，穷人就是有钱也没法消费买到粮食，那不是等死么？只有保护好富人，免去他们的顾虑，让他们把多的东西拿出来，与穷人交易，富人得到他们想要的利润，穷人得到活命的粮食，互惠互利。只要富人不是趁机囤积粮食，或者哄抬物价，他就不违法。

总之，曾国荃要求各州县长官："为官治民，不论贫富，只留问其犯法不犯法，不必吹求其悭吝，方为公允。"[3]其实，说到底，万变不离一宗："事不征诸法典，

---

[1] 曾国荃：《曾国荃全集》（第六册·批牍），岳麓书社，2006年，第130页。

[2] 曾国荃：《曾国荃全集》（第六册），岳麓书社，2006年，第74页。

[3] 曾国荃：《曾国荃全集》（第六册·批牍），岳麓书社，2006年，第75页。

法不载诸律例,碍难允行。"[1]作为地方官员,只有依法办事,公允办事,才是真正的"体民心",归结到一点,就是曾国荃反复强调的"以不取为予,以不扰为安"[2]。

曾国荃抚晋四年,在他的努力下,三晋百姓终于度过了这次山西历史上最为严重的灾荒中最为难熬的阶段,不久他就奉调进京,尔后出任两广总督。后来在两江总督七年任上,他又把他在山西的做法变通应用到两江的行政治理上。

《申报》对他离开山西时的场景做了生动的报道:

> 光绪六年(1880)七月二十二日,晋抚曾沅甫爵帅,由晋启程北上。……绅商士庶以及农工行户、满汉营兵皆公送。长生禄位,万民衣伞,不计其数。宪即出城,经过街市,绅民则攀辕卧辙,铺户行商民等皆步送出城。四乡百姓来观者,数以万计,……南门外香案摆至十里之遥。非深得民心,何能若是哉?[3]

长生禄位,万民衣伞,攀辕卧辙,香案十里……以《申报》当年的影响和公信力,如果不是亲见,断不可能红口白牙地瞎编。

呜呼!时人称曾老九"功在吴楚恩在晋",诚为他一生真实的写照!

山海关的风特寒

光绪五年(1879),在沙俄的威逼下,崇厚签订《里瓦几亚条约》。左宗棠闻讯,向清廷上奏。他认为,伊犁本属中国领土,归还理所应当,但沙俄不仅勒索费用,而且要割取伊犁附近领土,使伊犁变成一座孤城,断然不可。"为今之计,当先之以议论,委婉而用机,次决之以战阵,坚忍而求胜。臣虽衰惫尤似,敢不勉旃。"[4]清廷被说服,于是治崇厚罪,派曾纪泽出使俄国,重议条约。

"壮士长歌,不复以出塞为苦也,老怀益壮"的左宗棠自愿再请出塞,为曾纪泽作后盾。左宗棠屯驻哈密后,兵分三路向伊犁方向挺进。命金顺部出精河为东路;命张曜部驻特克斯河畔为中路;命刘锦棠部出布鲁特游牧地为西路;左宗

[1] 曾国荃:《曾国荃全集》(第六册·批牍),岳麓书社,2006年,第22页。

[2] 曾国荃:《曾国荃全集》(第六册·批牍),岳麓书社,2006年,第96页。

[3] 《申报》,光绪六年(1880)九月十三日,第2页。

[4] 赵尔巽等:《清史稿》(三九),中华书局,1977年,第12033页。

棠将其棺材从肃州运到哈密,坐镇亲领后路声援,号称王师四万,以表示收复伊犁血战到底的决心。

沙俄闻讯,火速增兵坚守伊犁,并派出舰队游弋于中国沿海,天津、奉天(今辽宁)、山东先后报警戒备。

在此情况下,清廷于光绪六年(1880)六月二十四日,诏曾国荃督办山海关军务。同时召回左宗棠。

因病请假一月的老九刚刚假满,因山西善后各端悉已办竣,年谷顺收,地方安谧,提出交卸巡抚大印,请求陛见。

然而,老九还不知道,就在四天后的六月二十八日,长子纪瑞病故。当清廷获悉俄国海军部长来沙弗斯基亲率兵船三十余只已到日本长崎,如果曾纪泽议约不成,当到北京来定约,并声言在大沽口、山海关等处登陆。"国家有急,臣下义应星驰,补救万一",老九在朝廷的飞催下,于七月初三日交卸山西巡抚篆,以步队三营留防。二十日,率添募亲兵三营起程赴山海关。

山海关的位置十分重要,明朝曾以重兵十余万屯扎此关。老九接到北京的消息,说俄国轮船已驶往珲春、宁古塔、三姓等处,并有窥伺松花江之意。"承平之时,京师以东三省为根本,警亟之际,天下以京师为根本"[1],如今东三省有警,自然牵动大清的根本。

与其阿兄在太平之变中的处境一样,老九此时也成了救火队员,哪里有险情就奔向哪里。他对郭嵩焘说:

> 俄事议论之兴一年矣,发言盈廷,莫执其咎。大抵朝廷于和、战两无成心,而枢府怵于群议,相率依违退听,无复能力持一说。于是国是之大,视众说之胜负为推移,相驱相迫,积而成此既不能令、又不受命之势。必谓有激怒之意,乐战之心,未免求之过深。况彼之怒与否,初不系乎我之激不激;彼之战与否,亦不系乎之乐不乐也。[2]

远离京城的老九对中枢洞悉之深,令人吃惊,对于俄罗斯侵吞伊犁,举国都止于议论,战、和两手都无定见,军机大臣却畏惧清议,可怕又可笑。国家大事竟然以辩论之胜负为据。老九冷眼旁观,指出我不去了解对手,而对手对我的洞察非常细致。"西人沈鸷善谋,工于洞察,凡我政事之修废、人才之消长、兵力财力之强弱盛衰,无不纤悉洞晓。"无论是从长远还是从眼前来讲,"驭外国者,以实

---

[1] 曾国荃:《曾国荃全集》(第二册),岳麓书社,2006年,第67页。

[2] 曾国荃:《曾国荃全集》(第四册),岳麓书社,2006年,第178页。

事不以空言，以诚意不以权术，文德修而远人服"[1]。

虽然眼前的危机已近在眉睫，但也无非战、和两手。"舍遣使与设防亦无他策。身为使臣者，惟当竭其心思才力，以求万一之济，而不当计较所任之难。身任兵事者，惟当力矢艰贞，激发忠义，不为觇国者所轻。而成败利钝不必逆料，人人尽其在己，而以至诚将之，或庶几补救于一二乎！"[2]

这不啻乎金玉良言。和，不管有多难，也要竭尽心力；战，则更需亲历艰巨，激发忠义。这天下，还有谁像他这样做真人说真话？

他也向彭玉麟吐露出焦灼的心理：

> 闻总署诸公于和、战两层，犹且一味模棱，茫无定见。盖议和则不免受其挟制，因势已日趋于弱；主战则胜负难知，更无人敢执其咎，以此盈廷相顾，噤若寒蝉，竟无有献一奇谋、决一良策，以分宵旰之忧者。[3]

然老九深知眼前的窘迫，兵单饷薄，如何自处好办，如何化解危机，百计无出，忧心忡忡："果有战事，更无把握。"

八月初三日，老九刚抵保定，旧病复发，十四天后带病疾行，八天后抵达天津。与在天津的李鸿章面商。老九以衰病之躯，从保定到天津坐小船尚且头晕目眩，两足筋络疼痛，不能支持。李鸿章看到老九这副狼狈相，准备派轮船送他到山海关，如没有飓风，三天即可到岸。然而，老九一刻都支持不住，只能随部队走陆路。

此时的大清落到再也找不到一个比老九更好的人选的地步了，真正可叹。

九月初四日，老九由天津起行，历经七天的颠簸抵达山海关，部署到防各军屯驻关内外各要塞。

老九感慨自己如同一头年老垂暮的老牛，经络渐缩，明明只能负重三十斤，偏偏要让其负重四十斤，无以自立。其实，此时的老九只不过是大清朝的一个缩影：国脉若游丝，一路失机，路路皆警。

也算是大清命大，当年明朝十余万重兵都没有守住的山海关，老九以九千之兵屯于此处，无处可以添饷，无饷可以增兵。

然而，事机竟然转圜，光绪七年（1881）正月二十六日，曾纪泽与俄国签订《中俄改订伊犁条约》，不仅挽回中国部分权益，而且化解了一场危机。这一次，是老九的亲侄子救了他。

---

[1] 曾国荃：《曾国荃全集》（第四册），岳麓书社，2006年，第178页。

[2] 曾国荃：《曾国荃全集》（第四册），岳麓书社，2006年，第178页。

[3] 曾国荃：《曾国荃全集》（第四册），岳麓书社，2006年，第152～153页。

可怜的老九抱病站在山海关冬天的海风里，支撑了近半年，一有海风鼓动，便中心摇摇，几若悬旌。狼狈至此，从未有过。

正月二十六日上谕老九补授陕甘总督，即行来京陛见。二月十九日老九从寒风中的山海关回到天津，交卸山海关防务，与李鸿章会商撤留防军事宜。

然而，衰病的老九刚从中国的东北角"卸下马嚼"，又面临到大西北去总督陕甘。他焉能高兴得起来？

老办法，请病假。二月二十七日，老九请假就医，奉旨赏假三个月。四月初三老九从天津起程抵达长沙。

谁知，回湘不久的老九又遇到人生最大的不幸。六月二十三日，次子曾纪官因感冒风寒，误食药物，以致邪恋不达，正气拖虚，百计医疗，都无效果，最终病死。老九"伤怀骨肉，百感交并"。他以病势未痊为由，奏请开缺调理。而朝廷大度地再次赏假三个月，不用开缺。八月初，朝廷再次催促他即赴陕甘总督新任。老九铁定主意不去西北，奏陈病状，仍然请求开缺。这一次终于获准，"一俟病体痊愈，即行来京陛见。"老九躲过了大西北之苦。

老九官运在东南

光绪八年（1882）二月，五十九岁的老九奉上谕即行晋京陛见。然而，正准备进京的老九突然又得到新的消息，四月新的上谕到了，老九署理两广总督，即刻起程。

长沙离广州很近，可是，老九却走了一个月，从六月初十日起程到七月十一日抵达广东省城广州，接受两广总督篆及盐政印信。

老九任两广总督，并非朝廷看在他身体分上开恩，而是碰到了很大的麻烦：法国正在越南搞事。越南一直是中国的属国，朝贡不断。法国人与英国人，他们可能觉得再度直接侵略中国，有点不好意思，于是就通过曲线活动，盯上了越南。到这个时候，法国早已占领了越南南部，逼迫越南签订了城下之盟。应越南国国王阮福时的要求，刘永福率黑旗军在老街抵住了法国的继续进攻。

光绪八年（1882）四月，法国第二次侵略越南北部，并攻占了河内。中国西南边陲告警。

老九到任以后，立即察访边陲地势、水陆要隘、财赋收支、兵勇布置情况，定下固结民心、振作士气之策，在两广财赋支绌异常的情况下，充分发挥粤地百姓俗尚刚强、技艺勇敢的特点，发动群众同仇敌忾抗击法军。

对于法军的动向，老九保持高度注意，选择在当地百姓中声望较好的总兵，勤加操演阵法，密地联络绅民。他一边提出出于万全，尽量保持和局，一边暗地里布置广州省城防御之法，修筑要隘炮台，委派专人联络渔户，将那些熟悉水道、潮汐之民，编查保伍，平时各安生业，警报时分段巡防，人自为守。

本来，要防范法国得逞于西南，添置兵舰是海防的当务之急，但动辄耗费巨大，非广东一省、非四五年不能筹办成功，老九对此无可奈何，本着督抚分内之责，老九勉力维持。他既深知朝廷之困难，又忧愤于中枢之模棱荒唐。在给广西布政使徐延旭的信中，老九忧郁而又无奈地道出了自己的担心：

> 弟权摄篆务，不敢妄抒论策，亦不敢轻言更张一员一弁，深负期望盛心。窃观历年所议海防，均以虚张声势于始事之际，旋以俯就款局于合龙之时，从未用久远之谟、坚持到底者。迨至一年、二年，经费大绌，人心弥懈，所办了无归缩，残棋益难收拾，通商各口类皆然也。[1]

老九的看法不无洞见，自鸦片战争以来，清廷几乎每一次都是以虚张声势开头，以俯就和约收束，这就助长了西人"以恫喝为专长，以要求为得计"[2]。在那样一种时局中，任是谁也无力挽狂澜于既倒，"枢府与疆臣皆寸寸节节以图之"[3]，并非没有远略，而是实施起来，步步为难。

老九唯一顺手的事，就是在任上开设电线。"电报迅速，不惟有利于商民，实与洋务海防大有裨益。现因英、法各国请设各口海线，劝集华商先办由沪至粤陆线，以杜外人觊觎之渐，而保中国自主之利权。"[4]尽管城乡有民阻挠，但最终得以成功。

随着法越争端持续，虽然刘永福挫败了法军北上的势头，光绪十年（1884）四月李鸿章与法人签订《中法简明条款》，但局势却向不利于中国的方向发展，老九还没来得及继续实施他的筹办海防之策，又奉调回京。短短的一年广督之任就此结束。

老九于七月卸两广总督任，十一月十三日到京，两天后皇帝召见，赏赐六十岁生辰御书"荩勋繁祉"匾额及寿佛、蟒袍面等。第二天，慈禧太后召见；四天后，

---

[1] 曾国荃：《曾国荃全集》（第四册），岳麓书社，2006年，第196页。

[2] 曾国荃：《曾国荃全集》（第四册），岳麓书社，2006年，第199页。

[3] 曾国荃：《曾国荃全集》（第四册），岳麓书社，2006年，第201页。

[4] 曾国荃：《曾国荃全集》（第四册），岳麓书社，2006年，第209页。

慈禧太后再次召见。

光绪十年（1884）正月曾国荃初奉上谕署理礼部尚书，到署任事不过半月，奉上谕署理两江总督，兼办理南洋通商事务。这期间，光绪帝在乾清宫赐宴廷臣，老九入座第三席，获赐平金蟒袍。这和当年阿兄晋京所享受的待遇庶几相似。

看来，老九官运在东南，不过老九将这些看得很淡了。"内用外用，皆听天由命，中怀毫无希冀之念。"[1]留在京做尚书，还是外派做督抚，老九心态平淡至极。进入耳顺之年的老九，不贪权，更不恋权。只要不让他去西北，哪里都可以。

---

[1] 曾国荃：《曾国荃全集》（第四册），岳麓书社，2006年，第228页。

外交谈判桌上的曾铁桶

老九回到阔别多年的金陵，还没来得及坐热两江总督的位置，就摊上一个使命，或者说，他本就是为这个使命而来：对法谈判。

当英国觊觎西南、沙俄出兵新疆、日本吞并琉球的同时，法国谋划着对越南的侵略，严重威胁着中国的西南边境。

光绪十年（1884）五月十一日，李鸿章作为清政府所派全权大臣与法国海军校官福禄诺签订了《中法简明条款》，事先清政府对李鸿章提出了四条原则：不赔款、保护刘永福、保持中越朝贡关系和不允许边境通商等要求。

但最终签订的这个条约主要内容为：中国南界毗连北圻，法国全力保护该地不得侵犯滋扰；中国将驻扎该地的军队即行调回边界，并不干涉法国和越南签订及未签订的所有条款；法国不向中国索赔，而中国允许法国和越南在北圻边界与中国内地进行贸易，三个月后两国使臣将详细约定商约税则，该税则不能损害法国的商业利益；法国在与越南签约时不会伤及中国体面；两国代表先行画押签字，三个月后中法再派大臣按照以上各节详细商谈。

条约确实做到了不赔款，茹费理本想通过缔约让中国支付巨额赔偿并承认法国对越南的实际占领，但后来在福禄诺的提议和请示下，改变了初衷，放弃了索赔要求；但清廷承认了法国对越南的侵占和管理，并同意进行边界贸易。

然而，条约中并没有明确规定撤兵的时间和地点，使得撤军一节更是错综复杂。

法国提督米乐拟定了二十天后派兵前往高平、谅山等地的计划，并让福禄诺通知李鸿章在此之前清军必须撤离，但是李鸿章既没有回应也没将此事上报给清廷。六月二十三日，逼近谅山的法军在遭到了清军的阻拦后，竟然毫不讲理地杀死了前来询问的中国使者，并向谅山驻军黄玉贤部发起进攻，清军将士极为激愤、顽强抵抗。双方鏖战几日，最终清军以出战的六营兵力战胜了万余法军，雪洗了北宁之耻。史称"谅山事件"。

战火重燃的消息一经传出，中法两国都十分震惊，尤其是精心筹划的行动惨遭失败使法国军政上下都极为恼怒，他们开始与清政府围绕着谅山冲突展开了长达一个月的反复争论。当时法国方面的态度主要是：

第一，继续要求清军迅速撤回中越边界、放弃北圻；

第二，强烈谴责中国不守信用，要求清政府负起战争责任并索要赔款；

第三，占据中国某地作为抵押品，海军司令利比士扬言要夺取旅顺和威海卫，法国驻上海总领事李梅主张派遣海军进攻山东蓬莱并封锁渤海湾，驻天津领事林椿则把攻占目标定在福州，霎时间在中国据地为质的言论甚嚣尘上。

清政府并不愿扩大战争，内心是一意和解，希望尽快与法国议定详约然后撤兵了事。做出让步之后，法国并未就此了结。

时任两广总督的曾老九建议：

> 此时衅端不可开，和好不可失。富良江之通商，亦势难阻止，但可共而不可分。越之国，越自主之，中国与法共保之。许以通商之议，而浑其分界之名，以越南筹安全之方，即仍不失保护之议。法人苟不利越之土地，谅亦不能别生异说，再肆吞并之谋。[1]

早在条约签署前，法国便有意勒索巨额赔款来缓解国内的金融危机，谅山冲突的爆发让他们重新找到了讹诈的借口。

在实质的交涉中，总理衙门却显出了低姿态，宣称等待各国公论后再决定是否赔偿一事。中国驻法使臣李凤苞也在清廷的授意下向茹费理表示，"帝国政府并没有绝对地拒绝金钱的补偿的原则，如果共和国政府把这问题肯惠然保留给全权代表们去讨论的话"，并表明若是法国拿出证据证明中国须对谅山冲突负责，中国方面在不伤大国尊严的前提下"将不拒绝公平的满足赔偿的要求"。显然，不排除清政府为了催促法国派人恢复谈判而使用了两面手法的可能性，但当时确实起到了效果。由于清军已经撤兵，答应赔款的口气又有所松动，法国便答应了清廷派曾国荃为全权代表在上海与巴德诺谈判的要求。

七月十九日，清廷正式命令两江总督曾国荃作为全权大臣，迅速前往上海议

---

[1] 曾国荃：《曾国荃全集》（第二册），岳麓书社，2006年，第126页。

办详细条约,并派陈宝琛会办,苏松太道邵友濂、四川候补道刘麒祥随同办理。

老九得到消息后,接连上疏请辞:

> 国荃只知守土应尽死守封疆之职,万万不敢与闻和议。[1]

老九不敢沾闻和议,重要原因就是他的亲友中前车之鉴太多:其兄曾国藩天津教案处理过程中对外主议和,结果弄得举国清议,以"卖国贼"相斥,这是前车之鉴之一。曾氏兄弟的好友郭嵩焘作为中国近代史上第一个驻外使节,出使英法期间,也弄得几乎被举国非议,老九对他说:"人以畏事而巧于趋避,公以任事而群肆诋诽。"[2]此乃前车之鉴之二。这次中法议和,舆论强烈要求对法主战,一旦自己言行不当,将左右为难,成为舆论与朝廷旨意的牺牲品,李鸿章又是前车之鉴。如此三端就在眼前,老九深知国内风气,焉敢接受这种吃力不讨好的所谓"谈判"重任?

当然,这个原因老九自不会公开说出来,他的理由是:

> 臣性情戆直,深恐决裂事机,从未经手交涉事件,而尤不善议约。
>
> 每见无礼于国家者,辄欲效鹰鹯之逐鸟雀。岂可更闻狂悖之语,会商议约实非微臣之所长。[3]

自己的长处不在对外交涉,既性格不合,又缺乏经验:"议约必须明白交涉事件,尤贵有通权达变之才。于中外交涉事件向未究心学习,若竟贸然而行,实属茫无把握。"这是大家都看得到的事实,陈宝琛也曾评价老九"辩论因应,曾非所习"。

尽管朝廷也深知老九不是外交谈判的合适人选,但当时李鸿章已经遭到朝野指责,清廷再也无法找到合适的其他人选,加之法国代表拒绝北上,点名要两江总督到上海谈判,因此朝廷不再理会曾国荃的次次请辞,严令他立即起身赴沪,并对此行的谈判原则提出了具体的五项要求:

第一,绝对不能答应给予法军赔款,若是法军索要,必须请示朝廷旨意。"所需兵费恤款,万不能允,告以请旨办理"。

第二,越南照旧向中国封贡,"条约最要者,越南照旧封贡"。

---

[1] 曾国荃:《曾国荃全集》(第二册),岳麓书社,2006年,第219页。

[2] 曾国荃:《曾国荃全集》(第三册),岳麓书社,2006年,第535页。

[3] 曾国荃:《曾国荃全集》(第二册),岳麓书社,2006年,第219页。

第三，刘永福的黑旗军由中国处理。

第四，划分边界时须得在关外留出部分空地作为"瓯脱"。

第五，云南运销货物应在保胜开关，商税不得超过逾百抽五的定额。

老九一看，朝廷此次对法议和的条件和对法态度也基本上退回到《中法简明条款》之前，这与茹费理要求巴德诺先索赔款、其他事项以后再议的态度完全对立。

这注定是一项无法完成的任务。老九无奈，只得请求朝廷：

> 即派在津与北洋大臣会商详约之三员，早日赴沪，并留会办南洋事宜陈宝琛久驻上海，俾臣得与该四员面商一切，然后向巴使会议。臣等仍随时电奏，请旨定夺。[1]

在后人的印象中，老九是一个武夫，只知打死仗，却不知老九也是一介儒生。在这次中法谈判中，老九使出了他的铁桶围城之术：

首先，老九在谈判中表现出貌似敷衍了事、不顺合法方逻辑的态度。

老九赶赴上海后，第一天会晤了赫德，了解到巴德诺的态度较之前略微缓和，并探听到巴德诺谈判的底线是若迅速解决，三年内付清两亿两就可以。

五天后，正式谈判开始，在这天被巴德诺称之为"毫无意义的徒劳的讨论的三个钟头"中，老九和陈宝琛等人死守清廷的旨意，没有答应法国人的任何要求。他们面对巴德诺有关中国到底赞不赞同赔偿一事所进行的三十多次询问，丝毫没有退让，而是抱定了清廷的既定方针，一遍遍地重复总理衙门的指示。

法国代表巴德诺露骨地说谅山事件大大增加了法国的费用，也给法国造成了巨大的损失，因此向中国索要赔款二百五十兆法郎（合三千五百七十万两白银），并要求清政府立即革去刘永福的爵位，还限定赔款的具体地点和期限等。

然而，巴德诺的试探和诱导对老九毫无作用，反而让老九看出了法国趁机讹诈的意图。因此，老九很快就找到了对付巴德诺的办法，以如此巨额的赔款大伤中国尊严为由将这个提议否决了，并称不敢将法方这些要求上报给朝廷，令巴德诺无以应对。巴德诺只得威胁道，这些要求是法国政府的命令，若是不被应允，法军将会另打主意。曾国荃并不害怕，冷冷地表示不要强人所难，他还一遍遍地谴责法国侵占中国藩属越南，反又向中国索赔是毫无道理的敲诈勒索行为，这次谈判又退回到了《中法简明条款》签订以前。该条约已经满足法国对越南的占

---

[1] 曾国荃：《曾国荃全集》（第二册），岳麓书社，2006年，第220页。

领，如今又旧事重提，根本不符合正常外交谈判的逻辑。

这就是老九对付巴德诺的铁桶谈判术，把巴德诺弄得哭笑不得，无招可施，双方陷入了沉默。

老九的固执终于迫使巴德诺略有让步，表示赔偿的名目和数目都可以商量，全权大臣们可以先上报清廷，或提供其他的谈判方案。老九和陈宝琛等代表当然明白这是巴德诺的圈套，当即表示他们拟不出巴德诺想要的方案。双方第一次会谈就这样不欢而散。

老九虽然没有李鸿章那样丰富的外交经验，但此举却没有像李鸿章那样因妥协而遭受外界的指责。当然，这么做，老九还是有一定底气的，他在赴上海前就责成负责江海防务的李成谋、李朝斌"申明纪律，严定军法，处处准备战事"。并表示"臣虽衰老，尚可胜指挥之任，断不听其羞辱"[1]。

次日下午五点，双方进行了第二次会谈，曾国荃没按巴德诺提议的那样拟定出新的方案，而是仍然坚持总理衙门的指示，并当面驳斥了法国的无理要求：

一、中越本为宗藩关系，法国现在欲侵占中国的藩属国，怎有理由让中国赔款？

二、在法军进入河内之前，清军已经驻扎于此，法国前来侵扰进攻，为何要求中国赔款？

三、因为三个月后将详细议定《中法简明条款》，所以清军仍驻扎在谅山等地，等候新约方能依约办理。谅山冲突纯属意外，中国不应给予法国赔偿。

四、法军称福禄诺临行前曾与李鸿章商议撤兵之期，但是李鸿章并未答应也未上报朝廷，中国自然不能随意撤兵，而法国却是有意寻衅，错不在中国。

五、若是等待详细议定之后，断然不会发生谅山冲突，而法军连三个月都等不及便出兵侵占，实为借此挑衅，应负起战争之责。

六、清廷本意派李鸿章与法使在天津继续议约，但是法使不肯前往天津，只得又派曾国荃来上海谈判，这是中国期望和平、不愿决裂的明证。法国怎可不顾邦交情谊，转而向中国讹诈索款？

七、法军侵占中国的藩属国，划地自治，何以得城池、掠人口后，反让中国赔偿？

但是，这在巴德诺看来却是"一个不严肃的回答"。然而他也找不到合理的言辞来反驳，只好索性直接质问这是否表明中国坚决不答应赔款，若是，他将立即发电报通知法国，采取行动据地为质。

老九看到巴德诺把话说绝了，便敷衍地答以"允商"，而巴德诺此时也看出

---

[1] 曾国荃：《曾国荃全集》（第二册），岳麓书社，2006年，第223页。

不会马上有结果,便"愤而退席"。

老九对巴德诺的退席也感到非常气恼,他对赫德说:"彼如不来,我亦不往,岂彼国可以要挟而我国不能剖明乎?"

接下来进入谈判的第二个回合,李鸿章"指点迷津",老九遭受申斥。

当在直隶的李鸿章得知中法谈判出现破裂后,致电老九:"今日再议否,酌拟通融可代传之办法若何,求恩赏恤数不可多,乞缓磨",后又建议老九派人游说巴德诺,看能否在赔偿一节上松口,并称已经将他俩的来往密电转给总理衙门,表明了两人在谈判上的一致态度,即"固知此事断不能空言转圜,先允恤在缓磨,数目似是一定层次,乞酌之,否则决裂,船厂万不能保,他处亦兵连祸结,奈何"[1]。

李鸿章虽没有参加谈判,但毕竟于谈判桌上是位老手,在谈判开始前,他一面劝老九以大局为重,"千钧一发,当渐转圜,驰系曷已";另一方面又指点老九,无论别人如何诽谤,都应当根据具体情况妥善处理,刚开始先进行辩解,若是谈及赔偿一事时,可以用"腾挪之法",万一双方僵持不下,不得已之时,无论曲直,可以体恤伤亡将士的名义答应数十万两的赔偿,这也无伤国体,否则只能听任中法关系破裂。

因此,在接下来两天的继续谈判中,老九见巴德诺的态度更加傲慢无礼,双方上午的会面又是徒劳无果,为了缓和气氛,便答应晚上给他一个建议,这其实是老九的缓兵之计,到下午五点多,双方继续商谈,老九却并没有提出什么新的建议,而是再次强调法国的要求是非正义的、无理的,弄得巴德诺直想离场。

身处法国代表的骄横与朝廷严旨的夹缝中间,老九既不敢真正"全权代表",又不敢使谈判破裂。见此情景,老九只好表示可以本着"妥协的精神"给予法国数十万两白银的抚恤金。巴德诺立即询问具体数目,老九说也就五十万两,如果法国愿意接受的话,就马上上报朝廷。[2]

五十万两的数目,正是李鸿章指点迷津时的意见,他也明知答应赔偿违背了朝廷的旨意,但是老九一方面看到谈判的最终期限快到,另一方面既然有李鸿章向总理衙门汇报过,区区五十万两赔偿可保全和局、避免战乱,也是勉强可以接受的无奈之举。

然而,满心想求得和局的老九,不仅没有换得巴德诺的理解,五十万两白银仅相当于法国意图获得赔偿数目的七十五分之一,这使得巴德诺感到遭受了愚弄,明确宣称无法接受,直呼这简直是个笑话,他和老九都将成为双方国家的笑

[1] 李鸿章:《李鸿章全集》(第二十三册),安徽教育出版社,2008年,第5135页。

[2] 《中法战争》(第五册),上海人民出版社,1955年,第455页。

柄。北京这一边当朝廷接到老九五十万两"抚恤"的上报后非常恼怒,当日便颁发谕旨严厉斥责他轻易作主,"实属不知大体"。并告诫老九等,若是法国不愿意先议前约的具体内容,他们可以返回金陵。

最后,法国进一步施压,老九坚决抵制。

受到申斥的老九也颇为后悔,更加谨慎。此后,法国拒绝了总理衙门邀请美国从中调停的建议,赞同从中斡旋的赫德让中国以捐输的名义给法国八千万法郎,分十年付清,法国则同意越南对中国继续纳贡的提议。

当双方会谈商论此事时,老九坚决反对。一意主战的另一谈判代表陈宝琛都有意接受赫德的这个方案,但老九坚决不从,甚至不肯将此方案上报朝廷。

这时法国为了进一步向中国施压,公然进攻基隆,使得台湾形势危急,同时法国议院也批准追加三千八百万法郎作为侵华经费。

见和谈无望,原本一方面断然宣称拒绝赔偿决不妥协,一方面又没有决心与法国开仗的清政府,不得不最终颁旨,谴责法国"无理已甚",决定"不必再议,唯一意主战",遂命老九等人回金陵办理防务。老九生平唯一一次的对外谈判无果而终。[1]

此次谈判正如巴德诺所说:"总理衙门欲将一切责任放在谈判代表身上。它无疑地将等待事态的演变以作决定","所有与中国谈判最难之处,即在于此"[2]。巴德诺所说的难处,不正是老九的难处吗?

中法上海谈判没有取得成效,但它在整个中法战争史上还是起到了缓冲的作用,使清廷提高了警惕,赢得了备战的时间。法国人嘎尔诺在《法军侵台始末》一书中说:"(刘铭传)在各个受到威胁的地点加强了防御,增派了援军,而在七月间(敌人)可能成功的偷袭行动,在八月间已不再可能。"[3]

晚清残局中的江督

老九赴任两江总督,同时还有一个身份是兼理南洋通商事务。

晚清有两个著名的"洋",一是北洋,一是南洋。北洋通商大臣由直隶总督兼任,南洋通商大臣后由两江总督兼任。单从管辖区域来讲,北洋主要管辖渤海

---

[1] 《清季外交史料》,国家图书馆出版社,2015年,第804页。

[2] 《中法战争》(第七册),上海人民出版社,1955年,第242页。

[3] 黄振南:《中法战争诸役考》,广西师范大学出版社,2004年,第177页。

湾一带,南洋则管辖从江苏到福建一带,面积上后者比前者要宽得多,但二者的地位却差距很大,北洋的地位因为直接关系京师的安危,因为政治上的原因比南洋重要得多,尽管南洋是当时中国的经济中心,也尽管政府财政经济出现危急,但那个时候更讲政治,不是以经济建设为中心。从防务上,清廷建有北洋水师、南洋水师,北洋水师主要防务在天津、辽宁和山东;南洋水师主要负责东海和江浙一带。因为后来有了福建水师,主要对接东南沿海、台湾防务。相应的还有成立更早的广东水师。当然更关键的是,领导人不一样,北洋的实际领导是李鸿章,后来又有荣禄、袁世凯,都是大名鼎鼎的人物;南洋的领导人早期是曾国藩、李鸿章,但二者任职时间短,李鸿章又北上管北洋去了,后期是左宗棠、曾国荃、张之洞、刘坤一等,他们的任职时间都不算长。从政治能力、权力上来讲,后者肯定都不如前者。因而,历史上只有北洋军阀,却没有南洋军阀之说。

说是通商大臣,其实凡是辖区内对外事务都要管。

中法和谈失败后,老九奉命回到金陵,筹划两江与南洋防务。

老九的前任是左宗棠。从光绪七年(1881)九月至光绪十年(1884)正月,左宗棠在两年多时间的任期里,他的海防方针立足于一个战字:"先事不忘战。"老九也主张战:"停战者非忘战之谓也。"他指示海赞廷:"因敌情叵测,须时时为可战之计。"[1]二者的旨意相近,但老九比左宗棠谨慎,他是以守为战。换言之,更注重防守。老九深知本国的实力,财力困窘,兵器俱不如人。而左宗棠好为大手笔,大动作。这是二者最大的区别。

毫无疑问,制约清廷与法国开战的最大障碍是缺钱。曾老九在两广总督任上时便提出:

> 论者佥谓,办理海防,最要莫如添购大号轮船及泰西新式之水雷、枪炮,足资战守。然默观东粤近年情形,库空如洗,支绌异常。此时欲议购办,非惟力有未逮,抑且缓不济急。[2]

广东如此,两江情形差不离。而且,两江还有一个更大的负担,那就是各省都向两江调兵,并且仍旧由两江支饷。各省应协助的海防经费早已有名无实。江南原本为财富之地,如今早已入款难,出款多。

平时生活上手笔宽博的老九在军事上却显得很谨慎,不敢随便花钱。这又是与左宗棠的"万端齐举"不同之处。

---

[1] 曾国荃:《曾国荃全集》(第四册),岳麓书社,2006年,第247页。

[2] 曾国荃:《曾国荃全集》(第二册),岳麓书社,2006年,第158页。

光绪十年（1884）四月，曾老九刚上任两江总督时，左宗棠以大学士身份住在总督衙门静养眼疾。在老九决定启程察看长江两岸各要隘及吴淞、崇明入江各口形势时，左宗棠到老九所住公廨叙谈良久。"不意去未两刻，即送缮成公文数件，借用印信。"老九一看，原是照会告养在籍的前浙江提督黄少春募勇五营，以及告湖南巡抚转咨黄少春招募勇丁。而且公文中写明由金陵藩库发经费四万两，饬江宁防筹局、支应局迅速提款照发，并指派委员将银解交黄少春收领。公文中还说明业经具折陈奏，着妥速办理。

老九看了公文，觉得奇怪，晤谈时并没有提起此事，怎么一转眼就来了公文？更关键的是，左公募勇要两江出钱。老九不知事情原委和真假，但凭直觉，仓卒行文，草率成军，能起作用吗？

此时，老九任职江督才一个月，左宗棠就多次借用其印信，但并不关于兵与饷，所以老九就没有拒绝。这一次与兵、饷有关，老九就有些警惕，但又不好拒绝左公借用印信，只好将公文原件存留一份，并当即上奏，表示须等待谕旨，方可遵照办理。

老九将自己的疑虑上奏，但并没有诿过左宗棠：

> 该大学士公忠为怀，不辞劳瘁，久荷圣明洞鉴。惟其年已七十三岁，记性远不如前。侧闻所办文件，多非出自本意，遂致缓急次第未叶机宜。臣检阅两年卷宗，按之规矩准绳，殊难尽合。[1]

很显然，左宗棠此举尽管是出乎公心，但他不与老九商量，自不合情理与制度。而且事关军饷，老九不得已才反对。

左宗棠督江时，仿照林则徐在广州时组织水手、渔民的做法，将江苏沿海二十二个州县的水手、渔民组织起来，选派其中年轻力壮者作为团丁、技艺高强者作为练勇，设立渔团总局。这项措施老九在督两广时也实行过。但两江与广州不一样，广州江面狭窄，河汊密布，两江则江面宽广，洋船可直行而入，渔团不甚得力。老九到任前，两宫太后面训其立即停止。并非某些学者所说的左宗棠一片苦心，被曾国荃从中阻断了。老九到任后，从负责渔团总局的苏松太道邵友濂等人处得知，渔团用款浩繁，遵旨将渔团全部裁撤，并非老九一意孤行，使得左宗棠的一番努力付之东流。在海防经费入少出多、早已干涸的情况下，裁撤这没有多大意义的渔团难道有错吗？非要扯上曾左之争上来？

---

[1] 曾国荃：《曾国荃全集》（第二册），岳麓书社，2006年，第179页。

基于老九的务实态度，在海防部署上，老九也改变了左宗棠的一些部署，他向朝廷明确表示：

> 自当师其（注：左宗棠）所长而补其所未备，匡其部下所行之不力而守其范围所可循。[1]

备战首重守，无守无以言战。这是一般常识。老九认为"控扼在乎得地""必须囤积重兵，方可以资保护""设防只重此根本之地，其他枝叶无暇顾也"，在当时船炮不如法军的情况下，老九提出必须根据地势来选择重点布防之地，若是地势不险要，可以不必重视。那些类似乌龙山既非城池市镇也没有村落人烟的地方，不可能成为洋人进犯、窥伺的对象，所以将该地原有炮台全部移到象山等地，仅留下数十兵勇稍加驻扎。

防守地点的选择上，老九不赞同左宗棠以白茆沙为最重要的防御地点，也不同意当时呼声最高的重点驻守上海和吴淞的主张，而是提出了自己的看法：

> 吴淞口距大洋不远，若我兵船屯驻口内，仅保上海一县；若驻口外，则止能制南岸十余里之江泓，而不能防北岸崇明汪洋之大段。敌人若用大船乘潮直上，竟可抄过吴淞后路。且上海为各国通商互市之地，无须中国全力保护，而亦可无虞也。今欲保护长江，自不能不以江阴为紧要门户。查白茆沙未出水面，乃系隐沙，北岸水浅能驶中号、小号之兵船，南岸水深则大号铁甲亦可上驶。[2]

鉴于此，老九断然放弃对上海的重点防护，针对"江阴下游三百余里，南入吴淞、北出崇明，水势浩瀚，口门沙洲最多……以重兵扼江阴，为保长江也"，提出按照江阴、镇江、金陵下关、吴淞等地的顺序来择要加强战备。

当他获悉有法国兵船陆续驶到吴淞口时，他又指派李朝斌统带五条兵舰，暗地布置，屯扎白茆沙一带，以备防守之用。

老九这一决策，比起左宗棠的计划来说，更有洞见。后来抗日战争、解放战争爆发后，江阴都成为长沙要塞。事实上据《泰晤士报》等外国报纸报道，法国外部大臣斐礼明确表示不会滋扰上海。法国驻沪领事李梅也特别声明将吴淞、上海作为局外之地，向在上海的英美各国示好。虽然当时遭到一些官员的强烈反对，

---

[1] 曾国荃：《曾国荃全集》（第二册），岳麓书社，2006年，第171页。
[2] 曾国荃：《曾国荃全集》（第二册），岳麓书社，2006年，第172页。

但老九不为所动。把上海、吴淞作为次要扼守之地，并不代表老九放弃对它们的防护，相反他也实地察看过，对该地的炮台修建也很重视，加强了防御工事。

比起北洋来说，南洋不仅兵船少，而且实力无法与法国抗衡。对于当时的局势来说，南洋水师能够守住长江，不让法军长驱直入，已然是最好的结果了。饱历军事的老九相信，从来用兵，若不能出于万全，即未可轻于一试，只应先事预防、妥善筹划，对于法军，绝不先打第一枪，以免被污蔑为蓄意挑衅，这样"静以待之，严以备之，既不挑衅，又不吃亏"[1]。因而他始终坚持"开诚布公以处之，不动声色以备之，所以自待待人者，如是而已"[2]。

老九总督南洋，又基于当时海防经费的缺口巨大，"决计只用现有之后轮各船防守江海要隘，只就现有之陆师各营守护各处炮台，迅速操练，俾成劲旅，作为游击策应之兵，以期立于不败之地"[3]。

老九率李成谋等亲自察看镇江、吴淞等地炮台，布置守御之方。李朝斌驻守松江至苏州门户，杨明海驻守崇明陆地，雷玉春驻守福山陆路，曹德庆驻守吴淞口炮台，张景春驻守江阴陆路炮台，陈湜驻守镇江一线炮台，吴家榜驻守瓜洲口，李成谋总统战船。分段防守，事权专属，示以必战之势。并且规定一切兵和船都由金陵筹防局支给，要求该局官员悉心考核查实，不以放饷报销等琐事来烦扰各位将领，使将领们能够专心致志地防守两江。

然而，这些防务变化，都被后来学者视为曾左不和的关键。老九的这些举措也被左宗棠视为刁难，因而，左宗棠上奏"遵旨保荐人才折"，建议封疆大吏必须选取知兵之才，在具体人选上他推举了曾纪泽，称其不但继承其父的谋略胆识，更对欧美各国情形了如指掌，若以之担当督抚，必能"肃海防而戢群族嚣凌之气"[4]。

什么是知兵之才？老九久历戎事，难道他不知兵吗？相反，左公推荐的曾纪泽，长于外交，没有一点军事经历。其用意在哪，明眼人一看便知。

事实上，左宗棠高度评价曾纪泽后，又直呼"现在两江督篆须才甚殷"，希望两江、闽粤等沿海之区应该选派真正的人才来独当一面。其意非常明显，此时的老九只是署理两江并未实授，左宗棠名为荐人，实为欲撤换老九，以此来回击老九。当然，朝廷不可能不知道这个中的奥曲，并非朝廷支持老九，而是左公的提议完全不合常理。这与左宗棠曾经力荐老九作为谈判代表与法国议和时，

[1] 曾国荃：《曾国荃全集》（第四册），岳麓书社，2006年，第298页。

[2] 曾国荃：《曾国荃全集》（第四册），岳麓书社，2006年，第235页。

[3] 曾国荃：《曾国荃全集》（第二册），岳麓书社，2006年，第186页。

[4] 左宗棠：《左宗棠全集》，岳麓书社，1987年，第2495～2496页。

对老九大加赞美的"任事实心才优干济,遇中外交涉事件和而有制之"[1]那样大不相符。

任何时代,同事之间完全水乳交融的极少,有不同意见都是正常的,不管是出于公私,有争执也正常,不能把同事之间的矛盾随意放大,上纲上线,对历史人物的评价更是如此,应回到历史人物所处的情境中去理解他们的遭遇,否则就会违背历史事实,得出一些荒唐的结论。

左李之争

一些研究者总是带有地域的偏见成见和政治的有色眼镜来分析晚清。

有学者妄言老九在两江任上只是一个致力于扩充湘系地盘的腐败官僚,"对于筹办海防、筹建近代海军以抵抗侵略之事,根本无所闲心"。

"湘系"有地盘吗?从东南到西北,从山海关到台湾,湘军总是趋朝廷之急,赴国家之危。地盘在哪里?山海关的冬天,海风特大,朔风刺骨,地气严寒,南方人水土尤不相合,他们去山海关争地盘?要说地盘,全中国都是"湘系"的地盘。

他们只有政见之争,绝没有地盘之争。

曾国藩之后,晚清有两个靠军功晋身的政坛巨擘,一是李鸿章,一是左宗棠。这两个人一度是晚清大局的支撑者,朝廷上商议军国大事往往都先要征求这二位的意见。当曾国藩在世时,二人相安无事,曾国藩一去世,二人的"政见之争"就开始了。

过去一些学者研究过李左之间的异同,要么得出湘淮两系的派系斗争,要么得出爱国与卖国的分野,读者自有评说。两人相争,一开始是意气之争,互不相能,左瞧不起李,李也看不起左这个"破天荒相公"——此时之争止于才;后来曾国藩同时保举二人一为浙江巡抚、一为江苏巡抚,左很快获批,而李却迟迟未准,自此李心中怏怏不服——此时之争始于功;再后来,因著名的"塞防"与"海防"之争,二人的政见之争浮于水面,弄得举世皆知——此时之争在于势。

时过境迁,再来评价"塞防"与"海防"之争孰是孰非,已属事后诸葛亮,我们需要讨论的应当是为何会有这种政见之争。本来李左二人,一驻东部沿海,一

---

[1] 左宗棠:《左宗棠全集》,岳麓书社,1987年,第2469页。

在西北边地，都属于朝廷要害之地，互不干预，塞防重要，还是海防重要，二人心里其实都很清楚。在当时背景下，正如丁日昌所说："东北最为重要，东南与西北次要，西南又次之。"这才是政治正确。

李鸿章主张重海防的背景，是同治十三年（1874）十月清政府被迫与日本签订了屈辱的中日《台事专约三款》。十一月，奕𫍯提出购买铁甲舰等，着力筹备海防。因参与台湾之役颇得朝野舆论好评的船政大臣沈葆桢，在《复陈海防疏》中推李鸿章为海防统帅。但是同治十四年（1875）四月，左宗棠在上奏中反驳：

> 重新疆者，所以保蒙古，保蒙古者，所以卫京师。西北臂指相连，形势完整，自无隙可乘。反之，新疆不固，则蒙古不安，不仅陕西、甘肃、山西时虞侵轶，防不胜防，即直北关山亦无晏眠之日。[1]

显然左宗棠道出了皇帝最担心的隐患，即京师不稳。后世认为左宗棠"理长"，其实长就长在这里，这也是决策者之所以支持左宗棠的说不出口的根本原因。左宗棠筹划塞防，向朝廷申报一千万两军费。当时管财政的沈葆桢见如此庞大的预算，担心误事，经皇帝过问，决定拨五百万两，借债五百万两。就是说，此时并无"塞防""海防"之争。二者之争是在光绪元年（1875）也就是李鸿章提出"海防"之后。

问题是，李鸿章提出的预算恰恰也是一千万两。于练兵制器之同时，应购买铁甲船六只，每只一百万两，炮艇十只，以及其他辅助舰艇，连同练兵制器等，共需一千万两。

这就出现了两个"一千万两"，可朝廷哪来那么多钱呢？李鸿章也意识到了这一点，"近日财用极细，……必统天下全局通盘合筹而后定计"[2]。左宗棠所谓"塞防""海防"并重的说法，说起来轻松，可谓不当家不知柴米油盐贵。

这就意味着必得牺牲一个，李鸿章因此要求"已经出塞及尚未出塞各军，似须略加核减，可撤则撤，可停则停，其停撤之饷，即匀作海防之饷"。如此一来，左宗棠自然不答应。

说白了，钱拨给了谁，谁就能占据天下主导之势。重"塞防"还是重"海防"，可谓各各有理，倘若左、李二人互换一下角色，又是一番何等理论？

[1] 左宗棠：《左文襄公全集》（书续十四），文海出版社，1964年，第50～52页。
[2] 李鸿章：《李鸿章全集》（第六册），安徽教育出版社，2008年，第159页。

政见之争，搅乱人心

这种政见之争，很快就延伸到各个领域。李鸿章则四处发信，授意山西巡抚鲍源深、河南巡抚钱鼎铭等人奏陈西征军应停兵撤饷；当争执失败以后，还力图对左的协饷作釜底抽薪之计，授意督抚拒拨陕甘协饷。左宗棠西征，仅仅两年时间所费军饷就出乎意料，到后来西征军积欠饷项达两千六百余万两，每年只能发一月满饷。这个时候，塞防之事就更急于海防了，没钱就会出现兵士哗变，因而，李鸿章更急了。"左帅一有催求，羽檄立至，即海防全撤，岂足供此无底欲壑？"由于李鸿章从中作梗，左宗棠拟借洋债一千万两以应急，"仍归各省、关应协西征军饷分十年划扣归还"。这是李鸿章认为左"向不肯服输"的表现，作为左宗棠的好友沈葆桢都上奏反对借贷洋款。李鸿章还搬动总税务司赫德唆使英商拒绝借贷。

西征战事尚未结束，二人政见之争由塞防海防转向条约之争。

朝廷指派崇厚与沙俄谈判，签订和约。当条约签订后，朝中纷纷指责为卖国条约，要求废约。左宗棠信心满满，主张"分道急进，直取伊犁"。左的这一主战，令李鸿章感到海防军费更加遥遥无期，心中自然不乐，他斥责说中俄交涉节节贻误，甚至破口大骂左"倡率一班书生腐官，大言高论，不顾国家之安危"[1]。左宗棠当然也不会示弱，他在后来中法战争签订和约之后把李鸿章对他的嘲讽都回敬了过去，"对中国而言，十个法国将军，也比不上一个李鸿章坏事"；"李鸿章误尽苍生，将落个千古骂名"[2]。互相之间攻击谩骂，闹得人心不知所向。同治五年（1866）春，左宗棠升任闽浙总督，八月朝廷批准了左宗棠关于设轮船制造局的奏折，决定在马尾江建设船政局，即福州船政局。然而，到光绪年间中法战争爆发的十余年间，福州船政局又制造出了什么像样的船舰？

甲午战争失败后人们把责任归诸李鸿章，却不知此前的李鸿章要钱有多难，李鸿章命令海军"以保船制敌为要，不应以不量力而轻进"，这成为后人攻击的李鸿章的罪状，可局外人安知海军船只得来不易？梁启超后来评说："其所以失败之故，由于群议之掣肘者半，由于李鸿章之自取者亦半。"[3]这里面自还包括

---

[1] 李鸿章：《李鸿章全集》（第三十二册），安徽教育出版社，2008年，第532页。

[2] 左宗棠：《左文襄公全集》（奏稿六四），文海出版社，1964年，第22~24页。

[3] 梁启超：《李鸿章传》，东方出版社，2009年，第61页。

后来李鸿章和翁同龢的"政见之争"。

政见之争直接影响到国力盛衰,假如两人平心静气,妥为商量,求一个两全其美的办法,或许,大局不至于此。

政见之争掩盖下的腐败

然而,李、左二人的政见之争并不止于此,吵吵嚷嚷的塞防与海防之争,势必牵连到人事布局。如中法战争中,法国提出只有撤换驻法公使曾纪泽方与清廷谈和,李鸿章同意,让自己赏识的李凤苞代之。光绪十年(1884),左宗棠卸下两江总督之职,曾国荃继任,左宗棠深为不满,上奏批曾国荃不能胜任,提出让曾纪泽出任此职。

类似人事问题随处可看出两人各自安置亲信、假公济私的腐败。李鸿章自不待言,正如左宗棠所攻击的那样,"亲党交游,能自树立,文员自监司以上,武职自提镇以下,实不乏人……身致富贵者,又各有其亲友,展转依附,实繁有徒,久之倚势妄为,臬司碍难处置"。而左宗棠自己也没有例外,福州船政局在初创时委派员绅"增至百余",官僚机构庞杂可见。及光绪九年(1883),仅勤杂人员竟达八十八人之多。当时就有人揭露:"局中及各船薪水每月需银万余两,大长虚靡。船政大臣极欲整顿,竟有积重难返之势。"左宗棠创办的另一家企业——甘肃织呢局也"安置了一大堆冗员,干领薪俸,丝毫没有学习使用机器的愿望"[1]。因管理不善,创办未及三载就因锅炉爆炸而被迫停工,"费银百余万两,旋经后任废弃,巨款尽付东流"。左宗棠创办的三个军事工业中最负盛名的福州船政局在中法战争中同样全军覆灭,没有达到"制夷"的目的。

光绪七年(1881)二月,左宗棠进京,清廷命他入值军机处,在总理衙门行走兼管兵部事务。左宗棠不愿意入值军机处。在军机处上班时,他审阅到李鸿章的《复陈海防事宜疏》,"每展阅一叶,每因海防之事而递及西陲之事,自誉措施妙不容口,几忘其为议此折者,甚至拍案大笑,声震旁室。明日复阅一叶,则复如此……凡议半月,而全疏尚未阅毕"。[2]这番做派闹得军机处鸡犬不安,以至于是年发生的大事如留美幼童提前归国问题都没有受到应有的重视。奕譞只得奏荐左宗棠出任两江总督。李鸿章则四处抛撒钉子,为左宗棠任两江总督制造难题。

---

[1] 孙毓棠:《中国近代工业史资料》(下册),科学出版社,1957年,第903页。

[2] 薛福成:《庸盦笔记》(卷二),江苏人民出版社,1983年,第49页。

光绪八年（1882），左宗棠任两江总督伊始，即上奏弹劾李鸿章兄弟。

光绪十年（1884）左宗棠再度入值军机处，中法之事交涉日紧，但是，左宗棠从不与执掌中法交涉全权的李鸿章谈论国家大事与中外交涉，干脆对外显示自己老耄无能。中法和约签订后，李鸿章则让部属攻击弹劾左宗棠手下战将，剥夺他们的兵权，左宗棠则忙于上书替人鸣屈。双方大量的精力就浪费在这种"政见之争"中。

政见之争，表面上看起来都是为了国家利益、民族利益，有人甚至将其看作君子之争，却不知，无论是古之王安石与司马光之间的政争，还是今之左宗棠与李鸿章之间的纷争，实质都有如张学良送给蒋介石的挽联所写的"政见之争，宛若仇雠"，其危害比一般意义上的腐败更厉害，影响也更为长远。它或者会掩盖背后的腐败，或者会造成腐败之漏洞与机会。

书生自有平成量

中法和局破裂后，老九加紧了两江和南洋防务。尤其是在海防军费枯竭的情况下，老九殚精竭虑，既要调兵遣将，又要筹措军饷；既要固结兵心，鼓舞士气，又要承受外间的各种指责。在这种背景下，老九取得了防务上的成效。

《申报》当时评论道：

> 日来敌船近在吴淞一带，而省中人心安靖毫不张皇，非昔日情形可比，足见官保（曾国荃）虑周严密、处事精详，有此长城，法人何能窥伺哉？[1]

后人尽可以说，这是溢美之词，但人心安定恐怕不是可以溢美出来的。

然而，在筹防南洋的问题上，老九却遭到来自朝廷与一些大员的申斥和指责。后来的学者据此指责老九坐视不管，不顾大局。

法越争端以法国占领越南告终之后，云贵吃紧，福建与台湾以及两江都受到巨大的压力。各路纷纷向两江请兵，左宗棠北上又带走了所留的兵力，本来兵单力薄的两江防务更加捉襟见肘，老九处在风口之上。不支援吗？情理上说不过

---

[1]《布置严密》，《申报》1884年8月4日，上海书店，1982年影印版。

去。支持吗? 两江得重新增募。更关键的是, 既然是两江的援兵, 按惯例, 这些援兵的军饷都还得由两江支付, 增募兵勇又得增加军费。

面对两江巨大的海防经费短缺压力, 老九"面与诸将订议, 不添一营, 不买一船, 格外撙节"。对朝廷, 老九甚至直白地表示:"臣为目下救急, 顾全南洋门户, 免为外人窃笑起见。"[1]我们来看一组数据:

光绪十年(1884)四月, 左宗棠北上, 带走大部兵力, 老九不得不违背自己不添一营的约定, 新增水陆二十一营五哨;

彭玉麟带走老湘合字营一千五百人、王之春毅字营五百人赴广东;

恪靖仁字营、巡缉营一千人, 调至福建、台湾;

王德榜十营五千人调至镇南关外;

拨归山东移至朝鲜有淮军六营三千人, 拨归广东有淮军五营两千五百人, 拨至台湾有淮军二营一千人。这些兵员都是靠两江给饷。

闰五月, 上谕左宗棠前在江南统带各营, 易玉林所带恪靖亲军良营, 喻先知所带恪靖亲军卫队营, 抽调北上, 归神机营训练。月饷仍由金陵防营支应局每月解济。老九不得不派吴隆海募足两营以增补这个空缺驻守下关炮台。

同月, 李鸿章来电, 奉旨调左宗棠所留江南各营中酌带五营由黄少春带赴镇南关。所有军饷由老九力筹解济。军火器械亦由老九源源接济。事实上, 这些援兵还得由老九派船送到目的地。

为此, 老九不得不请刘连捷招募旧部立六营。

时隔不久, 李鸿章转总理衙门密电, 福建请求北洋、南洋派船牵制法舰, 而李鸿章表示北洋无船可派, 看南洋有无船只可派。而南洋有船四艘送兵勇赴粤未回, 另有一船尚在维修, 别无一船可派。

六月, 都统善庆又请调江南恪靖五营保卫畿辅(北京周围)。

七月, 谕旨调刘铭传江阴旧部八营赴台, 另外令老九"无论何款, 先拨二十万赶解福建", 并派轮运送米石接济。而江阴是长江门户, 这一次老九拒绝了。

然而, 三天后, 老九获知台湾局势紧急, 杨昌濬奉命援闽, 老九答应调四营予他;刘铭传欲调四营援台救急, 老九亦允许。一共八营, 并不惜重金租各国商船载兵渡台。

于是两江防务不得不再增募兵营, 以填补空缺。

此时, 北洋电报, 提醒老九, 法船意在入江, 欲全毁南洋水师。

八月, 山东巡抚陈士杰, 函商老九, 调李光久一老营, 招二新营赴山东, 以备

[1] 曾国荃:《曾国荃全集》(第二册), 岳麓书社, 2006年, 第186页。

海防；借川资拨给枪炮。

九月，法军占领基隆，台北紧急，老九"明知南洋防务不能松懈，然不能不先其所急，拟调兵轮五艘，并咨商直隶督臣李鸿章于北洋抽调兵轮四五艘，开赴上海取齐"[1]。此次海道赴援乃由老九与左宗棠会衔上奏，并非朝廷谕旨。

南洋兵轮中只有开济、南琛、南瑞三号快船和澄庆、威靖二船可以出洋，威靖号还是由商船改造，行驶迟缓，改派驭远。十月中旬，北洋派出的二号快船到沪。

十一月，刘铭传奏称，有法人台南巡船绕至马祖澳，图截水师兵轮。后果查明，法国有铁舰及鱼雷船数只泊于援闽水师必经之马祖澳。法国之船数量多，船身也较南洋船十倍之厚。老九获悉情况后，南洋五轮，临时加铁柱、厚钢板，又商请北洋借炮八尊，将新募德国总铁柜、总炮手、散炮手都分布于五船之上，又增派有过出洋经历且识英、法语言的副将丁华容随同五船总指挥吴安康帮办军务。老九表示，出洋之后，五船虽交帮办左宗棠军务的杨岳斌指挥，月饷、军火、煤价银，仍由两江一力承担，照常供应。

十二月二十九日，五船驶往福建，在洋面上突遇法船九艘，澄庆、驭远号因行驶迟缓被鱼雷击伤后又被法舰包围，恐被法人掳走，二船选择自沉，开济、南琛、南瑞三船被困镇海口。浙江巡抚刘秉璋、杨岳斌因三船难以入闽，令三船回南洋，以保长江门户。光绪十一年（1885）正月，被困三船协同镇口炮台与前来进攻的法船进行了英勇的战斗，击退了法船的多次进攻，击伤法船一只。薛福成和欧阳利见也多次致电曾国荃，称三船的长期滞留导致法舰不肯离去，不但于海防未有裨益，更让当地深受其害，请曾国荃"为大局计、为宁镇计、为三船计，为民情、商务、饷源计"[2]，即刻命令吴安康率船返回上海。

光绪十一年（1885）六月，被困三船负伤刚回到上海，还没来得及进厂维修，谕旨又应杨岳斌奏请，命老九派快船赴台，遭到了老九的拒绝。

再加上此前，老九曾拒绝用兵轮运载陆勇。因此，老九遭到了清廷的严旨申斥，更引起左宗棠等人的十分不满。后世学者所谓老九"不顾大局""见死不救"的责难就是在这种情况下得出的判断。

我们从上面的梳理看到，作为南洋的节制统领，老九所辖的两江差不多成为南北兵源、军饷、火器和运输的总部，他尽管面临着江防的巨大压力，但为了筹防南洋，老九是不遗余力，几乎是全盘照准，唯独因其拒绝让不能胜任的三船派往台湾和拒绝用兵轮运载陆勇而背负骂名，这恐怕有失公道人心。老九在此次中法开战、筹防南洋中没有任何私心。南洋的兵轮往往被各地频繁用于调动军队、运

---

[1] 曾国荃：《曾国荃全集》（第二册），岳麓书社，2006年，第272页。

[2] 《中法战争镇海之役史料》，光明日报出版社，1988年，第234页。

输军械，不仅没有足够的时间和精力用于训练操演，还导致轮船经常磨损毁坏。特别是陆勇不知兵船规矩，在船上肆意破坏，兵船管带稍加约束，陆勇仗着人多势众，故意破坏船上器具，招致损失。曾国荃在奏请朝廷停止用兵轮运载陆勇时痛心疾首地说："以一船之造成，本非数十万之赀财不能办，而一船之犀利，又非穷年累月之操练不能精。"[1]这难道不是出于国家利益保护价格昂贵的兵船吗？

疲于应付各地支援的老九，当光绪十一年（1885）六月清廷下令各省督抚再次筹议海防之时，老九第一个上书，提出"欲张军威，非练水师不可；欲练水师，非购铁甲船不可；欲购铁甲等船，非广筹经费不可"[2]，并经反复细致地对比多种筹集经费的方法后提议由安徽、江西等五省通力合作，同时借外债，这样既可以保证所购船舰的质量，又可以早日行驶操练、以见成效。

老九具体规划了为南洋添置十艘鱼雷船、两艘铁甲船、五艘快船。寄希望于三年以后，南洋与北洋互成犄角，与广东福建联为一气，首尾响应，呼吸相通。朝廷受此鼓舞，表彰其想法未雨绸缪，但是不同意他向外国借债。而老九盘算了借洋债的利弊后，迫不及待地想要购置船舰，擅自做主与洋商签订协议。这一行为又为他惹来了麻烦，不仅清廷震怒，斥责其草率行事，而且在后来的船只购买中，南洋被排挤出局。

两江洋务中坚

曾国荃履任江督的六年间对当时的洋务运动不仅没有"卧阁无为"[3]，而是积极关注西方，对洋务保持着浓厚的兴趣。

与其兄曾国藩热心洋务一样，老九对洋务成果既想方设法予以保存又予以扩大。

当时两江著名的洋务成果就是江南制造总局、金陵机器局，中法战争期间，老九在察看地势、修筑炮台、加强防御的同时，未雨绸缪地建议将上海江南机器局所生产的军火、铅弹、子药等都迁移到江阴地区以备临警之用，将机器局本身迁到金陵，来保全南洋十余年来耗费百万的洋务成果：

[1] 曾国荃：《曾国荃全集》（第二册），岳麓书社，2006年，第224页。

[2] 曾国荃：《曾国荃全集》（第二册），岳麓书社，2006年，第324页。

[3] 朱孔彰：《中兴将帅别传》，岳麓书社，1989年，第114页。

上海机器局各项器具甚多，南洋十余年精华所积，历费不下数百万。他日邦交不固，则机器一局势必首先受害，不能不趁此闲暇之时，潜移默运，搬至金陵，方可晏然无惊。[1]

光绪十一年（1885）六月，老九又提出扩建金陵机器局，"欲收制造之利，首在添造厂屋，增购机器，其常年经费即须宽筹，然后纲举目张，乃有左右逢源之妙"，"若无可凭之基而草创之，则费巨而成难；若就已然之势而推广之，则事半而功倍……该局放手制造，用意讲求，按日益精，器日益多，无益以操练之用，有事以为御侮之用"[2]。

鉴于金陵机器局生产的各种枪炮火器与西方武器质量上可以匹敌，工料价格上更为俭省，朝廷同意扩建。

老九先派人与美国旗昌银行订购开拓规模所需的机器；又因为熔铸锻炼必须充足的燃料，老九担心海道梗阻、运煤不便，便派人前往衡湘采办；为便于从上海采购制造军火所需物料，免除长江风浪之险，老九又命人赶制了小轮船，以备拖带料物之用。金陵机器局的监督英国工匠马利斯回国后，老九马上请来上海机器局的德国人蜜蜡伊，让他在金陵局中负责检验器物，并向中国工人传授制造之法。

为了解决技术力量问题，老九又将晚清科学家徐寿之子、曾在江南制造总局参与船舶和枪弹制造的专家徐建寅调到了金陵，委以重用，使得徐建寅的才能得到更有效的发挥。徐自行设计建造炼钢炉，铸成大型炮身的铸钢件，不仅改变了中国铸钢技术落后的面貌，而且加快了金陵机器局试造克虏伯新式纯钢后膛炮的进程，使得该局制造出中国第一代新式纯钢后膛炮。后来徐建寅又在该局试制成功了马克沁重型机枪、德国新式步枪等，特别是制成的射程远、命中率高、穿透力强的德国新式步枪在后来的反侵略战争中起着很大的作用，成为金陵机器局的名牌产品。

为了解决扩建该局最棘手的经费问题，老九不畏挫折、多次奏请，最终获得朝廷批准。在热衷洋务的李鸿章的帮助下，朝廷又准许户部指拨江海、九江、江汉各关四六成洋税银总共十万两给金陵制造局。

这样，金陵机器局的扩建工程自光绪十二年（1886）二月开工，到次年五月完竣，除购买五十余台机器外，连同收买基地、购办料物、装运耗费、薪水、口粮等共用十万零四百六十两。在老九两江总督任内，金陵机器局创建以来最大规模的

[1] 曾国荃：《曾国荃全集》（第二册），岳麓书社，2006年，第181页。
[2] 曾国荃：《曾国荃全集》（第二册），岳麓书社，2006年，第322～323页。

扩充得以顺利完成。

为了加强军事工业，老九又着手金陵火药局的发展。他高薪聘请了巴龙佛良指导手艺不够娴熟的中国工匠来制造火药。并先后于光绪十一年（1885）、光绪十四年（1888）两次上奏，为增配机器、添修兴修厂屋索要经费，只花费七千多两白银，解决制造火药过程中锅炉、汽管容易损裂等问题，经过多年努力，终于将规模很小的金陵火药局发展成为当时中国最大的专造火药军工厂。

老九的洋务实践中另一个可圈可点的便是倡修铁路。

光绪十四年（1888）底，海军衙门奏请由天津到通州接修铁路，引起了一场空前激烈的争论，由于反对者太多，清廷一时难以定夺，只好谕令沿海各省将军督抚提出意见。在十三位地方大员中，只有刘铭传和老九两个人明确表示赞同修铁路。

刘铭传在上疏中对反对者的主要观点一一进行了驳斥，老九则从长远的角度发表意见。他先是辩证地指出"国家凡创一事，利与害相因；凡议一事，闻与见互异"，利害相因，所虑不一。涉及修建铁路一事时，"所虑者不一端，而以资敌扰民为重；所陈者累万言，而以缓造停办为主"。他们强烈反对也是正常现象。"讵知法历久而必变，政因时以制宜。"正如同治初年始制轮船，光绪初年始兴电线，"已著成效"。"风气一开，即法令亦不得而遏。"他认为铁路"不开于今日，必开于将来，势必为之也"，"与其毁已成之股票，而不足取信；不若坚自强之定见，而先立始基。盖人情乐于观成，而难于图始"。比如出使外国，当年群臣鄙夷，言之莫不掩耳而走，"不数年而人人思奋，乐于趋事。无他，安于所习耳"，"夫风云雷雨至变也，习见之而为常；江淮河汉至险也，习行之而无惧"。他预见到铁路修浚时，征兵、漕运、装货、搭客如同轮船电线一样都会便利快捷，原来反对之人也会认识到铁路的好处，建议朝廷准许海军衙门的提议。[1]

面对众多封疆大吏、朝廷重臣的反对质疑之声，老九毅然支持了李鸿章。他与李鸿章信函往来，除了表明支持外，还劝其斟酌尽善，因时制宜，"惟是合抱之木生于毫末，九层之台起于累土。铁路开创之初，诚如钧谕，积铢累寸，步步艰难。先立始基，方可渐推渐满"[2]。他满怀信心地鼓励李鸿章，"窃观天下大势，风气已开，诚如钧谕，五十年后此路定遍九州。南朔东西，气脉贯注，呼应灵而缓急可恃，征调便而财力愈充"[3]。

正是由于老九的鼎力支持，清廷力排众议，颁布上谕，把铁路称之为"自强要

[1] 曾国荃：《曾国荃全集》（第二册），岳麓书社，2006年，第477～478页。

[2] 曾国荃：《曾国荃全集》（第四册），岳麓书社，2006年，第418页。

[3] 曾国荃：《曾国荃全集》（第四册），岳麓书社，2006年，第415页。

策"，因其"有益于国，无损于民"，定会"毅然兴办，毋用筑室道谋"，这是清廷第一次正式承认铁路的优越，由此推动了中国近代第一次筑路高潮的兴起。[1]

不仅如此，老九对路权也格外关注，警惕外国强占中国铁路。在致广西提督苏元春的信中谴责"法人题录议从北宁开致谅山，即由此疏通小河直达芜葑，创行舟楫，运货从平而关入口，其用心最为倾险"，他建议"防患于萌，修筑炮台，扼其形势，俾全边之锁钥益固。又饬各营分布要害，界限甚明，异时可无争端"[2]，形成震慑，使法国不敢轻举妄动。

比倡修铁路更难的是添设电线。老九早在担任两广总督时期就已经认识到电报的重要性，称"电报迅速，不惟有利于商民，实与海防大有裨益"。

到了两江总督任上，老九也留意到江阴吴淞等地防营距离电局较远，担心军报迟滞耽误事机，遂派金陵电报局道员龚照瑗、郭道直等官员自江阴炮台到无锡的八十里中添设了一道旱线，由吴淞炮台到吴淞电报局间经水面添加了一道水线，又因下关口炮台为中外轮船来往必经之路位置紧要必须消息灵通，所以自此接线至二十里外的金陵南门电报局，这样使得江南防务消息的传递更为便利。

更值得人们尊重的是，老九在洋务运动中高瞻远瞩，格外重视技术、军事等各方面的人才培养。

技术与人才是制约国力强盛的瓶颈，与曾国藩"在人不在器"的思想一致，老九提出"既有利器，然后一心倚重知兵之员，遴选能战之将，竭力防守，较有把握"[3]。为此他多次上疏奏请选派工匠、学生前往外国学习各项技术，并主张在国内建设学堂、推广教育。

技术自主，利权归我，是老九洋务思想的重要内容。他对西方用于制造枪炮、冶金的关键技术十分重视。中国长期只能以高价从外国购买枪炮等，老九担心"长此购买，取携既多不便，利权终属他人"，提议与购买的外国厂家进行商议，"由该局（南洋机器局）选派明白工匠，优给饩廪，驰赴外洋，常年驻厂，专学熔炼之法；一俟学艺有成，即行饬调回华"[4]，这样就可以仿效西法开采、利用中国矿产，以后添设计器、冶炼制造、扩充规模所需的钢铜等都可以独立解决，无需再向外国购买。

人才自主，开办学校，是老九洋务思想的重要支柱。

早在光绪十一年（1885），老九便仿照德国规制，设立武备总学堂，分建两

---

[1] 金世宣：《铁路史话》，中华书局，1965年，第37页。

[2] 曾国荃：《曾国荃全集》（第四册），岳麓书社，2006年，第476页。

[3] 曾国荃：《曾国荃全集》（第二册），岳麓书社，2006年，第252页。

[4] 曾国荃：《曾国荃全集》（第二册），岳麓书社，2006年，第326页。

所。一讲实学，"专选粗通英国文字之敏干子弟，延请德国能通英文之陆路员弁，分别教授格致、勾股、测地、绘图、建筑营垒、炮台，施放水雷、枪炮，行军传音、电学、光学、气球各项根底之学"[1]；一讲操练，学习西方行军布阵，分合攻守，枪炮、水雷各新法。并在已有的水雷学堂基础上，两馆合并。又提议在金陵下关购买仪器设备，设立水师学堂，聘请英国水师教习前来教授学生天算、测量、驾驶、鱼雷等各项。五年后最终在金陵仪凤门和挹江门之间划地二三公顷，建立了江南水师学堂，并将之前他在金陵火药局内设立的水雷学堂也并入了这所学校。由于没有创办水师学堂的经验，他还专门致信李鸿章，向其请教学堂章程和办学经验："水师学堂，为操练人才之地。""必得条理精详，课程严密，方能奏效。"[2]

光绪二十四年（1898）四月，十八岁的周树人考入该学堂的轮机班就读，1912年江南水师学堂被改为海军军官学校，培训海军高级军官。直到1925年停办，校址成为国民政府海军部。历史上这所学校为中华民族培养造就了众多的海军人才，被称为中国海军的摇篮。

对于水师学生，老九也格外关照。考虑到"学生一上练船，照章即须游历外洋，半年数月往返无定"，提出支薪粮给予整装银三个月，以资行计，而每人不过四十余两或五十余两不等，"各学生家本寒素，所得薪粮以资事畜，若无力缴还，应于以后月薪内照扣，势必分心内顾，有碍学业，亦非所宜。"[3]提出每个月给八十两，以后照支，以前领过三个月的整装银也予以免缴。

光绪十一年（1885）底，曾国荃又与李鸿章联名奏请选派第三批海军留学生出国。早在同治十一年（1872）由曾国藩与李鸿章联合奏请的第一批留美幼童出国后，到光绪七年（1881）原定十五年的留美计划，由于国内保守派的反对而中途夭折。光绪三年（1877）海军的船政局派出第一批三十八名留学生赴英法学习，学制三年；这次被选中的三十四名学生于次年被送出国，留学前计划周详，对所需专业各有侧重，多数学生成绩优异，较之前两届学生，"学业较邃，创获实多"，学成回国后，对当时军事工业发展和海防建设起到了重要作用。

[1] 曾国荃：《曾国荃全集》（第二册），岳麓书社，2006年，第327页。

[2] 曾国荃：《曾国荃全集》（第四册），岳麓书社，2006年，第433页。

[3] 曾国荃：《曾国荃全集》（第二册），岳麓书社，2006年，第228页。

天为读书留种子

晚清湘军将领大多喜爱助建书院，而老九则独爱刻书，在做山西巡抚时，老九曾赋诗：

> 天为读书留种子，儒生辐辏咏菁莪。[1]

东南战争结束后，曾国藩在《重修胡文定公书院记》中慷慨写道：

> 天下之书院，楚为盛；楚之书院，衡为盛，以肃岳故也。[2]

确实，自唐以来，以南岳衡山为中心，湖南出现了一个千年书院传统。胡文定公即宋代大儒胡安国（1074～1138）。福建武夷山人，1131年，胡安国在湘潭县隐山与次子胡宏共同创办"碧泉书堂"（文定书院前身），开创"湖湘学派"，明代正统年间从祀孔庙。

湘军将领首创"军人办学"格局，从咸丰末年起，他们大批恢复重建在战乱中毁坏的书院，兴办义学。胡林翼在家乡益阳建箴言书院，胡公去世后，曾国藩、李续宜等继续资助；罗泽南修复衡阳石鼓书院，建义学；李元度建爽溪书院、上海龙门书院；彭玉麟建船山书院；左宗棠、刘长佑、杨昌濬等更是做官做到哪里，就将书院建到哪里。

建书院的目的是培育人才，化民成俗。曾国藩的幕僚赵烈文说："师历年辛苦，与贼战者不过十之三四，与世俗文法战者不啻十之五六。"[3]所谓世俗文法，就是当时的社会风气。而好学风直接关系到人心风俗。古代的官员大都来自读书人，学风正，君子兴，则天下安；学风不正，妖孽横行，则天下危。顾炎武将学风与天下治乱直接挂上钩来：天下治乱系学风。

有书院，还得有好书。老九热衷于刻书，他出资刊刻的第一部书就是《船山遗书》。

---

[1] 曾国荃：《曾国荃全集》（第六册·诗词·联语·题铭），岳麓书社，2006年，第134页。

[2] 唐浩明：《曾国藩诗文集（最全本）》，岳麓书社，2015年。

[3] 赵烈文：《能静居日记》（二），岳麓书社，2013年，第1072页。

曾氏兄弟为什么在同治元年（1862）战事最紧张的关头刊印王船山之遗著？

王船山，本名王夫之（1619~1692），湖南衡阳人，字而农，号姜斋，晚年定居衡阳石船山，学者因而称其为"船山先生"。

王夫之早年致力于反清复明，召募义军，抗击清军，明亡后披发入山，隐身、授徒、著书凡四十余年。隐居期间，以"述往以为来者师"的态度，以"六经责我开生面"的创新精神，对历代王朝尤其是明代成败得失进行了深入研究；对中国传统文化，特别是儒家思想进行了全面、系统而深刻的反思，写下了大量富有独创性见解的著作，内容涉及政治、经济、哲学、历史、文学、天文、地理、训诂、考据等诸多方面，凡五百余万言。

学者萧萐父、许苏民在《王夫之评传》中说：

> 通观王夫之在哲学思想、史学思想、道德伦理思想、政治经济思想、文艺美学思想和宗教思想诸方面的建树和理论贡献，似乎可以断言，王夫之思想体系之博大精深是前无古人的；与时代诸大师相比……在思想的博大精深方面，特别是在哲学思想的建树方面，则大有过之而无不及。因之，在清初大师中，惟王夫之堪称从理论上总结并终结了宋明道学。[1]

国学大师钱穆说："船山则理趣甚深，持论甚卓，不徒近三百年所未有，即列之宋明诸儒，其博大闳括，幽微精警，盖无多让……"[2]

现代新儒家熊十力设孔子、王阳明、王船山座位，朝夕膜拜。晚年作诗"衰年心事如雪窖，姜斋（王船山别号）千载是同参"，以明心志。

然而，这样一位大学者，因为抗清的缘故，在清朝的地位长期很尴尬，其学术思想和著作流传刊布很少，处于沉寂不闻的状态。即使在湖湘后学中，读过他的著作者也少之又少，更别说在全国了。

直到康熙年间，王夫之后人王敔等在湘西草堂刊刻《船山遗书》二十余种，基本上都是经史子集部分，对其中有触时讳的内容还进行了删节。

乾隆时期编纂《四库全书》，只著录船山遗书六种，对其九种还进行了查禁。

道光二十二年（1842）由湖南学者邹汉勋、邓显鹤等人负责主持刊印"湘潭王氏守遗经书屋刻本"，共收王夫之著述十八种，一百五十卷，欧阳兆熊等一批湖湘学者参加了此书编校、审阅。但由于战乱，这套刻本既不完备，其版又多有损毁，因而影响不大。

---

[1] 萧萐父、许苏民：《王夫之评传》，南京大学出版社，2002年，第5页。

[2] 钱穆：《中国近三百年学术史》（上册），商务印书馆，1997年，第128页。

作为曾国藩的至交欧阳兆熊便向曾国藩建议重新刊刻船山全集。而当时湘军正加紧进攻金陵，曾国藩的精力主要集中在军事上，又加上自己身份的顾忌，有所犹豫，倒是其九弟曾国荃表达了很高的热情。于是，兄弟俩商定，由九弟来主持船山全集的刊刻工作更为妥帖，老九为此前后捐出二万两银子，作为刻书经费。但是，老九忙于进攻金陵，实际工作还是由曾国藩来主持完成。

曾国藩召集众多知名学者对王船山的著述进行了广泛搜集、整理和编校，如欧阳兆熊、刘毓崧、张文虎等，但曾国藩还亲自校阅了三分之一的内容。当时湘军正处在和太平军进行决战的关键阶段，军政事务之繁忙可想而知，但曾国藩对《船山遗书》的编校工作一刻也未放松。在此期间，他坚持细心校阅、研读王船山著述中的重要篇章，不论寒暑，也不顾自己身体不适。同治三年（1864）各项准备工作就绪后，曾国藩在金陵设立"金陵书局"，开始批量印制《船山遗书》，于同治四年（1865）十月刻竣。

这是第一部最完整的船山全集，共收船山著作五十六种，二百八十八卷。光绪年间，又补刻了六种十卷。

至此，埋没两百年之久的船山学术终于得以重见天日。由于曾国藩兄弟的地位和影响，《船山遗书》迅速引起全国学者关注，船山思想不仅在湖南士子中获得了高度尊崇，也在全国学者中广泛传布。尽管当时刻印一部《船山遗书》费银三十两，但是，仍然没有挡住学子们阅读此书的热情。

曾国藩、曾国荃兄弟刊刻船山全集，其宗旨是想张扬船山学术，以唤起湖南人的文化自信。

在《船山遗书》序[1]中，曾国藩确实以"礼"开篇：

> 昔仲尼好语求仁，而雅言执礼；孟氏亦仁、礼并称。盖圣王所以平物我之情，而息天下之争，内之莫大于仁，外之莫急于礼。

然而，回到当时的政治情境，曾国藩对刊刻船山著述不能不有所顾忌，船山思想中最强烈的莫过于他的夷夏之辨观念。在清朝，这是最令统治者警惕的。为了确保船山学术能传布开来，曾国藩做了策略性的回避。因而，他指出，船山主旨在于"正纲维事以弭乱"：

> 船山先生注《正蒙》数万言，注《礼记》数十万言，幽以究民物之同

---

[1] 曾国藩：《曾国藩全集》（14），岳麓书社，1987年，第277页。

原，显以纲维万事，弭世乱于未形。

这正解释曾国藩组建湘军与太平天国为敌的种种做法。

他揭橥船山思想的背景是不满明代士大夫党同伐异的朋党之风：

> 目观是时朝政刻核无亲，而士大夫又驰骛声气，东林、复社之徒，树
> 党伐仇，颓俗日敝，故其书中黜申、韩之术，嫉朋党之风，长言三叹而未
> 有已。

因而，船山"平生痛诋党人标榜之习，不欲身隐而文著，来反唇之讪笑"。曾国藩希望"后之学者，有能秉心敬恕，综贯本末，将亦不释乎此也"。

"秉心敬恕，综贯本末"八字说得非常蓄朦胧，道出了曾国藩刊刻船山全集的用意，就是希望湖湘后学能够敬仰王船山，以之为楷模，将其学术思想本末通贯于胸，以振湖湘学风，进而人才辈出。老九对此报以高度的认同。

然而，船山思想后来的影响却出乎曾国藩兄弟的意料。这部书对湖南学界和近代中国社会产生的深刻影响是曾氏兄弟所未曾想到的。

曾国藩揭示的船山思想中的礼学观念成了湖南社会保守的一个精神源头，以至于当轮船驶上湘江时，引来湖南社会的一片反对之声；民国初年，刘人熙等人在长沙设立船山学社，创办《船山学报》，鼓吹保护国粹。另一方面，船山思想中的"变化日新"观，则又成为后来湖南维新变革的一个理论武器，谭嗣同等人就深受其影响，致力于维新运动。湖南因而成为近代新旧思想交锋最为尖锐的地方。

维新变法失败后，曾国藩刻意回避的船山思想中的"夷夏之辨"这一民族主义思想则刺激了湖湘士人的反清情绪。如长沙人毕永年（1869～1902）就是一个典型的例子。他考中拔贡后，与唐才常、谭嗣同等结下浓厚友谊，参加强学会，宣传维新思想，北上参加维新运动；失败后东渡日本，参加兴中会，追随孙中山。其人"少读王船山遗书，萌反清之志，与谭嗣同、唐才常相结纳，常共商救国大计，乃奔走湘鄂间，密结会党"。王船山强烈的民族主义思想被谭嗣同、毕永年等一批湖湘学人激活，曾国藩宣示的船山礼学思想则反而退隐。

更重要的是，王船山的遭际与坚贞卓绝之志，激励起包括湘军将领在内的历代湖湘人物不怕失败、不怕砍头的无畏精神和文化自信。正如王闿运所说："国荃

出两万金开局金陵，尽搜船山遗书，除有避忌者悉刻之，于是王学大行。"[1]

谭嗣同说："五百年来学者，真通天下之故者，船山一人而已。"[2] "万物招苏天地曙，要凭南岳一声雷。"[3]

杨昌济自述"最后用心尤多者，则为王船山遗书"，他在《达化斋日记》中写道："船山一生卓绝之处，在于主张民族主义，以汉族之受制于外来之民族为深耻极痛，此是船山之大节，吾辈所当知也。"[4]受杨昌济先生的影响，毛泽东多次去船山学社听讲，并在《讲堂录》中抄有王船山的多处语录以及杨昌济在课堂上讲解船山思想的听课笔记。在写作《矛盾论》《实践论》的过程中，认真研读《船山遗书》，并致信徐特立要求补齐所缺遗书各册。王船山的"兵民是胜利之本"，不仅为曾国藩兄弟继承，也被毛泽东战争思想所继承，成为名句。

梁启超这样评价王船山："近世的曾文正、胡文忠都受他（王船山）的熏陶，最近的谭嗣同、黄兴亦都受他的影响。清末民初之际，知识阶级没有不知道王船山的人，并且有许多青年，作很热心的研究，亦可谓潜德幽光，久而愈昌了。"[5]

章太炎在《得友人赠船山遗书二通》中说："天开衡岳竦南条，旁挺船山尚建标。……一卷黄书如禹鼎，论功真过霍嫖姚。"

王船山其人其书在寂寂无名二百余年后，产生如此大的效应，假如曾国藩兄弟死后有知的话，一定会大跌眼镜的。

老九出资刊刻的另一部书是李善兰的《则古昔斋算学》。李善兰是近代中国著名的数学家，自幼喜欢数学。他撰有算学书多种，曾在战乱中散失，后逐渐搜罗朋友的传录副本，基本收全，加上新撰的，集成一篑，共有十三种之多，一直提心吊胆，害怕再次丢失。

老九得知这个情况后，慨然掏出三百两银子资助其付梓。为了表示对老九慷慨捐资的感谢，李善兰曾请他为《则古昔斋算学》作序，但被他以"非长于算学者"为由婉拒了。可见，老九出资助人刻书并非为名为利，而是纯粹出于弘扬学术和传播文化的目的。这也同样表现在他对《船山遗书》的态度上。

老九在湖北巡抚任上虽然只有不到两年的时间，但也大力支持创办书局。同治六年（1867）七月，他即着手布置创办书局，他多次写信给在金陵的阿兄，请他派人来湖北主持书局，并提出官员不干涉刻书事宜：

[1] 王夫之：《船山全书》（第十六册），岳麓书社，2011年，第663页。

[2] 梁启超：《梁启超论清学史二种》，复旦大学出版社，1985年，第16页。

[3] 谭嗣同：《谭嗣同全集》，中华书局，1981年，第77页。

[4] 杨昌济：《杨昌济集》，湖南教育出版社，2008年，第85页。

[5] 梁启超：《梁启超谈儒学》，华中师范大学出版社，2010年，第74页。

鄂中书局，现拟筹经费每月千余两，为绵延长久之计。因经费集于司署，议由司署主持。至于刻书，悉由局中作主，此外各官皆不妄出主意。如啸山、惠甫二君子愿与筱帅、小宋、申夫为宾主，则兄可请其来鄂主持书局，嘉惠后学为无穷也。[1]

啸山是张文虎，惠甫就是赵烈文，二者都是曾氏兄弟极为赏识的读书人。

九月，崇文书局正式创立，虽然两天后老九即开缺回籍，但书局就此开张，成为晚清五大书局之一。

光绪二年（1876）八月，老九奉命调补山西巡抚。到晋后，他发现僻处边陲的山西，商业日盛，而"文教日衰"，书院无官刻书籍，现有书籍"伪误不堪"，认为"若不及时振兴文教，刊刻成书，则以后晋之为晋，更难望臻上理也"。他还发现山西尚未兴办书局，"书肆既无刊印官书，即南省已刻之书又因道路艰险无人贩运到晋"，所以"早拟设立书局，择要刊刻"。然而，好事多磨，当时山西正遭遇"国朝二百余年未有"之奇荒，他忙于赈灾，未遑兼顾。次年，在赈务有所起色后，他就着手创办书局。

老九在奏请创办书局时指出，"（山西）近十年来岁试文童入场者，大县多不过百余人或七八十人，小县或五六十人、三四十人不等"，"应试者如此其少，正气摧残可概见矣"；晋中书籍向不讲求，即《四书》《五经》求一善本亦不可得。坊间所售，率多亥豕鲁鱼之讹，而音韵学尤为错谬，学者四声莫辨。州县教佐、书吏"能解字义者百不得一；至于能通文气、明白起承转合者，千吏之中无二三人焉"。提出以读书为训俗之本，习儒为抑末之方。为此，曾国荃会同阎敬铭等人上书朝廷，奏请在太原设立濬文书局，刊刻《四书》《六经》《小学》《近思录》《呻吟语》《牧令全书》《五种遗规》《荒政辑要》各书。濬文书局也成了山西近代以来第一个官办图书出版机构。[2]

濬文书局的创设，虽然是由司道经理，但定章程、筹经费，甚至采买耗材等，事无巨细，老九都全面介入其中，亲力亲为，包括对刻书的进度他都掌握，"书局先刻《四书》，次刻《六经》"，足见其用心和重视之程度。

光绪六年（1880）六月，老九奉旨督办山海关军务，离开了山西。但他仍然十分关心濬文书局，曾致信山西布政使葆亨谈书局校书人员的选用问题，提出略为

[1] 曾国荃：《曾国荃全集》（第五册），岳麓书社，2006年，第267页。
[2] 曾国荃：《曾国荃全集》（第一册），岳麓书社，2006年，第446~447页。

变通，以求于事有济，"俾书局持久经远，为转移风俗人心之一助也"[1]。正是得力于老九的努力和无私，潜文书局虽然惨淡经营，仍能够苦苦撑持，至1930年还存在，这是晚清中西部官办书局中比较罕见的。而其所刻之书，据统计，到清亡止，共有上百种；到1930年时，尚存二十八种在售卖，真正是"天为读书留种子"。

刻书的同时，老九又查到，"《山西通志》，自雍正十二年（1734）编辑后，迄今百数十年未及重修。事关三晋文献，何可任其湮没弗彰？"[2]于是又主持重修《山西通志》，"在下则可略寓潜移地方风俗之转机，在上则可助圣朝教士养民之教化"[3]。

抚晋期间，老九在批复地方官的呈文中，不惜笔墨地耐心开导他们："昔贤云：'变民风易，变士风难；变士风易，变仕风难。'欲变士风，先须仕宦兹土者以身作则而后可；欲变民风，则非官场苦口劝导、士绅戒奢崇俭，则其风不能及民也。"[4]足见老九开书局的目的是为了化民成俗。

除潜文书局外，老九还经办过江南书局。江南书局在光绪二年（1876）刻有《相台五经》，共有《周易》《尚书》《毛诗》《礼记》《春秋经传集解》五种书，凡九十三卷。老九于光绪十年（1884）正月调任两江总督，直至光绪十六年（1890）十月病逝任上，主政江南将近七年。他下车之始，即延请江南名士汪士铎进入江南书局校书，一时"耆儒硕学，来者矜式，甚盛事也"。

根据国家图书馆所藏现存的江南书局所刻书来看，老九在任期间，江南书局共刻书十二种，以经书为主。学者李志茗认为，此特点与潜文书局是相似的，体现了老九一脉相承的刊书思路和旨趣。这应该是他崇儒重道，弘扬正学的一种自觉的反应。[5]

老九在阿兄面前自称"岁少十三龄，书少一万四千三百八十九卷"[6]。在纪泽纪鸿两侄面前谦称"余已自列于学外人，遂不敢与文人学士通信"[7]。然而，他其实非常乐意奖掖读书人，为他们提供学习机会，以期造就有成。他慨然捐资刻书，又设局广刊经籍，根本出发点都是嘉惠士林、振兴文教、转移风俗人心，老九堪为官场典范，功不可没。朱孔彰在为他作传时，由衷地评论曰："恢廓有容而

---

[1] 曾国荃：《曾国荃全集》（第四册），岳麓书社，2006年，第173页。

[2] 曾国荃：《曾国荃全集》（第一册），岳麓书社，2006年，第447页。

[3] 曾国荃：《曾国荃全集》（第一册），岳麓书社，2006年，第448页。

[4] 曾国荃：《曾国荃全集》（第六册·批牍），岳麓书社，2006年，第58页。

[5] 李志茗：《曾国荃与晚清官书局刻书》，《厦门大学学报》，2011（5）。

[6] 曾国荃：《曾国荃全集》（第五册），岳麓书社，2006年，第373页。

[7] 曾国荃：《曾国荃全集》（第五册），岳麓书社，2006年，第299页。

德业弥峻。诗云:'有斐君子,终不可諠兮。'盖与文正同麻矣。"时人也有人称其
为"儒将名臣",有人将其与曾国藩并称为两大儒。

恼怒《湘军志》

金陵克复后不久,曾国藩兄弟就有将湘军十年征衣的过程书诸文字的想法,
同治年间,社会上各种流言更是令湘军将领郁闷,许多人担心如果不趁一批湘
军将领还健在的时候,把湘军的功绩"勒成一书,以信今而传后",就可能造成
"传闻失实,功烈不彰"的后果,因而议修湘军志的呼声日渐高涨。曾国藩的至
交郭嵩焘在写给陈士杰的信中说:"湘军本末,宜有述录,发议自吴南屏,嵩焘
实倡行之。"[1]

光绪元年(1875),由曾国藩之子曾纪泽出面,邀请"文翰颇翩翩"且又与湘
军将领多有交往的湘潭名士王闿运来主持纂修《湘军志》的工作。

王闿运,原名开运,字壬秋,一字壬父,湖南湘潭人。曾自题所居名"湘绮
楼",世称"湘绮先生"。

光绪三年(1877)二月,王闿运正式着手《湘军志》的编纂工作。光绪四年
(1878)十一月,《湘军志》初稿成。光绪七年(1881)闰七月,《湘军志》最后定稿。
王作《湘军志》共十六篇,即:湖南防守篇、曾军篇、湖北篇、江西篇、曾军后篇、水
师篇、浙江篇、江西后篇、临淮篇、援江西篇、援广西篇、援贵州篇、川陕篇、平捻
篇、营制篇、筹饷篇。在草稿初成之后,王氏应四川总督丁宝桢之邀作入川之游,因
而定稿之后也就先在成都刻版。光绪七年(1881)十月,王氏携版回湘。

"尝以似史记自喜"的王闿运,自负甚高。谁知书成后,不仅未有"赏音",反
遭湘人愤怒,包括以老九和郭嵩焘等为代表的湘军元老。

深斥《湘军志》的老九,"指证其虚诬处,面加诘斥",认为王闿运是"以谤书
为诋"。

郭嵩焘、郭崑焘兄弟更是极力反对、深斥《湘军志》。郭嵩焘书信、日记中记
载了具体情况:

湘军本末,宜有述录,发议自吴南屏,嵩焘实倡行之,曾劼刚一以属

---

[1] 徐一士:《王闿运与湘军志》,《湘军志》,岳麓书社,1983年,第170页。

之王壬秋。始见其《曾军篇》，于曾文正多所刺讥，寓书力戒之。去腊自蜀归，其书遂已刊行。沅甫官保指证其虚诬处，面加诘斥。几动湘人公愤，将其版销毁，然闻蜀人已有翻刻本，贻毒固无穷矣。壬秋文笔高朗，而专喜讥贬。通志局初开，嵩焘力援之，为罗研生所持，言："若壬秋至，湘人攻击且尽，曷云志也？"其后所修三志，《东安志》版已毁，《桂阳志》亦有纠谬之作，《衡阳志》托名彭雪芹官保，无敢议者，衡人私论亦皆隐憾之，自王船山先生已遭其讥议，其他可知，要其失不在秉笔，而在包修。劫刚踵行其失，鄙心不能无歉然。[1]

从这里可知，王闿运写成初稿后，郭嵩焘曾经看过，并写信力戒；书成，动湘人之公愤，郭嵩焘很愧疚。原因在于，王闿运"专喜讥贬"，其先后所修的三部志书《东安志》《桂阳志》《衡阳志》有的毁版，有的修改，有的私论隐憾事，"自王船山先生已遭其讥议，其他可知"；这些都没有引起曾纪泽的警觉，故而又犯了同样的错误。作为倡议者，郭嵩焘没有留意，私心感到愧歉。

书中对曾国藩等湘军将领多讥贬，这是毫无疑问的。其他的问题还有许多：

因沅甫官保之言，取其书读之，专叙塔忠武、多忠武战功，湘人一皆从略，江忠烈直没其名，至江西始载其以一军赴援，并帮办军务之命亦匿不书，而于李勇毅、杨厚庵则竟诋斥之。张笠臣指为诬善之书，且言："楚人读之惨伤，天下之人无不爽心快目。"

《湘军志》定稿刊刻后，郭嵩焘还没来得及看，是听到老九的不满之后，才读此书。书中对塔齐布、多隆阿的叙述非常多，对湘籍将领倒"一皆从略"，特别是对江忠源几乎没有道及。对李续宜、杨岳斌竟然有诋毁之言。张笠臣甚至指斥其为诬善之书，令亲者痛、仇者快。

江忠源最早办团练，虽然称"楚军"，但湘军将领都将其视为同道，况且在他死后，几个弟弟都成为湘军将领。塔齐布、多隆阿虽然长期追随曾国藩，属于湘军将领，但毕竟是满人。王闿运在《湘军志》中如此写法，应该不是故意，但很明确是不了解内情。

此后的日记中，郭嵩焘多次记载了此事处理的过程：

第一条记载，老九当面盛气责备王闿运，可见其出离愤怒，而王氏竟然不能

---

[1] 《湘军志·湘军志平议·续湘军志》合刊附录，岳麓书社，1983年，第170～171页。

对。郭嵩焘提出交出所刻书稿，于重刻中修改以弥补之。

第二条记载，郭嵩焘指出王氏"以文字玩弄一世"，"才学有余而识不足"，是天分使然，此话说得很重。

第三条记载说王闿运颠倒功过是非，是"文人气习"。

第四条，郭嵩焘的议论出乎实情：老九等人出生入死，克成大功，旁观者岂能知其艰苦？看起来平淡无奇，但真正要谈起来，却不能道尽其中曲折，更不能相诬蔑。这正如徐一士认为：老九之斥《湘军志》为谤书，其"尤所忿恚"的是王闿运将老九自认为坚苦御敌，"军兴以来未有如此之苦战"的围攻金陵一节写得"甚简""若无甚奇特"，郭嵩焘认为金陵之战"极古今之恶战"，而"壬秋一意掩没其劳，以数语淡淡了之，真使人气沮"。由此，徐一士推论"嵩焘且气沮，国荃安得不大怒乎"。

如今过了百年再来读《湘军志》，首先就发现其体例有问题。全书主要按照战场来写，在各战场中又大致按照年月日记载战争经过，杂糅了编年体和纪事本末体，但又不是纪事本末体和编年体。其中《曾军篇》和《曾军后篇》又是以人物为中心命名谋篇。这就很令人奇怪。"甚为得意，居然似史公矣"的王闿运或许并没有刻意贬低曾国藩兄弟，他甚至可能是有意突出二人。

但这就恰恰犯了禁忌。在《湘军志平议》中，郭嵩焘批《曾军篇》篇名说："以《湘军志》为名，自应以曾文正公创立湘军为主，不宜特立'曾军'名目，以使有所专属。如江忠烈、王壮武、萧启江、李忠武及今曾威毅伯，皆别立一军为统帅，功绩又最伟，别为一篇可也。"郭嵩焘认为别立《曾军篇》是将曾国藩并列于其他将帅之中，从而抹煞了曾国藩在湘军中的核心领导地位。

其实在笔者看来，曾国藩等人在世时就很忌讳时人将湘军视为私人武装，他始终将湘军视为官军。事实上，时人也没有"曾军"一说，是王氏别立新说。然而，犹在官场的老九不能不忌讳，他的担忧是有道理的。

王闿运日记中记载："夜览涤公奏，其在江西时，实悲苦令人泣下，然其苦乃自寻得，于国事无济，且与渠亦无济，反有损。"[1]认为曾氏虽"悲苦"，但其苦无济国事，是自己找来的。真不知他从何处得出这一结论！王氏在比较曾国藩与胡林翼之后，觉得曾国藩甚至不如胡林翼。这种观点随着《湘军志》撰写的展开，更加强烈。这种鲜明的主观个人色彩怎么能让时人信服？怎么能让老九等人不气愤？

嗣后，王闿运日记再次将曾、胡二人进行了对比："看胡奏稿、书札及《方

[1] 王闿运：《湘绮楼日记》（第一卷），岳麓书社，1997年，第651页。

略》，乐。又看曾奏稿，见庚申年事，忽忽不乐。又看曾奏稿，殊失忠诚之道。曾不如胡明甚，而名重于胡者，其始起至诚且贤，其后不能掩之也。余初未合观两公集，每右曾而左胡，今乃知胡之不可及，惜交臂失此人也！向非余厚曾薄胡彰著于天下，而今日之论，几何而不疑余之忌盛哉。"[1]

所谓庚申年事，是指这年北上勤王一事，胡林翼主张无条件马上北上，而曾国藩却考虑到安徽战事正急，无法抽身，又兼北上无益，想办法在拖延。但这止于二人间通信往来，属于秘密，于奏稿中如何能看出曾国藩"失忠诚之道"？若说"忠诚之道"，王氏于金陵暗劝曾国藩称帝，其"忠诚之道"何在？这样的结论是无人信服的。

这大概就是《湘军篇》后改称《曾军篇》，《胡军篇》改为《湖北篇》的奥秘所在，王氏有意不使其体例相合，显然有其褒贬在其中。

对于湘军东征最主要也是最关键的战场，就是金陵攻坚战，王闿运仅仅以数语交代，《湘军志》写道：

> 闰八月，苏、常寇来攻曾国荃军，多发西夷火器相烧之，复穴地袭屯垒，连十昼夜不休。九月，浙江寇复来助攻……国荃居围中，城寇与援寇相环伺，士卒死伤劳敝，然罕搏战，率恃炮声相震骇。

郭嵩焘对这种叙述感到"气沮"，他批斥道："李秀成以三十万众困曾军三万人，搏战四十余日，……极古今之恶战。壬秋一意掩没其劳，以数语淡淡了之，真使人气沮。"[2]

金陵攻克后，王氏所写诸多不合事实："李秀成者，寇所倚渠首。初议生致阙，及后见俘寇皆跪拜秀成，虑生变，辄斩之。群言益谯，争指目曾国荃。国荃自悲艰苦负时谤，诸宿将如多隆阿、杨岳斌、彭玉麟、鲍超等欲告去，人辄疑与国荃不和，且言江宁赀货尽入军中，左宗棠、沈葆桢每上奏，多镌讥江南军，会病疥，因请疾归乡里，散遣所部军二万五千人。"

斩李秀成的决定并不是老九做出的，老九确实想杀李秀成，但被赵烈文劝止；此不合实情一也。在当时，老九功高至巨，其他将领焉敢指目老九？再说，老九之谤并非来自湘军内部，此不合实情二也。老九和彭玉麟不合是事实，但在后来还在极力弥合，至于其他将领欲告去，与老九毫无关系，杨岳斌早就被调往西北任陕甘总督，鲍超家中母丧，被朝廷挽留至攻克金陵再回家守孝，此不合实情

[1] 王闿运：《湘绮楼日记》（第一卷），岳麓书社，1997年，第648页。
[2] 王闿运：《湘军志》，岳麓书社，1983年，第239页。

三也。更重要的是，王氏将当时的流言也当作史实写了下来，亦与情不通。

这些难道也是后世学者所说的客观叙述、秉笔直书？焉能怪老九不严词呵斥？不管是当时还是直到如今，于情于理于据，都不应当怀疑曾氏兄弟对北京的忠诚。他们对杀李秀成、删其供词，充其量不过是为自保而已。在一部史志中质疑人的忠诚，绝不能以谣谤传说为依据，而王闿运所作所为，不仅有违史笔，而且也是道听途说，触犯史家良知，这跟为谁作史没有关系！

正是基于此，郭嵩焘越来越发现王闿运用心叵测：

惟壬秋多布阵势，一重一掩，巧肆诡讥，乃成千秋万世之冤。正惟其不加诋毁，而相构以蜚语，使人自生疑惑。竟不料壬秋居心奇险至此，此亦吾楚之一厄也。[1]

"多布阵势，一重一掩，巧肆诡讥"一语说得很重，他认为《湘军志》的"高明"之处就在于书中看起来没有诋毁之词，但却借流言蜚语，使读者自生疑惑。显然王氏是耍了心机、玩了手段的。

此外如另一湘军将领李榕更为痛恨，王闿运在给黄子寿的信中说："申夫（李榕）之恨《湘军志》，较沅甫尤甚，闿运复书云：他日阎王殿下，亦惟有俯伏认罪，自投油锅。"[2]书中提到时任湖南布政使的李榕倡言大户捐米，曾老九家有田地百余顷，李榕问都不敢问。李榕因此遭到攻击而去职。这实为湖南大户人家内部矛盾，老九家有田不假，但"百余顷"相当于一万多亩，这显然是传说中的夸大，王氏书中不辨真假，一概载之其中。即便真有此数，置身于当时当地，谁敢问之？谁有颜面问之？难道曾氏兄弟之付出还不够吗？曾氏五兄弟，四位亲冒矢石，置身于杀场，艰苦备尝，老六和季弟为之付出生命。其时他们既无守土之责，也无封疆之任，他们仅仅就是为了高官厚禄吗？

同样的情形遍及《湘军志》，如王氏在《营制篇》中说："故将军五百人，则岁入三千；统万人，岁入六万金，犹廉将也。"这既是被认为湘军腐败的证据，也是被后人视为秉笔直书的例证。然而这一笔，却将湘军主要将领的廉洁一笔抹杀了。曾国藩自不用说了，包括胡林翼、罗泽南、彭玉麟、杨岳斌、塔齐布、刘长佑、江忠源江忠义兄弟等在内，都是饱尝艰辛而不贪钱的。且不说他们有没有拿如此"高薪"，即便有，只要依公开的制度拿，又有何不可？王氏的嘲讽味由此可见一斑。

---

[1] 郭嵩焘：《郭嵩焘日记》（第四册），湖南人民出版社，1983年，第243~259页。

[2] 萧艾：《王湘绮评传》，岳麓书社，1997年，第96页。

在《浙江篇》中，王闿运写道："五年正月甲申，宗棠还师，诸军皆凯还，而广东军将犹不知兵……"这显然是一句武断的话，是站在左宗棠一方的立场来说的。而此时负责广东军务的正是毛鸿宾、郭嵩焘等人。

钱基博在论述王闿运的《湘军志》时说：

> 叙国藩之起湘军及戡定太平军本末，虽扬诩功绩，而言外意见婉而章，尽而不污，焯有史法。曾国荃者，国藩之弟也，自负血战下江宁以佐其兄，劳苦功高；读之而忿，致诘曰："皆君故人，何故刻画之？"毁其板。闿运笑语人曰："吾于《湘军志》著'李秀成者，寇所倚渠首，初议生致阙，及后见俘寇皆跪拜秀成，虑生变，辄斩之，群言益哗，争指目曾国荃，国荃自悲艰苦负时谤'云云。吾为曾沅甫发愤而道，沅甫乃以为恨而切齿于我，不知文之人不可与言文，以此叹令尹子兰之不可及也。"然其书实无大讥弹，自曾国荃以谤书为诋，而向声背实，不悦曾氏者，乃真以太史公目之矣。呜呼，动而得谤，名亦随之，世情自古如斯，所以闿运不怒而笑也。[1]

血战江宁之功，恐怕无须自负，天下人皆见之。钱基博确实看不出书中的大讥弹，现在一般读者也许看不出，这就是王氏自负的太史公笔法。假如王氏真的出于"为曾沅甫发愤而道"，他何以笑得出来？

果真如王氏所自负的那样，为什么引起湘人公愤后，王氏无词以驳？最后不得不将刻版交给郭嵩焘毁之了结？当然在王氏看来，这些都算是瑕不掩瑜，但在当事人看来却是讥讽。

梁启超在列举清代史学著作时说："其局部的纪事本末之部，最著者有魏默深源之《圣武记》、王壬秋闿运之《湘军志》等。"随后，笔锋一转，说："壬秋文人，缺乏史德，往往以爱憎颠倒事实。"并以"郭筠仙意城兄弟尝逐条签驳，其家子弟汇刻之，名曰《湘军志平议》。要之壬秋此书文采可观，其内容反不如王定安《湘军记》之翔实也"。

梁启超进而谈起清代史学："史学以记述现代为最重，故清人关于清史方面之著作，为吾侪所最乐闻，而不幸兹事乃大令吾侪失望。治明史者常厌野史之多，治清史者常感野史之少，除官修之国史、实录方略外，民间私著卷帙最富者为蒋氏良骥王氏先谦之两部东华录，实不过钞节实录而成。欲求如明王世贞之弇

---

[1] 钱基博：《近百年湖南学风》，中国人民大学，2004年，第62页。

州乙部稿……稍带研究性质者且不可得。进而求如宋王称之东都事略……斐然著述者更无论矣。"[1]治明史者厌野史,治清史者却好野史,梁启超因而对清史评价不高,尤其是民间私家著史。

对于王闿运,徐一士坦言:"且其为人,固以知兵自负,好谈大略,少年时颇思赞襄军谋,腾骧政路,而挟策以干曾国藩等,率见谓迂阔之谈,落落寡合,无所藉手,志愿弗克一酬,盖不能无缺望。"对于"名震一时功成受赏之将帅,虽多写状甚工处,非于表扬无裨,而笔锋所及,每流露不足之感,或涉讽刺,或近揶揄,间有疏略,亦遗口实,湘人恚嫉,有由来矣。他读者亦颇致疑其不免以爱憎之见影响纪实,固不仅陈宝箴为然也"[2]。

王闿运虽"弱冠揖军门",通过上书言事与曾国藩结识二十余年,但终未能心交。曾国藩虽然赏识王氏之才和个性,但始终将其视为一个后学而已。其中最能体现二人关系的事件当属咸丰十年(1860)曾国藩署理两江总督后,王闿运赴安徽祁门见曾国藩之事。据曾国藩日记记载,此年六月至八月间二人有过多达十六次久谈。其中七月十六日"傍夕与王壬秋久谈",竟"夜不成寐"。而老九对王氏却并不感冒,并于八月十一日致信其兄曾国藩,直言其人尚空谈。据曾国藩日记:"是日又接沅弟信,极论文士之涉于空虚,劝余远之,其言颇且当。"十二日,"与次青谈到任事宜。文人好为大言,毫无实用者,戒其勿近,与沅弟意略同。又戒待属员不可太谦,恐启宠而纳侮也。夜颇能成寐"。十四日,"是日次青赴徽州,余与之约法五章:曰戒浮,谓不用文人之好大言者"[3]。足见曾国藩兄弟对于王闿运这种文人从心里是敬而远之。

当然,王氏及其《湘军志》也颇获一些人的好评,这很正常。但否定其书总是主流。1914年柳亚子作《论诗绝句》,其中第一首就抨击了王闿运的直笔之说:

> 少闻曲笔湘军志,老负虚名太史公。
> 古色斓斑真意少,吾先无取是王翁![4]

《湘军志》给老九等人带来了不快,如何来消除其影响,留下一部相对客观的信史,是他不得不考虑的事情。

郭嵩焘、郭崑焘兄弟对《湘军志》中的疏漏错谬处或自己有不同意见的地

---

[1] 梁启超:《中国近三百年学术史》,中国书店,1985年,第275~276页。

[2] 徐一士:《王闿运与湘军志》,《湘军志》,岳麓书社,1983年,第171页。

[3] 曾国藩:《曾国藩全集》(16),岳麓书社,1987年,第510~529、522、528~529、529页。

[4] 《柳亚子选集》,人民出版社,1989年,第715页。

方一一笺出，加以批评订正，以正视听。但当时并未刻书出版，直到民国四年（1915），其侄孙郭振墉才把这些批识文字辑录成帙，并加笺注，以《湘军志平议》为名出版。

老九则找到了王定安。王定安（1833～1898），字鼎丞，湖北宜昌府东湖县人。此人十三岁中秀才，应算"神童"之列，家富藏书，做过山西布政使。在曾国藩幕中待的时间很长，著有《求阙斋弟子记》《曾文正公事略》《曾忠襄公年谱》《曾子家语》《曾文正公大事记》等。

王定安的《湘军记》始作于光绪十三年（1887），完成于光绪十五年（1889），阅时近三载，足迹遍五省。《湘军记》共分二十篇，包括粤湘战守篇、湖南防御篇、规复湖北篇、援守江西上篇、援守江西下篇、规复安徽篇、绥辑淮甸篇、围攻金陵上篇、围攻金陵下篇、谋苏篇、谋浙篇、援广闽篇、援川篇、平黔篇、平滇篇、平捻篇、平回上篇、平回下篇、勘定西域篇、水陆营制篇。

王定安遵曾国荃的约请撰《湘军记》，其自叙说：

> 蒙生楚西鄙，少值寇难，崎岖烽火间；于邮传之往来，谍候之真赝，虽未悉其详，固已略识梗概矣。及壮，佐湘乡曾文正公戎幕，从今官太保威毅伯游者二十余年。湘中魁人巨公，什识八九；其他偏裨建勋伐者，不可胜数；东南兵事，饫闻而熟睹之久矣。其后宦游天津，稍习淮军将帅。而湘阴左文襄公暨今陕甘总督茶陵谭公、新疆巡抚湘乡刘公钞录西北战事累百数十卷，先后邮书见畀。最后从云贵总督新宁、湘乡两刘公家得其章奏遗稿，于是又稍知滇黔越南轶事。自咸、同以来，圣主之忧勤，生灵之涂炭，将帅之功罪，庙谟之深远，上稽方略，下采疆臣奏疏，粲然备具。而故老之流传，将神幕僚之麈谈，苟得其实，必录焉。其或传闻异辞、疑信参半者，宁从阙疑，非真知灼见不敢诬也[1]。

王定安先后随曾国藩、老九兄弟二十余年，是湘军东征过程中的亲历、亲见、亲闻者。光这一点，王闿运就不可企及。

光绪十五年（1889）十月，曾国荃为之作序，序中说：

> 今海内乂安，湘中宿将存者什二三，惧其战迹之轶也，议为一书，与方略相表里；而执笔者传闻异词，乃匄东湖王鼎丞观察定安更为之。鼎丞

---

[1] 王定安：《湘军记》，岳麓书社，1983年，第3～4页。

久从愚兄弟游，谙湘军战事；其所述者，非其所目睹，则其所习闻。书既成，复与湘阴郭筠仙侍郎嵩焘暨下走商订得失，漏者补之，疑者阙之，不为苟同，亦不立异，盖其慎也。至其叙事简赡，论断精严，则仰睎龙门，俯瞰兰台，伯仲于陈志欧史之间，可谓体大思精、事实而言文者矣。

鼎丞少负异才，不谐于俗，由州县历监司，所至树立卓卓。及承召问，摄藩条世，且希其大用，谓勋名可翘足待。而顾齮龁于时，偃蹇湖山，行且以著述老，人多惜之。然鼎丞不穷，其著书必不能工且赡，信今传后，如此觥觥也。鼎丞昔为诗文，喜为瑰伟悲壮之辞。今乃益诣于和平雅淡，盖彬彬然几于道矣。夫名位烜赫一时，而文章则千载事也；韩愈氏所谓不以所得易所失者，其斯之谓乎！吾既悲鼎丞之遇，复为快语壮之。[1]

老九肯定了王定安熟悉湘军战事，书中史事，非亲眼所见，即其亲习闻之，不苟同，不立异，"体大思精"，合乎事实。换言之，《湘军记》系经过亲历者撰写、郭嵩焘商订、老九首肯的一部湘军史记。

勾当江南公事回

光绪十六年（1890）是江南一个很特别的年份，有闰二月，也是19世纪中三个闰二月之一。这一年，大清中兴元老基本上凋零殆尽，似乎佐证了民间关于闰二月不祥的说法。

先是闰二月，前兵部左侍郎曾纪泽，这位叫老九为九叔的人在北京逝世。

接着在三月，前兵部尚书、原湘军水师统领彭玉麟在湖南衡州逝世。

然后是六月，前帮办江南军务、原湘军水师统领杨岳斌在湖南乾州逝世。

这一年北方的气候也格外反常，从五月起，"顺、直各属连旬苦雨，致成巨灾，横流未安。切近畿辅，灾黎无地可种，无屋可栖，颠沛流离，闻较嘉庆六年灾象殆有过之"[2]。"是秋，京师瘟疫盛行"，十一月十二日的《申报》报道说：

大雪以后，四野天低。一轮日黯，朔风不竟，饶有望云思雪之意，而连朝欲雪不雪，似烟非烟，一片阴霾，弥漫空际。且天时奇暖，不特河道

---

[1] 王定安：《湘军记》，岳麓书社，1983年，第2页。

[2] 曾国荃：《曾国荃全集》（第四册），岳麓书社，2006年，第463页。

未见冰凌，即沟壑之中，冻者半，未冻者亦半，非天道自南而北，即寒暑之愆期，气候之不正也，或者恐酿冬瘟，不禁又切杞人之忧矣。[1]

这一年，老九已经六十七岁。然而，完全看不出老九病势沉重的征兆，九月，老九还在计划"出省阅视营伍"。八月，老九还非常欣悦："近来旸雨应时，民情安谧，乡间早稻将次登场，可庆丰收。"[2]因此，老九先是向其老家湘乡县育婴堂捐献义谷一千石。九月，又捐制棉衣一万件，分解顺天、直隶投放。并饬顺直赈捐道员胡家祯赶制棉衣裤三十万件，分解顺天、天津。

这一年，是光绪皇帝二十岁生日，老九于正月获优加奖叙。

上年的七月十四日，老九的曾孙曾兆龙出生，这一年的九月二十八日，另一曾孙曾荫椿诞生。虽然两个儿子先后早逝，但第三代人丁兴旺，后继有人。总之，这一年老九的心情与初来两江时的心情大不一样。

六年前，老九刚到金陵任总督时，写信给曾经主讲钟山书院的林寿图表达自己当时复杂的心情：

> 重到江南，每过钟山讲舍，门前桃李夏可得阴，秋得食果，墙屋完好，高风自在。君子有謦欬之声，寓人严毁伤之戒，人事舛午，可为寒心。鸿飞忽东，雪泥留爪，旧题展读，新编当又盈尺矣……
>
> 侧身赤地之中，忝颜饿莩之上，十事九叹，百孔千疮，夫复何言。设防山海，击柝抱关，不敢避难，黾勉从事而已。陕甘之任，病莫能兴，难为萧规之随，曷若幽人之遁。薄德高位，累我两媳，犊舐有爱，人孰无情？虽有稚孙三人，教养成立，均非易事……
>
> 此邦名为地大物博，实则外强中干，既库藏之已虚，矧富强之鲜策，颠踣在即，无可如何。迟暮之年，愚戆之性适承其乏，何日勾当，惧吾力之不胜，信彼美兮可怀。[3]

老九一面感叹书院一片祥和气象，一面又感慨国家疲惫空虚之状，"中怀毫无希冀之念"[4]。到金陵之前，老九的长子曾纪瑞，兵部职方司员外郎，因母亲熊氏病逝而忧痛患病，于光绪六年（1880）六月病死于家中；次子曾纪官，户部广东

---

[1]《丁沽霜信》，《申报》，光绪十六年十一月十二日第二版。

[2] 曾国荃：《曾国荃全集》（第四册），岳麓书社，2006年，第464页。

[3] 曾国荃：《曾国荃全集》（第四册），岳麓书社，2006年，第230～231页。

[4] 曾国荃：《曾国荃全集》（第四册），岳麓书社，2006年，第228页。

司员外郎，痛兄致病，光绪七年（1881）六月病逝于家中；侄子曾纪鸿，兵部武选司郎中，光绪七年（1881）八月病逝于京。连丧三位至亲，以至于他对彭玉麟也自述感慨此种悲情：

> 自到江南，形游逆旅之中，身多于首，臂少于身，目少于臂，已不复成完人。[1]

彼时的心情难以用词语来形容。六年过去了，老九早已褪去了战将的急猛，濡染了疆吏的平和，心态也比以往更为宽和，他在《致汤小秋》的信中都是强调要"从宽、和二字中放开手办"[2]。

老九之死非常突然，也非常意外。他的曾孙荫椿诞生不过五天，也就是光绪十六年（1890）的十月初二日，老九病逝于金陵两江总督署，巧合的是十八年前其阿兄曾国藩也病逝于此。

关于老九是怎么死的，没有留下什么记载，我猜测老九是得急病死的。

在此之前，至少在这一年中，老九没有任何发病的征兆。按李鸿章的说法，老九的病，主要在足部，"因从前军营伤毒串入筋络，是以动辄牵动，举步维艰"[3]。事实上，老九历年请病假的原因大都是因为腿疾，然而老九生命的最后这两年，再没有请过病假。

十二天后，清廷获知消息，发布上谕："已故两江总督曾国荃，着追赠太子太傅，照总督例赐恤，谥忠襄；入祀京师昭忠祠、贤良祠，并于湖南原籍、江苏省城建立专祠；生平政绩事实，宣付史馆立传。其孙曾广汉，承袭一等伯爵；曾广江，赏给举人；曾广河，赏给员外郎，分部学习行走；曾孙兆龙、兆祥、荫椿，着俟岁时由吏部带领引见，候旨恩施。"[4]

时任直隶总督的李鸿章给他送了一副意味深长的挽联：

> 易名兼胡、左二公，十六言天语殊褒，恩数更惊棠棣并；
> 伤逝与彭、杨一岁，二三子辈流向尽，英才尤痛竹林贤。

上联说"易名兼胡、左二公"，意思说胡林翼谥文忠，左宗棠谥文襄，老九则

[1] 曾国荃：《曾国荃全集》（第四册），岳麓书社，2006年，第246页。
[2] 曾国荃：《曾国荃全集》（第四册），岳麓书社，2006年，第473页。
[3] 李鸿章：《李鸿章全集》（九），《曾国荃乞假南归片》，安徽教育出版社，2008年，第331页。
[4] 曾国荃：《曾国荃全集》（第六册·附录），岳麓书社，2006年，第194页。

忠襄二字兼美。

据《钦定大清会典》称："劈地有德曰襄，甲胄有劳曰襄，因事有功曰襄。"咸丰三年（1853），清廷"上谕"更是明令"武功未成者，不得拟用'襄'字"[1]。另据《清史稿》记载，晚清重臣中以"襄"谥号者除曾国荃外，仅有左宗棠（文襄）、张之洞（文襄）、岑毓英（襄勤）、刘锦棠（襄勤）四人。

两个月后，十二月二十四日，老九的灵柩运抵湖南，安葬于衡山县棠兴乡留笔塘（今衡山县白果镇五一村，与老九所在的双峰县荷叶镇相邻），这一回，以儒生从戎而冠中兴将帅，平吴平楚，以武将转任封疆，总半壁河山，前后历三十四年的老九，真的可以"勾当江南公事回"[2]了。

老九死的这一年冬天，包括光绪皇帝的生父醇亲王奕譞在内，京城内外不少大臣名宦如怡亲王载敦、礼部右侍郎宝廷、李鹤年、潘祖荫等人相继病逝。身在北京的英国人赫德说："大部分人都不舒服，今冬气候险恶，目前我有幸身体颇佳。"[3]十多天后，他这样写道："七爷（醇亲王奕譞）的逝世和老人员的消失，使朝廷今后能放手发展新的局面。未来的世纪中国将是令人感兴趣的。"[4]

然而，这一预言却来得太迟。五年后即爆发了震惊中外的甲午战争。

---

[1] 《礼志十二·凶礼二·赐谥条》，《清史稿》卷九三，志六八，中华书局，1977年，第02721页。

[2] 朱孔彰《曾忠襄公传略》云："自平江南归，杜门谢客，以书贴自娱，有印章云：勾当江南公事回。"

[3] 《赫德致金登干》，1891年1月7日，《中国海关密档》，第五册，中华书局，1995年，第310页。

[4] 《赫德致金登干》，1891年1月20日，《中国海关密档》，第五册，中华书局，1995年，第318页。

参考文献

[1] 曾国荃.曾国荃全集[M].长沙：岳麓书社，2006.

[2] 曾国藩.曾国藩全集[M].长沙：岳麓书社，1994.

[3] 李鸿章.李鸿章全集[M].合肥：安徽教育出版社，2008.

[4] 左宗棠.左宗棠全集[M].长沙：岳麓书社，1987.

[5] 胡林翼.胡林翼全集[M].长沙：岳麓书社，1999.

[6] 赵尔巽.清史稿[M].北京：中华书局，1977.

[7] 黎庶昌，王定安.曾国藩年谱[M].长沙：岳麓书社，2017.

[8] 李瀚章.曾文正公年谱：十二卷[M].北京：北京图书馆出版社，1996.

[9] 梅英杰.曾国荃年谱[M].北京：北京图书馆出版社，1996.

[10] 罗正钧.左文襄公年谱：十卷[M].北京：北京图书馆出版社，1996.

[11] 梅英杰.湘军人物年谱[M].长沙：岳麓书社，1987.

[12] 朱寿朋.光绪朝东华录[M].北京：中华书局，1958.

[13] 朱孔彰.中兴将帅别传[M].台北：文海出版社，1967.

[14] 赵烈文.能静居日记[M].长沙：岳麓书社，2013.

[15] 彭玉麟.彭玉麟集[M].长沙：岳麓书社，2003.

[16] 曾纪泽.曾纪泽集[M].长沙：岳麓书社，2005.

[17] 钱实甫.清代职官年表[M].北京：中华书局，1980.

[18] 王闿运.湘绮楼文集[M].台北：文海出版社，1967.

[19] 薛福成.庸盦文编[M].台北：文海出版社，1967.

[20] 李元度.国朝先正事略[M].台北：文海出版社，1967.

[21] 梅英杰.胡林翼年谱[M].台北：台湾商务印书馆，1978.

[22] 黎庶昌.曾文正公年谱[M].台北：台湾商务印书馆，1978.

[23] 严树森.胡文忠公年谱[M].台北：文海出版社，1967.

[24] 杜文澜.平定粤匪记略[M].台北：文海出版社，1967.

[25] 张集馨.道咸宦海见闻录[M].北京：中华书局，1981.

[26] 邵镜人.同光风云录[M].台北：文海出版有限公司，1983.

[27] 王尔敏.淮军志[M].桂林：广西师范大学出版社，2008.

[28] 唐德刚.晚清七十年[M].长沙：岳麓书社，1999.

[29] 樊百川.清季的洋务新政[M].上海：上海书店出版社，2003.

[30] 邓拓.中国救荒史[M].北京：北京出版社，1998.

[31] 牟安世.中法战争[M].上海：上海人民出版社，1955.

[32] 汪敬虞.赫德与近代中西关系[M].北京：人民出版社，1987.

[33] 刘体智.异辞录[M].北京：中华书局，1987.

[34] 太平天国历史博物馆.太平天国资料汇编[G].北京：中华书局，1980.

[35] 罗尔纲.太平天国史[M].北京：中华书局，1991.

[36] 史景迁.太平天国[M].桂林：广西师范大学出版社，2011.

[37] 裴士锋.天国之秋[M].黄中宪，译.北京：社会科学文献出版社，2014.

[38] 茅海建.天朝的崩溃：鸦片战争再研究[M].北京：生活·读书·新知三联书店，
     2005.

[39] 唐浩明.唐浩明评点曾国藩奏折[M].长沙：岳麓书社，2004.

[40] 夏东元.洋务运动史[M].上海：华东师范大学出版社，1982.

[41] 费正清，刘广京.剑桥中国晚清史[M].北京：中国社会科学出版社，1985.

[42] 潘旭澜.太平杂说[M].天津：百花文艺出版社，2000.

[43] 崔之清，胡臣友.洪秀全评传[M].南京：南京大学出版社，1994.

[44] 王继平.湘军集团与晚清湖南[M].北京：中国社会科学出版社，2002.

[45] 张云，韩洪泉.曾国藩与湘军[M].沈阳：辽宁人民出版社，2008.

[46] 胡卫平.曾国藩的藏书与刻书[M].长沙：岳麓书社，2014.

[47] 王艳娟.曾国荃研究[D].武汉：武汉大学，2006.

[48] 王雪丽.曾国荃抚晋赈灾述略[D].太原：山西大学，2003.

[49] 周兰兰.两江总督时期的曾国荃[D].长春：东北师范大学，2011.

[50] 王本能.左宗棠幕府研究[D].武汉：华中师范大学，2014.

曾国荃官箴

1.治将乱之国用重典，治久乱之地宜予生路。

2.主尽忠则仆有义，主尚仁则仆亦慈，气谊之相感然也。主贪利则仆行私，主好残则仆亦刻忍，近墨者未有不黑者也。

3.凡有能为好官者，必先清署内以端其本。凡能清署内者，必先自治其身。

4.事不征诸法典，法不载诸律例，碍难允行。

5.总以实心行实政，以不忍人之心行不忍人之政为是。

6.为治不在多言。

7.圣贤经济之学，皆谓富民为国家之元气。

8.身居民上，刻刻当名以持己。

9.为民父母应有容人之量。

10.昔贤云：变民风易，变士风难；变士风易，变仕风难。欲变士风，先须仕宦兹土者以身作则而后可；欲变民风，则非官场苦口劝导、士绅戒奢崇俭，则其风不能及民也。

11.居官以培养元气为要，以顾恤民隐为先。

12.牧令之道，与民兴利不如为民去弊。

13.平日洁己爱民，足以服其心；信赏必罚，足以慑其志。

14.尽一分心力，必有一分效验。

15.一日在官，办一日之事，尽一日之职。

16.治民如治家。

17.为政者断不可失信于民。

18.民间之怨气一舒，天地之祥和百集。

19.词讼之教民，其功捷于学校。

20.为政不难，不得罪于巨室。

21.县令为一县之主，当平民与民之纷争；长官为一省之领袖，当平官与民之纷争。

22.洁己爱民者，不获罪于穷黎。

23.不能优容宵小，长袗棍之习风；不能袒护官员，滋地方之流弊。

24.化民之道，在力行，不在多言。

25.驭民之道，待良民宜宽，驭匪类宜猛。疾恶如仇，方能爱民如子，施吾辣手，乃得尽吾婆心。

26.治民本无奇策，必须从实地着脚、小处下手。

27.长民者，不患民之不我尊，而患民之不我亲。尊则由于畏法，亲则易于感恩。

28.真心为民者，常以民为不可轻；实心处事者，常以事为不易办。

29.事之所在，权即寄焉；权之所在，利即归焉；利之所在，弊即丛焉。

30.居官之患，莫患乎上下隔绝而情意不通。

31.公庭有是非，草野自昭激动。

32.操守是居官大要，廉明乃为政根基。

33.风俗人心之坏，其流也虽始之自下，而转移化导之机，其权仍操之自上。

34.天下之患在民贫，民贫无以为生，则轻犯法。

35.一守贤则千里受其福，一令贤则百里受其福。

36.以己心求民心，视民事如家事，庶不愧为民父母矣。

37.舍为民而言办事，其事可知，其居官更可知矣。

38.昔贤谓，天下得百自了汉，不如得一热肠人。自了汉只知有己，不知有人。而斯世斯民，何所依赖？热肠人随时随地，必期于世有益，即于己有损，亦所不顾。

39.疲是居官大病。

40.一片光明心比月，十分欣喜我知鱼。